HAMID REZA YOUSEFI

IRRENHAUS
DER FREIHEIT

دیوانه خانه آزادی

HAMID REZA YOUSEFI

IRRENHAUS DER FREIHEIT

Mein Weg zwischen den Kulturen

lau verlag

Bibliografische Information
der Deutschen Nationalbibliothek
Die Deutsche Nationalbibliothek verzeichnet diese
Publikation in der Deutschen Nationalbibliografie;
detaillierte bibliografische Daten sind
im Internet über http://dnb.d-nb.de abrufbar.

ISBN 978-3-95768-230-7
© 2021 Lau-Verlag & Handel KG, Reinbek
www.lau-verlag.de

Alle Rechte, insbesondere das Recht der Vervielfältigung
und Verbreitung sowie der Übersetzung, vorbehalten.
Kein Teil des Werkes darf in irgendeiner Form
(durch Fotokopie, Mikrofilm oder ein anderes Verfahren)
ohne schriftliche Genehmigung des Verlages reproduziert
oder unter Verwendung elektronischer Systeme gespeichert, verarbeitet,
vervielfältigt oder verbreitet werden.

Umschlagentwurf: pl, Lau-Verlag, Reinbek
Illustrationen: Anna E. Lukasik-Fisch
Umschlagabbildung: Naqsh-e Jahan-Platz in Isfahan, Iran
© Istockphoto/Lukas Bischoff
Satz und Layout: pl, Lau-Verlag, Reinbek
Druck und Bindung: Druckerei & Verlag Steinmeier GmbH & Co. KG
in Deiningen

Inhalt

Prolog 7

1. Im Leben unterwegs 13

Sprung in eine andere »Kultur« 15 – Parallelgesellschaft 18 – Große Ziele 21 – Heilige Verteidigung 26 – Soldat im Krieg 30 – Nachkriegsjugend 32 – Verflixte deutsche Sprache! 36

2. Rückblickend nach vorne schauen 41

Meine Kindheit 41 – Was wir von Gänsen lernen können 50 – Mensch und Tier 54 – Seltsame Vergleiche 59 – Mauern im Kopf 63 – Politische Interventionen 68 – Karl May und Betty Mahmoody 72 – Islamische Revolution 74 – Missglückter Arbeitsversuch 82 – Machenschaften der »Opposition« 85

3. Mein liebstes »Heidenkind« 91

Begegnung mit Adolf Kolping 91 – Überirdischer Befehl 95 – Unterwegs in die Zukunft 100 – Verlust des geliebten Freundes 104 – Philosophie und Orte des Denkens 107 – Wanderjahre im Denken 115

4. Der Kreis schließt sich 121

Meine Frau 121 – Meine Mutter 125 – Beruf ohne Familie? 127 – Mein kultureller Rucksack 132 – Zuhause in der Heimat? 137 – Vom Sinn der Spiritualität 142 – Religion und das Feindbild »Islam« 147 – Bedenke das Bedenkliche! 152

5. »Freiheit« in der »freien« Welt   157
Reise in das »schleierhafte« Land 157 – *Ernüchternde Rückkehr* 164 – *Segen der Sanktionen* 168 – *Lehre im Würgegriff* 170 – *Wege philosophischen Denkens* 175 – *Das Ziel ist der Weg* 181 – *Deutschlandfunk und Zauberflöte* 185 – *Von der Philosophie zur Psychologie* 193 – *Persönliche Erfahrungen mit einem Suchtkranken* 195 – *Sucht und ihre Therapie* 199 – *Mein Vater und ich* 204 – *Psychologie der Kommunikation* 210 – *Mein Freund Harald Seubert* 213

6. Nicht ohne »meinen« Westen   221
Romantisches Westbild 221 – *Im Schlaraffenland* 225 – *Manipulierte Sehnsüchte* 229 – *Folgenreicher Asyltourismus* 231 – *Verändernde Macht sozialer Netzwerke* 233 – *Depressives Gehirn* 235 – *Auf dem Bau wie an der Universität* 238 – *Rassismus und Gesellschaft* 245

7. Willkommen im Irrenhaus der Freiheit   257
Seelenleben und Freiheit des Menschen 257 – *Sozialisationsstörung durch Selbststörung* 259 – *Aufklärung als Freiheit in Einsamkeit* 262 – *Worauf wir nicht stolz sein können* 263

8. Pathologie des politischen Narzissmus   269
Vorsicht, Barbaren kommen! 269 – *Nur der andere wird gestorben* 278 – *Politischer Gängelwagen* 282 – *Corona im Weltkontext* 285 – *Das Coronavirus und seine Folgen* 289 – *Und noch einmal der Iran* 293

Epilog   303

Prolog

Im Jahr 1976 war ich neun Jahre alt, lebte in Teheran in einer unbeschwerten Welt, spielte mit unseren Nachbarskindern und besuchte mit ihnen die Schule. Schon immer war ich neugierig und stellte viele Fragen, die oft auf Kritik und Unmut meines Vaters gestoßen sind. Er war kein unbedingter Freund des Räsonierens. Der Anblick der herumsitzenden Bettler an den Straßen der Hauptstadt machten mich nachdenklich, doch die Erwachsenen reagierten oft unwirsch und wimmelten mich kurzerhand mit »Was geht dich das an?« ab. Ein Ereignis in Teheran, unweit von unserem Zuhause, versetzte meinem Weltbild den ersten tiefen Riss.

Mein Vater hatte mich losgeschickt, um Obst und Gemüse zu kaufen. Kurz nach meiner Ankunft im Laden ereignete sich auf der Kreuzung ein Unfall. Ein Autofahrer war versehentlich gegen die Richtung einer Einbahnstraße gefahren und hatte dabei den Pritschenwagen unseres alten Gemüsehändlers gerammt, der gerade am Einparken war. Der Fahrer stieg aus, zerrte den Händler aus seinem Wagen, hieb auf ihn ein und beschimpfte ihn mit ausländischem Akzent: »Hurensohn, hast du keine Augen im Kopf?«

Obschon dieser Ausdruck im Iran eine absolut ehrverletzende Beleidigung ist, duckte sich der Gemüsehändler verängstigt und schwieg. Der Zigarettenverkäufer sah mein ungläubiges Entsetzen und raunte mir zu: »Das ist ein Brite.« Ich rannte hinaus, stieß diesen »Briten« an und fragte: »Warum hast du unseren Gemüsehändler geschlagen?« Er griff in seine Tasche, gab mir eine Münze mit der Bemerkung, ich solle mir ein Eis kaufen.

Ich nahm das Geld nicht an, lief nach Hause und erzählte den Vorfall meinem Vater. Doch statt mich aufzuklären, gab er mir eine Ohrfeige. Er knurrte, ich hätte mich nicht einmischen sollen. Solche Leute genössen Immunität; sie könnten sich alles erlauben. In diesem Moment war für mich das Verhalten meines Vaters nicht nachvollziehbar.

Diese frühe Erfahrung hat teilweise meine Jugend und später mein intellektuelles Leben geprägt. Immer wieder fragte ich mich, mit welchem Recht dieser Brite, der den Unfall verursacht hatte, sich erlauben konnte, unseren Gemüsehändler derart zu demütigen. Und mir stellte sich die Frage, warum keiner gewagt hatte, ihn auf sein Unrecht hinzuweisen.

Ein positiveres Bild von Menschen anderer Nationen bescherte mir später die Bekanntschaft mit einem Hochschullehrer in unserer Nachbarschaft. Alireza hatte in den 1960er-Jahren in Deutschland Maschinenbau studiert, lebte aber nun mit seiner deutschen Frau und vier Kindern im Iran. Er erzählte viel über die deutsche Geschichte und Gegenwart. Mir empfahl er, die »Kulturgeschichte der Menschheit« von Will Durant zu lesen, der allerdings ein US-amerikanischer Wissenschaftler war. Hieraus gewann ich ein positives Bild über die europäisch-westliche Geistesgeschichte und ein positives Deutschlandbild, was mich später motivierte, das »Land der Dichter und Denker« als Zielland meiner Migration zu wählen.

Inzwischen bin ich seit mehr als 30 Jahren in Deutschland, wo ich meine gesamte wissenschaftliche Ausbildung genießen durfte. Bis dahin bin ich einen langen steinigen Weg gegangen, auf dem ich auf manche Frage meiner Jugend eine Antwort erhielt, andere Fragen aber bis zum heutigen Tag offen sind und der Beantwortung harren. Mit Leib und Seele habe ich versucht, privat und in wissenschaftlicher Hinsicht Brücken zwischen Deutschland und dem Iran zu bauen, obschon ich immer wieder erfahren musste, wie aufreibend und teilweise vergeblich solche Versuche sind. Ernsthaftes Interesse an einem Dialog der Politiker gegenüber dem Iran habe ich bis heute nicht wahrnehmen können.

In meiner ersten Heimat stoße ich auf Kritik, wenn ich zu bedenken gebe, wir sollten die westliche Kultur als erstrebenswert betrachten. Deutschland sei weder ein Schlaraffenland noch Dreh- und Angelpunkt der Weltzivilisation, sondern ein Land, das durch Ordnung und Disziplin groß geworden sei. In Deutschland schüttelt man den Kopf, wenn ich sage, der Iran habe sich trotz Sanktionen in ein prosperierendes Land verwandelt, oder wenn ich widerspreche, dort herrsche nicht das repressive Unrechtsregime, wie es hier meist dargestellt wird.

In deutschen Medien wird kein gutes Haar am Iran gelassen. Wer positiv über dieses Land spricht, muss Mut haben, vieles zu riskieren. Mut, mit dem Vorwurf zu leben, ein »Regime« von Dämonen zu unterstützen. Mut, sich dem Vorwurf auszusetzen, die Marionette eines »Unrechtsregimes« zu sein. Mut, einem Land nahezustehen, in dem es anscheinend nur politischen Fanatismus und Repression gibt. Mut, als Verschwörungstheoretiker stigmatisiert zu werden. Mut, sich der Beobachtung des Verfassungsschutzes auszusetzen. Mut, Politikern und Journalisten zu widersprechen.

Wissen Sie, was mein Problem ist? Mein Problem ist, viele positive Dimensionen in meiner ersten Heimat Iran zu sehen und diese darstellen zu wollen. Es gehört doch zur Redlichkeit, die Dinge so darzustellen, wie ich sie als Insider erfahre. Was wird mit mir, wenn ich die Sachverhalte so darstelle, wie es die Politik in diesem Land von mir und anderen verlangt? Ich bin doch kein Nachplapperer, keine leere Hülle, sondern ein denkendes Wesen.

An verschiedenen Fronten habe ich um meine Identität zu kämpfen. Trotz meines langen Aufenthaltes hier gelte ich bestenfalls als »angepasster Ausländer«. Es mag sein, dass ich an bekannten Orten mit vertrauten Menschen als Einheimischer wahrgenommen werde, doch einige Straßen weiter, muss ich mir die Frage gefallen lassen, woher ich komme und wo ich so gut die deutsche Sprache gelernt hätte. Diese und ähnliche Erlebnisse haben in mir eine Zerrissenheit ausgelöst und die Bemühungen um Integration als Seifenblase erscheinen lassen. Es ist nicht einfach, das Gefühl zu haben, immer unterwegs sein zu müssen und nirgendwo anzukommen. Das macht müde und bringt manche an den Rand der Resignation. Mich hat dieser Zustand aber motiviert, immer weiter zu reflektieren, Wege der Besserung zu suchen.

Der kundige Leser mag vorausahnen, dass manches in diesem Buch hart dargestellt ist. Häufig wird sich das Thema um Sachverhalte drehen, die ihm ungewohnt, vielleicht sogar falsch erscheinen. Wir machen uns vieles einfach, indem wir Meinungen, die unserer Gesinnung zuwiderlaufen, als Verschwörungstheorie stigmatisieren. Dabei ist doch gerade das die Aufgabe des Denkens, nicht alles kritiklos hinzunehmen.

Dieses Werk ist eine Mischung aus meinem biografischen und intellektuellen Werdegang. Das nimmt Einfluss auf meinen Erzählstil. In biografischen Teilen versuche ich, den Leser auf eine schlichte Weise an meinem wendungsreichen Leben teilhaben zu lassen. Hier kommen teilweise anekdotenhafte Erzählungen zusammen, die meine innersten Gefühle darstellen. Damit wollte ich es nicht bewenden lassen, sondern weitergehen und dem Leser die Theorien anvertrauen, die ich im Laufe meines Studiums und meiner beruflichen Laufbahn formuliert habe. Die Art der Dramaturgie und Darstellung zeigen Schwierigkeiten, mit denen ich in Deutschland konfrontiert war, und wie ich zu dem geworden bin, der heute diese Zeilen schreibt.

Sie können mich verstehen, denn ich setze als Leserinnen und Leser dieses Buches solche Menschen voraus, die von mir keine Geschichten aus »1001 Nacht« erwarten, sondern mich durch die Welt meiner gelebten Erfahrungen begleiten möchten. Für eine beidseitige Aufklärung möchte ich mich einsetzen und Unrecht nennen, um auf einer neuen Basis meinem Wunsch nahezukommen, Deutschland und den Iran miteinander in einen fruchtbaren Dialog zu bringen. Meiner Intention nach möchte ich, trotz mancher Enttäuschung und manchem Rückschlag, völkerverständigend zwischen den beiden Ländern unterwegs sein.

… *Mit Leib und Seele habe ich versucht, privat und in wissenschaftlicher Hinsicht Brücken zwischen Deutschland und dem Iran zu bauen, obschon ich immer wieder erfahren musste, wie aufreibend und teilweise vergeblich solche Versuche sind …*

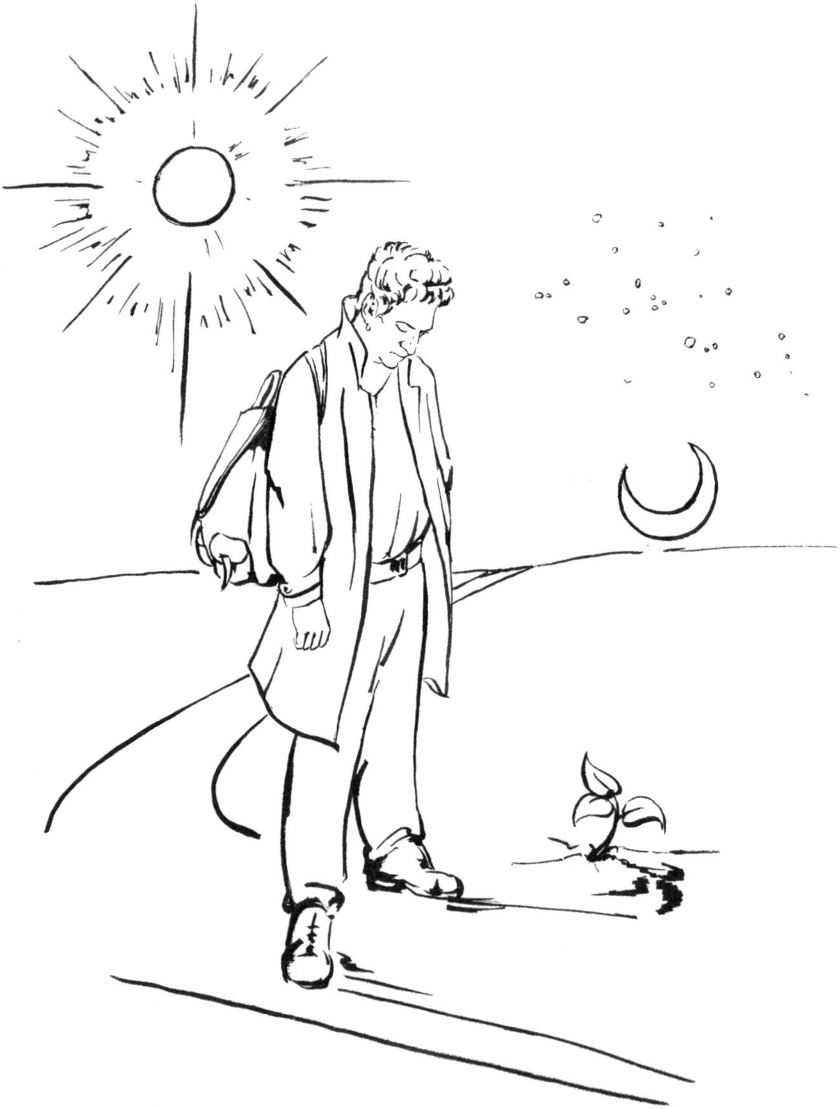

1. Im Leben unterwegs

Der Iran gehört zu den wichtigsten Ländern, die an der ehemaligen Seidenstraße liegen. Er bildet eine Nahtstelle zwischen vielen Hochkulturen und Weltzivilisationen, liegt in Mittelasien und ist umgeben von dem Irak, Pakistan, Afghanistan, Turkmenistan, Aserbaidschan sowie von Armenien und der Türkei. Mehrere Jahreszeiten bieten gleichzeitig ein völlig unterschiedliches Bild: Auf den Gletschern der Hochgebirge im Norden herrscht strenger Winter, im Süden ist es subtropisch warm, während im Osten frühlingshafte Temperaturen herrschen und im Westen die Bäume ihr Laub verlieren. Diese Gleichzeitigkeit von vier Jahreszeiten macht die magische Harmonie des Landes aus, das kein »Land der Gegensätze« ist, wie man hier bisweilen sagt. Ganz im Gegenteil: Das Land ist Bild eines harmonischen Ganzen.

Der Vielfalt der Natur ähnelt die Verschiedenheit der Menschen. Unterschiedliche Völker fügen sich hier zu einer harmonischen Bevölkerung zusammen. Sie sind gemeinsam stolz auf das Land, in das ihre Ahnen vor geraumer Zeit eingewandert sind und mit ihrer Kultur bereichert haben: Perser, Kurden, Luren, Aserbaidschaner oder Belutschen. Die vielfältige Seele des Volkes spiegelt sich auch in den religiösen Weltanschauungen: Schiiten, Sunniten, Juden, Zarathustrier, apostolisch-orthodoxe Armenier, Assyrer und Mandäer leben in Frieden und Einigkeit zusammen. Dieses Bild ergibt eine Einheit, wie man sie kaum in anderen Kulturen antrifft.

Nachdenklich macht mich, dass man geradezu versucht, den alten Iran zu verherrlichen und die gegenwärtigen Entwicklungen dieses Landes völlig auszublenden. Ich denke, dass große

Teile unserer Medien und damit auch unserer Politik irgendwie in der Vergangenheit leben und gleichsam alles daransetzen wollen, auch uns in dieser Vergangenheitsblase gefangen zu halten. Als Kind kannte ich viele Gründe, auf den Iran stolz zu sein. Er ist das Land des Dichter-Philosophen Hafez, das Johann Wolfgang von Goethe so großartig als eine Einheit mit seiner abendländischen Heimat besingt: »Herrlich ist der Orient,/übers Mittelmeer gedrungen,/nur wer Hafez liebt und kennt,/weiß, was Calderon gesungen./Wer sich selbst und andre kennt,/wird auch hier erkennen,/Orient und Okzident/sind nicht mehr zu trennen.« Diese Worte des weisen deutschen Dichters zeigen ebenso eindrucksvoll wie geistreich, dass er die Einheit unserer Welt verinnerlicht hatte. Manchmal denke ich, der große Goethe war seiner Zeit viel weiter voraus, als wir es heute alle zusammen von uns sagen können. Er kannte den Orient nicht, aber sehnte sich innerlich danach, diesen Kontinent kennenzulernen und zu verinnerlichen. Goethe hat verstanden, dass der Liebesgesang schließlich über jeden Versuch, den anderen schlecht zu machen, erhaben ist.

In meiner Jugend hatte ich viele heilige islamische Stätten mit ihren prachtvollen Bauten bereisen dürfen, die mich faszinierten. Als ich ein kleiner Junge war, suchten wir das Heiligtum von Shah Abd-ol-Azim, zwei Kilometer südöstlich der Teheraner U-Bahn-Station Rey auf, später, als die Ausflüge größer wurden, durfte ich mit meinen Eltern die historischen Bauten des Hasrate-Masume in der universitären Weltmetropole Qom besuchen, wo ich später eine Professur verliehen bekommen habe. Die Stadt zählt neben Karbala im Irak zu den Weltzentren der schiitischen Theologie. Besonders beeindruckte mich als Junge das Heiligtum meines Namensvetters, das Imam-Reza-Heiligtum in der religiösen Weltmetropole Maschad. Und Esfahan braucht man gar nicht zu beschreiben, denn selbst in Deutschland kennt man den Imam-Platz als einen paradiesischen Ort. Die ruhmreiche Geschichte der altpersischen Königsresidenzen Takht-e-Dschamschid, hier als Persepolis bekannt, und Pasargadae, ließen mich von den altpersischen Großkönigen träumen.

Ich fragte meine Eltern, ob alle Völker der Welt solche großartigen Stätten aufweisen könnten. Vater nannte China, Ägypten und Indien. Traurig fügte er hinzu, wir Iraner würden immer nur von der großen Vergangenheit träumen. Stattdessen sollten wir dafür eintreten, weitere Kulturdenkmäler zu schaffen oder uns wie unsere Ahnen, vom Propheten Zarathustra bis zum Propheten Mohammad, um eine bessere Welt bemühen. Dies wäre seinerzeit dringend notwendig gewesen, denn wenngleich der Schah ein prunkvolles Leben führte, herrschte im Rest des Landes, insbesondere außerhalb Teherans, bittere Armut. Diese Zustände sollten das Land bald in eine tickende Zeitbombe verwandeln.

Die Islamische Revolution von 1979 und später der Iran-Irak-Krieg waren zwei traumatische Erlebnisse, die meine Jugend prägten. Der Krieg fügte den Menschen großen Schaden zu. In der Nachkriegszeit dauerte es lange, bis das Land, das unter politischen Flügelkämpfen und den Sanktionen der USA mit ihren westlichen Verbündeten litt, wieder zu sich kam. Diese wenig hoffnungsvolle Situation war der tiefere Auslöser für die Migration aus meinem Land im Jahr 1990.

Sprung in eine andere »Kultur«

Meine Heimat zu verlassen war die schwierigste Entscheidung meines Lebens, da ich bewusst alle Brücken abbrechen, Familie und Freunde hinter mir lassen und den Sprung ins Unbekannte wagen musste. Wie ein Schwimmer, der ins Wasser springt, um einen Fluss zu überwinden, ohne zu wissen, wie kalt oder wie heiß dieses Wasser ist. Alles ist vom Anfang bis zum Schluss riskant. In unbekannten Gewässern und fremden Gezeiten ist man dem Zufall oder der Gnade der Zeit ausgeliefert. Ich hatte Glück. Ich konnte diesen Sprung mit Erfolg wagen.

Viele Freunde und Bekannte haben diesen Schritt, der sicherlich aus einer guten Portion jugendlichem Idealismus heraus entstanden war, nie richtig verstanden. Ich bin kein Hitzkopf und überlege mir, was ich tue, wie ich es tue und warum ich etwas tue, auch wenn die anderen meine Taten oftmals kritisch beäugen. Meine Mutter war von Anfang an nicht begeistert, aber sie sagte mir stets, sie würde mich in meiner Intention immer bestärken, weil sie wüsste, dass ich meine Entscheidungen wohlreflektiert treffe und Eventualitäten abwäge. Diese Einschätzung war für mich beruhigend, aber dennoch war mein Entschluss mit kleineren und größeren Ängsten verbunden: Dass es mir nicht gelingen würde, die Einsamkeit in einem unbekannten Land zu überstehen oder als gescheitert zurückzukehren. Diese Verlustangst hat mich Jahre begleitet, mir doch zugleich geholfen, keine unüberlegte Entscheidung zu treffen. Ich war gewillt, die Welt zu erkunden und auf Fragen Antworten zu suchen, die ich mir seit dem Erlebnis meiner Kindheit immer wieder gestellt hatte.

Im Iran musste man lange auf ein Visum warten und der Prozess selbst war mit Tausenden von Eventualitäten verbunden. Deshalb wählte ich den Weg über die Türkei und fuhr im Herbst 1990 zunächst mit dem Bus nach Ankara. Nachdem wir die iranische Grenze passiert hatten, kauften sich einige Fahrgäste Whiskey und türkisches Bier, da in meiner Heimat kein Alkohol konsumiert werden darf. Der Wunsch, in eine ausgelassene Stimmung zu kommen, war bei ihnen groß. So brachten sie sich ohne Rücksicht auf Verluste in eine missliche Situation.

Der halbe Bus war betrunken, einige Fahrgäste mussten sich übergeben, andere lieferten sich verbale Auseinandersetzungen und belegten sich gegenseitig mit übelsten Beschimpfungen. Mehrmals bat der Busfahrer um Ruhe oder hielt gar an, um weitere Eskalationen zu verhindern. Die 20-stündige Fahrt war eine Tortur. Der Bus kam mir vor wie ein Irrenhaus auf vier Rädern. Zum ersten Mal sah ich so viele Betrunkene auf einem Haufen, die nur noch lallen konnten, als hätten sie eine heiße Kartoffel im Mund. Bei dieser Fahrt, in der die Streitlust alles dominierte, hatten sich aber auch einige etwa gleichaltrige junge Männer zurückgehalten, mit denen ich in Kontakt kam. In einem Hotel verbrachten wir einige Zeit zusammen. Sie genossen ihren

Urlaub, während ich unter Dauerspannung damit beschäftigt war, mein Leben in neue Bahnen zu lenken. Wochen später konnte ich mit einigen Landsleuten am Atatürk-Flughafen in Istanbul eine Maschine nach Frankfurt am Main besteigen. Dieser Flug an sich war wiederum eine Reise in eine völlig andere Kultur, denn fast alle Fluggäste sprachen Türkisch. Da ich das Gefühl hatte, in einer falschen Maschine zu sitzen, erkundigte ich mich einige Male bei anderen Fluggästen, ob die Maschine wirklich nach Frankfurt fliege.

Nach der Ankunft in Deutschland war ich erleichtert, die Strapazen des ungewissen Flugs ins Neuland überstanden zu haben, wurde aber auch ergriffen von einem Gefühl des völligen Fremdseins. Mutterseelenallein stand ich in der Halle des gigantischen Rhein-Main-Flughafens und beobachtete die gestresst vorbeihastenden Fluggäste. In den letzten von Ungewissheit geprägten Wochen hatte ich mich zwischen unterschiedlichen Kulturformen bewegt. Dies wurde mir insbesondere durch die unterschiedliche Kleidung der Frauen bewusst. In meiner Heimat hüllen Frauen ihren Körper in einen »Manto«, eine Art Mantelkleid, und bedecken ihren Kopf mit einem Kopftuch. In der Türkei tragen die Frauen ihre Haare offen, obschon viele nicht auf ein Kopftuch verzichten. In Deutschland hingegen waren viele junge Frauen mit Minirock, Dekolleté und Spaghettiträgern zu sehen. Zum ersten Mal wurden mir drei verschiedene Transformationen kultureller Kontexte bewusst, zwischen denen ich mich in einem kurzen Zeitraum bewegt hatte. Dieses völlig neuartige Gefühl, nicht zu wissen, ob solche Eindrücke hier zur Normalität gehörten oder gar wie diese Normalität hier auch immer aussehen mochte, lässt sich nur schwerlich nachempfinden.

Parallelgesellschaft

In Teheran hatte ich in der Nachbarschaft einen Freund namens Bijan. Bijans Eltern führten ein florierendes Schuhgeschäft. Sie gönnten ihrem einzigen Sohn alles. Er war schon immer ein etwas verwöhnter und – wie mein Vater ihn nannte – verzogener Junge, dem man alles auf dem Silbertablett servierte. Wir teilen gemeinsame unbeschwerte Jugenderinnerungen. Jeden Freitag hatten wir vor unserem Haus Fußball gegen die Mannschaft der anderen Straßenseite gespielt. Wer verlor, war verpflichtet zur Einladung mit Cola, Keksen und Alaska-Eis, einem Wassereis, das dem hiesigen Capri-Eis entspricht. Ich erinnerte mich auch an manchen Streit wegen eines gegebenen oder nicht gegebenen Tors.

Bijans Eltern hatten ihrem Sohn neun Jahre zuvor ermöglicht, das Land zu verlassen, um ihn vor einem Einsatz im Iran-Irak-Krieg zu bewahren. Er hatte sich in Frankfurt niedergelassen und nun wollte ich ihn als erste Anlaufstelle aufsuchen. Bijan wusste, dass ich zu ihm unterwegs sei. Von Istanbul aus hatte ich ihn telefonisch von meiner Ankunft informiert und wir hatten uns versichert, wie sehr wir uns freuen würden, uns wieder zu umarmen.

Trotz der Erinnerung an unsere Jugendjahre standen wir uns, zwei ehemalige Nachbarskinder, neun Jahre später wie zwei Fremde gegenüber. Es war ein seltsamer Augenblick, erhebend und gruselig zugleich, ich fühlte mich aufgehoben, aber zugleich verlassen. Bijan war verändert, ich sicherlich auch. Wir schauten uns lange an: Mit »Hamid, to-i? Hamid, bist du's?« brach Bijan sein Schweigen. Er begann zu weinen. »Are, man-am«, »Ja, ich bin's«, erwiderte ich, war dabei glücklich, meine Muttersprache zu hören. »Willkommen zu Hause«, begrüßte er mich. Wir umarmten uns fest: »Welches Zuhause, Bijan?« »Mach dir keine Sorgen. Es ist nicht so schwer, wie du denkst. Du gewöhnst dich daran. Du bleibst zunächst einmal hier, bald werde ich mich um deine Angelegenheiten kümmern. Ich kenne mich in Frankfurt aus. Hier habe ich als Dolmetscher gearbeitet.«

Bijan war nun 29 Jahre alt. Er hatte sich zu einem mopsigen jungen Mann entwickelt, sodass seine iranischen Freunde ihn foppend »Tschaqalu«, »Moppelchen«, nannten. Das gefiel mir nicht, weil ich diese Bezeichnung, trotz Späßchen, abwertend fand. Bereits am ersten Abend bemerkte ich, dass einige seiner Freunde, die sich zu meiner Begrüßung bei ihm eingefunden hatten, seine Gutmütigkeit ausnutzten. Positiv fiel mir auf, dass der sprachbegabte Bijan sich im Vergleich zu seinen Freunden in der deutschen Sprache gut ausdrücken konnte. Bijan war auf sympathische Art unordentlich. Er hatte die Gewohnheit, Kleider in seinem Apartment zu verteilen, und überall konnte man die Spuren nächtlicher Gelage entdecken. Offensichtlich hatten wir uns völlig unterschiedlich entwickelt. Ihm fehlten die bitteren Erfahrungen, die ich während des Krieges gemacht hatte.

Was mich bald zu stören begann, war aber nicht Bijans Lebensführung, die von Mensch zu Mensch unterschiedlich ist, sondern sein veränderter Charakter. Er kam mit dem monatlichen Scheck seiner Eltern gut über die Runden und lebte in seinem Apartment ohne jegliches Ziel. Seine Wohnung war wie ein Taubenschlag, in dem lauter Paradiesvögel aus wohlhabenden iranischen Familien ein- und ausgingen, die ihre Faulheit zum Beruf gemacht hatten.

Offensichtlich war diese hausgemachte Parallelgesellschaft ein Hindernis, weswegen sich Bijan nicht in die deutsche Gesellschaft einfügen konnte. Ich fragte ihn, ob er seine deutschen Nachbarn kenne: »Nein, nein, sie reden mit uns nicht, selbst dann nicht, wenn wir auf die Pauke hauen. Sie nehmen uns überhaupt nicht wahr, nur wenn wir zu laut sind, schieben sie einen Zettel unter der Tür durch, wir sollten uns leiser verhalten«, zwinkerte er mir, halb belustigt, halb ernst, zu. Dies verwunderte mich, denn aus dem Iran war ich gewohnt, Nachbarn als seine Nächsten zu betrachten und mit ihnen einen Umgang in bester Manier zu pflegen.

Bijan erzählte, die deutschen Nachbarn hätten ihn anfangs gefragt, warum er hierhergekommen sei, ob er in seinem Heimatland etwas verbrochen hätte und wann er wieder nach Hause ginge. Er hätte diese Fragen unangenehm und indiskret gefunden und irgendwann keine Lust mehr gehabt, sich mit ihnen zu unterhalten oder ihnen eine Unternehmung vorzuschlagen. Ich ermunterte ihn, wieder Kontakt aufzunehmen und es darauf ankommen zu lassen, sodass vielleicht eine Freundschaft entstünde. Er solle die Neugier der Deutschen nicht als Unhöflichkeit deklarieren, sondern als Fragen, auf die er gute Antworten geben könne, doch er beharrte: »Ich habe keine Lust mehr, mich mit Deutschen abzugeben. Seit neun Jahren behandeln sie mich wie einen Blinddarm, obgleich ich immer höflich und freundlich gewesen bin.«

Bijan lebte in den Tag hinein und sprach meinem Empfinden nach zu sehr dem Alkohol zu. Seine Landsleute suchten ihn am Abend mit Bier, Asbach-Flaschen und Kartoffelchips auf. Man trank und starrte gebannt auf die Mattscheibe, wo seinerzeit die Stripshow »Tutti Frutti« das neueste Medienereignis war. Man verkündete lautstark, wie gerne man mit Hugo Egon Balder tauschen würde, und bewunderte die mit Blümchen beklebten Busen der spärlich bekleideten Damen. Das war der Höhepunkt ihres nächtlichen Vergnügens.

Diese Art der Unterhaltung wie auch die Euphorie ihrer Zuschauer, waren mir nicht nachahmenswert. Immerhin war ich mit dem Ziel hierhergekommen, mir ein sinnvolles Leben zu gestalten und Antworten auf Fragen zu finden, die mich seit meiner Kindheit begleiteten. Ich fand es seltsam, dass Bijans Freunde – meist vergeblich – auf der Pirsch nach Partnerinnen waren und »cool« sein wollten, was sich aber letztlich zu ihren eigenen finanziellen, vor allem aber seelischen Kosten niederschlug. Abends fühlten sie sich einsam, litten unter Heimweh und wussten nicht, wie es weitergehen sollte. Sie kannten lediglich den Weg zu Bijans Apartment, zu ihrer Wohnung, zum nächstgelegenen Aldi und gelegentlich – zum Bordell. Mich machte nachdenklich, dass keiner in dieser Clique sich bemühte, die Möglichkeiten zu nutzen, die ihnen zur Entfaltung ihrer Persönlichkeit verhelfen konnten.

Des Öfteren habe ich mich mit Bijan darüber unterhalten, warum er so sehnsuchtsvoll versuchte, iranische Freunde um sich zu scharen. Ich legte ihm nahe, dass seine depressive Haltung mit dem Lagerkoller zusammenhängen könnte, in den er sich selbst hineinmanövriert hatte. Der Mensch braucht ein halbwegs geregeltes Leben oder eine sinnvolle Beschäftigung, um nicht in Selbstverachtung zu geraten. Selbstaufgabe ist die liebste Schwester der Depression. Doch Bijan zeigte keine Lust mehr, sich aufzurappeln und ein Teil der deutschen Gesellschaft zu werden. Deshalb zog er sich immer mehr in seine Einsamkeit zurück, um die Erfahrung des ewig Gleichen mit Menschen zu teilen, die wie er perspektivlos vor sich hinlebten.

Große Ziele

In dem Maße, wie sich mir Bijans seelischer Zustand offenbarte, empfand ich das Leben in dieser Parallelgesellschaft in der Mitte Europas als zunehmend selbstgefährdend. Nach einiger Zeit eröffnete ich ihm, dass ich hier studieren wolle, um zu sehen, wie diese Gesellschaft funktioniere und welche beruflichen Möglichkeiten es für mich gebe. Bijan begann, bitterlich zu weinen. Dieses sei ein schönes Ziel für mich, doch er selbst wisse überhaupt nicht mehr, wo er hingehöre. Er meinte, in den Iran führe kein Weg zurück, doch auch in dieser Gesellschaft fühle er sich nicht wohl. Diese Ambivalenz mache ihn entscheidungsunfähig und habe ihn zu seiner Lebensart geführt, in der alles egal sei, was komme.

Das klang hoffnungslos, aber ich wollte nichts unversucht lassen und ihm sagen, dass er doch einen letzten Versuch unternehmen solle, aber einen richtigen Versuch mit Leib und Seele. Ich war zuversichtlich, wenngleich mir schien, dass er fast aufgegeben hatte und wie ein müder Hamster, beständig langsamer werdend, weiter im Rad herumlief.

Bijan wurde immer unruhiger. Mir schien, er wolle etwas sagen, wusste aber nicht, wie. Urplötzlich platzte er heraus: »Hamid! Lass dir von mir gesagt sein: Du kannst für diese Gesellschaft leben und sterben, es wird keinen interessieren. Ich hatte einen Job, aber man hat mich immer als Ausländer wahrgenommen. Sie gaben mir zu verstehen, ich solle froh sein, hier leben zu dürfen. Willst du hier aufsteigen, musst du dich aufgeben, auf deine Kultur verzichten, die Religion deiner Eltern verteufeln und unsere iranischen Politiker als Verbrecher bezeichnen. Sprichst du positiv über den Iran, fordern sie dich auf, doch zurückzugehen, wenn es dort so gut sei. Ob du lieb oder böse bist, du läufst nebenher, bist ein ungeliebter Fremder. Früher oder später wirst auch du das erfahren.«

Der aufgebrachte Bijan fuhr fort: »Ich bin seit 1981 hier, wegen des Kriegsdienstes. Du kennst meine Eltern, sie wollten mich davor bewahren und haben mir die Ausreise ermöglicht, weil sie dachten, ich lande im Paradies. Sicherlich bin ich dem Krieg entgangen. Doch mittlerweile sehe ich keinen Unterschied zwischen beiden Ländern. Hier tragen die Männer Krawatte, dort Stehkragen, hier werden Menschen belogen, dort auch; hier kannst du bis zum Abwinken saufen, dich in der Öffentlichkeit mit Mädels treffen – im Iran war es doch das Gleiche, nur machten wir das eben zu Hause. Nur Formen und Methoden sind unterschiedlich. Doch der große Unterschied ist, dass dir in Teheran keiner sagt, du wärst dort unerwünscht.«

Bijan gestand zu meinem Erstaunen, er hätte nie über so etwas gesprochen, noch nicht einmal mit seiner Mutter, mit der er sehr verbunden war. Er wolle nicht die Illusion der Eltern zerstören, die noch immer glaubten, er lebe in paradiesischen Zuständen. Als Bijan seine Hand auf meinen Arm legte, merkte ich, dass seine Hand pitschnass war: »Glaube mir, du bekommst immer das Gefühl vermittelt, hier nicht hinzugehören und jemand zu sein, der dieser Gesellschaft auf der Tasche liegt. Wir werden als minderwertige Wesen wahrgenommen, die keine Geschichte haben, als Schmarotzer, als Menschen, die nur partielles Glück erfahren dürfen.«

Bijans Gefühlswelt war völlig aus dem Ruder. Ich versuchte, ihn zu beruhigen, und schlug vor: »Lass uns einen Versuch machen: Versuche einfach, das Wort ›Ausländer‹ zu vergessen. Lebe nur für dich und deine Ziele. Ich denke nicht, dass die Gesellschaft dich daran hindern würde, diesen Weg zu gehen. Letztlich bist du es, der entscheidet, wie es weitergehen soll. Lass dich nicht von deiner Umwelt derart beeinflussen. Du solltest dich von deinen Landsleuten lösen und versuchen, dich selbst zu finden. Dann kannst du dir vielleicht neue Welten erschließen, einen neuen Zugang zu dieser Gesellschaft finden.« Doch Bijan war nicht zu beruhigen und forderte mich auf, ihm keine Predigten mehr zu halten.

Schließlich gelang es mir, ihn zu überreden, mir die berühmtberüchtigte Frankfurter Kaiserstraße zu zeigen, von der ich schon gehört hatte. Entsetzlich war der Anblick der Bürgersteige auf der linken und rechten Seite, auf denen reihenweise männliche und weibliche Drogenabhängige im Dreck saßen. Der Anblick dieses Zustandes im Herzen der europäischen Zivilisation erschütterte mich, doch er lenkte Bijan von seinem Schmerz ab oder tröstete ihn vielleicht sogar in seiner Situation.

Bijan und ich konnten beobachten, wie Menschen auch in Frankfurt herumirrten wie Irrlichter, die den arglosen Wanderer vom Weg abbringen wollen. Und das alles im Herzen von Europa, das als so weltoffen gilt. Wie passt das zusammen? Was sind das für Menschen, die in einer Stadt mit über 200 verschiedenen Nationalitäten so gesunken sind, dass sie keine Perspektive mehr für das eigene Leben besitzen?

In etwa begann ich zu ahnen, wo Bijans Gleichgültigkeit herrührte. Dennoch forderte ich ihn auf, nichts unversucht zu lassen. Seine Erfahrungen waren ein Abbild dieser Gesellschaft, die sicherlich viele Gesichter hat. Ich wies ihn darauf hin, dass er sich auch selbst Möglichkeiten verbaute und nur noch in den vier Wänden seiner Welt lebte. Würden wir das Schöne in einer Gesellschaft sehen, so erschlössen wir uns vielleicht ein neues Leben. Er solle nicht alles über einen Kamm scheren und das Gute, aber auch das Schlechte, wie wir es gerade in der Kaiserstraße gesehen hatten, wahrnehmen. Ich riet Bijan, sinnvolle Entscheidungen zu treffen und klare Ziele zu formulieren, denn Kulturen an sich könnten nicht schlecht sein.

Ich setzte ihm etwas auseinander, was mich seit Längerem bewegte: Dass wir vielleicht jedes Land als ein Hotel wahrnehmen und uns wie undankbare Gäste verhalten würden. In unserer Heimat hatten wir gelebt, ohne uns für irgendwelche Belange einzubringen. Waren die Bedingungen auskömmlich, so waren wir zufrieden. Als sie sich verschlechterten, fingen wir an zu nörgeln. Ich denke, dass wir unsere Heimat vielleicht aus Nostalgie lieben. Unsere Liebe ist keine Vernunftliebe. Kann es vielleicht sein, dass wir das Iran-Hotel verlassen haben, weil die Bedingungen nicht gut waren oder die Hoteliers uns nicht gut behandelt haben? Nun waren wir im Deutschland-Hotel. Wenn die Deutschen uns schlecht behandeln, schimpfen wir auf den Hotelier oder das Hotel selbst. Doch wir sollten vielmehr unsere Einstellung ändern und versuchen, selbst an dem Hotel mitzuwirken.

Rückblickend muss ich feststellen, dass meine Ratschläge an Bijan von damals recht blauäugig gewesen sind. Viele seiner Äußerungen waren gelebte Erfahrungen, die nicht von der Hand zu weisen sind. Doch zunächst war ich voller positiver Energie und machte mich tatkräftig daran, meinen Aufenthalt im neuen Land zu organisieren. Ich bedankte mich für Bijans Gastfreundschaft und suchte mir später in Frankfurt eine eigene Bleibe, blieb aber immer mit ihm in Kontakt.

Neben dem üblichen Verfahren, das ich durchlaufen musste, um eine Aufenthaltserlaubnis zu erhalten, widmete ich mich vornehmlich dem Erlernen der deutschen Sprache. Ich besuchte eine Frankfurter Sprachschule, zusätzlich widmete ich mich neben meinem Vormittagsunterricht der Lektüre einfacher deutscher Literatur. Ich las Comics wie »Tim und Struppi«, die wegen der Bilder leicht verständlich waren.

Oft hielt ich mich in einer Buchhandlung auf. Dort las ich Kinderbücher mit vielen Illustrationen. Es gab Ecken mit Sesseln. Die Verkäufer kannten mich bereits und wiesen darauf hin, dass ich in den Büchern, die noch verkauft werden sollten, nicht blättern durfte. Einmal wurde ich dabei erwischt, eine Stelle mit Bleistift zu markieren, weshalb mich die Buchhändlerin verdonnerte, das Buch zu kaufen, und mir verbot, dort zu lesen. Zu meinem Glück riet sie mir, ich sollte doch die nächste Stadtbibliothek aufsuchen, wenngleich ich auch in den dortigen Büchern keine Anstreichungen vornehmen dürfe. Künftig setzte ich meine Lektürestunden dort fort.

Trotz dieser Beschäftigung, die mein Einleben in die deutsche Gesellschaft erheblich erleichterte, bemerkte ich, dass die Erlebnisse im irak-iranischen Krieg nicht spurlos an mir vorbeigegangen waren. Da konnte mir auch Bijan nicht helfen, weil er keine Kriegserfahrungen gemacht hatte. Er hatte nicht erlebt, wie man Freunde verliert, die nichts anderes gewollt hatten, als die Invasion von Saddam Hussein, des damaligen Präsidenten des Irak, von ihrem Heimatland abzuwenden. Er hatte nicht erlebt, wie ein Soldat mit der Waffe in der Hand ohne Kopf läuft, weil der gerade durch einen riesigen Bombensplitter abgetrennt worden ist. Er hatte nicht gesehen, wie ein Freund von einer Granate zerrissen wurde. Er hatte nicht erlebt, wie Feldminen überall plötzlich hochgingen, wo die Soldaten zuvor noch entlangmarschiert waren, wie Menschen ihre Füße und Beine verloren. Er hatte nicht erlebt, wie Soldaten vor lauter Durst fauliges Wasser aus Lachen tranken. Er hatte nicht erlebt, dass ein Soldat elendig verbluten musste. Diese Welt muss man einmal gesehen haben, um nachempfinden zu können, wo das Menschsein aufhört. Krieg macht Leichen aus allem und als Erstes stirbt die Menschlichkeit zusammen mit der Würde. Diese Erlebnisse hatten in meinen Gedanken deutliche Spuren hinterlassen. Sie haben aus mir das gemacht, was ich geworden bin. Sie wanderten immer wieder zu den Ereignissen zurück, die letztendlich dazu beigetragen hatten, dass ich nun in Deutschland war.

Heilige Verteidigung

Nicht nur mein Jahrgang, sondern das gesamte iranische Volk musste unter der Kriegsinszenierung der USA leiden, die den Iran-Irak-Krieg initiiert hatten. Die Islamische Revolution, die Vertreibung des Schahs und die Neugestaltung des Staates unter Ayatollah Khomeini hatten alle Pläne, welche die westliche Ordnungsmacht und ihre Verbündeten auf dem iranischen Territorium hatten, auf einen Schlag zunichte gemacht. Der Iran, unter dem Schah mit amerikanisch-britischer Technik bis an die Zähne bewaffnet, war als westlicher Brückenkopf gegen die Sowjetunion und andere Länder in der Region verloren. Zudem hatte Imam Khomeini ein Programm verabschiedet, nach dem die Ressourcen des Landes nicht mehr dem Ausland zur Verfügung gestellt, sondern zum Aufbau und zur Beseitigung der Armut im eigenen Land genutzt werden sollten. Die Befürchtung, die Sowjetunion würde sich Teile der mittelasiatischen Welt einverleiben, war so groß, dass die USA im Jahr 1980 glaubten, diesen Bemühungen durch Krieg Einhalt gebieten zu müssen.

Der Westen ahnte nicht, dass auch die Sowjetunion Saddam Hussein unterstützen würde, um ihre Waffen gewinnbringend verkaufen zu können. Es handelte sich folglich nicht wirklich um einen iran-irakischen Konflikt. Das Land musste sich gleichzeitig gegen die USA samt ihren Verbündeten und die Sowjetunion verteidigen. Ziel war es, den Iran in die Knie zu zwingen, um ihn in amerikanisch-europäische und russische Zonen zu unterteilen, so wie es im heutigen Syrien zu beobachten ist.

Ein weiterer willkommener Nebeneffekt für die streitenden Kräfte war, Intellektuelle und Wohlhabende des Landes zur Migration zu veranlassen. Diese nahmen ihre Reichtümer und ihr Know-how mit, wovon die Aufnahmeländer massiv profitierten. Für den Iran war dies ein großer Verlust, da hierdurch jegliche Selbstentfaltungsmöglichkeit stark eingeschränkt wurde.

Man muss sich nur umschauen, um festzustellen, wie viel iranische Ärzte und Spitzenwissenschaftler bei der NASA und an US-amerikanischen und europäischen Universitäten Schlüsselpositionen bekleiden. Noch im Juni 2020 hat die britische Regierung zum wiederholten Mal verkündet, alles zu tun, um außereuropäische Wissenschaftler auf den Gebieten der Mathematik und Ingenieurwissenschaften zur Migration nach Großbritannien zu bewegen. Dieses Bestreben zeigt, warum Großbritannien neben den USA, Deutschland und Frankreich großes Interesse daran hat, »internationale Probleme« durch das Verhängen von Sanktionen zu lösen, die dazu führen, dass außereuropäische Wissenschaftler die Hoffnung in ihrer Heimat aufgeben und ihr Glück in anderen Ländern suchen.

In der aktuellen Propagierung solcher Bestrebungen zeigt sich, dass Großbritannien seinen kontraeuropäischen Kurs der Eigenständigkeit offenbar damit attraktiv präsentieren möchte, wissenschaftlichen Kapazitäten verlockende Angebote zu unterbreiten. Der Gedanke »Wir gegen den Rest der Welt« hat sich spätestens seit einem guten Jahrzehnt in der Weltpolitik breitgemacht, der nationale Tendenzen fördert und internationale Beziehungen zunehmend erschwert. Offen bleibt dabei die Frage, warum wir und andere westliche Länder gleichsam Entwicklungspolitik betreiben, um diese Länder angeblich wirtschaftlich zu stabilisieren. Dies ist heute ein Vorwand, um eigene Ziele zu verwirklichen, der in den Zeiten des iran-irakischen Krieges noch nicht einmal verschleiert werden musste.

Der Krieg wurde als »defa-e moqaddas«, »Heilige Verteidigung«, bezeichnet. Es handelte sich aber mitnichten um das, was man in Deutschland als »Heiligen Krieg« bezeichnet, der mit grenzenlosem religiösen Fanatismus assoziiert wird. Später hat mich der bodenlose Unsinn verwundert, den ich mir in Deutschland über den »Heiligen Krieg« anhören musste, angefangen von der angeblich schlechten Ausstattung von Kindersoldaten, die man ohne Gasmaske in Giftgas-Gebiete geschickt hätte, bis zu den himmlischen Jungfrauen, welche angeblich die gefallenen Soldaten nach ihrem Märtyrertod erwarten. Weder wurden Soldaten ungeschützt in Kampfgebiete geschickt noch wurde irgendjemand mit Versprechungen über derlei paradiesische

Belohnungen in den Kriegsdienst gelockt. Das Ziel des Landes war viel nüchterner, nämlich irakische Truppen abzuwehren, die ohne formale Kriegserklärung in den Iran einmarschiert waren.

Es scheint mir eine Tendenz öffentlicher, vornehmlich westlicher Medien zu sein, einen Religionsfanatismus-Diskurs über islamische Länder zu führen und die Kriegsgeschehnisse in diesem Sinne umzudeuten, um ein Feindbild zu erzeugen. Diese Maschinerie setzt alles daran, ein derartiges Feindbild aufrechtzuerhalten.

Der Krieg hat die Seele des iranischen Landes und seines Volkes tief erschüttert. Viele Menschen trugen körperliche oder psychische Belastungsstörungen davon. Es verging keine Nacht, ohne dass Kampfbomber unser Leben bedrohten und Teile Teherans in Schutt und Asche legten. Mit jeder Detonation ahnten wir, dass wieder viele Menschen ihr Leben verloren. Gruselig fand ich das wummernde Sausen der sowjetischen Scud-Raketen am nächtlichen Himmel. Wir wussten, dass die Raketen bald einschlagen und wieder Teile unserer Hauptstadt verwüsten würden.

Eine dieser Erinnerungen verfolgt mich noch heute: Ich war mit dem Taxi auf dem Weg in die Stadt, als Alarm ausgelöst wurde. Direkt darauf hörten wir dieses Geräusch, wie von einem überdimensionalen Flammenwerfer. Kurz darauf sah ich über mir eine riesengroße Rakete, wenige Sekunden später schlug sie mit voller Wucht ein. Der Taxifahrer schrie: »Ej Khoda! – Gott bewahre uns!« Wir stiegen aus und rannten mit vielen anderen an die Stelle des Einschlages. Die Rakete hatte auf dem Karimkhan-Boulevard einen Krater von mindestens 50 Metern aufgerissen, Autos demoliert und einen Teil der Straße verwüstet. Die umliegenden Häuser blieben weitestgehend unbeschädigt bis auf die Fenster, die der Druckwelle nicht standhielten. Außerdem hatte die Rakete etwa zehn Menschen in den Tod gerissen.

Mein Elternhaus steht im Norden der Stadt, einem Viertel außerhalb des Zentrums, das seltener von den Bomben attackiert wurde. Bei Alarm gingen wir zunächst in den Keller. Doch dort fühlte man sich wie gefangen und bekam Platzangst, da nicht sichtbar war, von woher die Gefahr nahte. Meine Familie, wie viele Menschen aus der Nordstadt, machten aus der Not des Bombenalarms eine Tugend. Im Sommer verließen alle häufig kurz nach der Abenddämmerung ihr Viertel und trafen sich etwa zehn Kilometer entfernt in den Hügeln des Garjrud, um dort die Nacht in relativer Sicherheit zu verbringen. Man hatte Tee in Thermoskannen mitgebracht. Kerzen beleuchteten dieses nächtliche Picknick am Berg. Bei Alarm löschten alle das Licht, kauerten sich zusammen. Es herrschte eine gespenstische Stille. Nach der Entwarnung flammte eine Kerze nach der anderen wieder auf, der Garjrud verwandelte sich wieder in ein Lichtermeer. Die Menschen bewegten sich, begannen, miteinander zu reden und so die ausgestandene Angst zu verarbeiten. Später verboten uns die Streitkräfte, diese Gebiete zu betreten, und zwar aus gutem Grund. Ohne es zu wissen, hatten wir über dem wichtigsten unterirdischen Munitionslager der Stadt Platz genommen. Da die Soldaten nicht alle Anwesenden beunruhigen wollten, klärten sie nur Einzelne auf, die dann wiederum ihren Familien die Gefahr mitteilten.

In der Anfangsphase des Krieges kam mein Cousin Majid, der einzige Sohn meiner Tante Gohar, als Soldat ums Leben. Die Familie wohnte in der Nähe der irakischen Grenze – mein Onkel Mohammad war irakischer Sunnit –, deshalb setzte man Majid direkt zu Kriegsbeginn als Soldat ein. Er wurde eines der ersten Opfer. Den Verlust konnten die Eltern nie verschmerzen. Die Tante träumte Tag und Nacht von ihm, bei jedem Anruf hoffte sie, das sei Majid. Klingelte jemand an der Tür, so vermutete sie ebenfalls ihren Sohn. Meine Tante habe ich kein einziges Mal mehr lächelnd erlebt, Zeit ihres Lebens taumelte sie mehr als dass sie sich aufrecht hielt. Sie war derart überzeugt, dass Majid noch lebte, dass sie eine Audienz bei Saddam Hussein erbat, um sich bei ihm nach ihrem Sohn zu erkundigen, doch vergeblich.

Soldat im Krieg

Durch diesen Trauerfall in der Familie bestärkt, wollte ich handeln. Ich war fast 18 Jahre alt und hatte gerade das Gymnasium abgeschlossen. Mein Entschluss verstärkte sich, als eine Rakete in unserer Nachbarschaft einschlug und drei Freunde ums Leben kamen, mit denen ich freitags immer, zusammen mit Bijan, Fußball gespielt hatte.

Der Ausnahmezustand versetzte die gesamte Bevölkerung in Aufruhr. Jeder reagierte, wie es ihm seine Mittel erlaubten. Männer und auch Frauen meldeten sich als »Basidji«, als Freiwillige zum Kriegsdienst. Andere wollten ihr Leben oder das ihrer Kinder retten und verließen den Iran, wie dies bei Bijan der Fall war. Diese Reaktion war mir verständlich, dennoch fand ich es schmerzhaft, dass viele in diesen schwierigen Zeiten dem Land den Rücken kehrten – wie Gäste in einem schlechten Hotel. Für mich stand seinerzeit fest, dass ich den Iran nicht verlassen würde.

Ich meldete mich also zum Militärdienst. Durch ein Losverfahren wurden wir zur Marine, zu den Bodentruppen, zur Luftwaffe oder zu den »Sepah-e-Pasdaran« eingeteilt und dementsprechend ausgebildet. In der Kriegsakademie, die in aller Eile organisiert worden war, wurden alle Kategorien des Militärs zusammengefasst. Mein Los brachte mich zu den »Pasdar-wasife«, den Soldaten der Pasdar-Einheit. Wir hatten zunächst im kriegsakademischen Zentrum der Sepah-e-Pasdaran eine dreimonatige Intensivausbildung durchzumachen. Hierzu gehörte, mit sämtlichen Waffen- und Panzertypen umzugehen und das Legen und Entschärfen von Minen zu lernen, die auf beiden Seiten eingesetzt wurden. Nach der Grundausbildung spezialisierte man sich auf einen Bereich wie Artillerie oder Infanterie, Funker, Sanitäter oder Grenadier. Ich selbst wurde den Aufklärern zugeteilt.

Gegen Ende des Krieges erhielt Saddam Hussein Giftgas (in von deutschen Firmen gelieferten irakischen Anlagen produziert), das er am 16. März 1988 in der hauptsächlich von Kurden bewohnten irakischen Grenzstadt Halabtscha einsetzte. Bei diesem Angriff kamen mehr als 5000 Menschen in wenigen Minuten ums Leben. Viele der Verätzten wurden in Köln von deutschen Ärzten behandelt, weil diese das Gift am besten kannten. Sicherlich hätten die Deutschen niemals von sich aus Giftgas zur Verfügung gestellt. Sie konnten sich aber, wie bei vielen anderen außenpolitischen Entscheidungen, den Anordnungen der USA nicht entziehen. Eine Entschuldigung oder eine Entschädigung wegen dieses Verbrechens gegen die Menschlichkeit ist bis heute ausgeblieben.

Oft sind Kameraden durch Minen oder aus sonstigen Gründen ums Leben gekommen. Diesen Verlust hätten wir wahrscheinlich nicht zu beklagen gehabt, wenn wir mit Nachtsichtgeräten ausgestattet gewesen wären, doch die waren zu jener Zeit wegen der schwerwiegenden Sanktionen nicht vorhanden.

Dass solche Kriegserlebnisse nicht spurlos an mir vorbeigegangen waren, spürte ich, als nach der ersten turbulenten Zeit in Deutschland meine Seele Ruhe fand, um über die Ereignisse zu reflektieren. Ein bezeichnender Vorfall trug sich in der Zeit meines Aufenthaltsverfahrens in Bad Nauheim zu. Dort befand sich für die Kurgäste ein üppiger Kurpark mit einem großen Teich. Jeden Tag fütterte ich die Vögel, beobachtete die Passanten und genoss die geruhsame Atmosphäre. Ich fühlte mich wie ein alter, zerbrechlicher Mensch, der dennoch Hoffnung hat, Antworten auf seine Fragen zu finden, die ihn beunruhigen und gleichsam motivieren, nach vorne zu schauen. Ich beobachtete, wie sorgenfrei die Menschen vorbeigingen und in ihrer Welt glücklich waren. Ihre Unbeschwertheit war ihnen anzusehen, insbesondere den Kindern, die lachten und sich am Teich mit Wasserpistolen beschossen.

Beim Anblick der Wasserpistolen kamen mir Kriegserlebnisse wie Einblendungen vor Augen. Zu Beginn meiner Militärzeit war ich mit Kameraden voll bewaffnet abkommandiert worden, um eine zum Lazarett umfunktionierte Sporthalle zu bewachen. Der Anblick der Halle, in der ich Wochen zuvor noch Fußball gespielt hatte, warf mich völlig aus dem Gleichgewicht. Nun lagen hier 300 Verletzte eng nebeneinander. Einige schrien um Hilfe, andere halluzinierten, überall sah man Verbände, die Luft war voller Blutgeruch. Ärzte und Schwestern huschten eilig hin und her. Ich legte instinktiv meine Waffe auf den Boden, ging zu den Verwundeten und versuchte eifrig, Trost zu spenden: »Brüder, Brüder, was kann ich für euch tun? Unser Land ist stolz auf euch. Wir wollen es retten. Wir werden siegen!« Brüsk wurde ich von meinem Vorgesetzten aufgefordert, sofort draußen meine Stellung zu beziehen, was ich unverzüglich tat.

Das Beobachten der unbeschwerten Menschen und das hochgekochte Gefühl meiner Kriegserfahrungen schüttelten mich. Mir liefen Tränen über die Wangen. Ein älterer Herr hatte mich wohl beobachtet. Er legte besorgt seine Hand auf meine Schulter und erkundigte sich, ob es mir gut gehe. Zu einer Antwort war ich nicht imstande. Ich stand auf und ging langsam weg.

Mir wurde klar, dass mir eine unbeschwerte Jugend genommen worden war. Sie war geprägt vom Kulturschock der Revolution und von den anschließenden Kriegserfahrungen. Bis zu diesem Zeitpunkt war mir auch nicht bewusst, wie erschöpft ich eigentlich war. Ich merkte, dass ich noch eine ganze Weile benötigen würde, um meine Kriegserlebnisse zu verarbeiten, bevor ich mich der neuen Welt, in der ich mich befand, öffnen konnte. Diese Welt, über die ich Bijan große Vorträge gehalten hatte und die ich unbedingt hatte kennenlernen wollen, erschien mir greifbar nah. Doch ich konnte mich noch nicht auf sie einlassen, so blieb sie mir in diesem Moment unglaublich fern.

Nachkriegsjugend

Der Iran-Irak-Krieg fand im August 1988 ein Ende. Es gab kaum eine Familie, die nicht Verluste zu beklagen gehabt hätte. Im Lande herrschte eine erschöpfte Ruhe. Jeder war auf seine Art froh, dass diese bedrohliche Zeit nun vorbei war. Die Menschen kamen auf die Straßen, spontan wurde ein Volksfest gefeiert. Das Kriegsende weckte erneut die anfänglichen Hoffnungen der Revolutionszeit auf Wohlstand und ein besseres Leben. Das Volk wollte sich darauf konzentrieren, endlich mit dem Aufbau des Landes zu beginnen. Man sprach von einer »Wiedergeburt«, welche den Iran zu einem modernen, unabhängigen Staat umbilden sollte. Das war das eigentliche Ziel der Islamischen Revolution von 1979. Dem Iran sollte dazu verholfen werden, die Seele seiner Kultur von sich aus zu ergründen und aus eigenen Mitteln die Zukunft zu gestalten.

Kurz darauf nahm der Tod dem greisen Imam Khomeini die Führung aus der Hand. Viele seiner Ideale wurden mit ihm buchstäblich zu Grabe getragen. Über den geplanten Aufbau gab es auf politischer Ebene starke Verwerfungen, die zusätzlich aus dem Ausland geschürt wurden. Die Stimmung war aufgeheizt. Das Land befand sich zwischen Macht und Ohnmacht. In der politischen Aufbruchsituation formierten sich die unterschiedlichen Richtungen mit ihren Teilströmungen neu. Mit großer Härte bekämpften sich die zwei großen Gruppen der »Reformwilligen«, die alles an westlichen Vorbildern ausrichten wollten, und der »Konservativen«, die Fortschritt aus den eigenen traditionellen Wurzeln schöpfen wollten.

Zu schaffen machten dem Land zusätzlich die wirtschaftlichen Sanktionen der USA und ihrer Verbündeten. Jahre später ist mir klarer geworden, dass der Iran ein jederzeit besetzbares Land hätte bleiben sollen. Die Todsünde des Landes war es, sich selbst zur Industriemacht zu etablieren, statt von den streitenden »Siegermächten« als Agrarland optional verfügbar gemacht werden zu können. Eine Spaltungspolitik beabsichtigte genau die Verwirklichung dieses Zieles. Noch heute zeigen sich die weitreichenden Einflüsse dieser zersetzenden Meinungsmacher. Die iranische Politik ist ein inneres Spiel der Zerrissenheit, inszeniert von äußeren Einflüssen, die hieraus ihren Profit schlagen.

Zu jener Zeit war es zusammen mit den vorangegangenen kulturellen Erschütterungen für junge Erwachsene schwer, eine Zukunftsperspektive zu entwickeln. Zu dieser Kriegsgeneration gehörte auch ich. Nach den entbehrungsreichen Jahren wollte ich zu mir finden. Doch Kriegserinnerungen und Trauer über den Verlust von Freunden holten mich überall ein. Die Schrecken des Krieges waren noch allgegenwärtig. »Hegle-Denkmäler«, Trauerstätten für die gefallenen Soldaten, bestimmten an jeder Straße das Bild des Landes: An einer angestrahlten Säule, verkleidet mit Spiegeln, umrahmt mit Gladiolen und Nelken, hing ein Foto des Toten. Im Hintergrund wurde der Koran rezitiert. Dies erschwerte die Einkehr von Normalität in den Alltag. Jeder Blick auf eine Hegle-Säule rief in mir bittere Erinnerungen an den Krieg wach.

Mit einigen politischen Entwicklungen im Lande war ich nicht einverstanden. Viele persönliche Pläne waren in den Wirren der Zeit nicht realisierbar. Deshalb spielte nun auch ich immer mehr mit dem Gedanken, den Iran zu verlassen, um mir in einer stabileren Umgebung eine Zukunft aufzubauen. Doch zunächst war mir jede Ablenkung recht. Ich beschloss, Geld zu verdienen, und fand Arbeit in einer Druckerei.

Seit meiner Jugendzeit habe ich einen guten, treuen Freund, Maziar, mit dem ich mich noch heute sehr gut verstehe. Er war nachdenklich und einfühlsam zugleich. Meine Familie war eher säkular orientiert, während seine Eltern gläubig waren. Er hatte schon während seiner Schulzeit immer wieder bei seinem Vater ausgeholfen, der einen Motorradhandel betrieb. Wenn wir Zeit hatten, trafen wir uns außerhalb der Schule und schlenderten wie alle anderen Jugendlichen durch die Stadt. Wir versuchten, die zurückliegende Zeit zu vergessen.

Das Erscheinungsbild der Hauptstadt war, wie in allen Städten des Landes, noch immer von Traurigkeit geprägt. Doch alle atmeten auf und waren bemüht, Normalität einkehren zu lassen. Abends waren die Straßen voller Menschen. An jeder Ecke gab es Händler, die gegrilltes Fleisch und Maiskolben verkauften, frische Nüsse und Getränke anboten und die Szenerie mit Öllampen erleuchteten. Dies ergab ein mystisch anmutendes Bild. Viele hatten Laternen dabei, wie hier beim Martinszug, da Stromausfälle die Stadt immer wieder in Dunkelheit tauchten. Strom war rationiert, weil das Land nicht die Kapazität besaß, alle dauerhaft zu versorgen. Umso bezeichnender ist, dass der Iran heute, trotz der Sanktionen der letzten 40 Jahre, zu den großen Stromexporteuren nach Pakistan und in den Irak zählt.

Die Atmosphäre der Hauptstadt war, trotz Kriegstragik, von einem Zusammengehörigkeitsgefühl geprägt. Alle beschenkten sich gegenseitig mit Süßigkeiten oder dem, was sie selbst gerade verspeisten, um soziale Nähe und Solidarität zu bezeugen. Das tat uns gut. Vielleicht haben wir uns nie wieder in der Geschichte unseres Landes so verbunden gefühlt – wie Millionen Herzen, die in einem Leib gleichmäßig schlagen. Diese Verbundenheit ist die Wiege eines geeinigten Volkes. Sie kann in jedem Land realisiert werden, dessen Volk sich nicht aufgibt.

Maziar und ich redeten oft über die Vergangenheit und die Situation vor der Revolution. Nachdenklich machte uns die Entfremdung der Menschen in unserer Heimat von unserer eigenen Kultur. Die USA- und europagesteuerte Politik des Schahs hatte das Erscheinungsbild des Landes vor der Revolution bestimmt und eine europäisch orientierte Parallelgesellschaft entstehen lassen. Was uns beide beschäftigte, war die damals verbreitete Mentalität, sich ausschließlich an westlichem Konsum und Lebensstil zu orientieren. Dies reichte von Bikini und Pferdeschwanz für Frauen bis zur Popmusik, die Jugendliche bestimmter Schichten ausschließlich hörten.

Im Gegensatz zu vielen Jugendlichen hörten wir überwiegend traditionelle iranische Musik, die meiner Auffassung nach viel mehr die Seele des Menschen berührt als die des Westens, weil Worte, Instrumentenklang und die Art des Gesangs es vermocht haben, den Schmelz der alten mystischen Gesänge zu bewahren und in die Moderne zu tradieren. Selbstverständlich mochten wir auch westliche Musik, doch mir erschien sie oberflächlicher. Sie erzeugt nur ein momentanes Pseudogefühl der Freude. Unsere Lieder mit ihrer traditionellen Verankerung wirkten weit mehr in uns nach, zumal die Vertrautheit mit der eigenen kulturellen Umgebung uns Geborgenheit schenkte.

Mit Maziar war ich einig, dass diese Parallelgesellschaft schizophren sein musste. Wir fragten uns, warum wichtige Straßen und öffentliche Plätze nach englischen oder US-amerikanischen Politikern und Schauspielern benannt waren. Es gab einen Eisenhower- und einen Kennedyplatz, die Roosevelt- und die Elizabeth-Taylor-Allee, eine Paramount- und eine Berlin-Straße sowie einen Churchill-Boulevard. Nur wenige Straßen waren nach einheimischen Klassikern benannt. Wir vermuteten, dass diejenigen, die unsere Straßen so benannt hatten, aus dieser europäisch denkenden Parallelgesellschaft stammten. Sie hatten nicht begriffen, dass sie hiermit dem iranischen Volk seine Identität nahmen. Sicherlich war die Revolution von 1979 eine Folge dieser Entwicklung. Das Volk hatte ein Erweckungserlebnis erfahren und wollte der Kulturentfremdung ein Ende setzen, um wieder zu sich zu finden.

In mir ist schon seinerzeit das Bedürfnis entstanden, die Gründe dieser Entwicklung zu begreifen. Als ich nach Deutschland kam, wurde mir bewusst, dass ich wohl lange studieren müsse, um diese Gründe zu verstehen. Doch zunächst musste ich noch viel intensiver die deutsche Sprache erlernen, um überhaupt etwas verstehen zu können.

Verflixte deutsche Sprache!

Durch das Erlernen der deutschen Sprache erschloss sich mir eine neue Welt. Eine Sprache zu lernen heißt auch, eine Kultur zu verstehen. Was mich besonders beeindruckt hat, ist die Feinfühligkeit und die konkrete Exaktheit der deutschen Sprache, in der man sich wissenschaftlich differenziert auszudrücken vermag.

Neben dem Sprachunterricht, ergänzt durch die Comics und Kinderbücher, habe ich später eine weitere Methode gefunden, diese lebendige Lernmethode fortzusetzen. Zusammen mit meinem kleinen Sohn schaute ich mir insbesondere die Sachgeschichten der »Sendung mit der Maus« an. Begeisternd fand ich auch die Geschichten von Peter Lustig, weil er feinfühlig und witzig, gepaart mit Bildern, komplexe Sachverhalte in einfacher Sprache vermittelte. Heute schlage ich jedem, der eine Sprache erlernen will, diese Methode als außerordentlich effektiv vor. Meinen Studenten rate ich zusätzlich, eine außereuropäische Sprache zu lernen, um innerlich vom hohen Ross der Überheblichkeit herunterzukommen, ihre eigene Sprache sei doch ganz einfach zu sprechen. Noch wichtiger scheint mir, dass wir durch den Erwerb einer neuen Sprache merken, wie Kulturen und ihre Kontexte zusammen eine bereichernde Mannigfaltigkeit bilden, die sich in den Lehnswörtern und Internationalismen niederschlägt.

Diese lebendigen Lernmethoden haben mein Sprachvermögen und meine Einfühlung in die deutsche Sprache auf wertvolle Weise befördert. Ich konnte mich bald darin zurechtfinden, wenngleich sich auch die lateinische Schrift des Deutschen von dem persischen Alphabet meiner Muttersprache unterscheidet. Vielleicht wird die deutsche Sprache meine Muttersprache niemals ersetzen, aber ich beherrsche sie so, dass ich meine innersten Gefühle genauso wie im Persischen artikulieren kann. Dies empfinde ich als Bereicherung. Auch heute schreibe und spreche ich gerne in deutscher Sprache, die mein Denken und meine Sprachfertigkeit nachhaltig geprägt hat.

Mir wurde rasch bewusst, dass Denken und Sprache zusammenhängen. Mein Interesse an der deutschen Kultur, die ich mit Wärme in meinem Herzen zu verspüren meinte, war unermesslich. In Geschichtsbüchern und Übersetzungen aus dem Deutschen ins Persische hatte man ein positives Bild über ein Deutschland mit vielen großartigen Errungenschaften, welche die Menschheit geprägt haben. Deutschland ist ein Land des Denkens und der Technologie. Das hat mich von Anfang an begeistert.

Selbstverständlich erfolgte mein Zugang zur deutschen Sprache nicht reibungslos. Insbesondere die landläufigen metaphorischen Ausdrücke zeigten mir, dass Sprachen eine kulturelle Verankerung haben, die wir verstehen müssen, wenn wir sie nicht falsch interpretieren wollen. Meine Erfahrungen bei der Zimmersuche in Frankfurt ähnelten bisweilen einer Tragikomödie. Ein grundlegendes Problem, das dies verursachte, war, dass ich noch nicht gelernt hatte, in deutscher Sprache zu denken. Diese Verfehlung brachte mir Ärger und löste bei den anderen Gelächter aus. Ich hatte über die Zeitung ein Zimmer gefunden, das ich nun besichtigen wollte. Rasch kaufte ich ein Ticket, fuhr dorthin und klingelte. Ein Herr öffnete die Tür und fragte, wer ich sei. Ich stellte mich vor: »Ich Hamid, suchen ein Zimmer.« Seine Antwort ließ nicht auf sich warten: »Das geht nicht.« Ich fragte entgeistert: »Wieso?« Er antwortete: »Es tut mir leid, das Zimmer ist längst vergeben.« »Warum?«, fragte ich nach. »Wie gesagt, das Zimmer ist vergeben. Schlag dir das aus dem Kopf!« Ich hörte nur »schlagen« und sagte: »Nicht schlagen, mein Herr.« Der Mann wurde ungeduldig und schloss die Tür. Intensiv dachte ich darüber nach, warum sich der Mann mir gegenüber so unhöflich verhalten hatte. Zunächst hatte ich das mit dem »schlagen« als bedrohlich empfunden, auch duzte er mich einfach. Leider gab es kein Buch, das mir sagte, warum dieser Mann sich so verhalten hatte. Ich dachte mir, sein Verhalten sei vielleicht die Reaktion auf ein unhöfliches Verhalten meinerseits.

Zunächst rief ich Bijan an. Doch er bedurfte selbst des Trostes. Bei ihm schien die Zeit stehen geblieben. Wieder äußerte er Enttäuschung über die deutsche Gesellschaft, von der er sich immer mehr entfernte. Ich riet ihm, sich zu überlegen, ob es die Politik sei, die ihn so enttäusche, oder die Menschen in diesem Land. Er antwortete, er ärgere sich darüber, dass die Menschen hier so gedankenlos den Mainstream der Medien verinnerlichen würden, insbesondere das Bild über den Iran. In diesem Sinne seien die Deutschen durchweg manipulierte Bürger.

Auf meine Nachfrage hin erzählte er mir, was ihn so verärgert hatte. Es war der Kinofilm »Nicht ohne meine Tochter«, der 1991 in die Kinos gekommen war. Hier wurde ein fanatischer, schmutzstarrender Iran gezeigt, in dem die US-Amerikanerin Betty Mahmoody nach der Trennung von ihrem Ehemann um das Sorgerecht der gemeinsamen Tochter kämpfte. Bijan habe sich immer wieder anhören müssen, er könne froh sein, einem solch schmutzigen Land mit derart aggressiven Menschen entkommen zu sein, wie dies im Film gezeigt werde. Seine Einwände, dass er einen völlig anderen Iran kenne, hätten die Menschen nicht gelten lassen. Dies hatte seiner Perspektive in Deutschland den Rest gegeben. Wenig später traf Bijan die Entscheidung, wieder in seine erste Heimat zurückzugehen, um den Schuhladen seines Vaters weiterzuführen.

Sicherlich war ein großes, auch selbst gemachtes Problem Bijans das Leben in dieser iranischen Parallelgesellschaft in Deutschland, das ihm ein bizarres Gesellschaftsbild vermittelt hatte. Deshalb war mir wichtig – auch in meiner ersten Heimat hatte ich mich so verhalten –, nicht in einer solchen sozialen Gruppe zu landen. Parallelgesellschaften sind desintegrativ für ein gesundes Zusammenleben in Gesellschaft und Gemeinschaft. Ich hingegen wollte ein Teil dieser Kultur werden. Was ich aber ebenfalls unter keinen Umständen wollte – bis heute hat sich daran nichts geändert –, war, meine Persönlichkeit und meinen kulturellen Rucksack aufzugeben. Integration ist ansonsten kaum möglich. Selbstidentität bildet die Grundlage des Verstehens der sogenannten Fremdidentität.

Bei Bijan konnte ich meine Sorgen über die Zimmersuche nicht loswerden. Das Gespräch mit dem Vermieter hatte mich verängstigt. Ich rief meine Mutter an, die wie immer am Telefon saß, als ob sie auf einen Anruf von mir warten würde. Sie freute sich und erkundigte sich so sorgenvoll nach meinem Befinden, dass ich es nicht übers Herz brachte, ihr meine Nöte zu schildern. Ich versuchte, humorvoll zu sein, um zu verbergen, wie peinlich mir die Situation war: »Mir geht es gut wie nie zuvor«, dichtete ich ihr in die Ohren. »Ich vermisse dich auch. Was ist los, mein Junge?«, gab sie zurück.

Einfühlsam, wie sie war, ließ sie sich nicht täuschen, und so berichtete ich ihr von meinem Pech bei der Zimmersuche. Das Gespräch beruhigte mich. Meine Mutter riet mir, zu reflektieren, wie man alles besser machen könnte. Wer nach einem Schuldigen suche, schränke seine Wahrnehmung ein und verringere seinen Denkhorizont. Um mich zu motivieren, erzählte sie mir Geschichten von früher.

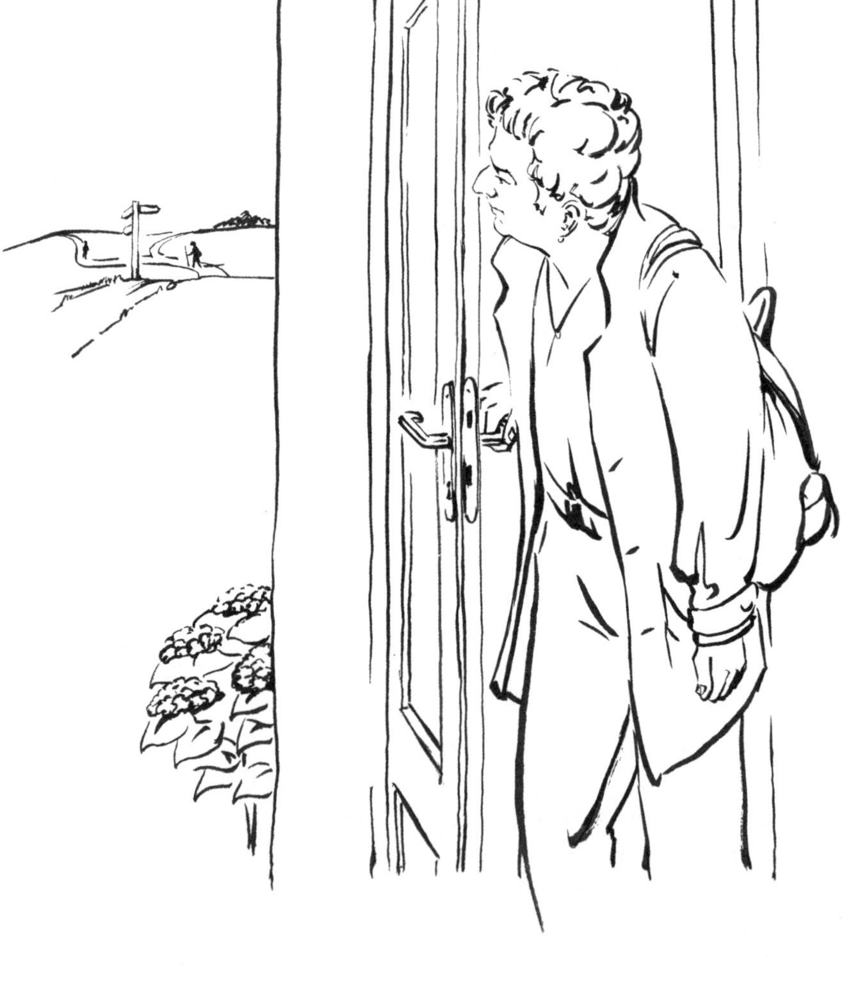

2. Rückblickend nach vorne schauen

Meine Kindheit

Geboren bin ich 1967 im Norden Teherans, der Millionenmetropole und dem Nabel des Iran mit etwa 20 Millionen Einwohnern. Die auf 1000 Meter Höhe beginnende Hauptstadt zieht sich bis zu 1700 Höhenmeter am ersten Hang des Elborz-Gebirges hinauf. Das Stadtbild differiert durch die ungeheure Ausdehnung von etwa 50 Kilometern in Länge und Breite erheblich. Die Bauten der wohlhabenden Viertel in der Nordstadt, in der seinerzeit der Schah zu Hause war, sind von ausgesuchter Pracht. Auch meine Familie wohnte in einem Viertel der Nordstadt.

In meiner Kindheit machten wir Ausflüge zum Park-e-Shahanshahi, dem prächtigen Königspark, der am Pahlawi-Boulevard lag, der schönsten Allee der Hauptstadt, auf der Platanen links und rechts im Sommer ein grünes Dach bilden. Nach 1979 wurde diese Prachtstraße in »Wali Asr-Boulevard« umbenannt, der Park heißt heute »Park-e-Mellat«, Volkspark. Auf diesem weitläufigen Territorium fanden wir alles, was ein Kinderherz begehrt: einen Zoo, Restaurants, ein Teich zum Rudern war angelegt, wir konnten Skateboard fahren, selbst Karussells fehlten nicht. Nach der Revolution wurde der Park neu gestaltet. Der Eingang ist heute mit Büsten iranischer Philosophen und Dichter-Philosophen aus weißem Marmor gesäumt. Der Park-e-Mellat ist ein Treffpunkt. Viele Menschen kommen abends, insbesondere am Donnerstagabend, der im Iran mit dem Samstagabend vergleichbar ist, zum Picknick. Auch ich habe die Picknicks mit meiner Familie und die Spaziergänge mit Freunden im Park sehr genossen. Die Kindheit ist eine schöne Zeit im Leben eines heranwachsenden Menschen. Man braucht sich keine Sorgen zu machen, für alles ist gesorgt. Man wird auf Händen getragen und nahezu jeder Wunsch wird einem erfüllt. Jede Streicheleinheit, jedes Wort und jeder Blick kann Auswirkungen auf die gesamte Biografie des Heranwachsenden haben. In diesem Entwicklungsabschnitt bekommt die Seele Formen und die Persönlichkeit ihre allmähliche Bildung, die wiederum grundlegend ist für die Entfaltung weiterer Stufen im Leben, bis hin zur Identitätsfindung und selbstständiger Lebensführung. Sind Kindheitserfahrungen negativ, traurig oder bitter, so besteht die Gefahr der Entgleisung im weiteren Lebenslauf. Sind die Erfahrungen positiv, freudvoll und erfüllend, so kann es durchaus sein, dass das weitere Leben auf diesem soliden Fundament positiv verläuft. Es gibt freilich auch Ausnahmen: Ein vollkommen trauriger Mensch, der bestimmte Erfahrungen gemacht hat, kann den Schmerz seines Lebens kaum überwinden und sich zu einer Führungsperson entwickeln. Das Entgegengesetzte gilt für einen Mensch der nur positive Zustimmungen in seinem Leben erfährt.

Meine Kindheit war zwischen diesen beiden Polen angesiedelt. Als Junge wollte ich eine Mischung von Vater und Mutter sein. Da ich der Jüngste in der Familie war, zählte mein Vater bei meiner Geburt bereits 44 Jahre. War seine Zuneigung für mich zunächst groß, so ließ sie im Laufe der Zeit nach. Zwischen uns lagen gut zwei Generationen, die uns mehr trennten als vereinten, zumal sich, bedingt durch die Revolution, ein abrupter Generationswechsel vorbereitete. Die Differenzen zwischen uns, die nun auch politischer Natur waren, nahmen rapide zu. Mein Verhältnis zu ihm, den ich immer mehr als autoritäres Familienoberhaupt der überholten Schahzeit empfand, war von Höhen und unglücklichen Tiefen begleitet. Sicher liebte er mich auf seine Weise, aber sein Verhalten war mir häufig fern, trotz seiner unmittelbaren Nähe.

Manchmal erschien mir aufgrund des Missverhältnisses zu meinem Vater nicht immer alles rosig, aber dennoch hat mich das Glück immer wieder begleitet. Diese Erfahrung hat mir Zuversicht geschenkt, im Leben nie die Hoffnung zu verlieren. Bedenke ich es recht, so ist meine Kindheit stets in der Gemeinschaft mit anderen Menschen vor sich gegangen. Ob mit der Familie oder meinen Freunden, der Zusammenhalt untereinander war stets groß. Donnerstagabends kam die Großfamilie regelmäßig zusammen. Ich bin der Jüngste von acht Geschwistern. Wir hatten ein großes Haus, in dem noch die Hälfte der Familie lebte, während meine großen Schwestern und Brüder schon eigene Familien gegründet hatten. Doch donnerstags trafen sich alle im Elternhaus. Die Freude war groß, die Geschwister mit ihren Familien zu sehen. Der engste Familienkreis bestand aus etwa 20 Personen, heute sind noch etwa 30 hinzugekommen, da meine Geschwister selbst Großfamilien gebildet haben.

An solchen Donnerstagen schlachtete mein Vater mit meinen großen Brüdern ein Lamm. Die Hälfte wurde von der Großfamilie verzehrt, die andere Hälfte reichten wir den Nachbarn mit guten Gedanken weiter. Wie im Sinne der islamischen Tradition hervorgehoben wird, sind Menschen füreinander geboren, um ihr Leben gemeinsam in Würde zu gestalten und soziale Wärme sowie die Verbundenheit der Seelen zu fördern. Ich denke, dass wir Menschen unser Menschsein nur im Menschsein des anderen suchen und angemessen entfalten können. Wer glaubt, nur auf sich selbst setzen zu können und seine Person als den ihm Nächsten wahrzunehmen, wird im Leben weder Freude noch Glück empfinden können. Wer teilt, erntet Dankbarkeit und Freude des anderen. Wer hingegen knausert, der befördert letztlich Einsamkeit. Das ist vielleicht ein Grund, warum es im Iran Tradition ist, mit Freunden und Nachbarn zu teilen, die wir wie Familienangehörige betrachten. Diese Familientradition hat mich tief in der Seele berührt. Deshalb suche ich auch heute in Deutschland nach Wegen, diese Tradition zu beleben und aufrechtzuerhalten. Manchmal gelingt es mir, manchmal aber bleibt es mir versagt.

Was mich noch heute nachdenklich macht, ist, dass ich nicht das Glück hatte, meine Großeltern intensiv zu erleben. Meine Großeltern väterlicherseits waren vor meiner Geburt verstorben. Mein Großvater mütterlicherseits betrieb im Süden, 1000 Kilometer von der Hauptstadt entfernt, eine Ziegenzucht. Er kam nur selten zu uns. Im Alter war er mit Großmutter weniger verbunden, kümmerte sich aber rührend um ihre Belange. Während sie lieber zu Hause blieb, um die vielen Kinder meines Onkels zu versorgen, war der Großvater unternehmungslustig und suchte immer neue Herausforderungen. Ihn habe ich geliebt. Er war ruhig und außerordentlich lustig.

Immer wieder besuchten wir Großvater im Süden. Darauf freute ich mich das ganze Jahr. Wir Kinder durften uns ein Zicklein aussuchen, dessen Schwanz Großvater mit feuerroter, blauer oder grüner Farbe markierte, damit wir es in der Herde wiederfinden konnten. Kam Großvater zu uns, so brachte er mir die Ziege zum Spielen mit. Er roch genauso wie die Ziegen, für mich damals ein göttlicher Geruch. Ich war begeistert und ließ die Ziege im Garten laufen, wo sie sich sogleich über die Blumenrabatten hermachte.

Mein Vater kommentierte das Geschehen mit der Bemerkung: »Sieh an, Opa hat wieder den Bock zum Gärtner gemacht!« Die Reaktion meines Großvaters hat mich am meisten begeistert. Er sagte nämlich: »Alles hat einen Grund im Leben. Dass die Ziege die wunderschönen Blüten frisst, mag mit Weisheit zusammenhängen. Sie hat alles Recht, das Beste von dem, woran wir Freude empfinden, zu verzehren, weil sie doch letztlich von uns geschlachtet und selbst verzehrt wird. Die Ziege will sagen: ›Ihr werdet mich irgendwann verzehren wollen, so lasst mich selbst das Beste fressen, damit ich euer würdig bin!‹«

Ich kann nur staunen, wie mein Großvater das Grasen der Ziege mit einer solch tiefen Lebensweisheit verbinden konnte. Seitdem habe ich den allergrößten Respekt vor den Tieren, was ich jedem empfehlen möchte. Ein jedes Tier hat ein Existenzrecht und wir Menschen sollten unsere Verantwortung ernst nehmen und dieses Recht bewahren.

Es verwundert nicht, dass das Verhältnis zwischen Vater und Großvater gespannt war. Großvater ließ sich von nichts beeindrucken und war undiszipliniert, wie mein Vater immer sagte. Er hielt jenen für einen Trottel, da er selbst, als Angehöriger des Militärs, starke Ordnungsprinzipien hatte. Diese beiden Welten haben mir früh gezeigt, dass man unterschiedlich glücklich sein kann; durch Lässigkeit oder durch Disziplin. Wichtig ist nur, dass man seine eigene Linie findet, um diese mit Leib und Seele zu leben.

In Anlehnung an »Die Sendung mit der Maus«, die ich später kennenlernte, vergleiche ich Großvater heute mit Käpt'n Blaubär. Er war groß und kräftig und erzählte geistreiche und verblüffende Geschichten, die uns Kinder in Erstaunen versetzten. Er ließ sich im Schneidersitz auf dem Boden nieder, wir versammelten uns um ihn herum. Seine Erzählungen ähnelten den Schwänken von Molla Nasreddin, dem asiatischen Till Eulenspiegel. In seiner Lieblingsgeschichte hatte sich Molla von seinem Nachbarn einen Topf ausgeliehen. Wochen später gab er den Topf zurück, und als der Nachbar ihn öffnete, war darin ein kleiner Topf. Als er fragte, wie es sich hiermit verhielte, antwortete Molla: »Dein Topf hat ein Junges bekommen.« Ein anderes Mal wollte sich der Molla wieder einen Topf leihen und der Nachbar brachte den größten, den er finden konnte. Aber er wartete, ohne den Topf zurückzubekommen. Als er nachfragte, antwortete der Molla: »Dieses Mal ist dein Topf leider gestorben.«

Wir starrten Großvater an, der wie ein Narr lachte und sich über unser Staunen lustig machte. Wir gafften mit offenen Mündern und wussten nicht, wie uns geschah. Dieser Schwank lehrte uns, dass man nicht eigennützig jede Lüge schlucken soll, da sie sich auch gegen einen wenden könnte. Das erfasste ich freilich erst später. Auch diese Erzählung war für mich sehr prägend. Heute erzähle ich sie Menschen, die von Egoismus und Selbstliebe erfüllt sind. Manchmal lache ich selbst wie mein Großvater damals, wenn mich diese Menschen genauso ungläubig anstarren wie wir damals den Großvater. Großvaters Erzählungen wirkten auf uns wie ein Schnuller. Alle waren ruhig. Manche lutschten ihr Däumchen weich, manche schliefen dabei ein. In diesem Moment war der hinterlistige Großvater sicherlich glücklich, dass er die Rangen außer Gefecht gesetzt hatte.

Nachhaltig beeindruckt war ich auch von seinem Ring. Großvater trug immer unglaublich schöne Ringe. Oft wurde er von uns gefragt, ob wir den Ring haben könnten: »Nein nein«, antwortete er, »den Ring werde ich euch nicht geben. Warum auch?« Wir fragten nach, warum er uns den Ring nicht geben wolle. Er erklärte: »Ich gebe ihn euch deshalb nicht, damit ihr immer, wenn ihr einen Ring oder eure Finger seht, euch daran erinnert, dass ihr meinen Ring haben wolltet und ich ihn euch nicht gegeben habe.« Auch die Weisheit in dieser Handlung erkannte ich erst später: Er lehrte uns, Zurückhaltung zu üben und Menschen nicht ungefragt zu bitten, ihr vielleicht Liebstes wegzugeben. Wenn wir Menschen auf diese Weise in Verlegenheit bringen, dann könnte es sein, dass sich diese geliebten Menschen von uns distanzieren. Zudem hätte ich als Kind dieses Geschenk wahrscheinlich achtlos in eine Ecke geworfen, während die Erinnerung an den nicht geschenkten Ring des Großvaters noch heute leuchtend vor mir steht.

Allmählich ist mir klar geworden, warum Iraner ihren Gästen und Freunden, welche die Schönheit eines Gegenstandes loben, antworten: »Du kannst ihn haben, denn ich möchte dich ehren.« Die angemessene Antwort hierauf ist: »Nein, diese Sache ist schön, wo sie ist, du sollst sie bei dir behalten!« In dieser Negation der eigenen Wünsche steckt eine tiefe Form von Weisheit, die als kultureller Unterschied für denjenigen erkennbar ist, der Europa und den Iran kennt. Indem er die Unterschiede wahrnimmt, lernt er gleichsam, wie ähnlich sie sich sind. Wir entdecken Ähnlichkeiten in diesen Unterschieden. Je mehr Ähnlichkeiten wir finden, die von Gemeinsamkeiten begleitet werden, umso intensiver können wir aufeinander einwirken und den langen Weg des Lebens gemeinsam beschreiten.

Meine Mutter ist, einzig unter ihren Geschwistern, ein Duplikat ihres Vaters. So wie er vermag auch sie, auf ein Stichwort hin frei zu dichten. Früher machte sie sich einen Sport daraus, mit anderen aus dem jeweils letzten Wort des anderen einen neuen Vers zu spinnen. Das tut sie noch heute im hohen Alter, wenn sie von Freunden oder Verwandten besucht wird. Dann blüht sie auf. Kamen Gäste zu uns, die dichterisch begabt waren oder mit ihr wetteifern wollten, sagte sie: »Wir machen Folgendes: Sag mir, mit welchem Buchstaben ich beginnen soll.« Sagten Besucher vielleicht: »Lass uns mit »z« beginnen!«, so antwortete sie mit einem Vers: »Zauberer ist der, der den Himmel ersteigen kann« und forderte ihre Zuhörer auf, einen Vers zu dichten, der mit »kann« begann. Alle anderen hörten gebannt zu. In diesem Wechselspiel entfaltet sich eine alte persische Weisheitslehre. Auch noch heute, wenn ich mit ihr telefoniere, dichtet sie bisweilen. Wenn die Kinder abends spät nach Hause kamen, saß sie unten vor der Tür und wartete oder sie spähte oben am Fenster so lange, bis alle Nachzügler zu Hause waren. Erst wenn alle wieder beisammen waren, legte auch sie sich zur Ruhe.

Schmerzlich war für mich als Achtjähriger ein Autounfall, bei dem wir große Angst hatten, Mutter zu verlieren. Jahre davor hatte sich mein Vater bei »Iran-National«, der staatlichen Automobilindustrie der Schahzeit, ein Auto bestellt, auf das wir jahrelang warten mussten. Es war in jener Zeit so, dass wir alles vorbestellen und uns lange in Geduld üben mussten. Der damalige Iran war nicht so wie heute, wo man im Vorbeigehen ein Auto kaufen und sich bringen lassen könnte. Nach dem Erhalt eines feuerroten Peykans feierten wir ein ausgelassenes Fest. Der Vater kündigte eine Fahrt in die Pilgerstadt Qom an. Wir freuten uns. Qom, eine Autostunde südlich von Teheran, war mit seiner Moschee Hazrat-e-Masumeh mit ihren riesigen türkis-golden gekachelten Kuppeln ein beliebtes Ausflugsziel.

Voller Freude machen wir uns früh auf den Weg. Mutter saß vorne und mit zwei Geschwistern nahm ich auf der Rückbank Platz. Auf der Fahrt geriet plötzlich ein Fahrzeug in die Mitte der Fahrbahn, sodass mein Vater das Auto nach rechts in die Böschung lenken musste, um einen Frontalzusammenstoß, der für uns alle den Tod bedeutet hätte, auszuweichen. Dieser Unfall ereignete sich vor allem deshalb, weil es damals im Iran keine richtigen Autobahnen mit einer Mittelleitplanke und Sicherungen gab. Die wirtschaftlichen Erfolge des damaligen Iran waren Güter, die ausschließlich den oberen Zehntausend der privilegierten Bevölkerung zugänglich waren. Heute hat sich dieses Bild gewandelt.

Wir überschlugen uns einige Male, bevor wir zum Stillstand kamen. Menschen eilten uns zu Hilfe. Uns Kindern war wie durch ein Wunder nichts geschehen. Vater hatte sich das Bein verstaucht, was ihm in der Aufregung des Momentes nicht auffiel. Meiner Mutter aber hatte die zerborstene Windschutzscheibe zahlreiche Schnitte im Gesicht zugefügt. Sie war ohnmächtig, ihr Gesicht blutbedeckt. Der Anblick entsetzte mich. Mehran, mein älterer und bereits vernünftiger Bruder, war Herr der Lage. Er begann, mit unserer Mutter zu sprechen, um sie bei Besinnung zu halten. Als sie kurz zu sich kam, versuchte sie zu scherzen: »Gleich wasche ich mir das Gesicht, dann ist alles gut.« Dann fiel sie erneut in Ohnmacht. Wir bemühten uns, sie wieder zu Bewusstsein zu bringen.

Erst 30 Minuten später trafen die Sanitäter ein, da Rettungsposten auf den iranischen Autobahnen noch dünn gesät und improvisiert waren. Es gab nur Sanitätszelte, die ihre Männer losschickten, um Erste Hilfe zu leisten. Das Glück in diesem Unglück war, dass der Notarzt ein ausgebildeter Chirurg war. Er musste meine Mutter wegen der starken Blutung direkt vor Ort behandeln. Er zog ihr, bloß durch Lokalanästhäsie betäubt, Splitter für Splitter aus der Haut und vernähte die Wunden. Später zählten wir die Stiche, etwa 40 Stück. Khoda sei Dank – Mutter blieb uns erhalten. Obschon sie mehrmals nachbehandelt worden ist, hat sie von diesem Unfall nur einige kaum sichtbare Narben zurückbehalten. Dieser Unfall zeigte mir auf schmerzliche Weise schon in früher Kindheit, dass das Leben sehr kurz sein kann und dass wir nur glücklicher sein können, wenn wir uns für ein Zusammenleben in wechselseitiger Verantwortung entscheiden. Ich habe leidvoll erfahren, dass wir unsere Mutter verloren hätten, wenn die Notärzte uns nicht zu Hilfe geeilt wären.

Mein Vater war in der Schah-Zeit Offizier in der Armee. In Uniform war er ein überaus imposanter Mann, der zugleich Würde ausstrahlte und Respekt verlangte. Sein Beruf hatte aus ihm eine durch und durch disziplinierte Persönlichkeit gemacht. So verhielt er sich auch zu Hause. Er hatte einen penibel geregelten Tagesablauf. Früh verließ er das Haus, spät kehrte er zurück. Seine Devise war »Zunächst unser geliebter Iran, dann die Familie.« Genauso war für ihn die Verteilung der Rollen innerhalb der Familie: Während er sich um unser Land kümmerte, war es Aufgabe der Mutter, die Familie zusammenzuhalten.

Diese Mentalität, obschon liebevoll gemeint, gefiel mir nicht. Ich dachte schon als kleiner Junge, dass Kinder Vater und Mutter zugleich bräuchten, um ihre Persönlichkeit altersgemäß entfalten zu können. Ist dies nicht der Fall, so wird das Heranwachsen der Kinder von Defiziten begleitet sein, die ihre späteren Lebensphasen beeinflussen oder sogar entgleisen lassen können. Der Beruf meines Vaters war aufreibend. Häufig war er angespannt. Wenn jemand laut lachte, fühlte er sich gestört. Er fand keine wirkliche Ruhe und feierte nur am Rande mit uns mit. War er entspannt, so erzählte er unterhaltsam über die spannenden Ereignisse seiner Dienstreisen. Das Schwierige daran war, dass ich als kleiner Junge nicht recht wusste, wann ich lachen oder wann ich etwas sagen durfte. Das hatte wiederum zur Folge, dass ich mich ihm gegenüber eher distanziert verhielt, weil ich ihn nicht reizen wollte. Hatte ich mich abwegig verhalten, weil ich ihn nicht einordnen konnte, fuhr er mich oft an. »Was ist denn los mit dir?«, fragte er. Wenn ich nicht antwortete, gab er mir eine Ohrfeige. Im Laufe der Zeit distanzierten wir uns immer weiter voneinander. Irgendwann empfand ich keine Freude mehr daran, wenn er nach Hause zurückkehrte, weil ich wusste, dass Ärger vorprogrammiert war.

Diese Situation machte auch unserer Mutter zu schaffen. Sie hatte es nicht immer einfach mit meinem Vater, der müde von der Arbeit kam und wenig Nerven hatte, mit ihr oder mit uns zu reden. Manchmal schien er sein Zuhause mit der Garnison zu verwechseln. Alles musste perfekt organisiert sein. War er Feuer und Flamme, so war sie das Wasser, mit dem sie immer den Vater beruhigte. Wer das Feuer mit Benzin löschen will, macht mehr kaputt, als er zu heilen beabsichtigt. Heute weiß ich, dass die Art meines Vaters zwar anstrengend, aber für eine erfolgreiche Lebensführung auch notwendig war.

Mein Vater ist inzwischen verstorben, die Kräfte meiner 87-jährigen Mutter schwinden, die immer der Dreh- und Angelpunkt der Familie war. Noch heute erhalte ich von meiner Mutter häufig Bücher per Post, wobei sie selbst Themen und Sachgebiete, die den Iran betreffen, bestimmt. Diese Werke waren und sind für mich wie eine Heimat im Fremden. Zu jener Zeit gaben sie mir ein Gefühl der Geborgenheit. Ich kam mir manchmal vor, als säße ich mit einem Buch in der Hand auf einem Hügel, um von dort aus mein Land und meine Kindheit zu betrachten.

Mutter war und ist noch immer der ruhende Pol der Familie. Wie eine Kerze verbreitet sie Licht und Wärme. Dieser Kreislauf zeigt den Gang der Welt, in dem sich Kreise erweitern und schließen. Er führt vor Augen, dass wir vergänglich sind und von unserer Schöpfung her bestimmt sind, das Leben in Hoffnung und wechselseitiger Verantwortung zu genießen.

Auch an jenem Tag, an dem ich bei der Zimmersuche gescheitert war, schenkte mir das Mitgefühl meiner Mutter neue Motivation. Rückblickend ist mir klar, dass der Vermieter mich nicht einfach »abmeiern« wollte, weil ich Ausländer war, sondern dass sein Zimmer einfach bereits belegt war.

Was wir von Gänsen lernen können

Gänse sind gemeinhin bekannt als dumme Vögel, die ihre Eier überall hinlegen, wo man sich nur ärgern oder wundern kann: auf der Türschwelle, inmitten eines Durchganges oder am viel begangenen Brunnen; überall, wo wir dies als unsinnig erachten. Dieses Verhalten nehmen wir als Anlass, auch Menschen, die aus unserer Sicht abwegiges Verhalten zeigen, als »dumme

Gans« zu titulieren. Das Entscheidende übersehen wir oder merken gar nicht, nichts zu merken: In der Natur verhalten sich Gänse nämlich immer so, wo der Störfaktor Mensch noch nicht überall lauert. Die Frage ist, wer denn wessen Lebensraum eingenommen hat. Wir meinen selbstgerecht, die Natur müsse nach unserer Pfeife tanzen. Gänse sind außerordentlich klug und sozial. In ihrem Instinktleben beobachten wir etwas, wonach der Mensch Zeit seines Lebens strebt, denn letztlich sind sie viel klüger als wir uns das vorstellen. Sie wissen ja, dass wir im Leben ohne eine Führungsperson nicht auskommen. Sie gibt Orientierung und zeigt, wie wir uns in bestimmten Situationen zu verhalten haben, um das gemeinsame oder von der Führung gesetzte Ziel zu erreichen. Die Führungsperson hat einen Stellvertreter, der einspringt, wenn sie, aus welchem Grund auch immer, zeitweise nicht einsetzbar ist. Nur diejenigen können führen, welche die Kapazität haben oder die Akzeptanz der Gruppe genießen.

Gänse, die wir für dumm halten, praktizieren dies in perfekter Form. Sie fliegen in V-Formation, in der die gesamte Geometrie ihres Verhaltens schlummert. Schlägt eine Gans mit dem Flügel, so schafft sie für die dahinter fliegenden Artgenossen einen Auftrieb, der so effektiv ist, dass der Schwarm seine Reichweite, im Verhältnis zu einer allein fliegenden Gans, um etwa 70 % steigern kann. Gerät die V-Geometrie ins Schwanken, weil eine Gans abweicht, merkt sie automatisch einen erheblichen Luftwiderstand. Mit dieser Aktion ordnet sie sich wieder in die V-Formation ein.

Ermüdet die Leit- oder Führungsgans der Gruppe, so gleitet sie nach hinten, während die unmittelbar nach ihr fliegende Gans ihre Position einnimmt und an der Spitze fliegt. Dieser Führungswechsel wird von allen Gänsen registriert. Sie kommunizieren miteinander durch Zuruf und Körpersprache. Sie beginnen zu schreien, um die Leitgans aufzumuntern, ihr Tempo beizubehalten, zu verlangsamen oder zu steigern. Die Leitgans orientiert sich an diesen Zurufen, ohne sich umdrehen zu müssen. Das Wenden des langen Halses, der wie in einer Lanzenposition vor sich schaut, würde die Geometrie stören und das Tempo beeinträchtigen und Geschwindigkeit ist zum Erreichen des Zieles von großer Bedeutung. Gänse haben ein Gespür dafür, ob es Unwetter geben kann, auch müssen sie bis zum Abend einen bestimmten Ort erreichen, an dem sie Schutz und Nahrung finden können. Wird eine Gans krank oder gar abgeschossen, so lassen sich zwei gesunde Gänse aus der V-Geometrie herausfallen und begleiten das geschwächte Mitglied so lange, bis es weiterfliegen kann oder festgestellt wird, dass die Gans verendet ist. Nach ihrem Einsatz fliegen alle, oder die beiden begleitenden Gänse wieder zur Formation auf ihre Plätze zurück. Das Erfolgsgeheimnis der Gänse ist der unbedingte Zusammenhalt, wenngleich dieser durch Sachzwänge entsteht.

Von diesem Instinktleben können wir Menschen lernen, wenn wir uns zusammen mit anderen Artgenossen Ziele setzen. Beim Menschen ist es so, dass er nur selten freiwillig seinen Platz abgibt, wenn ihm eine Aufgabe kompliziert wird. Häufig wird er mit Gewalt abgelöst. Zum Erreichen ist das Gefühl von Zusammengehörigkeit zu entwickeln, wir müssen Hilfe annehmen und anderen unsere Hilfe anbieten. Oft merken wir nicht, wie sehr wir aufeinander angewiesen sind und wie sehr wir einander brauchen. Es ist daher von großer Bedeutung, dass der Mensch zweierlei lernt: Einerseits muss er lernen, nicht nur mit den Augen zu sehen, sondern mit seinem Selbst, das oft mit seinem Herzen assoziiert wird. Die Nöte anderer zu sehen und angemessen darauf zu reagieren, ist von entscheidender Bedeutung für das soziale Bezogensein des Menschen. Dies tritt in allen Altersstufen in Erscheinung.

Betrachten wir eine Gruppe von Kindern beim Spiel im Sandkasten, so wird deutlich, dass sie eine ihnen innewohnende Sensibilisierung für die Gemeinschaft besitzen. Sie laden Gleichaltrige zum Spielen ein, verleihen Baufahrzeuge im Sandkasten oder geben einander die Schaufel, wenn ein Kind einen Graben ausheben möchte, das selbst nur einen Rechen hat. Was wir sehen, ist das unbewusste Bedürfnis, anderen zu helfen, um das gemeinsame Projekt fertigzustellen. Wir können von der Hartnäckigkeit der Kinder nur lernen, nicht aufzugeben, bis wir das, was wir erreichen wollen, erreicht haben. Kinder sind zielstrebig und fokussiert, ohne dabei ihren Nächsten aus den Augen zu verlieren. Sie stellen neugierig Fragen, möchten wissen, wer der alte Mann in der ärmlichen Kleidung ist, der in der winterlichen Fußgängerzone auf einer Decke sitzt und seinen Hund krault. Die Reaktionen sprechen oft Bände: Wo die Kinder fragen möchten, diesem für sie völlig fremden Menschen ein warmes Lächeln oder freundlich Worte schenken, ziehen die Eltern sie schnellstmöglich fort: »Der Mann ist arm!«, »Das ist nichts für dich!«, »Geh da weg!« sind Aussagen, die das Kind eher verstören, als dass sie dazu beitragen, ihm die Situation begreiflich zu machen. Dies ist die Unterdrückungsmacht der verdeckten Knüppelerziehung, die Gewalt auf die Persönlichkeit des Kindes ausübt. Haben wir Erwachsenen das Sehen mit dem Herzen verlernt?

Eine zweite Seite dieser Gleichung ist es, unseren verkappten Stolz abzulegen, wenn wir in Situationen geraten, in denen wir überfordert sind. Oft sehen wir uns mit unseren Fähigkeiten nicht in der Lage, ein Problem alleine zu lösen. Hier greift wiederum etwas, was einem Kind gegeben ist, das der Erwachsene durch vielerlei Gründe verlernt: Fragen zu stellen und Hilfe annehmen zu können. Vielerorts sehen wir Menschen, die sich mit nicht zu bewältigenden Aufgaben des alltäglichen Lebens schwerlich abmühen. Und doch fragen sie nicht nach Hilfe, sondern behaupten, alles alleine schaffen zu können und niemanden zu brauchen. Dieser blinde Stolz verweist auf eine unterdrückte Persönlichkeit, die irgendwie unter Knüppelerziehung gelitten hat: Solchen Menschen kann oftmals nur mit schierer Nötigung gezeigt werden, dass es keine Schande ist, nach Hilfe zu fragen oder diese anzunehmen. Eine Aufgabe gegenüber Menschen, die Zeit ihres Lebens alleine zurechtkamen, liegt darin, Hilfe anzubieten und zu lernen, diese anzunehmen, ohne Angst vor der eigenen Courage und falschem Stolz.

Auf diese Weise könnten wir uns gegenseitig motivieren, das Beste aus uns herauszuholen. Das tun Gänse auf faszinierende Weise. Sie sorgen sich in einer instinktiven Art der Selbstlosigkeit umeinander, wenn sie merken, dass geschwächte Tiere Hilfe benötigen. Daher könnte man den bekannten Spruch anders formulieren: Wir sollten so klug sein wie die Gänse, die in allen Jahreszeiten zueinander halten. Um zu erreichen, was wir noch nie erreicht haben, müssen wir tun, was wir noch nie getan haben: Unsere Selbst- und Welteinstellung grundlegend modifizieren. Gänse richten ihr Verhalten danach aus, um eine bessere Führung zu erhalten. Was wir sehen, ist ein vollendetes Ergebnis, das ihnen das Überleben sichert. Die Logik und Psychologie der Kommunikation von Gänsen scheint eine andere zu sein als die des Menschen. Wir können viel von ihnen lernen; wie sie sich zueinander verhalten, wie fürsorglich sie Küken aufziehen und wie sie ihr Leben riskieren, um Artgenossen in lebensbedrohlichen Situationen zu Hilfe zu fliegen. Wenn wir lernen, was Gänse tun, so können wir uns im eigenen und im Zusammenleben mit dem anderen viel glücklicher schätzen. Mehr noch: Wir können besser zusammenarbeiten und grandiose Leistungen hervorbringen.

Wir hätten im Leben viel gewonnen, wenn wir unsere »innere Gans« wachrütteln und unseren pathologischen Narzissmus verkommen lassen könnten.

Mensch und Tier

Was mich immer wieder beeindruckte, war das Verhalten des Zickleins, das mein Großvater für uns Kinder markierte. Als ich es zwei Monate später wiedersah, erkannte es mich in der Menge und lief geradewegs auf mich zu. Es stellte sich an mir hoch, stemmte den Kopf zwischen meine Knie und schwenkte ihn nach links und rechts. Die langen Ohren schlackerten gegen meine Beine und ich hatte das Gefühl, dass die Ziege Augen besäße, mit denen sie alles erfassen und sich auch an die Menschen erinnern könne. Vielfach wird behauptet, Tiere hätten nur ein eingeschränktes, instinktgesteuertes Bewusstsein. Doch wann immer ich an diese Begegnungen aus meiner Kindheit zurückdenke, kann ich die inzwischen viel untersuchte These nur bestätigen, dass Tiere ein Erinnerungs- und Einfühlungsvermögen besitzen, das sie uns Menschen gegenüber empfindsam reagieren lässt.

In diesem Zusammenhang fällt mir eine grausige Begebenheit ein, der ich Jahre später beiwohnte und die mich noch heute zutiefst erschüttert, wenn ich daran zurückdenke. Zu diesem Zeitpunkt besuchte ich eine Tagung von Verhaltensforschern. Diese wollen oftmals mit ihren Forschungen belegen, wie sich bestimmte Tiere in bestimmten Situationen verhalten. Von diesem Verhalten ausgehend, werden allgemein verbindliche Aussagen getroffen, die Aufschluss über den Charakter und die Psyche des Tieres geben sollen. Einer dieser Beiträge erregte mein abgrundtiefes Missfallen.

Eine Gruppe von Forschern hatte nahe eines Areals, von dem sie wussten, dass dort eine große Zahl von Füchsen lebte, einen Schacht ausgehoben und einige Hühnerkadaver darin platziert. Kurz darauf erschien ein erster Fuchs an der Grube, schnüffelte und leckte eines der toten Hühner ab, um seinen Geruch daran zu hinterlassen. Dann wandte er sich ab. Kaum war er verschwunden, entfernte das Team die Hühnerkadaver mit einem Kran, sodass die Grube nunmehr leer war. Der Fuchs kehrte zurück, diesmal in Begleitung mehrerer Artgenossen. Sie schnüffelten herum und suchten den Boden der Grube ab, konnten jedoch keine Hühner mehr finden. Unverrichteter Dinge zogen sie ab.

Kurze Zeit später kehrte der Fuchs zurück, der die anfängliche Entdeckung gemacht hatte. In der Zwischenzeit hatten die Wissenschaftler die toten Vögel wieder hinunter in die Grube gelassen. Der Fuchs, glücklich, seine Beute wiedergefunden zu haben, lief herum, beleckte die Hühner erneut und lief abermals zu seinen Kumpanen zurück, die kurz darauf mit ihm an den Ort zurückkehrten. Erneut hatten die Forscher die Kadaver entfernt, um sie den Tieren vorzuenthalten. Wieder liefen die Füchse umher. Derjenige, der zuvor das Geflügel entdeckt hatte, schien enttäuscht zu sein und hatte den Schweif zwischen die Beine eingeklemmt.

Dieses Prozedere wurde ein drittes Mal wiederholt. Wieder kehrte der Fuchs zurück, wieder kamen seine Artgenossen und wie zuvor waren die Hühner hochgezogen worden. Die Tiere merkten nicht, wie die Menschen sie manipulierten. Manche waren frustriert, bellten und knurrten ihren Artgenossen an, teilweise schnappten sie nach ihm, als wollten sie ihn für seine Lüge strafen. Das betroffene Tier schien in Panik, suchte den Boden ab, wandte sich hektisch von einer in die andere Richtung. Seine Artgenossen verließen ihn erneut. Eine Weile noch rannte er auf der Suche nach den Hühnern durch die Grube, ohne sie zu finden. Minuten später kehrte er zurück. Wieder hatten die Forscher die toten Vögel heruntergelassen. Wieder rannte der Fuchs um sie herum, winselte und rieb seinen Kopf an der Beute, als wolle er sich versichern, dass die Vögel tatsächlich dort waren. Zwanzig Minuten später kehrte er mit den anderen zurück. Wieder waren die Vögel fort.

Die Tiere gerieten förmlich außer sich. Während die herbeigeholten Füchse ihre Schweife wie Flaschenbürsten aufstellten und sichtbar angespannt, frustriert und enttäuscht waren, duckte sich der andere, wenn Artgenossen ihm begegneten. Schließlich begann er, hektisch hin und her zu laufen, und steigerte sich zu einer schieren Raserei. Er sprang auf und ab, fegte wie ein Wirbelsturm um die Grube herum. Er hatte die Hühner doch gerochen, ihren Geruch trug er an seinem Fell! Wiederum wandten sich seine Artgenossen ab, als der Fuchs sich schließlich in wilder Panik jaulend und winselnd in die Grube warf, dort auf dem Boden herumwälzte und schließlich in seinen Bewegungen erstarrte. Die Forscher kletterten in die Grube und stellten fest, dass der Fuchs tot war – verendet an einem Herzinfarkt, ausgelöst durch die Aufregung. Seine Ehrlichkeit, seine Aufrichtigkeit, das Futter seinen Artgenossen zu zeigen, hatte ihn zu Tode gebracht. Ich war empört.

Diese Menschen hatten ein Tier willentlich und wissentlich, »zum Nutzen der Wissenschaft«, wie sie es nannten, leiden lassen, um es dann zu Tode zu bringen. Ich stand auf und machte meiner Empörung Luft: »Wie können Sie nur! Sie sind schlimmer als jedes Tier, das aus Not oder Furcht heraus den Menschen angreift. Sie aber haben willentlich und wissentlich einem Geschöpf Leid angetan, das nur ein Mensch hätte tun können! Sie verteufeln diesen Fuchs, um seine menschlichen Qualitäten zu testen, und fragen sich, wieso dieses Geschöpf tierhaft reagiert? Sie als Mensch sind der wirkliche Teufel in diesem bestialischen Irrenhaus!«

Ich verließ den Vortrag. Ich war schockiert, ernüchtert über diese zur Schau gestellte Gier menschlicher Eitelkeit und ungezügelten Wissenschaftswahns, der mit dem Leben von intelligenten, emotionsbefähigten Geschöpfen willkürlich spielte, als wären es bedeutungslose Nummern. Was mir dieses Beispiel zeigte, war, dass der Mensch seine Selbstherrlichkeit und Selbstverliebtheit ins Maßlose steigern kann. Wir glorifizieren unsere geistige Größe auf Kosten unserer Welt, stellen uns in ihr Zentrum und halten uns für Gott – das konnte und kann ich nach wie vor nicht nachvollziehen. Statt unserer erhabenen Vernunft gemäß zu handeln und Verantwortung für unsere Mitgeschöpfe zu übernehmen, richten wir sie und unsere Umwelt Tag für Tag aufs Neue zugrunde. Welch eine lächerliche, erbärmliche Überlegenheit symbolisieren wir damit – eine, die auf Lügen gebaut ist. Das ist ein Ergebnis der instrumentellen Vernunft.

Das Schlimmste war, dass die Zuhörer begeistert klatschten, als die Forscher ihren Versuch präsentierten. Ich dachte: »Bist du hier in ein Irrenhaus geraten?« Dem römischen Brauch »Panem et circenses«, »Brot und Spiele« für die Massen, wurde hier in einem Maße gehuldigt, wie ich es nur selten erlebte. Das mag der Grund sein, warum ich den heuchlerischen Patriotismus eines »Wir« im Bezug auf den internationalen Fußball kaum nachvollziehen kann. Nur eine kleine Zahl von Menschen, die Spieler der jeweiligen Mannschaften, treten im Wettbewerb gegeneinander an; ein irgendwie geartetes »Wir« hat daran keinen Anteil. Der Titel des Siegers gebührt den Sportlern, nicht der Nation, und selbst dies ist in Anbetracht der Mediengewalt solcher Ereignisse zu bezweifeln. Sind es nicht all die kleinen, stets vergessenen und ungenannten Arbeiter, Mechaniker, Techniker und Servicekräfte, die ein solches Spektakel erst ermöglichen? Sollten sie nicht im Mittelpunkt allen Jubels stehen und zu Recht ihre Würdigung auf der Weltbühne erfahren, statt die höchsten Positionen aus Politik und falschem Nationalgefühl zu feiern? Wir sind erbärmliche Kreaturen, wenn wir das für bare Münze halten. Das Monster, vor dem wir uns so sehr fürchten und gegen das wir jederzeit all unsere Waffen richten würden, ist längst Mensch geworden und wandelt mitten unter uns.

Wortgewaltig illustriert wollen uns Fabeln, spätestens seit Äsop, darüber belehren, wie wir menschliche Charaktereigenschaften auf Tiere übertragen, um sie zum Spottbild unserer selbst zu figurieren. Das ist das Ergebnis der instrumentalisierten Vernunft, die jeder Feinfühligkeit und Menschlichkeit abträglich geworden ist. Der Bau nuklearer Arsenale und immer neuer Waffen ist das Ergebnis dieser instrumentellen Vernunft, alles muss wissenschaftlich belegbar und begründbar sein. Wenn etwas dieses Kriterium nicht erfüllt, so ist es entweder nicht wert, sich damit zu befassen, oder wird als Spielerei und belanglose Metaphysik abgetan.

Jemanden als Ziege zu beleidigen, um auf seine Einfältigkeit und Dummheit zu verweisen, halte ich aus diesem Grund für falsch. Ziegen sind kluge Geschöpfe, die sich auch nach langer Zeit an Menschen erinnern können, die ihnen bekannt sind. Das Gleiche gilt für alle anderen Tierarten, die unterschiedlich klug sind und den Kontakt zum Menschen suchen. Es täte dem Menschen gut, wenn er etwas Menschliches abgeben und etwas Tierisches aufnehmen könnte, vor allem die unverfälschte Echtheit der Tiere in ihrem Charakter. Sie zeigen ihre Zuneigung und Emotionen unmittelbar und verstecken sich nicht hinter Ausflüchten und falschen Masken.

Es ist letztlich der Mensch, der Tiere manipuliert und für seine Interessen einsetzt. Wie menschennahe Delfine, die für die Entschärfung von Seeminen eingesetzt werden, Kampfhähne und Kampfhunde, die zu unserer Belustigung herangezüchtet werden und sich gegenseitig umzubringen suchen. Der Mensch verbirgt sein wahres Gesicht oft hinter falschen Höflichkeiten und geheuchelter Toleranz, während Tiere sich genau so präsentieren, wie sie ihrem Charakter nach sind. Der Mensch erschafft sich künstliche Barrieren und Mauern mit Schießscharten, von denen aus er alles und jeden unter Beschuss nimmt, ohne selbst getroffen werden zu können.

Im Kontext des schiitischen Islam gibt es ausführliche Gebote des rechten Umgangs mit den Tieren. Wie der persische Philosoph Ghazali, der im Mittelalter gewirkt hat, hervorhebt, Allah erschaffe kein Geschöpf ohne Zweck, intendiert er zugleich seine ihm inhärente Würde. Jedes Tier besitzt seine ihm eigene Vernunft, Würde und Erhabenheit und wir Menschen sind beauftragt, ihre Würde jederzeit zu schützen. Erst durch unsere Haltung gegenüber denjenigen Geschöpfen, mit denen wir uns nicht durch Sprache, sondern bloß durch Offenbarung unseres Wesens verständigen können, zeigt sich im schiitischen Islam, in welchem Maß wir unserer Verantwortung gegenüber unserer Welt, insbesondere aber den Tieren gegenüber, gerecht werden müssen.

In gut mehr als 200 Versen des Koran werden die Tiere als besonders schützenswert hervorgehoben. Zwar sind manche von ihnen zu unserer Ernährung gedacht, doch sollten wir bei all dieser Zweckmäßigkeit niemals ihre Würde als Lebewesen vernachlässigen. Aus diesem Grund konnte ich damals nicht nachvollziehen, wie Tiere im sonst so aufgeklärten Europa der Moderne noch immer wie kartesische »Sachen« behandelt werden.

Seltsame Vergleiche

Die widersprüchlichen und teils zersetzenden Auswirkungen einer solchen Geisteshaltung sollte sich mir bereits früh offenbaren. Zu diesem Zeitpunkt stand ich noch am Anfang meines steinigen Weges, der mich noch lange beschäftigen sollte. Die Erinnerungen an das Zicklein, das mich inmitten einer Menschengruppe hatte identifizieren können, machte mir Mut. Es war für mich auch eine sinngebende Metapher, dass auch ein blindes Huhn irgendwann einmal ein Korn fände. Ich wusste zu diesem Zeitpunkt noch nichts von den Gräueltaten, die im Namen säkularisierter Vernunft an den Tieren begangen wurden. Ich hatte das Gefühl, vielleicht selbst von meinem Umfeld genauso betrachtet zu werden. Ein sprichwörtliches »Versuchskaninchen«, das von einem möglichen Bau zum nächsten hoppelt. Aber ich wollte mich nicht entmutigen lassen. Die Erinnerungen an meinen Großvater und seine Fürsorge gaben mir Kraft.

Hoffnungsvoll nahm ich die Zimmersuche wieder auf. Schließlich wollte ich Ordnung ins Chaos meines Lebens in der Fremde bringen. Eine Begegnung dabei werde ich wohl nie vergessen. Nach einer Zimmerbesichtigung in Offenbach stand ich ratlos vor dem labyrinthischen Plan der Verkehrsbetriebe und suchte nach einer Busverbindung. Verschämt fragte ich einen gut gekleideten Herren, wie ich zur Konstablerwache käme. Der lustige Herr hatte viele Ad-hoc-Antworten parat: »Nix Bus, nur S-Bahn! Hier kannst du warten, bist du schwarz wirst. Wo kommst du denn her?« Sein Verhalten irritierte mich, weil auch er mich einfach duzte und meine Frage mit einer Gegenfrage beantwortete. Ich wollte aber nicht unhöflich sein, deshalb antwortete ich ihm, woher ich käme und dass ich Deutschland schön fände. Kopfschüttelnd erwiderte er: »Eu eu eu eu, Iran – Krieg, schlecht, hier gut! Ha ha, aber Persien – große Kultur! Fliegender Teppich, Ali Baba und die vierzig Räuber!« Die Äußerungen des Mannes irritierten mich erneut, deshalb musste ich reagieren, obwohl es besser gewesen wäre, es sein zu lassen: »Nein, nein, mein Herr, Ali Baba ist Irak, nix Persien! Sie falsch – richtig denken. Iran, Land von Dariush und jetzt Imam Khomeini.« Der Mann ließ mich kaum ausreden: »Ha ha ha, oh, Imam Khomeini – ! Wir haben auch unseren Hitler gehabt!«

Ich war sprachlos. Nur ein dummer Mensch konnte so etwas Anmaßendes sagen. Ein Imam ist ein überaus geachteter Würdenträger, er ist Leiter einer religiösen Gemeinde und Vorbeter für das rituelle Gebet. Imame, die dem Leben absolut zugewandt sind, dürfen für die Mitglieder ihrer Gemeinde praktische Lebensvorschläge unterbreiten. Sie erfüllen eine soziokulturelle Vorbildfunktion. Zudem werden hervorragende Theologen und Juristen ehrenhalber so bezeichnet. Imam Khomeini ist also vergleichbar mit dem Papst in Rom. Er darf in keinem Fall mit Hitler in einem Atemzug genannt werden.

Ich wusste nicht, was ich sagen sollte. Da der Mann nicht unfreundlich war, ahnte ich, dass er mich nicht absichtlich beleidigen wollte. Eher wollte er mir zeigen, dass er über andere Kulturen Bescheid wisse. Das war meine Vermutung. Die Erfahrung dieser Momente hat mich sehr geprägt. Noch heute spüre ich sie. Vielleicht hängt mein kritischer Blick im Hinblick auf unsere Medien und Politik mit diesen Prägungen zusammen. Ich fühlte eine unschuldige Uninformiertheit, die mich ihm im Denken verzeihen ließ. Natürlich nahm ich dies anfänglich nicht allzu ernst, weil mir der Stress der Wohnungssuche kaum Gelegenheit zur Reflexion ließ. Umso kritischer betrachte ich seitdem das Verhalten der Medien und Politiker, die andere Länder beschimpfen und einfach alle möglichen Schein-Weisheiten heranziehen, um ihre Behauptungen zu untermauern. Erstaunlich fand ich die selbstverherrlichende Haltung dieser angeblichen Demokraten, die mit ihren Äußerungen und Einstellungen kein gutes Haar an den Menschenrechten ließen. An späterer Stelle werde ich hierauf zurückkommen.

Als ich im Begriff war wegzugehen, wackelte der Herr mit dem ganzen Körper. Er hakte nach: »Zimmer mit Doppelbett oder Diwan, ha ha ha, vielleicht für den Harem?« Wieder war ich perplex über die Äußerung dieses Herrn, die wohl aus »Tausendundeiner Nacht« stammte. »Nur Zimmer«, entgegnete ich. Ich gab ihm zu verstehen, dass ich ein ruhiger Mensch sei und aus einem Zimmer keine Diskothek machen wolle. Lächelnd schlug er mir auf die Schulter. Er klagte, ich sei nicht bereit, mit ihm zu diskutieren, worauf ich antwortete: »Ich nix diskutiere. Nur Zimmer suchen. Später Zeit und diskutieren.« Weil er noch immer wackelte, fragte ich höflich: »Sie betrunken?« Er gab mir zu verstehen, er trinke nicht, und ich dürfe sicherlich als Moslem auch nicht trinken. Da ich weitere kenntnisreiche Ausführungen befürchtete, verabschiedete ich mich kurz und suchte erneut meine Verbindung zur Konstablerwache. Noch heute, wenn ich meine Erfahrungen mit meinen Freunden teile, finden sie dieses Gespräch lustig und lachen. Sie bemerken dabei aber nicht, wie leidvoll für mich diese Erfahrungen waren. Es war für mich eben kein Spaß, sondern ein Stück Schmerzgeschichte. Das Gespräch mit diesem Herrn war für mich eine wirklich irritierende Erfahrung. Später erkannte ich, dass viele solcher Äußerungen auf Sheherazades Erzählungen oder auf Karl Mays Orient-Romane zurückzuführen sein könnten, die ein klischeehaftes Bild über das sogenannte »Morgenland« in die Gehirne unserer Gesellschaft hineingehämmert haben. Auch war es so, wie Bijan geklagt hatte, dass viele Deutsche gedankenlos wiederholen, was die Medien verbreiten und Politiker in Talkshows unterstreichen. Schlimm finde ich die mangelnde Informiertheit über die politische Situation im Iran wie auch Vergleiche mit der ehemaligen DDR oder dem Nationalsozialismus. Hitler kann man nur mit sich selbst vergleichen. Ich verrate Ihnen kein Geheimnis, wenn ich wiederhole, dass unsere Politiker noch heute das Gleiche über den Iran erzählen. Einige meiner Erfahrungen werde ich Ihnen an späterer Stelle anvertrauen.

Wenn mich ein Fremder nach dem Weg zur Konstablerwache fragen würde, würde ich mir niemals erlauben, so zu reagieren, wie es dieser Herr getan hatte. Er hatte am frühen Morgen eine Sonnenbrille getragen, aber ich hätte mich niemals über ihn lustig gemacht und gesagt, wir seien nicht in Sizilien, wo man schon seinen Frühstückskaffee mit Sonnenbrille schlürft, wobei auch das ein vorurteilsbehafteter Witz wäre. Es mag sein, dass man über solche Witze lacht, aber dies ist ein unwissendes Gelächter, das bei den Betroffenen Wunden aufreißt. Dieses seltsame Gespräch hat mich gelehrt, keine Vergleiche zu ziehen, die einem Gespräch Gewalt antun können.

Mauern im Kopf

Es dauerte lange, bis ich das ersehnte Zimmer finden konnte, doch das Besitzerehepaar Weber nahm mich überaus freundlich auf. Beide waren zuvorkommend, was sicherlich auch damit zusammenhing, dass sie, wie sie mir erklärten, selbst einen Sohn hatten, der im Ausland lebte. Herr und Frau Weber kümmerten sich um mich über das Maß hinaus, das ein normales Mietverhältnis bestimmte. Ihre Art, mich menschlich aufzunehmen, zeigte sich darin, dass sie mir morgens zwei Brötchen auf meinen Teller in der Küche legten. Ihre Zuneigung war auch ohne Sprache vermittelbar. Im Laufe der Zeit entwickelte sich zwischen mir und Herrn Weber so etwas wie eine Freundschaft zwischen zwei Menschen von unterschiedlichem Alter, aus unterschiedlichen Kulturräumen, die unterschiedlich sozialisiert sind und verschiedene Sprachen sprechen.

Wie ich bald erkennen konnte, waren die Webers strenge Zeugen Jehovas, die tagsüber auf der Straße standen, um den »Wachtturm« in verschiedenen Sprachen zu verteilen. Aus dem roten Buch »Im Paradies auf Erden« las Herr Weber mir immer wieder vor. Er zeigte mir Bilder, um das Vorgelesene besser zu verstehen. Es war unschwer zu erahnen, wie gerne er mich für die Zeugen Jehovas gewonnen hätte. Dieses Leben war auf keinen Fall meines, doch ich fand den Ehrgeiz beachtlich, weil beide für das, was sie für richtig hielten und woran sie glaubten, unermüdlich arbeiteten. Was ich bei aller Anerkennung dieser religiösen Konsequenz nicht verstand, war, dass Herr Weber sich für meinen Glauben überhaupt nicht interessierte und mich nie aufforderte, darüber zu erzählen. Ihm war es nur wichtig, das von ihm als Wahrheit empfundene eigene Bild zu verkünden. Die Webers äußerten immer wieder, ich solle sie zu einer Zusammenkunft im Königreichsaal begleiten. Diesen Wunsch nahm ich nach einiger Zeit mit innerer Offenheit an. Das war für mich die Gelegenheit, eine Form des Christentums an der Quelle kennenzulernen. Ich wollte sehen, wie gläubige Christen ihre Messe zelebrieren, wie sie sich an Gott wenden und sich zueinander verhalten. Doch auch dort machte ich Erfahrungen, die mich noch heute begleiten.

Ich habe trotz dieser missionarischen Einstellung der Familie Weber wunderbare Erfahrungen machen dürfen. Herr Weber nahm mich 1991 auf eine lange Reise nach Leipzig, Magdeburg und Cottbus mit. Er missionierte dort DDR-Bürger, die atheistisch ausgerichtet waren. Überall war für uns in einem großen Saal alles vorbereitet. Wir feierten den Gottesdienst gemeinsam. Er stand vorne und sprach wie ein leibhaftiger Prophet über das Leben Christi, die Lebensführung der heiligen Maria und die religiöse Einstellung der Zeugen Jehovas. Es gab immer wieder rührende Szenen, in denen Menschen im Saal weinten. Viele Gäste waren bereits bekehrte Zeugen Jehovas, die ihrerseits weitere sinnsuchende Menschen mitbrachten. Herr Weber stellte mich vor und man bewunderte, dass jemand aus Persien zu Gast war. Dies fand ich sehr befremdend, weil ich in meinem Herzen nicht die Absicht hatte, einen anderen Glauben anzunehmen. In meiner kleinen Welt war ich zufrieden und glücklich.

Als die Mitglieder hörten, dass ich aus dem Iran komme, war ich zahlreichen Fragen ausgesetzt. Dieses Mal drehte sich tatsächlich alles um Glaubensfragen, doch nicht in dem Sinne, wie ich es erwartet hatte. Themen waren der vergangene Krieg im Iran und wieder einmal die Jungfrauen im Märtyrerparadies, offenbar eine orientalistische Wunschprojektion vieler westlicher Männer. Man fragte, ob die jungen Iraner so motiviert gewesen seien, in den Krieg zu ziehen wegen der himmlischen Belohnung, die, wie man ja wisse, für jeden gefallenen Helden aus zehn Jungfrauen bestehe. Sie hätten auch gehört, die jungen Soldaten trügen ein Schlüsselchen um den Hals, das ihnen die Pforte zum Paradies öffnen solle. Mit meinem gebrochenen Deutsch versuchte ich zu erklären, wie ich den Krieg erlebt hatte. Immerhin konnte ich vermitteln, dass mich diese Wahrnehmung erstaunte und ich solche Unterstellungen verletzend fände. Selbstverständlich gab es keine Schlüssel, niemals hatte ich auch nur einen Soldaten gesehen, der einen Schlüssel getragen hätte.

Dann fragte eine ältere Dame, ob im Iran tatsächlich gewalttätige unverheiratete Frauen vor ihrer Hinrichtung entjungfert würden, sodass ihnen der Eingang ins Paradies verwehrt sei. Wieder einmal wusste ich nicht, wie ich reagieren sollte. Dieses Menschenbild der religiös-fanatischen Unterstellungen entsetzte mich. Besonders schockierend war die Unverblümtheit, mit der die Dame, die mich gerade erst kennengelernt hatte, mich über solche Ungeheuerlichkeiten befragte. Genauso wäre es, wenn ich sie bei unserer ersten Begegnung um Auskunft gebeten hätte, ob einer ihrer Verwandten ein KZ-Wächter gewesen sei.

Meine Hoffnung war, im Königreichsaal eine Begegnung mit Menschen mit einer gewissen religiösen Offenheit zu erleben. Doch sie reproduzierten einfach das, was sie gehört hatten, ohne zu ahnen, dass sie falsch informiert sein könnten. Ich blieb nur deshalb, um die freundliche Familie Weber nicht zu diskreditieren. Später machte ich mich in ähnlichen Situationen mit einem »Danke« und »Tschüß« davon, weil ich diese Uninformiertheit, mit der man mein Heimatland als religiös-fanatisch diskreditierte, nicht ertragen wollte. Ein solches Handeln bereitet möglichen Freundschaften schon vor ihrem Beginn ein Ende. Ich fühle mich, damals wie heute, in die Ecke der Rechtfertigung und Verteidigung gedrängt. Auch nehmen die Menschen nicht zur Kenntnis, dass sie über meine Heimat reden, mit der ich mich identifiziere. Viel motivierender wäre es, sich für einen Dialog zwischen unterschiedlichen Denkweisen einzusetzen.

Mich verwundert noch heute die Eindimensionalität der Darstellung, wenn das sogenannte »Mullah-Regime« in den Medien als diktatorisch-allmächtig dargestellt wird. Weiß man nicht, dass im Iran Gewaltenteilung herrscht mit Legislative, Exekutive und Judikative? Weiß man nicht, dass es ein Parlament gibt, in dem Oppositionsparteien mit Rederecht vertreten sind, die sich mit unterschiedlichen Gewichtungen an der Macht beteiligen? Zu den Parteien gehören »Nehzat-e Azadi«, die liberal orientierte Freiheitsbewegung, »Jebhe-ye Melli«, die Nationale Front oder »Jame-eye Rohanian-e Mobarez«, die Vereinigung der kämpfenden Geistlichkeit. Zu diesen mischt sich eine Reihe weiterer Parteien in die Belange des Landes ein, die ebenfalls im Parlament vertreten sind, wie »Mardomsalari«, Volkssouveränität oder »Jebhey-e Mosharekat irane Eslami«, die »Partizipationsfront des Islamischen Iran«. Alle Parteien verfügen über eigene Zeitungen, stellen eigene Abgeordnete und betreiben eigene Jugendarbeit, um junge Menschen für ihre Ziele zu begeistern. Nichts anderes wird in nahezu jedem europäischen Land praktiziert, in dem unterschiedliche Interessenverbände Öffentlichkeitsarbeit betreiben.

Ein Wort zur Gewaltenteilung: Wir werfen dem Iran vor, dass Legislative, Exekutive und Judikative in einer Hand sei und dass die Politiker diese nutzen, um das Volk zu unterjochen. Dabei vergessen wir etwas Wesentliches: Wie ist die Gewaltenteilung bei uns in Deutschland konstituiert? Sind sie so voneinander getrennt, dass sie sich unparteiisch kontrollieren können? Die Antwort ist Nein. Die Gewaltenteilung ist voll in der Hand der Bundesregierung, die in einem Wechselspiel das Land regiert. Alle drei Gewalten handeln im Sinne der Einheit des Staates und der Zurückweisung jeglicher Fundamentalkritik. Warum sollte es im Iran oder in Russland oder China anders sein?

Es gibt sehr viele Beispiele der Erniedrigung. Warum propagiert man in Deutschland, die Schiiten im Iran seien eine unterdrückende Mehrheit, obschon religiöse Unterschiede kaum eine Rolle spielen? In meiner Schulzeit hatte ich sunnitische, sartoschtische, christliche und jüdische Schulfreunde. Für uns war das Wort »Konfession«, wie auch der Ausdruck »Ausländer«, ein Fremdwort. Wir waren Freunde und mochten uns, wie alle anderen auch. Ein Beispiel aus meiner Familie sind Tante Gohar und Onkel Mohammad, die Eltern meines gefallenen Vetters Majid: Sie ist iranische Schiitin, er irakischer Sunnit; die Familie war – vor dem Verlust des einzigen Sohnes – immer glücklich. Damals wunderte ich mich auch über Schlagzeilen wie »Sunniten im Iran diskriminiert« oder »Christen im Iran verfolgt«, weil ich derlei nie erlebt hatte.

In den letzten 30 Jahren höre ich solche Äußerungen tagtäglich. Ich frage mich, wer daran ein Interesse hat, den Iran so darzustellen, wie er nicht ist. Unsere Politiker und Wissenschaftler versuchen, Länder in zahlreiche Ethnien aufzuteilen, diese gegeneinander aufzuwiegeln und auszuspielen. Dabei ignorieren sie, dass religiöse Minderheiten wie Sunniten, Sartoschtis, Assyrer und Juden mit jeweils eigenen Abgeordneten im iranischen Parlament vertreten sind. Erst in Deutschland habe ich diesen separierenden Blick durch diese europäisch-westliche Brille kennengelernt, der Differenzen schafft und Konflikte hervorbringt.

Wie würden wir reagieren, wenn sich der Iran plötzlich mit seinen politischen Verbündeten, vor allem mit China oder Russland, für die Unabhängigkeit Bayerns oder des Saarlandes, für die »Minderheitskatholiken« in Norddeutschland oder die »Mehrheits-Ossis« im Gebiet der ehemaligen DDR einsetzen würden? Das Ergebnis solcher Solidarisierungen wären vorprogrammierte Konflikte.

Erst mit dem Fortschreiten meiner Sprachkenntnisse konnte ich Herrn Weber das Gefühl vermitteln, dass die Funktion von Religion und Politik darin bestehen sollte, Menschen zusammenzuführen, aber keinen Keil zwischen die Völker zu treiben. Unsere allabendlichen Gespräche stimmten ihn nachdenklich und einsichtig: »Ich weiß kaum etwas über den Iran. Ich kann nur das wiedergeben, was ich in den Medien gezeigt bekomme. Woher sollte ich es sonst wissen?« Ich schlug ihm vor, mit Äußerungen über andere Kulturräume der Völker vorsichtig zu sein. In dieser Zeit gab es noch kein Internet, doch wäre eine weitere Option, mehrere Zeitungen zu lesen, insbesondere wenn er keine Fremdsprachen beherrsche.

Mir schien das gesamte deutsche Volk schlecht informiert über das, was man hier als »Orient« bezeichnet. Bisweilen wurde ich als »Orientale« tituliert, bisweilen als »Araber«. Beides wird im Deutschen abwertend verwendet und ist darüber hinaus falsch. Meine erste Heimat bildet zwar eine Brücke zwischen Orient und Okzident, doch der Iran ist Südwest-Asien zugehörig. Araber zählen zur Volksgruppe der Semiten, während die Perser eine frühe indoeuropäische Einwanderergruppe sind. Beide Völker zu vermischen wäre genauso falsch, wie Deutsche und Finnen als »Abendländer« in einen Sack zu stecken. Es scheint aber in Deutschland System zu haben, alle Völker östlich von Griechenland in bester altgriechischer Manier als einen monolithischen Block von »Barbaren« zu bezeichnen und sich in der Öffentlichkeit wie in Schule und Universität nicht um die Vermittlung eines differenzierteren Bildes zu bemühen. Manchmal frage ich mich, wer hier der Barbar ist!

Mit dem Ende meines Aufenthaltes in Frankfurt brachte ich dem Ehepaar Weber meine Dankbarkeit zum Ausdruck, mich so wohlwollend aufgenommen zu haben. Insbesondere Herr Weber war traurig. Ich tröstete ihn, dass er, wie viele Menschen hier, Opfer einer bestimmten Informationspolitik sei. Erst später lernte ich, dass in Deutschland die wenigen Presseagenturen unsere Zeitungen bestimmen, welche die gleiche Sprache sprechen und mit denselben Stereotypen arbeiten. Wenn wir uns nicht selbst aufklären, so werden wir Stimmvieh dieser Informationspolitik sein.

Politische Interventionen

Die Diskursart, die ich im Kontakt mit der Familie Weber kennengelernt hatte, bestärkte mich in meiner Absicht, im Austausch mit den Deutschen den Iran so darzustellen, wie ich ihn erlebt hatte: ein Land, in dem es, weiß Gott, viele Defizite gab und noch immer gibt, das aber deshalb keine diktatorische Hölle ist, in der ausschließlich Dämonen regieren. Was mich sehr nachdenklich stimmte und mich noch heute beschäftigt, war die Haltung meiner Freunde und späterer Kollegen gegenüber dem Iran. Man hat mir immer wieder eingeschärft, ich solle mich nicht einmischen, meine Meinung nicht kundtun. Ich solle meine Karriere nicht zerstören, sondern stattdessen ein bisschen mit den Wölfen heulen und im Übrigen mein Leben leben.

Doch habe ich auf eine wissenschaftliche Karriere verzichtet, weil meine Autonomie und ein redliches Verhalten meiner Heimat gegenüber wichtiger sind. Dies hat sich bis heute nicht geändert. Mir geht es darum, Mauern in unserem Denken als Vorurteile zu identifizieren und durch Aufklärung zu überwinden. Hierzu zählt auch die Darstellung der Haltung des Westens gegenüber dem Iran, über die in den hiesigen Geschichtsbüchern, schamhaft oder auch absichtlich, der Mantel des Schweigens gehüllt wird.

Neben der starken Dezimierung der Indianer in Nordamerika, dem Völkermord an den Armeniern in der Türkei und den Holocaust-Verbrechen in Deutschland ist die große Hungersnot im Iran während des Ersten Weltkrieges ein weiteres Verbrechen gegen die Menschlichkeit. 1917 hatten die Briten große Teile des Iran besetzt und damit die Neutralität des Landes verletzt. Viele Kunstschätze wurden geraubt, die heute im »British Museum« in London zu bewundern sind. Wirtschaftlich richtete die Politik der Besatzer das Land zugrunde. Verstärkt wurde die Misere durch die Beschlagnahmung des Erdöls, wodurch das Land kein Öl mehr ausführen konnte. Da die Briten zusätzlich den Zahlungsverkehr mit dem Ausland unterbanden, war die systematische Vernichtung der einheimischen Wirtschaft die Folge dieser Entwicklung. Unmittelbare britische Interventionen in die iranische Politik führten zu Ernteausfällen. Große Teile der kärglichen Ernte wurden von den Briten für die Versorgung ihrer Truppen beschlagnahmt, wobei nahezu jeder, der diese Maßnahme durchbrechen wollte, diesen Versuch mit seinem Leben bezahlen musste. Eine Linderung der Not durch Lebensmittelimporte aus benachbarten Ländern wie Indien war für die schwächelnde Regierung kaum möglich.

Diese Politik führte zu einer Hungersnot kolossalen Ausmaßes. Bis 1919 verhungerten schätzungsweise neun Millionen Iraner. Dies entspricht 40 Prozent der damaligen Gesamtbevölkerung. Dieses Massensterben, einer der großen Genozide des 20. Jahrhunderts, findet in keinem Geschichtsbuch der westlichen Hemisphäre Erwähnung, kein Gericht hat dieses Verbrechen verurteilt. Lange habe ich überlegt, welche Bezeichnung für dieses Verhalten zu erwägen wäre. In aller Sachlichkeit scheint mir der adäquate Ausdruck hierfür ein inhumanes und grausames Verhalten gegenüber dem iranischen Volk zu sein: Ich verklage die Briten wegen dieser Verbrechen an der Menschlichkeit. Ich verurteile das Schweigen der westlichen Politiker über diese Ereignisse.

1953 fiel Mohammad Mossadegh, eine der zentralen Figuren der iranischen Politik im 20. Jahrhundert, einem britisch-US-amerikanischen Komplott zum Opfer. Mossadegh stand der Politik des Reza Schah und dessen Sohns Mohammad Reza Schah Pahlawi kritisch gegenüber. Als Premierminister wollte er aus dem rückständigen Iran ein fortschrittliches Industrieland formen. In Demokratisierung und Verstaatlichung des Erdöls sah er zwei Instrumente zur Realisierung. Durch die Herbeiführung des inneren Friedens sollte eine friedliche Außenpolitik gestaltet werden. Doch insbesondere britische und US-amerikanische Außenpolitiker hatten andere Pläne in Bezug auf den Iran.

Mossadegh war ein Gegner ihrer Iran-Politik, die er als Fehltaten ansah, welche das Land seiner kulturellen und wirtschaftlichen Eigenständigkeit beraubten. In seinen Modernisierungsideen verband er iranische mit ausgewählten europäisch-westlichen Elementen, die einer Stärkung der Wirtschaft förderlich sein, jedoch gleichzeitig genügend Raum für eigene Entfaltungsmöglichkeiten offenhalten sollten. Sein Programm umfasste die Reform des Parlaments und des Finanzsystems, der Wirtschafts- und der Verwaltungsstrukturen. Wichtig war ihm auch die Reform der Medien und der Gewaltenteilung, um ein System gegenseitiger Kontrolle durch Recht und Gesetz zu garantieren. Durch sein Charisma – man bezeichnete ihn als den iranischen Mahatma Ghandi – hatte Mossadegh es vermocht, das gesamte Land zur Unterstützung seiner demokratischen Ideen zu mobilisieren.

Die Briten und die USA, die ihre Interessen gefährdet sahen, ließen durch ihre Geheimdienste den Plan »Operation Ajax« ausarbeiten, der vom CIA-Agenten Roosevelt, Enkel des ehemaligen Präsidenten Theodore Roosevelt, geleitet wurde. Im Iran wurde auf einen Putsch hingearbeitet und die politische Opposition gegen Mossadegh angeheizt. Auch wurden Schah-treue

Offiziere angeworben. Mit Unterstützung von Präsident Eisenhower und Premierminister Churchill gab der Schah schließlich 1953 seine Zustimmung zur Absetzung Mossadeghs sowie zur Ernennung von General Fazlollah Zahedi, der die Interessen der westlichen Mächte vertrat. Diese Intervention richtete großen Schaden in der iranischen Innen- und Außenpolitik an und beraubte das Land jeglicher Möglichkeit der Entwicklung und des geregelten Fortschritts.

Auch dürfen in diesem Zusammenhang die vielen europäisch initialisierten Eroberungs- und Kolonialisierungsfeldzüge westlicher Mächte nicht unterschlagen werden, die vom 16. Jahrhundert an das Bild der Weltgeschichte mitbestimmt haben. In ihrem Zuge sind viele bis dahin autonome Hochkulturen verschwunden, in ihrer vorherigen Freiheit stark eingeschränkt oder westlich assimiliert worden. Vielen Nachfahren von Volksgruppen aus Zentralafrika und insbesondere Amerika leben heute am Rande der Gesellschaft. Weder profitieren sie vom Wohlstand, der ihnen durch eine Verwestlichungstendenz ihrer Kolonialherren versprochen wurde, noch besitzen sie angemessene Möglichkeiten, am technischen Fortschritt im Einklang mit ihrer bisher autonomen Lebensweise teilzuhaben, ohne ihre Kultur verleugnen zu müssen. Dies gilt auch für Teile des westasiatischen sowie zentralasiatischen Raumes. Noch heute sucht Großbritannien neokoloniale Beziehungen. Das Gleiche gilt für alle westeuropäischen Länder und die USA.

Immer wieder unterhalte ich mich mit meinem Freund Maziar, der den Motorradhandel seines Vaters übernommen und erwachsene Kinder hat, mit denen er über die Geschichte des Iran spricht. Er fühlt sich mit seinem Land verbunden und ist enttäuscht darüber, dass sich das Verhältnis der Westmächte zum Iran kaum geändert hat. Maziar kritisiert, dass sich die USA und Großbritannien weder wegen des Völkermordes während des Ersten Weltkrieges noch wegen des Mossadegh-Putsches nie entschuldigt haben. Maziar schätzt Willy Brandt, der mit seinem Kniefall in Warschau gezeigt hat, wie sich Politik für den Frieden einsetzen kann, weil diese Geste nicht nur für ihn als

Person, sondern auch als außenpolitisches Staatsoberhaupt als ein Meilenstein der Aussöhnung nach dem Zweiten Weltkrieg zu betrachten ist. Vielleicht benötigen wir einen Aufstand der anständigen Politiker, die einen wahrhaftigen Dialog mit dem Iran führen, um offenzulegen, wie wir mit der Existenz politischer Gegner umgehen, die nur das Wohl ihres eigenen Volkes herbeiführen und keine Marionetten sein wollen.

Karl May und Betty Mahmoody

Was haben Betty Mahmoody und ihre Tochter Mahtob mit Karl May gemeinsam? Karl May ist ein bekannter Schriftsteller der deutschen Literaturgeschichte, der Generationen geprägt hat. Seine Werke sind vielfach übersetzt. Er ist ein ehrlicher Erfinder seiner Gedanken, mit denen er seine Leser unterhalten oder beeindrucken, aber nicht beeinflussen will. Mit seinen fiktionalen Romanen »Durchs wilde Kurdistan«, »Im Reich des silbernen Löwen« und »Im Land des Mahdi« nimmt Karl May seine Leser auf eine Reise der Fantasievorstellungen mit. Er zeigt detailreich, wie das Reich des anderen aussieht und wie das Eigene im anderen gesucht wird. Seine Geschichten, die er insbesondere durch die Figuren Kara Ben Nemsi und Hadschi Halef Omar gestaltet, wecken den romantischen Sinn des Lesers. Es mag sein, dass der Leser unterschwellig romantisierende Vorurteile über den Orient aufnimmt, die er aber, im Genuss der Erzählung, auf sich beruhen lässt. Karl May behauptet nicht, die Welt zu kennen, die er beschreibt, sondern bastelt sein Reich auf unnachahmbare Weise selbst zusammen. Diese Qualität macht seinen Schriftstellercharakter aus, die ein Bestandteil der Erinnerungskultur bleibt.

Betty Mahmoodys Talente lassen sich freilich mit einem Erzähler wie Karl May nicht vergleichen. Durch Phantasmagorie kreiert sie geschichtliche und soziokulturelle Zusammenhänge, die sie dem Leser als autobiografischen Tatsachenbericht nahebringt. Ihr Ziel ist, durch das Schaffen falscher Tatsachen Einfluss auf die Gesellschaft zu nehmen, um das Bewusstsein in Wallung zu bringen. In ihrem Bericht »Nicht ohne meine Tochter«, 1991, beschreibt Mahmoody die iranische Gesellschaft als schmutzig, korrupt, brutal und frauenverachtend. Sie suggeriert, wenn man einen Iraner heirate, heirate man gleich seine Familie mit. Dieses Vorurteil ließe sich, wenn man wollte, auf nahezu jede Ehe anwenden, in der die Eltern, Geschwister und Anverwandten beider Partner noch leben. Sie nehmen Einfluss, selbst wenn dieser darin besteht, dass sich das Ehepaar von ihnen distanziert.

In Mahmoodys Buch spielen, neben einem real anmutend beschriebenen Szenario, auch persönliches Geltungsbedürfnis sowie medialer Erfolg eine Rolle. Die unbändige und manipulierende Sehnsucht, gesehen zu werden und sich auf Kosten einer exotisierenden Geschichte eine goldene Nase zu verdienen, erlaubt, ein großes Imperium der Lüge und Unwahrheiten in einem kleinen Irrenhaus der Freiheit zu errichten. Es ist denkwürdig, wenn Betty narzisstisch verkündet, sie sei stolz, dass nunmehr das Buch ihrer Tochter Mahtob in der Vitrine neben ihrem Buch stünde. Unwahrscheinlich mutet an, wenn sich die Tochter detailgetreu an die Taten des aggressiven Vaters erinnert, die in ihrem fünften Lebensjahr stattfanden. Mahmoodys Buch hat einen verklärenden, populistischen Charakter, der vorurteilsbelastet zur Meinungsbildung beiträgt, ohne ein reflektiertes Urteil abzugeben. Selbst angesichts der Tatsache, dass eine Situation wie die dargestellte durchaus vorstellbar ist und dass solche Geschehnisse in der Welt passieren, so lässt sich die daraus hergeleitete Perspektive zu keinem Zeitpunkt auf ein ganzes Land oder Volk ausweiten.

Dies zeigt sich insbesondere, wenn wir über das Buch hinaus auch den Kinofilm betrachten. Dieser wurde in Israel, dem Land des Großfeindes des Iran, gedreht. Immer wieder wird er in Kinos und im Fernsehen gezeigt. Parallel dazu war er Thema sämtlicher Talkshows und Politsitzungen, wo Diskussionen so ernsthaft geführt wurden, als handle es sich um eine ultimative Interpretation der Heiligen Schriften. Keine Erörterung findet dabei, dass dieses Werk eine politische Antwort der USA auf den verlorenen Iran-Irak-Krieg war, auf die Besetzung der US-amerikanischen Botschaft in Teheran und letztlich auf die Islamische Revolution, welche die Interessen der USA verletzte. In diesem Sinne ist es kein Wunder, wenn etwa mein Freund Bijan an den Reaktionen der Deutschen auf dieses Werk fast zerbrochen ist.

Wir sind gewohnt, Niederlagen und historische Fehltaten wie die Inszenierung des Iran-Irak-Krieges, Putschversuche in lateinamerikanischen Staaten oder »Demokratisierungs«-Kriege in aller Welt als Notwendigkeit zu feiern. Wir treten überall als souverän, selbstgerecht und selbstverliebt auf und arbeiten mit Feindbildern. Mahmoodys Werk zeichnet eines davon, in dem das andere als fanatisch und menschenverachtend verliert. Der andere erscheint als Betrüger, niederer Mensch, wir hingegen erhöhen uns. In diesen Feindbildern zeigen wir die angebliche Minderwertigkeit des anderen, ohne zu merken, dass wir nur im Spiegelbild des anderen existieren und wir in den Augen der anderen genauso böse oder widerwärtig erscheinen können. Der letztlich faktische Wert von Mahmoodys Werk ist sein Unwert.

Eine historische Figur, die mir Hoffnungshorizonte eröffnete, ist der große Johann Wolfgang von Goethe. Er verfügte gewiss nicht über unsere »präzisen« archäologischen, ägyptologischen und orientalischen Kenntnisse, fühlte aber in seiner großen Seele, dass wir nur mit- und füreinander existieren können. Das Denkmal in Weimar, ein deutsch-iranisches Projekt, mit einem Gedicht des Dichter-Philosophen Hafiz ist ein Zeugnis dieser zeitüberdauernden Mentalität eines deutschen Poeten, der die Welt in seinem Herzen getragen hat.

Islamische Revolution

Die Islamische Revolution im Jahr 1979 war die Folge der langen extremen Innen- und Außenpolitik der beiden letzten Schahs. Ihre Verwestlichungseuphorie hat eine nachhaltige Identitätskrise in die iranische Gesellschaft hineingetragen. So oft haben die Menschen gehört, dass alles Schöne und Zivilisierte aus dem europäischen Ausland komme, wie Bildung, anständige Lebensführung oder soziale Manieren, dass Teile der Bevölkerung fest daran glaubten, es habe unumstößlich so zu sein. Doch die Realität ließ keinen Zweifel daran, dass das Schah-System nicht in der Lage war, die berechtigten Interessen seines Volkes zu vertreten. Mohammad Reza Schah Pahlawi wie auch sein Vater Reza Schah waren Willkür-Regenten, die wertvolles Staatsgebiet und die Chance, des iranischen Staates, selbstständig wirtschaftliche wie politische Strukturen zu erarbeiten, leichtfertig verschenkten. Während Reza Schah die Ararat-Berge der Türkei überlassen hatte, gab sein Sohn auf Druck der Briten die sogenannte 14. persische Provinz Bahrain auf. Reza Pahlawi war hauptsächlich damit beschäftigt, sich selbst zu inszenieren. Er konzentrierte sich auf pompöse Festivitäten, um die einstige Größe des Persischen Reiches zu zelebrieren. Um der 2500-jährigen Monarchie und dem altpersischen König Kyros II. zu huldigen, unter dessen Herrschaft einst die bekannte Welt stand, verschleuderte Reza Pahlawi bei einer Großveranstaltung 1971 Milliarden des armen Landes. Tausende von ausländischen Gästen waren zu dieser pompösen Feier geladen.

Das Schizophrene an der Mentalität dieses Schahs war, dass er einerseits die Perser als Ahnen der Iraner ehrte, andererseits aber einen europäisierten Lebensstil praktizierte. Diese kulturelle Selbstentfremdung blieb nicht ohne Folgen. Das Volk war gespalten, weil weite Teile der iranischen Bevölkerung traditionsbewusst lebten und mit schiitischem Denken wie auch mit seinem zarathustrischen Erbe eng vertraut waren. Da der Schah aber die Möglichkeit eines industriellen wie soziokulturellen Fortschritts des Landes nur in einer Angleichung an den Westen sah, entzündeten sich hierüber Interessenkämpfe. Mossadeghs Abkehr von kultureller Entfremdung wie auch Ayatollah Khomeinis Pochen auf das islamische Erbe im Land waren zwei Folgen dieser Politik des Schahs. Beide Bewegungen sind als kontradiktorische Prozesse zu verstehen, in denen auf traditioneller

Grundlage mit dem Wissen um die eigenen Wurzeln die eigene Identität entwickelt werden sollte.

Zur Zeit des Schahs war der Iran indes nicht einmal in der Lage, Gießkannen herzustellen. Einen Telefonanschluss musste man, wie gesagt, jahrelang zuvor, mit Vorauszahlung, beantragen. Auch beim Erwerb eines Fahrzeuges musste man in Vorkasse gehen, um sich an den Herstellungskosten zu beteiligen. Der Peykan etwa war ein britischer Lizenzbau, die Citroën-Dyane, »Gian« genannt, ein französischer. Beide Wagen wurden lediglich im Iran montiert, doch wir waren stolz, Automobile zu »produzieren«. Es kommt einem Witz gleich, dass ich später in den deutschen Medien lesen musste, der Iran sei zur Schahzeit so fortschrittlich gewesen, dass dessen Beitritt zu den sieben Industrieländern erwogen worden sei. Der Vergleich sollte wohl zeigen, dass die »Mullahs« dem iranischen Volk schaden würden. Die Entwicklungen nach der Revolution haben gezeigt, dass es unter anderem auch diesen »Mullahs« zu verdanken ist, aus dem Iran das fortschrittliche Land gemacht zu haben, wie er sich heute darstellt.

In der Schahzeit war Analphabetismus die Regel, Armut eine traurige Gewohnheit. Kritisches Denken wurde mit harten Strafen belegt. Das Volk wiederum begeisterte sich bedingungslos für alles, was aus dem europäischen oder US-amerikanischen Ausland kam. Menschen, die dort studiert hatten, genossen weitreichende Privilegien. Sie wurden beinahe vergöttert. In den Hochschulen besetzten sie alle Schlüsselfunktionen und priesen die Kultur, die sie mitgebracht hatten, als das Moderne und Freie. In dieser Zeit und weit darüber hinaus sind die Werke europäisch-westlicher Wissenschaftler tausendfach ins Persische übersetzt worden. Sie bestimmten das akademische und soziale Bewusstsein im Iran. Das Erstaunliche daran war und ist noch immer teilweise, dass man die westlichen Theorien der Geistes- und Naturwissenschaften als Nonplusultra propagiert.

Zur Zeit der Revolution war ich zwölf Jahre alt. Ich durfte zwar nicht aus dem Haus gehen, aber in Zeitungen verfolgte ich die Ereignisse und auch im Radio waren die Berichte nicht zu überhören. Revolutionäre lieferten sich Schießereien mit der Armee, überall waren Barrikaden mit brennenden Haufen von Reifen errichtet. Innerhalb der Unabhängigkeitsbewegung gab es unterschiedliche Richtungen, die sich mit aller Härte bekämpften, weil sie für die soziokulturelle Umwälzung des Landes unterschiedliche Pläne verfolgten. Täglich wurden wir Zeuge blutiger Bilder mit langen Berichten darüber, wie viele Landsleute auf welcher Seite ums Leben gekommen waren. Der Ausspruch »Die Revolution frisst ihre eigenen Kinder« gewann für uns konkrete Bedeutung.

Es gab nur wenige, die das alte System gutgeheißen hatten. Die überwältigende Mehrheit des Volkes sah in der Revolution eine neue Ära mit Entwicklungschancen für alle und einer politischen Unabhängigkeit des Landes. Menschen gingen massenweise auf die Straße und forderten das Abdanken des Schahs. Er galt als jemand, der persisch aussah, aber britisch-amerikanisch dachte. Überall stand die Frage im Raum, warum das Schah-System Jahrzehnte nur nach dem Diktum des Westens gelebt hatte.

Der Systemwechsel, so ersehnt er auch von der Bevölkerung war, erschütterte mein Bewusstsein, das sich auf der Schwelle vom Kind zum Jugendlichen gerade formierte. Meine Familie hatte sich bisher wenig um Politik geschert, aber plötzlich war jede Äußerung, sogar das Tragen bestimmter Kleidungsstücke, eine politische Aussage. Für mich war es erstaunlich, dass meine großen hübschen Schwestern, die kurz zuvor noch mit knappem Minirock ausgegangen waren, nun nur noch mit knöchellangem Kleid und Kopftuch zu sehen waren. Waren bis dato Bier und Whisky in Strömen geflossen und galt eine Lebensführung nach westlichem Muster als Selbstverständlichkeit, so wurden nun Spirituosenläden gestürmt.

Mit dem verschwenderischen Prunk des Schahs sollte Schluss sein. Das Volk schrie nach Imam Khomeini, dem großen Geistlichen und Symbol der Unabhängigkeitsbewegung, der damals in Neauphle-le-Château im französischen Exil lebte. Dieser Würdenträger bezeichnete nach seiner viel gefeierten Rückkehr in den Iran die US-amerikanische Regierung wegen ihrer kriegerischen Politik als »Schejtan-e Bozorg«, den »Großen Satan«, weil sie die üppigen Ressourcen des Landes fast ausschließlich für ihre eigenen Zwecke missbraucht hatten, während das breite Volk bitterarm blieb.

Auch ich hatte erlebt, dass nur Teile der Hauptstadt eine gewisse Infrastruktur besaßen, während weite Landesteile in Rückständigkeit und Armut verharrten. In der Nordstadt waren elegante Frauen mit schulterfreien Kleidern in großen ausländischen Autos zu sehen, doch dies war eine Parallelgesellschaft im Staat, die zeigte, welch eine soziokulturelle Kluft im Land die Verhältnisse bestimmte. Elendsviertel und Blechhütten waren überall. Erst später wurde ich mir meines Glückes bewusst, in eine Familie hineingeboren zu sein, die man der kaum ausgeprägten Schicht des Mittelstandes zurechnen konnte. Hingegen wusste ich, dass es in dünner besiedelten Gegenden des Landes Dörfer gab, in denen nur mit Mühe ein alter Traktor für die spärliche Feldarbeit vorhanden war. Eine Zwei-Klassen-Gesellschaft war im ganzen Land etabliert, die mit allen Mitteln beseitigt werden sollte.

Imam Khomeini beabsichtigte, das Land von fremder Leitung zu befreien und das Volk an dessen Reichtum zu beteiligen. Sein Ziel war, uns aus der teilweise selbst verschuldeten Abhängigkeit zu führen und uns die genommene Würde zurückzugeben. Seine Politik zeigte in kürzester Zeit Wirkung. Die Revolution von 1979 gehört zu den seltenen geschichtlichen Bewegungen, die vom Volk ausgingen. Einzigartig in der Geschichte ist, dass noch im gleichen Jahr, nach dem Vollzug der Revolution, ein Referendum verabschiedet wurde, um die Legitimität der Staatsform durch das Volk zu bestätigen. In diesem Referendum wurde auch die Führungsfunktion von Ayatollah Khomeini als Staatsoberhaupt anerkannt. Menschen taten sich zusammen, um die Infrastruktur des Landes voranzutreiben und Straßen zu bauen. Imam Khomeini kämpfte dafür, einen fortschrittlichen Iran in eigener Tradition einzurichten, ohne den Blick nach außen zu verschließen. Auf der Grundlage von demokratischen Grundsätzen sollte eine Islamische Republik entstehen.

Ein weiteres Ziel von Ayatollah Khomeini war, dem Land seine eigene kulturelle Identität bewusst zu machen. Wenn bisher Wissenschaftler eine Arbeit über originär iranische Themen schreiben wollten, begannen sie nicht, im eigenen Land zu forschen, sondern sie besorgten sich die Werke englischer und französischer Wissenschaftler. Diese wurden übersetzt und paraphrasiert. Dass dabei keine Arbeiten entstanden, die mit der eigenen Tradition übereinstimmten, wurde erst kurz vor Ausbruch der Revolution diskutiert. Nun aber begann man sich zu fragen: »Was widerfährt einem Volk, das seine eigene Geschichte und Religion durch andere kennenlernt?«

Der Soziologe Ali Schariati, ein Vordenker jener Zeit, brachte dieses Problem auf eine einprägsame Formel: »Ein Intellektueller ist derjenige, der seine Gesellschaft und ihre Probleme kennt, imstande ist, sein eigenes Schicksal zu bestimmen, weiß, welcher Vergangenheit er angehört, welches die geistigen Werte seiner Gesellschaft sind, und der seine eigene Wahl trifft.« Shariatis Überlegungen haben eine ganze Generation geprägt. Selbstverleugnung und verherrlichende Verbreitung einer unvertrauten Kultur mussten ein Ende haben; auch im Geschichtsverständnis der Iraner hatte eine Umkehr stattzufinden.

Die Falle der Selbstentfremdung entfacht bis heute eine anhaltende hitzige Debatte darüber, inwieweit der gegenwärtige Iran modern sei und was alles zu tun wäre, um die Modernisierung fortzuführen. Andere Teile der Gesellschaft setzen auf eigene Tradition, Geschichte und Potenziale, möchten aber nicht im Sinne des Kulturalismus ihre Augen der Welt gegenüber verschließen. Sie wollen Offenheit, aber immer unter Bezugnahme der kulturellen Eigenheiten. Dies bedeutet keine absolute Abkehr vom Westen, auch nicht die Realisierung von Zuständen, wie sie im europäisch-westlichen, allen voran US-amerikanischen Iranbild gepflegt werden: Ein »Regime« von »Mullahs«, die mit archaischer Gewalt herrschen und jeden kontrollieren, willkürlich verhaften und foltern, der ihre Herrschaft nicht mit Lobeshymnen auf ihr westfeindliches System hochleben lässt.

Unsere Politiker und Medien machen leicht vergessen, dass diese angebliche Diktatur von Präsidenten geführt wird, von denen nur wenige Geistliche sind. Generell wird unterschlagen, dass die Islamische Republik Iran ein demokratisches Fundament besitzt. Der Präsident wird auf vier Jahre gewählt und ist vergleichbar mit dem deutschen Bundeskanzler. Der Premierminister hingegen hat die gleichen Aufgaben wie der Bundespräsident. Abolhassan Banisadr wurde der erste Präsident der Islamischen Republik Iran. Er war Jurist und hatte in Frankreich gelebt. Banisadr beging in der Zeit des iran-irakischen Krieges Verrat an seinem Land. Im Rahmen einer Großinvasion führte er als Oberbefehlshaber seine Truppen gezielt in den Hinterhalt der irakischen Streitkräfte, um die entstehende Verwirrung zu nutzen, mithilfe von Massoud Radjavi, dem Chef der terroristischen Organisation der Volksmudschahedin, den Iran zu verlassen.

Mehdi Basergan war Banisadrs Nachfolger, ein studierter Ingenieur. Beide hatten lange Zeit in Frankreich gelebt. Ali Akbar Haschemi Rafsandschani ist einer der Mitbegründer der Islamischen Revolution und wurde zweiter Premierminister der Islamischen Republik Iran. Nur er stammte aus der Geistlichkeit. Alle drei sind liberale Politiker, die in der Revolution auch immer die Chance auf eine Liberalisierung des Iran auf eigene Weise unter Mitwirkung westlicher Ideen sahen. Auch Muhammad Khatami, der fünfte Präsident des Iran, ist ein liberaler Geistlicher, der vom konservativen Mahmud Ahmadineschad abgelöst wurde. Bezeichnend ist dabei, dass diese Präsidenten nach ihrer Wahl ihr Kabinett vorstellten und alle Schlüsselpositionen besetzten, ganz so, wie wir es bei Bundestagswahlen kennen. Genauso ist es üblich, Schulklassen oder Journalisten zu solchen Debatten als Gäste einzuladen, die, ähnlich wie im deutschen Bundestag, Einblicke in das politische Tagesgeschäft erhalten.

Das Anliegen der Revolution war nicht, wie oft in westlichen Medien propagiert, eine Rückkehr zu erzkonservativen archaischen Konzepten von Vergeltung oder Gewaltherrschaft der Stärkeren. Vielmehr ging es insbesondere in den Anfängen der Revolution um die Ablösung von der US-amerikanischen Vor-

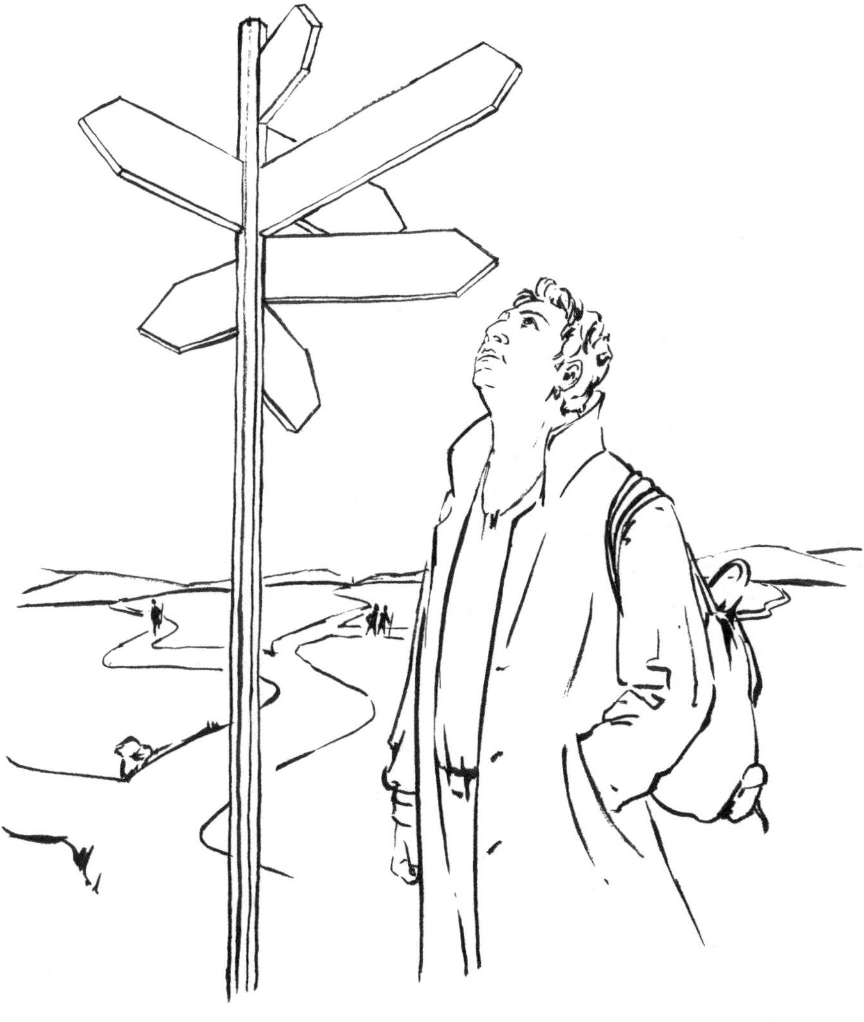

herrschaft im Iran, die Stück für Stück ursprünglich iranische Territorien durch geschickte Wirtschaftspolitik besetzte. Mit der Politik der Abhängigkeit sollte aufgeräumt werden, wobei westliche Ideen, die den eigenen Potenzialen des Iran nützlich sein könnten, durchaus verwendet und eine internationale gegenseitige Unterstützung bei der Etablierung eines eigenständigen Iran eingebracht werden sollte. Es kam anders, weit anders, als zunächst erhofft.

Missglückter Arbeitsversuch

Es war schmerzlich für mich, neben meiner Selbstfindung und den Problemen beim Einleben in die deutsche Gesellschaft über die Problematik meiner ersten Heimat nachzudenken. Doch zunächst wollte ich mich auf mein Leben in Deutschland konzentrieren und später Antworten auf diese Fragen suchen.

Ich hatte einigermaßen Deutsch gelernt. Weiterhin las ich Comics und Kinderbücher neben der Tageszeitung, vor allem der *Bild*-Zeitung weil in diesem Blatt viele Bilder abgedruckt waren, die mir das Verstehen erleichterten. Zunächst wollte ich einen Beruf finden, um mir später ein Studium zu finanzieren. Ein junger Iraner erzählte mir, er habe bei der Firma Ford in Köln-Merkenich erfolgreich eine Umschulung zum Konstrukteur gemacht. Das wollte ich auch ausprobieren. Um mich dort zu bewerben, machte ich mich voller Hoffnung auf nach Köln. Vorher verabschiedete ich mich von Bijan. Er war traurig über meine Entscheidung, aber das Leben trennt oft Menschen und verbindet sie gleichsam mit anderen. Flüchtige Augenblicke bestimmten in jener Zeit mein Leben, auf dem ich wie auf einer Rolltreppe voranglitt, ohne zurückschauen oder mich selbstständig bewegen zu können.

An einem Nachmittag im Sommer 1994 erreichte ich den Hauptbahnhof in Köln. Ich ging die Treppe hinunter, ging durch den Ausgang und erblickte auf der linken Seite den Dom. Der

Blick in das Gewölbe erweckte Sehnsüchte in mir. Ich erinnerte mich an die Kathedralen in Esfahan, welche alle Menschen jenseits ihrer kulturellen Zugehörigkeit faszinieren. Während ich durch die Stadt bummelte, entdeckte ich eine Reihe iranischer Restaurants und Läden, recht schmuddelige Geschäfte. Mir fiel auf, dass viele der Händler die deutsche Sprache nicht ordentlich beherrschten. »Sie sprechen schlechter als ich«, sagte ich mir. Dabei meinte ich das nicht herablassend oder überheblich, sondern motivierte mich, die deutsche Sprache so perfekt wie möglich zu beherrschen, um genau das sagen zu können, was ich denke und fühle. Ich fragte mich, wie diese Leute, die deutlich länger als ich hier in diesem so fortschrittlichen Land lebten, noch immer die deutsche Sprache kaum sprechen konnten, wo sie doch alle Möglichkeiten dazu hätten, sie zu erlernen. Wer beschließt, in ein anderes Land zu ziehen, muss sich, sobald er die Chance dazu hat, mit seiner Kultur, seiner Identität befassen, um die Frage zu beantworten: »Wohin gehe ich da eigentlich?« Und: »Werde ich in der Lage sein, mein eigenes, selbstbestimmtes Leben dort fortzusetzten?« Es war traurig, Menschen zu begegnen, die schon viele Jahre lang hier lebten und noch so große Sprachprobleme hatten, dass sie sich kaum zu sprechen trauten.

Nach längerer Vorbereitung erhielt ich tatsächlich einen der begehrten Ausbildungsplätze bei der Firma Ford. Tagsüber mühte ich mich in der Ausbildung, am Abend besuchte ich eine Schule, um mich auf eine deutsche Hochschulzugangsberechtigung vorzubereiten. Ich hatte ein Zimmer im Stadtteil Meschenich am Südrand von Köln angemietet, doch ohne zu wissen, wo ich mich niedergelassen hatte. Zu jener Zeit lebten dort in mehreren Wohnblöcken etwa 4000 Menschen aus über 60 Nationen. Dies war ein Ghetto der Verlierer und ein Rückzugsgebiet für Kriminelle, ein Sammelbecken für sozial Abgerutschte, ein gottverlassenes Refugium nahe der Großstadt. Mehrfach täglich fuhr die Polizei vor, um Dinge zu regeln, von denen ich gar nicht erst wissen wollte, worum es genau ging. Dieser Bezirk war für mich vergleichbar mit den Blechhütten abgelegener Orte im Teheran der 1980er-Jahre. Es war kein Ort zum Wohlfühlen.

In der Fußgängerzone der Schildergasse wurde ich von einem langen, schmalen Informationsstand mit vielen Iranern angezogen, welche die Passanten ansprachen. Auch in Frankfurt hatte ich bereits diese Art von Informationsständen bemerkt, die von der sogenannten »Iranischen Opposition« betrieben wurden. In meinen ersten Wochen in Deutschland hatte ich diese Gruppierungen gesehen und auch mit ihnen gesprochen, froh, jemanden zu finden, der Persisch sprach. Doch die Frankfurter Gruppen schienen militant. Handgemenge waren an der Tagesordnung, einige Male habe ich auch Messerstechereien zwischen ihnen beobachtet.

Die Vertreter der Kölner Gruppe wandten sich hingegen direkt an mich und waren recht freundlich. Auf dem Tisch lagen Bücher, vorne war die iranische Flagge angeklebt. Was mich erstaunte, war, dass das Wappen Allahs durch den Löwen mit dem Schwert ersetzt war, der einst als Symbol des Schahs gedient hatte. Auch fand ich seltsam, dass die Kölner, wie einst die Frankfurter, wie vom Tonband abgespult, die gleichen Geschichten erzählten. Gleich war auch ihre schimpfende Art auf die Regierung und ihre Behauptung, Funktionäre im Iran würden auf offener Straße Menschen foltern und hinrichten. In meiner Zeit im Iran hatte ich so etwas kein einziges Mal erlebt. Man schenkte mir von allen Büchern auf dem Tisch ein Exemplar, die ich nach meiner Rückkehr nach Hause direkt zu lesen begann.

Bei der Firma Ford wurde mir bald bewusst, dass mir die Ausbildung zum Konstrukteur nicht lag, wenngleich es sich um eine reizvolle feinmechanische Arbeit handelte. Auch bereitete mir meine kriegsverletzte Hand immer wieder Schmerzen bei der Arbeit. Nach kurzer Zeit brach ich bedauernd die Ausbildung ab. Nun war ich wieder auf der Suche nach einer Perspektive, während ich die Abendschule wie bisher fortsetzte. Meine Seele hatte noch immer keine Ruhe gefunden. Mir war bewusst geworden, dass ich noch viele Geschehnisse aus meiner ersten Heimat verarbeiten musste, um überhaupt etwas Sinnvolles in Angriff nehmen zu können.

Ein Weg der kulturellen Selbsttherapie schien mir die Mitarbeit bei der »Iranischen Opposition« und die Analyse ihrer Beweggründe und Ziele. An einem Wochenende ging ich wieder zur Schildergasse, um ihren Stand aufzusuchen. Sie begrüßten meine Entscheidung und begannen, mich in ihre Aktivitäten einzuplanen. Mein Zimmer in Meschenich behielt ich zwar bei, hielt mich nun aber häufiger in Köln in den Quartieren der Oppositionellen auf.

Machenschaften der »Opposition«

In meiner Frankfurter Zeit hatte ich miterlebt, dass die Vertreter der iranischen Opposition frisch eingereisten Iranern zahlreiche Hilfestellungen gegeben hatten. Sie begleiteten Neuankömmlinge bei Behördengängen und standen ihnen mit Übersetzern bei. Darüber hinaus gaben sie den Migranten zunächst ein Gefühl der Geborgenheit im fremden Land, wie dies auch bei mir der Fall war. Mich schickte die Opposition, wie viele ihrer jüngeren Mitglieder, in die Fußgängerzonen deutscher Großstädte, um Geld zu sammeln. Wir traten mit der Genehmigung der jeweiligen Stadtverwaltung im Namen eines gemeinnützigen Vereins auf. Unsere Aufgabe war, mit Fotos von Folterszenen, über deren Authentizität wir nichts sagen konnten, die Menschen zu möglichst hohen Spenden zu animieren.

Mit der Zeit stellte sich bei mir Ernüchterung über die Aktivitäten der Oppositionellen ein. Erstaunlich war für mich, dass sie jeden, den sie ansprachen, für einen Gegner der Regierung hielten. Wer widersprach und weder mit ihnen noch mit der Politik zu tun haben wollte, wurden als »Mullah-Anhänger« oder »Spion« beschimpft. Sie hielten ihre Landsleute dazu an, an ihren Demonstrationen gegen die iranische Regierung teilzunehmen. Die ersten deutschen Worte, welche die Neuankömmlinge lernten, waren dementsprechend »Mullah-Regime«, »Folter« oder »Hinrichtung«. Viele, die in diese

Oppositions-Falle geraten waren, hatten einen Asylantrag gestellt und griffen nach jedem Strohhalm, um die Anerkennung ihres politischen Asyls zu erhalten. Die Opposition hatte dies erkannt. Sie bescheinigte ihnen nach einer gewissen Zeit der Zusammenarbeit, sie wären bereits in ihrem Heimatland Verfolgungen ausgesetzt gewesen. An dieser Strategie hat sich bis heute kaum etwas geändert.

Die iranische Opposition konstituierte sich aus unterschiedlichen Gruppierungen, wobei sich jede als legitim betrachtete. Abgesehen vom gemeinsamen Hass gegen die iranische Regierung waren sie aber untereinander höchst uneins. Einige schlugen die Rückkehr zu den Zuständen der Schahzeit vor – deshalb der Löwe auf der Flagge –, andere suchten Heilung im Marxismus, Leninismus, Stalinismus oder Maoismus, wiederum andere verfolgten das Ziel, einen islamischen Marxismus einzuführen. Eine explosive Mischung also, die auf keinen Fall zueinander passte oder passend gemacht werden konnte. Noch 2009, nach den Ausschreitungen der sogenannten »Grünen Revolution« im Iran, gab es in Deutschland eine Reihe physischer Auseinandersetzungen der sogenannten Oppositionellen.

Immer mehr erstaunte ich darüber, mit welcher Härte sie bemüht waren, die öffentliche Meinung zu beeinflussen. Von Zeit zu Zeit begleitete ich eine Gruppe nach Bonn zum Bundestag, wo sie alle Abgeordneten ansprachen, die immer gleichen Geschichten erzählten und um Unterschriften baten. Diese reichten sie bei Amnesty International ein, um den Iran wegen Menschenrechtsverletzungen verurteilen zu lassen. Wir zeigten auch den Abgeordneten Gräuelbilder, um sie zur Verurteilung der iranischen Regierung zu bewegen. Mancher fiel auf diese Masche herein und unterzeichnete unsere Liste, ohne die Authentizität dieser Berichte zu prüfen.

Was die Oppositionellen miteinander verbindet, ist der Rückgriff auf Verschwörungstheorien, um die Grausamkeit des angeblichen »Mullah-Regimes« im Iran zu unterstreichen. Diese Mentalität in einer freien Gesellschaft erschien mir von Anfang an fragwürdig. Was mich immer wieder in Staunen versetzte, war, dass die Bundesregierung, damals unter Helmut Kohl, diese Politik unterstützte.

Die verzerrten Bilder der selbst ernannten Oppositionellen über den Iran erkannte ich als deckungsgleich mit denen der deutschen Medien. Oft tauchten die zweifelhaften Äußerungen dieser Oppositionellen in Berichten als »Expertenmeinungen« auf. Ich fragte mich, wer hier wen informierte, vor allem auch, warum derart zweifelhafte Quellen akzeptiert wurden.

Diese Strategie scheint Teil einer Politik, die nach dem Motto »Der Feind meines Feindes ist mein Freund« die Opposition stärkte, um sie bei Bedarf gegenüber der iranischen Regierung als Druckmittel einzusetzen. Mir war schleierhaft, warum die Oppositionellen nicht merkten, dass sie ihrerseits als Marionette instrumentalisiert wurden. »Den Vogel, der morgens singt, holt abends die Katz«, so lehrt es uns die Geschichte, aber sie schienen das nicht zu begreifen.

Die iranische Opposition hatte Menschenblut auf dem Gewissen. Im Iran-Irak-Krieg hatten sie an der Seite der irakischen Soldaten gegen ihr eigenes Volk gekämpft, wie auch Abolhassan Banisadr, der erste Präsident der Islamischen Republik. In dieser Zeit hatte die Opposition im Irak an der iranischen Grenze einen militärischen Stützpunkt unterhalten. Dieser wurde von Saddam Hussein und von unseren Politikern finanziell und logistisch unterstützt. Sie griffen mehrfach den Iran an und sprengten Pipelines. Diese Formation, die von den Iranern als »Mehrzad«, »Verräter« bezeichnet worden war, wurde schließlich von iranischen Truppen vernichtet.

Ein Stützpunkt der iranischen Oppositionellen existiert noch heute. Er wurde 2016 nach Albanien verlegt, um die US-amerikanische Politik im Irak nicht zu stören. Von dort aus werden Nachrichten über die sozialen Medien versendet, die alle gängigen Kanäle wie Instagramm, Facebook, Twitter und ähnliche dazu benutzen, Falschinformationen über Gräueltaten der iranischen Regierung in den Iran zu senden, Meinungen zu propagieren, die westlichen Medienberichten entsprechen, und dazu auffordern, gegen die »knüppelschwingenden Mullahs« vorzugehen. Diese treiben einen Keil in die iranische Gesellschaft, was man nur als Kulturmord bezeichnen kann.

Gibt es etwa in Deutschland ein Parlament, in dem extreme »-ismen« ein Mandat haben? Freilich nicht. Die RAF-Terroristen durften selbstverständlich nicht in den Bundestag einziehen. Ich fragte mich, warum Ideologien, die im Iran wegen umstürzlerischer Tendenzen unter Verfassungsschutzbeobachtung standen, im dortigen Parlament vertreten sein sollten. Dies wäre so, als würden andere Staaten die heutigen »Reichsbürger« als legitime Vertretung des deutschen Staates akzeptieren und ideologisch wie finanziell unterstützen. Selbst manche demokratisch gewählte Partei am linken oder rechten Rand der Parteienlandschaft steht hier unter Verfassungsschutzbeobachtung.

Es ist ein schwarzes Blatt im Buch unserer Demokratie, dass die Vertreter dieser selbst ernannten iranischen Opposition von der Bundesregierung nach Kräften unterstützt werden. Dabei bemerken sie nicht, dass sie instrumentalisiert werden: Nützen sie der Politik nicht mehr, werden sie als Terroristen stigmatisiert und ausgewiesen. Dies ist bezeichnend für eine wahnhaft schizophrene Gesellschaft, gestaltet nach den Launen einer Dissonanzpolitik, die mit zweierlei Maß misst. Dies sind Zustände, wie sie in einem Irrenhaus der Freiheit anzutreffen wären. Dabei ist dies alles ein großes Aushängeschild mit der Aufschrift: »Willkommen in der Realität!«

Die Erkenntnis dieser Zusammenhänge war für mich, neben der Revolution und dem Iran-Irak-Krieg, die dritte große Erschütterung in meinem Leben. Waren denn alle Ideale, die ich mit diesem Land verbunden hatte, nur heiße Luft? War das demokratische Deutschland, das sich überall für die Menschenrechte stark machte, ein Unrechtsstaat? Hatten die Entscheidungen der Regierung denn überhaupt nichts mit Völkerfrieden zu tun? Waren sie nur politischem Kalkül geschuldet? Hatte ich für eine solche Seifenblase meine Heimat verlassen? Das war also das viel gelobte »Land der Dichter und Denker«?!

Ich war an einem Punkt angelangt, an dem ich mein Vertrauen in das westliche »demokratische« System völlig verlor. Ich wusste nicht mehr, was richtig und was falsch sein sollte. Ich war drauf und dran, Deutschland zu verlassen. Nach langem Ringen entschied ich mich für die zweite Heimat. Nun spielte mir ein nie erahntes Glück in die Hände. Eine zufällige Bekanntschaft mit einem großartigen Menschen sollte meinem Leben eine völlig neue Richtung verleihen.

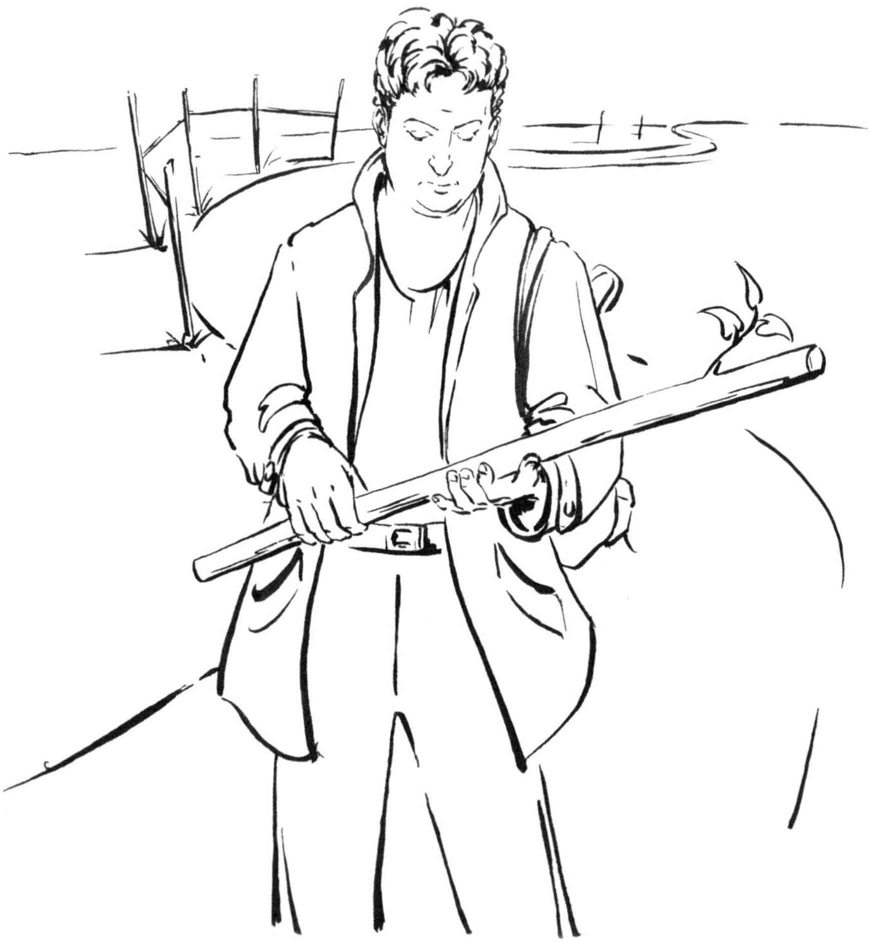

3. Mein liebstes »Heidenkind«

Begegnung mit Adolf Kolping

Ich befand mich am absoluten Tiefpunkt meines bisherigen Lebens. In mir stritten zwei Optionen um die Vorherrschaft: In den Iran zurückkehren wollte ich nicht, weil ich meine seit meiner Kindheit drängenden Fragen beantwortet haben wollte. Hierzubleiben war jedoch bisher bloß mit Entbehrungen, Ablehnungen und Enttäuschungen verbunden gewesen. Eine Gemengelage, die mich zutiefst zerrüttete, im Begriff war, mir jeglichen Halt zu rauben. Auf diesem Weg schleppte ich mich wie ein Taumelnder zwischen den Wänden meines Daseins vorwärts, hin- und hergerissen in den extremen Schwankungen meiner aufgewühlten Gefühlswelt.

Sicherlich wissen Sie nur zu gut, dass jeder Mensch Erfahrungen macht, die einmalig sind. Je älter wir werden, desto mehr erfahren wir von und mit anderen. Erzählt jemand aus seinem Leben, so schlägt er eine Brücke zwischen seiner Erfahrung und der anderer. Er verbindet das Jetzt mit reichhaltigem Leben, das glanzvoll wie ein geschliffener Diamant sein und ein Stück Freude bescheren kann, was bisweilen atemberaubend ist. Wir müssen uns stets bewusst sein, dass wir unseren Wohlstand und alles, was uns umgibt, den Leistungen unserer Vorfahren oder älteren Menschen zu verdanken haben. Die weißen Haare erzählen Geschichten, die lustig, rührend oder voller Traurigkeit sein können. Ältere Menschen machen uns mit einer Vergangenheit vertraut, deren Kenntnis wir brauchen, um die Zukunft zu gestalten.

Meine Begegnung mit dem bekannten Fundamentaltheologen Adolf Kolping in einer Zeit, in der ich voller Unruhe im Herzen nach einem Weg suchte, kommt mir noch heute vor wie eine göttliche Fügung, die meinem Leben die ersehnte Richtung und einen motivierenden Sinn gab. Völlig unvermittelt kam diese unverhoffte und für mich bewegende Bekanntschaft zustande. Seit meiner Kindheit hatte ich ältere Menschen bewundert, die junge Menschen an ihrem übervollen Erfahrungsschatz teilhaben ließen. Mein Glück war, dass mir immer wieder solche Menschen begegnet sind.

An einem Freitagnachmittag im Spätsommer 1993 war ich mit zwei weiteren jungen Iranern in Bonn unterwegs, um Spenden zu sammeln. Wir verstanden uns gut, waren auch privat häufig zusammen unterwegs und teilten unsere Sorgen wie auch unsere Leidenschaften. Mehrzad hatte ein Magengeschwür gehabt. Er musste noch immer Medikamente nehmen, Mohsen interessierte sich nur für Fußball und reagierte fanatisch, wenn Bayern München nicht genügend gewürdigt wurde. Es war heiß, doch eine leichte Brise machte das Wetter angenehm, während wir auf dem Münsterplatz in der Sonne saßen, ein Eis schleckten und die vorbeischlendernden Passanten betrachteten.

Ein in Schwarz gekleideter älterer Herr mit schneeweißem Haar bewegte sich leicht hinkend in unsere Richtung. Er trug etwas verstaubte Ledersandalen mit schwarzen Socken und unter der schwarzen Jacke ein weißes Oberhemd mit Kollar. Er sah aus, als führe er Selbstgespräche. Auf mich machte er einen ernsten und vornehmen Eindruck. Beeindruckt machte ich noch meine Freunde auf ihn aufmerksam, als er bereits auf uns zukam. Mich sprach er an, die Freunde ignorierte er. Er wollte wissen, was wir an diesem Sonnentag auf dem Münsterplatz machen würden. »Wir genießen die Sonne. Wir essen Eis«, erwiderte ich, »Und Sie? Kommen Sie von Beerdigung? Mein Beileid.«

Zunächst lobte er mein gebrochenes Deutsch, was bei meinen Freunden Gelächter auslöste, dann erklärte er, er trüge seine Dienstkleidung. Er wäre Prälat und Universitätsprofessor für Fundamentaltheologie. Er fragte, ob wir wüssten, was ein

Prälat sei. Ich verneinte, woraufhin er erklärte, er sei katholischer Priester, der sich dafür entschieden hätte, Gott zu dienen. Nach langem Hin und Her verstanden wir, was ein Priester ist, ähnlich den iranischen Geistlichen, die allerdings einen Turban und einen langen Überwurf tragen. Der Herr war neugierig und geduldig zugleich. Schließlich verabschiedete er sich, wobei er bemerkte, gerne wolle er mich näher kennenlernen. Bevor er weiterging, drückte er mir seine Visitenkarte in die Hand. Er riet mir, ihn anzurufen oder einfach bei ihm vorbeizukommen. Nach diesem Gespräch ging er geschwind weiter, mit gefalteten Händen auf dem Rücken. Wir schauten uns verdutzt an. »Warum hat er nur dich angesprochen, aber nicht uns?«, fragte Mehrzad. »Ich weiß nicht«, gab ich zurück. Ich kam mir vor wie im Märchen. Dieser Herr hatte einen aufrichtigen und menschlichen Eindruck gemacht. Es ist ungewöhnlich, dachte ich mir, dass in dieser Menschenmenge ausgerechnet jemand mich anspricht und so einladend handelt. Ängste stiegen in mir hoch, da ich mich in Bonn nicht heimisch fühlte. Doch einige Tage später überwand ich schließlich meine Unsicherheit. Ich beschloss, mit diesem Herrn Kontakt aufzunehmen.

Die ganze Zeit begleiteten mich die Gedanken, warum diese große Welt urplötzlich so klein wird, dass Menschen sich finden und Freunde werden können. Hatte mein Großvater nicht immer gesagt, die Innenwelt unserer Zeit funktioniere nach Gesetzen, die wir nicht kennen, die aber unser Leben, unsere Ziele und unseren Tod bestimmen? Also konnte auch diese Begegnung kein Zufall sein. Einige Tage später meldete ich mich telefonisch bei dem älteren Herren. Freundlich wie bei unserer ersten Begegnung lud er mich zu sich nach Hause ein, wollte mich aber alleine, ohne meine iranischen Freunde, empfangen. Er wohnte in Bonn-Endenich. Ich begab mich zu der Adresse, die er mir beschrieben hatte, und klingelte. Eine weibliche Stimme rief: »Ich komme ...« Es öffnete eine alte Frau, die Haushälterin. Sie schien bereits informiert über mein Kommen, bat mich einzutreten und geleitete mich zu Professor Kolping. Die ganze Zeit machte ich mir Gedanken darüber, warum er meine Freunde nicht dabeihaben wollte. Hat er vielleicht gedacht, dass wir ihn bestehlen würden?

Wir sprachen über dieses und jenes. Er fragte nach meinem Alter, meiner Herkunft, auch wollte er wissen, seit wann ich in Deutschland wäre, warum ich noch nicht ausreichend Deutsch spreche und ob ich »Mohammedaner« sei. Hierauf antwortete ich: »Nein, nein, Moslem, nix Mohammedaner. Moslems glauben an Allah, Mohammed sein Gesandter. Bitte nix Mohammedaner. Moslems lieben das nicht.« Sein verlegener Anblick machte mich traurig, sodass mir Tränen in die Augen schossen. Ich hatte ihn nicht verletzen, sondern liebevoll sagen wollen, dass der Ausdruck »Mohammedaner« kolonialistisch sei, was die Moslems nicht mögen. Doch konnte ich mit meinem gebrochenen Deutsch nicht erklären, dass es genauso unpassend wäre, ihn als »Jesusianer« zu bezeichnen. Ich entschuldigte mich wegen meiner forschen, vielleicht unüberlegten Reaktion. Mit einem noch immer verlegenen Lächeln gab er mir zu verstehen, dass ihm seine Frage peinlich war. Ich bemerkte, dass ein weiser Mann vor mir saß, der wusste, dass Schweigen manchmal mehr ist als Gold und Diamanten zusammen.

Unsere Unterredung wurde durch das Läuten der Glocke aus der Küche unterbrochen. Nach dem Essen schlug er mir einen Spaziergang in Endenich vor, um mir seine Lieblingsorte zu zeigen, zu denen er viele Jahre mit seinem Dackel gegangen war. Der Dackel sei vor einiger Zeit gestorben er vermisse das Tier, weil es ihm einen genauen Tagesablauf beschert hatte. Nun musste er alleine den Weg gehen, der für ihn symbolische Bedeutung hatte: Er gehe ihn so lange Zeit und im Leben wiederhole sich vieles.

Kolping zählte zur Zeit unserer Bekanntschaft 80 Jahre. In seinen Gesprächen klangen häufig Gedanken über den Tod an. Er verwies mich auf eine Stelle in seinem Garten, an welcher der Dackel begraben war. Um einen weiteren Hund anzuschaffen fehlte ihm die Kraft; er befürchtete, der Hund könne ihn überleben. Mit einem Wortspiel kam er auf das Thema zu sprechen, das ihn stark beschäftigte: »Endenich – hier ende ich.« Diesen Satz hat er später immer wiederholt, wenn wir in einem italienischen Restaurant in Endenich zusammen zu Mittag gegessen haben.

Überirdischer Befehl

Adolf Kolping schlug mir vor, ihn täglich zu besuchen. Er hatte bemerkt, dass ich seelischen Beistand benötigte, um die Einsamkeit in der Fremde mit ihren Herausforderungen zu meistern. Er versicherte mir häufig, er wolle mir zur Seite stehen. Ich solle mich nicht alleine fühlen, denn schließlich sei er Priester und ich könne ihm bedenkenlos alles anvertrauen. Bei jedem Gespräch schien er sich besser in meine durcheinandergeratene Welt hineinversetzen zu können. Einfühlsam wusste er, wann er mich in Ruhe lassen musste. In dieser Zeit war es tatsächlich so, dass ich oft nach Ruhe gesucht habe und einfach schweigen wollte, um mich auf mein inneres Schreien zu konzentrieren.

Eines Tages forderte Kolping mich auf, alles zu erzählen, was ich bisher in Deutschland gemacht hätte. Meine Ausführungen ähnelten einer regelrechten Beichte. Ich erzählte über meine Zeit in diesem Land. Auch berichtete ich über meine Zerrissenheit, die auf den Kriegserlebnissen beruhten, auch auf den Erschütterungen in meinem Heimatland und denen, die ich in Deutschland erfahren hatte. Er erfuhr die Gründe für meine Ausreise, meine Probleme als Migrant in Deutschland, mein Misstrauen über die Rolle der Oppositionellen. Ich erzählte ihm über meine Tätigkeit als Spendensammler, dass ich den Menschen auf der Straße Bilder zeigte und Geschichten über Gräueltaten im Iran erzählte, die ich aus meiner Erfahrung nicht bestätigen konnte. Nach diesem Gespräch, das mir große Erleichterung brachte, hatte ich das Gefühl, dass meine Welt von ihm sehr gut verstanden wurde.

Einige Tage später schlug Kolping erneut einen Spaziergang vor. Seit unserer letzten Unterredung war er nachdenklich und recht schweigsam, doch ich merkte, dass in ihm etwas arbeitete. Ich ahnte, dass er wieder über mein Leben sprechen wollte. Er wusste, dass ich Capri-Eis mag, aber wenig Geld hatte, um welches zu kaufen. Deshalb schlug er mir ein Eis vor. Wir ließen uns auf einer Bank nieder. Kolping wirkte auf mich, als wolle er mir etwas sagen, halte sich aber noch zurück.

Zunächst wollte er Weiteres über mein Leben wissen, bis er urplötzlich begann, über sich zu erzählen: »Das Leben ist wie ein stilles Weinen. Jeder weint anders, weil jeder Mensch seine eigene Geschichte hat«, sagte er. Er erzählte mir bewegende Dinge über sein »stilles Weinen«. Es sei ihm nicht immer leichtgefallen, sein Leben nach den Maßstäben des Zölibats auszurichten. Im Islam müssen die Geistlichen verheiratet sein und mir waren solche Nöte nicht vertraut. Deshalb frage ich mich noch heute, ob man unbedingt Priester sein muss, um ein gottesnahes Leben zu führen, oder ob es vielmehr eine Entfernung von Gott ist, wenn der Mensch alle Kräfte mobilisieren muss, um gegen seine natürlichen Anlagen zu kämpfen.

Kolping erzählte, er sei fromm und unnachgiebig, doch das Zölibat habe ihm seine Schwäche immer wieder vor Augen geführt, sodass er öfter die Kapelle oder die Einsamkeit hätte aufsuchen müssen, um wieder zu sich zu finden.

Dann kamen wir auf die »Oppositionellen« zu sprechen. Kolping zeigte großes Unbehagen über meine Zusammenarbeit mit ihnen. Er fand es unerträglich, dass diese Menschen ihre politischen Auseinandersetzungen auf deutschem Boden austrugen und die Bundesregierung diesen Unfug auch noch unterstützte. Die Oppositionellen hielt er für Gauner – mit ihren Gräuelgeschichten über den Iran wie auch mit der Instrumentalisierung Jugendlicher, die kaum Deutsch sprächen und nur mitarbeiteten, um politisches Asyl zu erschleichen. Er hatte deren Treiben schon länger beobachtet und war zu dem Schluss gekommen, dass dieser Haufen brandgefährliche Ideen vertrat. Damit hatte er recht. Es gleicht einer Realsatire, dass diese selbst ernannten Oppositionellen damals wie heute an den gleichen Orten stehen und dieselben Geschichten erzählen. Das einzig Neue ist, dass sie 30 Jahre älter geworden sind, ohne gelernt zu haben, wenigstens untereinander friedlich zu sein.

Kolping erzählte mir, dass er davon ausgehe, dass diese Oppositionellen mit der deutschen Politik zusammenarbeiten würden. Deshalb müsse ich mich von ihnen fernhalten, damit ich nicht in Schwierigkeiten geriete. Er meinte, dass man die Oppositionellen unterstützt, um politischen Druck im Iran ausüben zu können. Eine andere Funktion hätten sie nicht. Kolping riet mir dringend, meine Arbeit dort unverzüglich zu beenden. Ich solle mir keine Gedanken machen, er wolle mich dabei in jeder Hinsicht unterstützen. Offenbar hatte er auch schon über meine Zukunftsperspektive nachgedacht: »Aus dir muss etwas werden. Ich werde alles dafür tun, was in meiner Macht steht, obschon ich als alter Mann schon fast in der Ohnmacht meines Lebens stehe. Deine Aufgabe soll sein, ein Botschafter, eine Brücke zwischen den Kulturen zu werden. Eine Brücke zwischen dem Iran und Deutschland. Ich werde helfen, wo ich kann – wenn du wirklich willst.« Noch einmal riet er mir zu diesem Schritt und versicherte mir: »Nichts existiert zwischen uns außer dem lieben Gott, schließlich bin ich Priester.«

Ich hatte keine Worte. Wie ein Film sauste mir für einen Augenblick alles, was ich in Deutschland erlebt hatte, durch den Kopf. Kolping bemerkte meinen aufgewühlten Zustand, legte seine Hand auf meine Schulter. Er wiederholte mehrmals meinen Vornamen: »Hamid, wir werden es schaffen, du bist stark.« Als er mein erregtes Gemüt einigermaßen beruhigt hatte, versprach ich ihm, und vor allem mir selbst, seinen Ratschlag in die Tat umzusetzen. Ich wollte mich sofort von der Opposition distanzieren. Dies bereitete mir Schwierigkeiten. Ich sagte, dass ich keine Lust mehr hätte, ihre kriminellen Machenschaften zu unterstützen, um Geld auf deutschen Straßen für etwas zu sammeln, das meine Heimat in Verruf bringen sollte, worauf es ein Handgemenge gab. Sie warfen mir vor, ein Gesandter des Mullah-Regimes zu sein, der nicht zu leben verdient hätte. Meine Entscheidung jedoch stand fest. Mit diesen Menschen wollte ich nichts mehr zu tun haben. Außer Beleidigungen, Vorurteilen und den ewigen Wiederholungen hatten sie nichts zu bieten.

Die Stütze meiner Entscheidung waren die entschlossenen Worte von Adolf Kolping. Er hat mir die nötige Zuversicht geschenkt, eine Lebensentscheidung zu treffen. Wenngleich ich an vielem zweifeln sollte, was noch vor mir lag, erkenne ich doch rückblickend, dass ich diese Entscheidung nicht bedauere. Er hatte bereits genaue Pläne für mein neues Leben in Deutschland. Er wollte für mich einen Intensiv-Deutschkurs für Fortgeschrittene organisieren, doch das schien ihm nicht genug. Er kündigte an, mir täglich eine Privatvorlesung zu halten, die ich mitschreiben müsse. Die Mitschriften werde er korrigieren und mit mir besprechen. Sein unglaubliches Engagement erfüllte mich mit großer Dankbarkeit. Ich sicherte ihm zu, alles so umzusetzen, wie er es vorschlug. Sichtlich glücklich sagte er mir leise: »Sollte ich das erreichen, was ich mir vorgenommen habe, ist der Tod mir erträglicher.«

Eine Frage hatte mich seit der ersten Begegnung mit Kolping begleitet, nämlich, warum er bei unserem Kennenlernen auf dem Münsterplatz nur mich, nicht aber meine beiden Landsleute angesprochen habe. Er erklärte: »Kennst du Sokrates? Ich bin wie er. Auf den Straßen suche ich nach Talenten, die ich dann auf meine Weise fördere. Ich habe geahnt, dass in dir, nur in dir, etwas Zukunftsträchtiges steckt. Ich war wie hypnotisiert, als ich dich sah. Als ob ich Stimmen hörte, die zu mir sagten: ›Da ist jemand, der sucht dich. Geh zu ihm, sprich ihn an. Hol ihn zu dir!‹« Tatsächlich hat Kolping, wie Sokrates, noch weitere Schützlinge betreut, um die er sich früher so gekümmert hat, wie er es nun mir anbot.

Sokrates kannte ich aus meiner Schulzeit. Man bezeichnet Sokrates im Iran als »Märtyrer der Philosophie«. Diese Haltung Kolpings hat mich dazu motiviert, als Erstes ihn zu bitten, mir ein leicht verständliches Buch über Sokrates Leben zu besorgen. Wir gingen zusammen in eine Buchhandlung. Er kaufte mir die »Apologien des Sokrates«, ein kleines gelbes Reclambändchen. Neben den täglichen Vorlesungen, die ich kräftig mitschreiben musste, las er mir eine Seite der Apologien vor und interpretierte diese im Kontext des griechischen Denkens. Diese frühe Schulung der Interpretation des Sokrates hat mich so beeindruckt, dass ich mir alle Werke Platons kaufte und bereits vor meinem Studium las. Um zu kontrollieren, dass ich alles verinnerlicht hatte, bat ich meine Mutter, mir die Übersetzung der Gesamtausgabe Platons zuzusenden. Diese las ich ebenfalls. Was mich am meisten an diesen Werken beeindruckte, waren die Memorabilien von Xenophon. Eindrucksvoll schilderte er, welche Persönlichkeit Sokrates seiner Auffassung nach gewesen sei.

Ich war so beeindruckt von Sokrates und der Gestaltungsfähigkeit seines Denkens, dass ich beschloss, ihm später ein Buch zu widmen und seiner Philosophie ein Denkmal zu setzen. Weil mein Deutsch nicht so gut war, dachte ich daran, dies zunächst auf Persisch zu verfassen, was ich zu Beginn meines Studiums in Trier auch ausführte. Meinem Buch habe ich den Namen »Kunst des sokratischen Nicht-Denkens« gegeben. Dies war zugleich eine Kritik an der iranischen Gesellschaft, in der Denkverweigerung zur Institutionalisierung einer gewissen Leichtgläubigkeit in der Gesellschaft geführt hatte. Ich dachte schon damals, dass eine Gesellschaft, aus der sich das Denken verabschiedet, den Nährboden für Aberglauben bereitet. Dieser Sinnspruch begleitet mich noch heute.

Die Fulminanz des sokratischen Denkens hat mich so beeindruckt und beeinflusst, dass ich später die Kombination Philosophie, Psychologie und Pädagogik als Studienfächer wählte. Vor einigen Wochen erst habe ich ein weiteres Buch in Farsi veröffentlicht, gestützt durch das sokratische Gedankengut, mit dem Titel »Die Sonne der Vernunft am Firmament des Lebens«. Ich bin unendlich dankbar, dass Adolf Kolping mich Sokrates entdecken ließ. Kolpings Worte haben in mir in der Tat ungeahnte Kräfte freigesetzt. Sicherlich hängt mein gesamter Werdegang und meine philosophische Ausrichtung mit dieser Begegnung zusammen. Noch heute sehe ich ihn vor mir wie damals auf dem Münsterplatz in Bonn, wo zwei so unterschiedliche Menschen zusammengefunden haben. Für ihn war meine Bekanntschaft wahrscheinlich verbunden mit dem letzten intensiven Kontakt zu einem jungen Menschen, in dem er möglicherweise den Sohn sah, den er als Geistlicher nie haben durfte. Das hat er in etwa immer so formuliert. Bei unserer letzten Begegnung flüsterte er mir ins Ohr, dass ihm sein Einsatz für mich so wichtig sei wie sein Zölibat. Unsere Begegnung hätte ihn Gott näher gebracht. Die Bekanntschaft mit Adolf Kolping hat mich gelehrt, dass es eine Verbindung zwischen Sehnsucht und Hoffnung gibt. Meine Sehnsüchte haben mich getragen, meine Hoffnungen mir die nötige Tugend geschenkt, immer zu überlegen, welche Schritte ich tun muss, um das nächste Ziel zu erreichen. Das Leben im Glück ist wie das Rennen einer Schildkröte im Marathon. Betrachte ich Adolf Kolping, diesen alten Mann, so sehe ich in ihm einen Arbeiter Gottes.

Unterwegs in die Zukunft

War mir mein Leben bisher wie das Dümpeln auf einer maroden Dorfstraße vorgekommen, so fühlte ich mich nun wie auf einer Schnellstraße. Kolping organisierte für morgens einen Deutschkurs, nachmittags empfing er mich, wie angekündigt, zur Privatvorlesung. Beeindruckend fand ich seine Beharrlichkeit, mich täglich zur Sprachschule zu begleiten, wieder abzuholen und nach dem gemeinsamen Mittagessen oder der Kaffeestunde mit dem Privatunterricht zu beginnen. Mein Lehrer war ein Meister seines Faches und ein einzigartiger Pädagoge, wie er unter Gelehrten unserer Hochschulen selten zu finden ist. Er wusste sein Wissen präzise einzusetzen, um mein Innerstes für die Verinnerlichung seiner Konzepte zu sensibilisieren. Er war auch auf seine Art streng und wiederholte beharrlich solche Sachverhalte, die ich beim ersten Mal nicht genügend verstanden hatte. Ich war überaus motiviert und saugte alles Wissen, das er mir präsentierte, wie ein Schwamm auf.

Während meines gesamten bisherigen Aufenthaltes in Deutschland hatte ich noch nie so viel Zuwendung von einem Muttersprachler erhalten. Darüber verbesserten sich nun rasch meine Deutschkenntnisse, einerseits durch die Sprachschule, insbesondere aber durch Kolpings gesetzte Sprechweise und seine nie ermüdende Bereitschaft, mir Termini genauestens auseinanderzusetzen. Seine Vorlesungen zu Sokrates und seine anschließende Interpretation waren wie ein günstiger Wind, der mich beflügelte, mich immer mehr in den reichhaltigen Tiefen der deutschen Sprache zu versenken, das Denken immer wieder auf neue Ebenen zu erheben. Stets sagte er, Kulturen zu verstehen bedeute, Sprachen zu verstehen, die eng mit der Art unseres Denkens zusammenhängen. Hier lernte ich, dass Philosophie, und Wissenschaft überhaupt, das Arbeiten an Begriffen bedeutet.

Kolpings elementare Qualitäten bewegten mich zudem, auch aus eigenem Antrieb meinen Wissenshorizont zu erweitern. Bücher aus dem Iran, die bewährten Zeichentrick- und Kinderbücher sowie wissenschaftliche Einführungen wiederholte ich regelmäßig. Durch Kolpings pädagogisches Geschick ist es mir gelungen, östliches Wissen mit westlicher Methode und westliches Wissen mit östlicher Methode zu verbinden. Diese Qualität ist mir später immer bewusster geworden. Ohne ihn wäre mir vielleicht diese wechselseitige Kulturhorizont-Erweiterung nicht in dieser Form möglich gewesen. Ich nahm mir vor, genau dieses pädagogische Konzept als Lehrmethode zu praktizieren, wenn ich es tatsächlich schaffen würde, Hochschullehrer zu werden.

Kolping gestattete mir häufig, ihn zu begleiten. Er nahm mich mit auf eine eindrucksvolle Urlaubsreise ins Tessin. Wenn er sich mit anderen, teils hochkarätigen Wissenschaftlern traf, so nahm er mich auch hier mit und stellte mich ihnen vor. Kolping verschaffte mir die Gelegenheit, in Basel den Philosophen Joseph Maria Bochénski kennenzulernen. Ich kannte einige Gedanken aus dessen Buch »Wege zum philosophischen Denken«. Mich hatte beeindruckt, dass Bochénski jedem angehenden Philosophiestudenten die Berührung mit einem echten Philosophen empfahl, um richtiges philosophisches Denken zu lernen. Auch Bochénski erwähnte, er wolle mir gerne hilfreich zur Seite zu stehen, doch in seinem Alter habe er keine Kraft mehr dafür. Er war für mich ein Denker par excellence, möge er immer selig sein. Später machte mich Kolping mit dem renommierten iranischen Philosophen und Islamwissenschaftler Abdoldjavad Falaturi bekannt, der in Köln einen Lehrstuhl für Islamwissenschaft mit schiitischer Prägung innehatte. Etwa zwei Jahre vor seinem Tod 2004 erzählte mir Falaturi in einem persönlichen Gespräch vieles über seinen schwierigen Werdegang in Deutschland. 2018 sollte ich die Ehre haben, Falaturis unveröffentlichte Habilitationsschrift herauszugeben.

Kolping war eine geistreiche Frohnatur. Er war in der Lage, aus unsäglichen Situationen farbenfrohe Momente der Heiterkeit zu erzeugen. Um mir die Namen der verschiedenen Tierarten beizubringen, nahm er mich oft mit in den Kölner Zoo. Zunächst fragte er: »Was ist das für ein Tier?«. Auf Persisch wusste ich gewiss, wie das Tier hieß, auf das er zeigte, aber nicht auf Deutsch. Oft fing er an, das Tier nachzuahmen, vom Affen bis zum Raben, von Gehege zu Gehege, von Käfig zu Käfig. Während ich ihn erwartungsvoll anblickte und nicht wagte, zu lachen, machten sich umstehende Leute oft über unser Gebaren lustig. Einmal bemerkte ich, dass Jugendliche hinter uns, als Kolping gerade die Ziege imitierte, ihn als »Der alte Bock« bezeichneten. Während er sich über diese abwertende Äußerung ereiferte, begann ich lauthals zu lachen. Ich konnte mir die Bedeutung nur zusammenreimen, doch eine halbe Stunde lang brach ich immer wieder in Lachsalven aus, während er sich über die »Unverschämtheit« aufregte und mir gebot, ich sollte mich zusammennehmen. Daran merkte ich, dass auch er ein Mensch war, der nicht über allen Dingen stand.

Ich begleitete Kolping auch zu den Gottesdiensten, die er in einem nahe gelegenen Altersheim in Endenich zelebrierte. War kein Messdiener da, so durfte ich einspringen. Adolf kommentierte solche Einsätze mit der Bemerkung, ich sei »sein liebstes Heidenkind«, und er lobte, diese Aufgabe hätte ich mit Bravour gemeistert. Sicherlich hätte er gerne gesehen, wenn ich zum Christentum konvertiert wäre. Doch für ihn, einen toleranten Vertreter der katholischen Kirche, war es unproblematisch, dass ich keine Veranlassung sah, meinen Glauben zu wechseln. Er wertete dies eher als Standhaftigkeit meinerseits und wusste, dass der Islam schiitischer Prägung das Zuhause meiner Seele ist, die mir auch Nahrung für das Denken gibt.

In allen Momenten war mir Kolping ein treuer Gefährte, ein Bruder im Geiste, ein Vater im wahrsten Sinne des Wortes. Ich gab mir alle erdenkliche Mühe, diszipliniert, zielstrebig und verantwortungsbewusst seine Anregungen aufzunehmen und für die Zukunft umzusetzen. In Dankbarkeit dachte ich darüber nach, wie ich ihn ehren oder ein Zeichen setzen könnte, solche hilfsbereiten Menschen zu würdigen. Nach Recherchen über verschiedene Ehrentitel wollte ich den würdigen Papst Johannes Paul II. schriftlich bitten, ihm den hochrangigen päpstlichen Ehrentitel des »Apostolischen Protonotars« zu verleihen. Dieser Wunsch wurde wegen Kolpings Tod nicht realisiert. Ich bin mir aber sicher, dass er mir das verzeiht und nun dort ist, wo er sich im Kreise der Heiligen bewegt.

Immer häufiger kam Kolping darauf zu sprechen, dass seine Kräfte ihn verlassen würden, dass er oft nicht mehr das könne, was er vor zwei Tagen noch gekonnt hätte. Dabei zeigte er Galgenhumor und wiederholte, wie so oft: »Endenich – hier ende ich.« In solchen Momenten war ich traurig. Ich ahnte, dass das Leben mir einen Lehrer nehmen würde, wie es für mich nie wieder einen geben würde, dessen Passion die begleitende Ausbildung eines jungen Menschen in sokratischer Manier war.

In einem vertraulichen Gespräch bemerkte Kolping voller Sehnsucht: »Hamid, warum haben wir uns nicht vor 30 Jahren kennengelernt? Ich werde deinen weiteren Werdegang nicht mehr erleben können. Verfolge deinen Weg konsequent. Deine Offenheit ist eine Tugend, die man braucht, um Vorbild zu sein. Dies wusste ich von Anfang an. Du wirst Menschen kennenlernen, die dir Steine in den Weg legen, weil sie dich als Bedrohung empfinden werden.« Seine Worte erzeugten ein Gefühl der Ohnmacht und Demut in mir. Ich war äußerlich ruhig, aber meine Seele bebte vor Respekt. Ich legte meine Hände in seine: »Du sollst mein Vorbild sein bis zu den letzten Schritten meines Lebens. Wir gehen ein Stück zusammen. Wenn du denkst, dass es ein Leben nach dem Tod gibt, dann werden wir uns wiedersehen und ich werde dir alles erzählen.«

Verlust des geliebten Freundes

Die intensive Phase unserer gemeinsamen Zeit neigte sich dem Ende zu, als ich im Herbst 1996 nach Mainz übersiedeln musste, um das Studienkolleg zu besuchen. Die Abendschule in Köln hatte ich zu Ende gebracht. Dank Kolpings umfassenden Unterrichts konnte ich nun die deutsche Sprache recht gut sprechen, verstehen und schreiben. In Mainz besuchte ich ein intensives Jahr das Studienkolleg, litt aber wieder an Einsamkeit, Heimweh und an psychosomatischen Beschwerden. Um mein Studium zu finanzieren, arbeitete ich abends im Cargo-Bereich des Frankfurter Flughafens. Häufig hatte ich Kopf-, Bauch- und Fußschmerzen, ohne zu wissen, warum. Mir wurden oft die Beine schwer, ich hatte kaum Appetit und konnte nach der Arbeit nicht richtig schlafen, ohne zu wissen, was mir widerfuhr. Ich merkte, mir fehlte mein Mentor, der sich so überaus einfühlend um mein Weiterkommen gekümmert hatte.

Eine Schwierigkeit war für mich das eigenständige Erlernen völlig neuer Fächer, wie die neuere deutsche Literatur, ältere Philologie sowie Sozialkunde. In solchen Momenten wurde mir immer intensiver bewusst, dass die Sprache Zugang zu allem ist. Was mich zur Arbeit motivierte, war der brennende Wunsch, dieses Jahr mit einer halbwegs guten Note zum Abschluss zu bringen. Der Direktor des Studienkollegs kümmerte sich auch um die Probleme seiner Schüler. Er fragte mich, warum ich während des Unterrichts manchmal apathisch oder abwesend sei. Ich erzählte ihm, dass ich abends am Flughafen arbeitete und deshalb tagsüber nicht immer in guter Verfassung sei.

Auch machte mir Kolpings Befindlichkeit Sorgen, die von Tag zu Tag schlechter wurde. Er hatte schon seit Längerem chronische Probleme und war selbst so unachtsam, sich zu vernachlässigen. Seine Haushälterin war ebenfalls alt, sodass sie sich nicht adäquat um ihn kümmern konnte. Wenn ich ihn erreichen konnte, gaben mir die Gespräche mit ihm ein Riesenquantum an Motivation. Doch der Kontakt war immer schwieriger aufrechtzuerhalten.

Mit Ausharren und gelebter Disziplin gelang es mir, die deutsche allgemeine Hochschulreife mit halbwegs guten Noten zu erlangen. Das war ein Triumph meines bisherigen Lebens im Kontinent nebenan. Stets habe ich mich dankbar an Kolpings Worte erinnert, der mir sagte, ich würde es schaffen, wenn ich nur darauf vertrauen würde, dass ich es könnte. Nachdem ich das Zertifikat ausgehändigt bekommen hatte, ging ich voller Freude in die nächste gelbe Telefonzelle, um ihm von meinem Erfolg zu erzählen. Mobiltelefone gab es in dieser Zeit noch kaum. Doch eine fremde Frau erwiderte meinen Gruß. Auf die Frage, ob ich den Professor sprechen könne, erwiderte sie, Herr Professor sei leider verstorben.

Diese Nachricht verwandelte meine Freude in tiefe Traurigkeit. Ich konnte und wollte nicht glauben, dass ein Mensch, dem ich meine Entwicklung so tief zu verdanken habe, nicht mehr war. Ich hatte einen Kloß im Hals. Ich wusste nicht, wo kann ich hin, wo muss ich hin, mit wem kann ich sprechen. In diesem Moment war mir alles gleichgültig. Ein taubes Gefühl des Daseins, das dir alles aus deiner Seele herausschleudert. Keine Energie, keine Sehnsucht, keine Zukunft. Noch heute, wenn ich daran denke, habe ich das gleiche Gefühl.

Die Dame erzählte mir, Herr Professor sei ins Krankenhaus eingeliefert worden, aber es habe keine Möglichkeit der Rettung mehr gegeben. Mehrfach hätte er meinen Namen genannt, auch kurz vor seinem Tod, aber ich sei nicht erreichbar gewesen, man hatte keine Telefonnummer von mir. Auf meine Frage, was mit der Haushälterin geschehen sei, erzählte sie mir, sie sei in einem Altersheim. Ich war wie gelähmt; nun war es eingetreten: »Endenich – hier ende ich.« Diesen tieftraurigen Satz werde ich nicht mehr hören.

Wie sollte es nun weitergehen, mit wem würde ich künftig Freude und Trauer teilen, wie konnte ich ihm sagen, wie sehr ich ihm dankbar war, dass es ihn für mich gab? Das Einzige, wozu ich mich in meinem Schock aufraffen konnte, war, hinauszugehen und zu laufen und zu laufen. Bis Mitternacht lief ich durch die Straßen von Mainz. Keiner hörte die laute Stimme meines Schweigens. Dieser Abschied, ohne »Lebewohl« sagen zu können, war ein Wendepunkt in meinem Leben, eine offene Wunde, die bis heute kaum verheilt ist. Ich fühlte mich wie ein Kind, das an der Hand des Vaters laufen gelernt hat, doch die Vaterfigur war nicht mehr da. Kolping hat meinem Leben wieder eine Richtung gegeben. Er hat den Grundstein für alles Weitere gelegt.

Fast 30 Jahre sind vergangen, mit vielen Achterbahnfahrten des Lebens, seit wir uns zum ersten Mal auf dem Bonner Münsterplatz begegnen durften. Ich bin von der Überzeugung getragen, dass es am Himmel ein Fenster gibt, aus dem er auf mich und auf alle seine Lieben herunterblickt. Ich bin das geworden, was er sich gewünscht hat, ein Professor, der auf den Straßen der Wissenschaft einsam unterwegs ist, manchmal wie Don Quichote gegen Windmühlen kämpft, manchmal wie Sancho Pansa das Leben stoisch so nimmt, wie es nun einmal ist.

Mein Mentor hatte sich immer gewünscht, dass aus seinem »liebsten Heidenkind« eine Brücke werden sollte. Er hatte mir dies nahegelegt, wohl wissend, dass ich damit einen Spagat in Kauf nehmen würde, der mich manchmal leiden ließ. Ich bin eine Brücke geworden mit vielen Rissen und Kratzern an meinen Pfeilern. Eine Brücke bin ich geworden, nicht nur mit Defiziten, sondern eine, die eine Menge ertragen muss. Manchmal fehlt mir die Kapazität, diesen Spagat aufrechtzuerhalten, aber die mich tragende Sehnsucht lässt mich hoffen, dass es nach dem Erreichen des nächsten Horizontes einen Lichtblick geben wird. Diese Hoffnung treibt mich an, um weitere Horizonte zu erreichen, in der Hoffnung, die Lichtquelle zu finden. Dieses Hin- und-Her-Gefühl zwischen Sehnsucht und Unerfüllbarkeit erzeugt Hoffnung. Um diese Schrammen zu verwinden, sage ich mir immer, dass es jenseits von allem Narzissmus Menschen gibt wie Adolf Kolping, die dich mit dem Hauch des Lebens vertraut machen und in dir Sehnsüchte erwecken, die das wahre Antlitz des Menschseins zeigen.

Philosophie und Orte des Denkens

Abermals siedelte ich um, um meinen Weg als Student fortzusetzen. Ich hatte gehört, dass an der Trierer Universität eine Kapazität, welche die Philosophie Immanuel Kants lehrte, Professor Norbert Hinske war. Ich zog also zum Herbstsemester 1997 von Mainz nach Trier. Leider beschäftigte die Universität Trier in der Philosophie außer Hinske keine weiteren international bekannten Kapazitäten. Doch in der Psychologie lehrte der bekannte Leo Montada und in der Soziologie der UNESCO-Professor Bernd Hamm, der ebenfalls internationales Renommee besaß. Später sollten wir zusammen Buchprojekte realisieren.

Voller Motivation immatrikulierte ich mich für Philosophie, Pädagogik und Psychologie, Fächer, die eng zusammenhängen, und für Deutsch als Fremdsprache. Für die Veranstaltungen bereitete ich mich vor, indem ich Kolpings Ratschlag beherzigte. Er hatte gesagt, ich solle zuerst die Universitätsbuchhandlung aufsuchen, weil die Werke der lehrenden Professoren dort angeboten würden. Ich erwarb Werke dieser Gelehrten und begann, sie genau zu studieren.

Meine philosophischen Gebetbücher waren, bis in die Mitte des Studiums hinein, neben der »Apologie des Sokrates« die »Grundlegung zur Metaphysik der Sitten« von Immanuel Kant und die »Einführung in die ästhetische Erziehung des Menschen« von Schiller, dem Meister der deutschen Klassik. Nebenbei las ich Montadas »Effizienz und Gerechtigkeit«. Die Lektüre dieser Werke eröffneten mir neue Horizonte, sie regten meine Neugierde und Fantasie an. Ich wusste, was ich studieren wollte, mir war aber nicht klar, wie ich meine Ziele ohne Mentor effektiv erreichen sollte.

Glücklicherweise lernte ich in Trier rasch einige motivierte Studenten kennen. Nach den Veranstaltungen saßen sie um den Teich hinter der Mensa in kleinen Gruppen oder alleine und lernten. Selbstverständlich hörten sie auch manchmal Musik, tranken gemeinsam ein Bierchen oder tauschten mit ihren Freundinnen Liebkosungen aus. Der Kontakt mit ihnen und ihre gesunde Mischung von Maßhalten und Vergnügen gefiel mir, auch deshalb, weil ich mich zum ersten Mal unter gleichaltrigen Einheimischen bewegte. Witzig fand ich das Aufeinandertreffen der verschiedenen Dialekte vieler Studenten. Manche quasselten Saarländisch, andere Schwäbisch, einige sächsisch. Sie fanden in den Seminaren besondere Beachtung. Manchmal befragte der Professor sie über die Verhältnisse in der ehemaligen DDR. Selbstverständlich sprachen einige auch den Trierer Dialekt und brachten mir einige Sätze bei. Es hat seinen ganz eigenen Reiz, wenn ein Nicht-Muttersprachler »Wat?« sagt, oder »Dat lo!« oder »Kumm bei mich bei«, was in hochdeutscher Sprache »Komm zu mir her« bedeutet. Auch lachten alle, die wussten, dass ich das Studienkolleg in Mainz besucht hatte, wenn ich die Frage nach meiner Herkunft mit »Isch bin en Meenzer!« beantwortete. In dieser Zeit der Studentenkontakte ergab es sich, dass ich meinen Rufnamen »Hamid« in »Reza« änderte.

Bis zum Semesterbeginn hatten wir Zeit, durch Trier zu schlendern. Mit Thomas, der sich in Trier auskannte und ohne Punkt und Komma redete, habe ich lange studiert, bevor er von Trier wegging. Das Zentrum der Stadt war sehr ansprechend. Ich lernte die Porta Nigra, das römische Tor der Stadt, kennen und das Karl-Marx-Haus, vor dem immer eine ganze Schar asiatischer Touristen am Fotografieren war, das gewaltige Gebirge des Doms und der Liebfrauenkirche, wo das Touristenbähnchen seine Runden drehte. Seit einigen Jahren steht eine riesige Karl-Marx-Statue hinter der Porta Nigra, welche die Volksrepublik China der Stadt Trier geschenkt hat.

Als wir im Dom standen, stellten wir uns das Mittelalter vor, auch auf dem Hauptmarkt, der noch heute ein wenig von dem

Charme jener Zeit zu vermitteln vermag. Mittags flüchteten wir in die Mensa, um uns die Bäuche vollzuschlagen. Nachmittags las ich in der Bibliothek in den Büchern meiner Fächer. Zu jener Zeit gab es nur wenige Computer. Man arbeitete noch mit Karteikarten, die jedoch so perfekt organisiert waren, dass jedes Werk schnell auffindbar war, insbesondere wenn die freundlichen Bibliotheksangestellten halfen. Ich war immer dankbar, weil die Bediensteten außerordentlich freundlich waren.

Wiederum war alles lehrreich, aber hart. Neben der Bewältigung des regulären Studiums hatte ich das Latinum und das Graecum nachzuholen. Zudem musste ich arbeiten, um mein Leben zu finanzieren.

Als ordentlicher Student hatte ich einen geregelten Tagesablauf. Ich stand um sieben Uhr auf, um mich frischzumachen. Dafür brauchte ich wenig Zeit, da ich meine Kleidung stets vorbereitet hatte. In dieser Zeit trug ich die Haare bis auf die Schultern und eine Baskenmütze mit einem roten kleinen Stern in der Mitte. Ich pflegte keine sozialistischen Tendenzen, aber die Kollektivideale von Che Guevara hatten mich immer beeindruckt. Er hatte gefordert, aus der Gesellschaft eine Universität zu machen, um Menschen aufzuklären und ihren Bildungshorizont zu erweitern. Diese Haltung war für mich als Iraner wichtig, weil genau das in meiner Gesellschaft fehlte. Auch habe ich mich mit den lateinamerikanischen Ländern immer verbunden gefühlt.

Ich organisierte mich so, dass ich in der Mensa frühstückte, um die deutsche Sprache immer im Ohr zu haben und Menschen kennenzulernen, die meine Fächer studierten. Mit einigen Kommilitonen war ich jahrelang verbunden. Wir gingen auch nach den Veranstaltungen gemeinsam in die Mensa. Das war für mich lehrreich, weil ich sehen konnte, wie sich deutsche Studenten dort bewegen und über welche Themen sie sich beim Essen austauschen.

Aus schlauen Büchern hatte ich gelernt, dass Philosophie die tieferliegende Dimension in der intrinsischen Psychodynamik des Menschseins sei, dass sie ihren Ursprung im menschlichen Sein begründet, also dass Philosophie und Philosophieren überall auf der Welt zu Hause sind. Ich persönlich stelle mir die Philosophie als eine existenzielle Sehnsucht vor, hinter die verborgenen Horizonte des Lebens zu schauen. Wer diese entdeckt, kann über sich hinauswandern und sich mit dem Leben verbunden fühlen. Diese Sehnsucht treibt uns an, über den Sinn unseres Daseins nachzudenken und zu fragen, wo wir herkommen, wo wir hingehen und warum es uns gibt. Diese Fragen begleiten uns Zeit unseres Lebens.

Doch die Einführungsveranstaltung in die Philosophie war eine starke Ernüchterung meiner Vorstellungen. Etwa 100 Studierende drängten sich in einem zu kleinen Saal. Der damals frischgebackene Dozent, der heute als Professor lehrt, behandelte uns Erstsemester wie Erstklässler. Er erläuterte uns die Organisation des Philosophiestudiums, nannte uns die Anzahl der zu erwerbenden Scheine bis zu Zwischenprüfung und Magister und unter welchen Voraussetzungen man vielleicht promovieren könne.

Der Dozent fragte mich, warum ich hier studieren wollte. Von Kolping hatte ich gelernt, dass ein Professor stets in die Augen des redenden Studenten schauen und präzise antworten müsse. Doch er schaute an mir vorbei. Ich erklärte ihm, ich sei extra nach Trier gekommen, um Kant zu studieren; ich hätte vom guten Renommee eines Philosophen namens Norbert Hinske gehört. Was ich über Hinske sagte, war ihm offenbar ein Dorn im Auge. Er entgegnete, zunächst solle ich zusehen, dass ich mit dem Studium überhaupt klarkomme. Mit wenig akademischer Einfühlsamkeit und ohne pädagogisches Geschick wies er mir meinen Platz als Studienanfänger zu. Vielleicht tat ich dem frischgebackenen Dozenten Unrecht, weil ich von der zugewandten Lehrart Kolpings zu euphorisch beseelt war. Glücklicherweise durfte ich später auch andere Professorentypen kennenlernen und bekam bestätigt, dass eine Lehrperson gerade so zu handeln hat, wie mein kluger Mentor mir das beigebracht hatte.

Bereits nach dieser Einführung hätte ich merken müssen, dass dieses Fach mir in Trier letztlich kein Glück bescheren würde. Auch in weiteren Seminaren musste ich zur Kenntnis nehmen, dass Philosophie und ihre Geschichte nichts mit dem zu tun hatte, was ich bisher kennengelernt hatte. Dies alles hatte mit sokratischem Denken wenig bis nichts zu tun. Ich dachte, ich müsse doch zur Kenntnis nehmen, dass es einen gravierenden Unterschied zwischen der »Grünen Theorie« und der harten Didaktik gibt. Sokrates war ein Praktiker, ein Mann von der Straße für die Straße. Was ich aber in der philosophischen Abteilung in Trier erlebte, war blutarmes Zeug. Erst später wurde mir klar, dass an der Trierer Universität keine innovativen Philosophen zu Hause waren. Nach der Emeritierung von Norbert Hinske ging auch die dortige Philosophie in Pension.

Ich durfte mir anhören, nunmehr mit ausführlicher akademischer Begründung, Philosophie und Philosophiegeschichte hätten ihre Wurzeln ausschließlich in Europa, nämlich in Griechenland. Erstaunlich fand ich, dass Griechenland von Europa vereinnahmt wird, während ich von griechischen Kommilitonen wusste, dass diese sich dem Orient zugehörig fühlen. Schleierhaft war mir auch, warum afrikanische, lateinamerikanische, asiatische und vor allem die mir bekannten islamischen Traditionen systematisch ausgeblendet wurden.

Die islamischen Philosophen waren originelle Denker, die im Geiste der islamischen Zivilisation philosophierten. Wenn wir bedenken, wie fortgeschritten die islamischen Wissenschaften in dieser Zeit waren, ein Zentrum der Denktechnologie, so wird uns bewusst, wie vielfältig ihre Einflüsse auf das europäische Denken sind. Gerade in dieser Zeit, in der diverse Schulen der Philosophie entstanden, hat sich der Geist des Islam über die Welt ausgebreitet. Der Islam wurde zur Weltreligion, die islamische Philosophie entwickelte sich zu einer Weltphilosophie. Die Werke islamischer Ärzte wurden über viele Jahrhunderte hinweg zu Standardwerken der Medizin. In diesem verbindenden dialogischen Geiste hatte ich studieren wollen.

Bereits hier entstand bei mir das Bewusstsein, dass mein Weg ein anderer werden sollte, Philosophie und Philosophiegeschichte zu betrachten. Schließlich wollte ich die Philosophie auf die gesamte Welt beziehen, um in verbindendem dialogischen Geist eine Brücke zwischen unterschiedlichen Welten zu schlagen. Tatsächlich verfasste ich später für meine deutschen Studenten eine kompakte Einführung in die vielfältige islamische Philosophie, um zu zeigen, dass die Philosophiegeschichte ihre Wurzeln auch anderswo hat. Insbesondere europäische Philosophen haben im Mittelalter Ideen aus den Meisterwerken der islamischen Philosophen wie Abu Nasr Farabi, Avicenna oder Ghazali übernommen und dadurch ihren eigenen Weg gefunden. Diese Einführung ist mittlerweile bei utb zum zweiten Mal aufgelegt worden.

Zunächst aber besuchte ich als Erstsemester-Student die Veranstaltungen meiner vier Fächer und hatte einen präzise gestrickten Wochenplan. Ich merkte, dass die gewählte Kombination mir guttat, wobei mir Deutsch als Fremdsprache dabei geholfen hat, mich in die hiesige Sprachkultur immer intensiver, auch wenn aus einer völlig anderen Perspektive, einzuleben. Interessant war für mich, dass die eingeschriebenen Studenten für dieses Fach mehrheitlich Ausländer waren, die später in ihre Länder zurückkehren sollten, um dort die deutsche Sprache zu lehren. Insbesondere die Erfahrungen mit Peter Kühn, einem Professor, dessen weltzugewandte Lehrmethode ich schätzte, waren überaus lehrreich. Er redete, jenseits aller Professoren-Hybris, bisweilen auch mit seinen Studenten ein privates Wort.

Darüber hinaus war meine Entscheidung, wegen Norbert Hinske nach Trier zu kommen, die richtige gewesen. Seine Einführung in die »Kritik der reinen Vernunft« war mir eine fachlich kompetente Zuflucht. Hinske war zu jener Zeit bereits ein älterer, langsam und leise sprechender Hochschullehrer, der den Hang hatte, die wichtigsten Dinge erst selbst zu wiederholen und sie bei Bedarf von seinen Studierenden erneut wiederholen zu lassen. Auch er schätzte Griechenland als Wiege der Philosophie, war aber prinzipiell offen für das andere. Wenn er merkte, dass die Studenten seinen geistigen Inhalten nicht folgen konnten, stellte er die Sinnfragen des Philosophierens in den Raum: »Was meinen Sie, was bedeutet Philosophie für Sie – welches sind für Sie die wichtigsten Sinnfragen des Lebens – was hat Sie dazu bewogen, Philosophie zu studieren?« Hinskes Methodik und Didaktik erinnerten mich an Kolping, der leise und langsam gesprochen und ebenfalls nicht mit Wiederholungen gespart hatte, wenn er wollte, dass ein wichtiges Thema gut verstanden wurde. Sokrates war in seinen Worten allgegenwärtig. Daher wirkten seine Vorlesungen, Seminare und Vorträge wie eine Einladung zum selbstständigen Denken in der Welt der Vernunft.

Was mich an Hinske faszinierte und was ich für nachahmenswert hielt, war die Art seines Umgangs mit den Studenten. Seine Veranstaltungen waren überwiegend von chinesischen, japanischen, koreanischen und lateinamerikanischen Studenten, Doktoranden und Habilitanden besucht. Er brachte den nötigen Respekt vor ihrer kulturellen Zugehörigkeit auf, forderte aber auch von ihnen entsprechenden Respekt. Das Verhältnis zu seinen Studenten war mit dem einer Schwanenmutter zu vergleichen, die sich um ihre Kleinen sorgt. Er kümmerte sich sogar, soweit möglich, um ihre privaten Probleme. Auch korrigierte er die bisweilen noch holprige sprachliche Form unserer Beiträge, sei es im Seminar, bei Hausarbeiten oder in Gesprächen seiner Sprechstunden.

Im Vergleich zu vielen seiner Kollegen brachte uns Hinske eine einzigartige Arbeitsweise bei. Zitate aus der Sekundärliteratur duldete er nicht. Er machte unmissverständlich klar: »Wenn Sie eine Arbeit über Kant schreiben, setzen Sie sich gefälligst mit seinen eigenen Schriften auseinander! Zitieren Sie nur Kant!« Seine Begründung: »Kant versteht man nur durch Kant. Wer einen Denker über die Sekundärliteratur verstehen will, kommt nie zu dessen Philosophie.« Dieses Wissenschafts- und Forschungsverständnis nach der Devise ad fontes lässt die akademisch Heranwachsenden in die Tiefen eines Denkers vorstoßen und eröffnet ein unverstelltes Verständnis seiner Philosophie. Die damit verbundene Mehrarbeit brachte zwar viele Studenten auf die Palme, doch Hinske hatte recht: Jede Sekundärliteratur ist von Eigentümlichkeiten des jeweiligen Autors begleitet, die den Blick verstellen können. Kommentare ergeben erst dann ergänzend einen Sinn, wenn man den Philosophen in seiner eigenen Gedankenwelt verstanden hat. Hinske beharrte darauf,

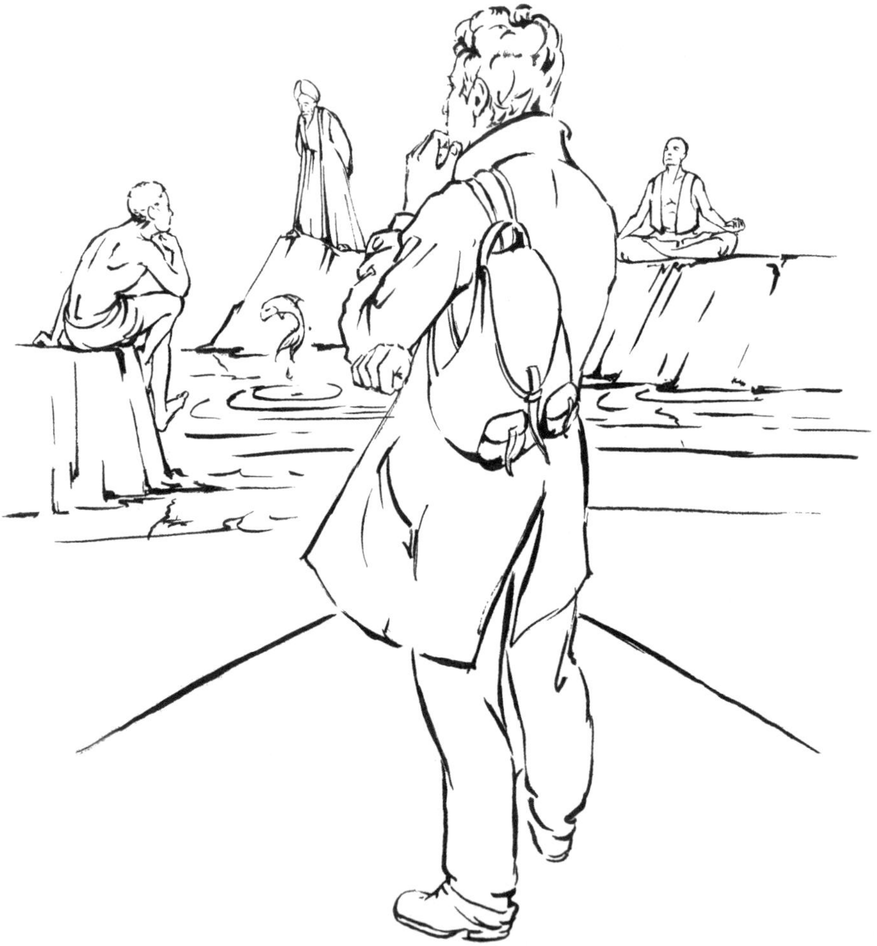

Philosophie mit akribischer begrifflicher Schärfe einhergehen zu lassen. Hier kam erneut die Philologie ins Spiel. Zum Begriff der »Aufklärung« war ihm beispielsweise wichtig, genau Bescheid zu wissen über die Wortgeschichte und den historischen Kontext. Ich blieb diesem alten Lehrer jahrelang treu und besuchte sämtliche seiner Veranstaltungen über Kants Philosophie. Die Zeit schritt voran, ich war recht zufrieden. Einen großen Motivationsschub gab mir auch die Bekanntschaft mit meiner späteren Ehefrau, die im gleichen Gebäude Hispanistik und Germanistik studierte. Bis heute sind wir auf den Wegen des Denkens zusammen unterwegs.

Wanderjahre im Denken

Nach der Zwischenprüfung intensivierten sich die Zielrichtungen meines Studiums, damit auch meine Lebensziele. Philosophie war für mich die Sonne, um die Pädagogik und Psychologie kreisten und ein umfassendes Erkenntnisgebilde gründeten. Ich brachte mein Studium schnell zum Abschluss. 2000 legte ich meine Magisterprüfung ab. Eine große Überraschung war mein letzter Besuch beim BAföG-Amt. Der Sachbearbeiter, der mir immer zugetan war, hatte gute Nachrichten für mich. Ich erhielt meine BAföG-Rückzahlungen fast vollständig erlassen: wegen Studienzeiten, die kürzer waren als die Regelstudienzeit, wegen meiner guten Note und aufgrund eines guten Abschneidens im Bundesvergleich. Der Sachbearbeiter eröffnete mir, wenn ich den Rest in einer Summe zahle, erhielte ich einen weiteren Erlass.

An diesem Tag war ich dankbar für diese überraschende Honorierung. In dieser Hinsicht meinte es die Universität gut mit mir, auch die Studentenwerke hatten mich unterstützt, wenn ich finanzielle Engpässe hatte. Dieser erste akademische Erfolg hat mich darin bestärkt, fleißig und zielbewusst nach vorne zu schauen und zu versuchen, mit der Kraft des Positiven die Schwächen des Negativen auszugleichen.

Die Glücksserie setzte sich zunächst fort. Ich erhielt ein Stipendium der Hochbegabtenförderung, um meine Promotion in Trier in Angriff zu nehmen. Seit einiger Zeit hatte mich die Toleranztheorie von Gustav Mensching, einem protestantischen Religionswissenschaftler, fasziniert, mit dem Adolf Kolping massive Schwierigkeiten hatte, weil Mensching Protestant war. Mensching hatte in den 1970er-Jahren für Aufruhr gesorgt, weil er ein Buch »Der Katholizismus – sein Stirb und Werde« herausgegeben hatte, was eigentlich sein Lehrer Rudolf Otto, der Autor des weltberühmten Buches »Das Heilige« herausbringen wollte. Er war aber 1937 verstorben und sein Schüler Mensching hatte diese Aufgabe übernommen.

Menschings Konzept der »inhaltlichen Toleranz« ist so einfach wie friedensstiftend. Es stellt die vorbehaltlose Anerkennung des anderen in den Mittelpunkt. Diese Toleranztheorie war eine Fundgrube mancher Intellektueller, die seine Thesen übernahmen, ohne sich an Mensching als Urheber erinnern zu wollen. Doch wichtig wird immer sein, dass Ideen entwickelt werden; wer diese übernimmt und weiterentwickelt, ist zweitrangig. Auch mich hatte Menschings Idee gepackt und ich arbeitete zielstrebig an meiner Dissertationsschrift.

Ein Glücksgriff war auch die Bekanntschaft mit dem Verleger Traugott Bautz. Über seine verlegerische Tätigkeit hinaus hat sich Bautz einen Namen als Herausgeber von »Biographisch-Bibliographisches Kirchenlexikon« gemacht. Er suchte 2002 einen Verfasser für einen Artikel über Gustav Mensching, den ich, über die Beschäftigung mit meiner Dissertationsschrift hinaus, anfertigen durfte. Dies war der Initialschuss für eine jahrelange intensive und großartige Zusammenarbeit.

Bautz war eine einfühlsame und humorvolle Persönlichkeit. Er war bereit, alle meine Bücher zu veröffentlichen. Als ich ihm sagte, ich hätte Ideen in Bezug auf die Entwicklung von wissenschaftlichen Schriftenreihen, antwortete er mir in seinem Haus in Herzberg: »Sie können aber gut auf die Pauke hauen, das gefällt mir. Sie haben die Idee und ich verlege die Bücher. So haben wir beide etwas davon.« Diese Haltung von Bautz, in dem ich einen echten Förderer sah, schätzte ich sehr, weil ich wusste, dass ich mich über ihn für meine Studenten, deren Qualifikationsarbeiten ich für gut hielt, einsetzen konnte. Meine Mentalität gefiel Bautz, sodass er sagte, er kenne wenige Menschen, die sich auf diese Weise für ihre Studenten einsetzten. Traugott Bautz, der 2020 leider verstorben ist, hat etwa 50 meiner Werke in sein Programm aufgenommen, darüber hinaus die 136 Bände der »Interkulturellen Bibliothek«, die ich initiiert und als Herausgeber betreut habe.

Doch diese intensiven Jahre waren nicht immer von Glück begleitet, sondern oft von schweren akademischen Belastungen, die mich an dem gesamten universitären System zweifeln ließen. Mir wurde klar, wie Stellen ausgeschrieben werden, wie Berufungen funktionieren, wie sich Seilschaften bilden und dazu beitragen, autonome Kollegen zu isolieren. Bereits mit der ersten Publikation habe ich gespürt, dass ich mir ein dickes Fell zulegen muss, wenn ich überhaupt auf diesem umkämpften Gebiet reüssieren wollte.

Viele Kollegen distanzierten sich von mir. Sie sahen in mir nun einen künftigen Konkurrenten. Diese versteckten, später offen ausgetragenen Animositäten bewirkten, dass ich manche Schmähung durchstehen musste. Manche Lehrperson forderte mich auf, ich solle mich doch mit dem Islam auseinandersetzen, nicht mit europäischem Denken, das ich ohnehin nicht verstünde. Schließlich sei ich Moslem. Dies ließ in mir die Frage reifen, mit welcher Berechtigung in den letzten 200 Jahren an europäischen Universitäten Fächer entstehen durften, die sich mit außereuropäischem Leben und Denken auseinandersetzten. Die hiesigen Wissenschaftler hatten sich dabei sicherlich nicht die Frage gestellt, ob sie jene überhaupt zu verstehen in der Lage wären. Immer sollte man danach fragen, was gesagt wird, und nicht, wer etwas sagt. Würden sie auch einer Studentin raten, ihr Philosophiestudium aufzugeben und Hauswirtschaft zu studieren, weil sie eine Frau ist? Wahrscheinlich nicht, doch mir erteilte man unverblümt ähnlich anmaßende Ratschläge.

Während meiner Arbeit zu Menschings Toleranztheorie riet mir ein anderer Kollege aus Bonn, dessen Spezialgebiet ausgerechnet die Lehre des persischen Philosophen Zarathustra ist, von der Beschäftigung mit Menschings Ideen ab. Hierzu müsse man Europäer und Christ sein. Das Ganze fand während einer universitären Diskussion in Anwesenheit zahlreicher Kollegen statt. In dieser Runde fand ich seinen Ratschlag beleidigend. Ich gab zu bedenken, zwar sei ich kein Europäer, aber Christus sei definitiv auch keiner, genauso wenig wie der persische Zarathustra, mit dem der deutsche Kollege sich erfolgreich beschäftigte. Wenngleich einige Kollegen mir wie kläffende Hunde hinterher waren, so war Hinske philosophischer Balsam auf diese Wunden. Er riet mir, unbeirrt meinen Weg zu gehen, meinen produktiven Geist zu behalten und mich um anachronistische Privatmeinungen nicht zu kümmern. Nach einem Platon-Seminar, in dieser Zeit war ich mit dem Studium fast fertig, fragte er mich: »Herr Yousefi, Sie kommen aus einem Land der Dichter und Philosophen. Wenn ich Sie frage, was für Sie in Verbindung mit unserem Seminar ›Liebe‹ bedeutet, wie würden Sie diese definieren?«

Ich überlegte: »Zwei Philosophen bewegen mich in den letzten zehn Jahren. Wenn ich Nahrung für meine Vernunft und meinen Verstand suche, lese ich Molla Sadra, und wenn ich Herzschmerz empfinde, lese ich Farideddin Attar.« Ich fuhr fort: »Stellen Sie sich vor: In einer Nacht sitzen einige Falter zusammen. Sie debattieren über die Liebe, während in der Nähe eine Kerze brennt. Die Nachtfalter sind sich einig: Liebe ist das Einswerden mit dem Licht. So fliegt der erste Falter zur Kerze, kreist um sie und kommt angesengt zurück. Der nächste nähert sich dem Licht etwas mehr, kehrt aber ebenfalls rasch um. Während eine rege Diskussion darüber entsteht, ob die Liebe unerreichbar sei, fliegt ein dritter Falter, ohne sich an dieser Unterredung zu beteiligen, geradewegs in die Flamme und verglüht in ihr. Den anderen wird klar: Nur dieser Falter hat erfahren, was Liebe bedeutet.«

Hinske fragte: »Naja, was soll ich nun sagen?« »Nichts sollen Sie sagen«, erwiderte ich, »Schweigen ist eine Tugend.« Eine Woche später schenkte ich Hinske einen Kunstdruck mit einem Teil des berühmten Werkes von Farideddin Attar. Noch heute wünscht Hinske, wenn ich ihn bisweilen sehe, es wäre schön gewesen, wenn man in Trier, über die europäischen Philosophen hinausgehend, auch eine Veranstaltung über Attar angeboten hätte. Norbert Hinske ist heute 90 Jahre alt. Von Krankheit gebeugt, hat er diese Haltung seines Geistes nie aufgegeben. Wir telefonieren regelmäßig und am Weihnachtsabend waren wir gemeinsam mit einigen seiner älteren Schülern Gans essen, von denen inzwischen einige verstorben sind. Dabei erzählte Hinske uns über sein Leben, den Sinn der Philosophie und die Grundfragen des Lebens. Wenn ich an Hinske denke, bereue ich nicht, nach Trier gekommen zu sein und bei ihm studiert zu haben.

2004 war meine Promotion unter Dach und Fach. Wichtig war für mich, den Weg des Philosophierens so zu beschreiten wie Arthur Schopenhauer und später Karl Jaspers. Schopenhauer hatte recht, wenn er sagte, dass von seiner Philosophie nichts mehr bliebe, wenn er die Interessen von Freunden und Kollegen berücksichtigen, der Landeskirche nach dem Munde schreiben müsse und allen Erwartungen anderer Rechnung zu tragen habe. Auch Jaspers wollte sein wegweisendes Denken im Sinne des Weltdenkens betreiben, dies jenseits aller Seilschaften. Akademische Redlichkeit ist die Basis allen philosophischen Denkens, das sich treu bleiben soll.

Philosophie als Liebe zur Weisheit ist allumfassend und vereinigt das gesamte Sein in seiner Mannigfaltigkeit. Wie Farideddin Attar auch dies ausgelegt hat, geht es nicht darum, den Garten der Vielfalt aus Rosen, Tulpen oder Lilien auf eine Einheitsblume zu reduzieren, sondern zu lernen, sich an der jeweils anderen Schönheit zu erfreuen. Wer diese Kunst beherrscht, sieht Dimensionen, die dem Menschen helfen, über sich hinauszuwachsen und stets einen Platz für das andere neben sich zu schaffen. Philosophie in diesem Sinne durchbricht Mauern und baut Brücken. Sonstige Denkwege sind Konstrukte, welche das Menschsein in unüberbrückbare Kulturen unterteilen, Ängste schüren und Konflikte vorprogrammieren.

Mein Studium in Trier und das Eintauchen in das Leben der Einheimischen schenkten mir eine neue Lebensqualität. Ich lernte, die Welt mit anderen Augen zu sehen, mit einem anderen

Kopf zu beurteilen und mit einem anderen Herzen zu schätzen. Das Erfahrungsrepertoire dieser Zeit und die Bekanntschaft mit Hinske, Montada und Hamm haben mir intellektuell völlig neue Denkdimensionen eröffnet, wofür ich noch immer dankbar bin. Freilich verdanke ich auch vieles der Unterstützung meiner Frau und der meiner Mutter, zwei geschliffenen Diamanten meines Lebens. Doch der Ursprung dafür, dass ich überhaupt so weit gelangen konnte, wird immer Adolf Kolping bleiben mit seiner einfühlsamen Einführung in die verschlungenen Straßen der Wissenschaft.

4. Der Kreis schließt sich

Meine Frau

Ich hatte mir immer gewünscht, mit einer Frau ein gemeinsames Leben zu gestalten, doch mein einigermaßen verworrener Lebensweg hatte mir dazu noch nicht die Gelegenheit geboten. Zwar hatte ich als kecker Bursche keine Probleme, Frauen kennenzulernen, doch vielleicht gestaltete sich eine engere Beziehung auch deshalb schwierig, weil ich Frauen mochte, die Anstand und Format haben.

An einem Nachmittag im Frühling 2000 saß ich mit Studienfreunden am Universitätsteich. Manche philosophierten über Gott und die Welt, andere erholten sich in der warmen Brise, die trotz der schon langen Schatten noch immer wehte. Mein Freund und ich rauchten. Gemocht habe ich Marlboro light. Bei Festivitäten hatte ich sogar immer eine Havanna-Zigarre dabei, um zu schmauchen. Außerdem hat eine Havanna-Zigarre einen wunderbaren Geschmack.

Gegen acht Uhr zog ich mit einem Freund weiter. Eine Wohngemeinschaft hatte zum Fest eingeladen. Als wir ankamen, fiel mir sofort eine Frau auf, die in der Küche hantierte. Sie trug ein rot-schwarz-weißes Kleid, eine Farbkombination, die ich mag. Nach einem kurzen Wortwechsel mit ihr ging ich zunächst in den Garten, wo sich bereits einige andere der Studienfreunde vom Teich eingefunden hatten.

Als das Gartenfest ruhiger wurde und einige nach Hause oder zu anderen Feten weitergezogen waren, setzten wir uns in einer kleineren Runde in die Küche, wo ich wieder meine künftige

Frau sah. Ich war angetan von ihr, von ihrer Haltung, wie sie saß, wie sie sprach und wie sie sich in der Runde verhielt. Sie war eine Frau mit charismatischen Gesichtszügen. Sie nahm ihren Blick nicht von mir. Dass das Ganze etwas Ernstes ist, habe ich sofort gemerkt. Ihr gegenüber überlegte ich jedes Wort dreimal, um mit Zurückhaltung einen gescheiten Satz zu formulieren. Das Gefühl, dass sie diejenige sein könnte, zwang mich wie hypnotisiert, neben ihr Platz zu nehmen. Ich sprach sie an und fragte, was sie studierte, in welchem Semester sie wäre, auch, ob ihr das Studium Freude mache. Auf meine Fragen antwortete sie präzise, ohne ihren Blick von mir abzuwenden. Ich bat sie, mit mir in den Garten zu gehen, um ruhiger, ohne die Turbulenz anderer Gespräche in der Küche zu reden. Sie nahm meine Einladung an und wir unterhielten uns lange im Garten. In die Küche zurückgekehrt, spielten wir mit den anderen Karten, was aber nur eine Hintergrundhandlung für das war, was zwischen uns beiden geschah. Meine Hoffnungen waren an diesem Abend unermesslich. Wie ich später erfahren habe, ging es ihr genauso.

Meine Frau hat das Licht und die Wärme in mein Leben gebracht, die ich bisher in Deutschland vergeblich gesucht hatte. Nach einer langen Odyssee durch die Haupt- und Seitenstraßen in meinem bisherigen Leben hatte ich endlich eine Heimat gefunden. Ihre Zuneigung bescherte mir ein tiefes Gefühl der Geborgenheit. Bei ihr habe ich mich nicht als das Wesen aus dem Kontinent von nebenan gefühlt, sondern buchstäblich als ihre zweite Hälfte. Wir haben schnell festgestellt, dass wir uns wesensähnlich sind, und verstehen uns ohne viele Worte.

Später erzählte sie mir über ihre Wünsche, Träume und Sehnsüchte, die meinen ähnlich waren. Ina war über einige Umwege zum Studium gekommen. Deshalb wusste sie genau, was sie wollte. Sie hatte ihr Studium genauso zielstrebig in Angriff genommen wie ich, wollte Gymnasiallehrerin werden und hatte gerade ihre erste Staatsexamensarbeit in Hispanistik verfasst. Hierzu hatte sie sich mit dem chilenischen Liedermacher Víctor Jara beschäftigt, der 1973 als einer der Ersten beim Putsch gegen Salvador Allende von den Schergen des Pinochet-Regimes ermordet worden war. Im Iran hatten wir Víctor Jara verehrt, dessen Lieder von dem Dichter Ahmad Schamlou sinngebend in persische Sprache übersetzt worden waren. Ina hatte sich mit den Verhältnissen in Chile eingehend befasst und dargestellt, dass die USA auch die lateinamerikanischen Länder wie einen lukrativen Hinterhof behandeln, den man ausbeuten und willkürlich mit Krieg überziehen kann. Bei einem Blick in ihre Examensarbeit entdeckte ich die gleiche Schmerzgeschichte wie die meiner ersten Heimat.

Seit dieser Zeit mache ich mir sehr viele Gedanken über die Weltordnung und globalistische Tendenzen, welche die Weltpolitik eine Einbahnstraße werden lassen wollen. Grundsätzlich wusste ich, dass eine menschenwürdige Koexistenz, ob politisch oder soziokulturell, nur durch einen offenen, ehrlichen und aufrichtigen Dialog auf gleicher Augenhöhe möglich sein kann. Einen Dialog von oben nach unten, ganz im Sinne des Globalismus, und eine unterwürfige Reaktion von unten nach oben, wie sie etwa Unterdrückte zeigen, finde ich seit meiner Kindheit der Menschenwürde unangemessen. Ich war sehr froh festzustellen, dass diese Studie meiner künftigen Frau in diese Richtung die Augen geöffnet hat.

Das Verständnis für diese Vorgänge scheint mir ein wichtiger Schlüssel dafür, dass Ina mir, meinen Landsleuten und dem Iran völlig ohne Vorbehalte entgegengetreten ist. Eine solch offene Haltung war mir in Deutschland selten begegnet. Ihr verdankte ich später, nach langen Wanderjahren, ein Wiedersehen mit meiner Familie und meiner Geburtsheimat, die ich so sehr vermisst hatte. Sicherlich war es falsch von mir, diese Sehnsucht immer mit fadenscheinigen Argumenten zu unterdrücken, doch ihr gelang es nach wiederholten Versuchen, diesen Ausflüchten ein Ende zu bereiten.

Die innige Bindung zu meiner Frau trug dazu bei, das Leben in Deutschland aus einer ganz neuen Perspektive zu erleben. Wie viel wir auf unserem weiteren gemeinsamen Weg voneinander und miteinander gelernt haben, darüber könnte ich ein dickes Buch schreiben; dies wäre aber dann eine andere Geschichte.

Hier soll nur erwähnt werden, dass sie später intensiv über Leben und Werk der Trierer Schriftstellerin Clara Viebig einschlägige Werke verfasst hat. Viebig war um 1900 eine erfolgreiche Schriftstellerin in der überwiegend von Männern besetzten neueren deutschen Literatur. Ich mochte schon damals und mag es immer noch an meiner Frau, dass sie sich mit Persönlichkeiten befasst, die durch Leistung und literarisches Können beeindrucken.

Das Verhältnis zu ihren Eltern ist, wie viele andere Freundschaften und Beziehungen, nicht immer glimpflich gelaufen, wie man sich das wünscht. Anfangsprobleme in einer Freundschaft oder Beziehung erweisen sich manchmal sogar als fruchtbarer als Beziehungen, in denen die Partner manches anbrennen lassen, ohne zu merken, dass sie doch irgendwann implodieren oder explodieren könnten. Ich denke, dass solche Beziehungen viel gefährdeter sind als Beziehungen, die mit vielen Problemen beginnen. Wichtig sind Absicht und Wille, eine Freundschaft oder Beziehung führen zu wollen. Wie sich diese gestalten, sollte man der Zeit überlassen, aber nie versuchen, der Zeit vorauszueilen. Daher sagt man im Deutschen zu Recht: »Eile mit Weile.«

Mit den Eltern meiner Frau unternehmen wir viel, wohl mit dem Wissen, dass die Zeit, die wir zusammen verbringen, sehr kostbar ist. Seelen brauchen oft viel mehr Zeit, als man sich zu denken wünscht. Langsam gedeihen die Blumen und wir freuen uns immer, darauf zu warten, um den Anblick der ersten Blüten zu genießen. Freundschaften und Beziehungen gedeihen genau so. Ein guter Gärtner weiß, wann seine Blumen zu gießen sind und wann man einen Schattenspender über sie bringen soll, damit sie nicht in der Sonne verwelken. Jeder macht im Leben Erfahrungen, die unterschiedlich sein können.

Was wir zu lernen haben, ist, die Vorzüge dieser Unterschiede zu schätzen zu wissen und gezielt für das Gedeihen der Beziehung einzusetzen. Freundschaften und Beziehungen sind wie ein Sommer, der Wärme schenkt, wie ein Winter, der die Herzen kalt werden lässt, oder eine Mischung aus Sommer und Winter, um ein Leben zwischen Tag und Nacht einzurichten. Versucht habe ich immer, das Leben nicht als Herbst wahrzunehmen, der immer Herbst bliebe. Dieses Leben im Zyklus schafft Hoffnung und gute Perspektiven für die Zukunft. Ich denke, dass es Sinn macht, im Leben klein und bescheiden anzufangen, um die Möglichkeiten der Erfahrungen im Laufe der Zeit zu vertiefen. Auf diese Weise lernen wir viel mehr voneinander und können die Vorzüge des jeweils anderen schätzen.

Meine Mutter

Ich war so glücklich wie noch nie in meinem Leben, mit dem ich mich nun völlig neu verbunden fühlte. Die Verbindung zwischen Leben und diesem Glück war meine Frau. Zwar lebten wir zunächst in bescheidenen studentischen Verhältnissen, das Wichtigste aber waren unsere akademischen Ziele, die wir gemeinsam meistern wollten.

Wochen später, nachdem wir beschlossen hatten, zusammenzuziehen, rief ich meine Mutter an, um ihr mein neues Leben zu verkünden. Nun wollte sie vieles über Ina wissen. Ich erzählte ihr, sie wäre göttlich, blond wie sie und menschlich. Ich sei Feuer, während sie Wasser sei. Wir ergänzen uns wie zwei Kreise, die eine Kugel bilden und eine neue Welt erschließen. Ein solches Gefühl hätte ich noch nie in meinem Leben gehabt. Meine Mutter war beeindruckt von meinen emotionalen Äußerungen: »Wichtig ist, dass ihr euch liebt, füreinander lebt und voneinander lernen wollt. Das sind drei Säulen, auf denen das Leben fußt. Ihr habt euch nicht gesucht, aber gefunden. Das macht das Leben sinnvoll, alles andere ist egal, mein Junge. Jeder Mensch hat am manchmal schmerzlichen Firmament seiner Welt eine verborgene Sonne. Vielleicht ist Ina eine große Sonne an deinem kleinen Firmament, um die du kreist. Meinen Segen habt ihr.«

Zum ersten Mal wirkte meine geduldige Mutter plötzlich ungeduldig und wollte von mir erfahren, wie ich die Deutschen finde. Sie sagte, es gebe in allen Gesellschaften solche und solche. Das Leben sei wie eine Pralinenschachtel. Manchmal greife

man Trüffel, manchmal Zartbitterschokolade, manchmal Vollmilch-Nuss. Daher müsse man immer gewappnet sein, Überraschungen entgegenzunehmen oder mit solchen zu leben. Sie erzählte über ihre Erfahrungen in Syrien: »Ich habe auch meine Probleme, wenn ich nach Syrien reise, obschon ich die Syrer fast als Teil unserer Familie betrachte. Uns verbindet Religion, Tradition und Philosophie. Auch ihre Musik hat eine ähnliche Seele.«
Ich erklärte ihr, dass ich die Deutschen eigentlich möge, aber »den Deutschen« gebe es nicht, ebenso wenig, wie es »den Iraner« gebe. Doch meine Erfahrungen seien in Deutschland alles andere als gut. Ich empfände die Gesellschaft als von kalten Herzen beseelt. Menschen reden wenig miteinander und fassen sich selten an, was meine Mutter kaum verstehen würde. Was vieles erschwere, sei das Feindbild Islam, das tief in der Geschichte verwurzelt zu sein scheint. Ich fuhr fort: »Erinnerst du dich an den britischen Offizier, der unseren Gemüsehändler an der Kreuzung gerammt, zu Unrecht beschimpft und geschlagen hat? Der Vater war so verständnislos und hat mir auch eine 'runtergehauen, als ich das erzählte. Ich werde dieses Bild nicht los. Auch hier erlebe ich, dass Moslems wie Geschöpfe zweiter Klasse wahrgenommen werden. Deshalb bin ich dankbar, dass ich ein fabelhaftes Wesen wie Ina kennenlernen durfte, die mich den ganzen Schmerz des Tages vergessen lässt.«

Dieses Gefühl hat sich bis zum heutigen Tag nicht geändert. Ich erlebe auch heute noch Zeiten, in denen es mir schwerfällt, mit dem Schmerz darüber zurechtzukommen, wie Menschen unterschiedlicher Glaubensrichtungen hier verachtet und regelrecht verhasst sind. In einem Land, dass durch seine eigene Geschichte gut genug hätte lernen müssen, dass derlei Wege zur Schreckensherrschaft einer Welt führen, die man beschlossen hatte, für immer zu bekämpfen. Aber noch heute gibt es, neben Ina, einige Menschen, die mir dabei helfen, dieses Unrecht erträglicher zu machen.

Meine Erzählung machte meine Mutter nachdenklich. Zum ersten Mal weinte sie. Ihr Weinen machte mir Mut, sie zu beruhigen. Ich merkte, wie viele Sorgen sie sich um mich gemacht hatte. Mit ihrem philosophischen Feinsinn trug sie mir ad hoc einige rührende Gedichte vor. Schließlich sagte sie: »Wenn du sie liebst, dann liebe ich sie auch. Du kennst doch den libanesischen Dichter-Philosophen Khalil Gibran, der sinngemäß sagt: ›Ich wünsche euch, zu zerschmelzen und gleich einem rauschenden Wasser zu werden, das der Nacht seine Weise singt.‹ Ab heute gehört Ina zu meinen Schwiegertöchtern. Lasset die Brisen des Firmamentes zwischen den Küsten eurer Seelen tanzen«, schloss sie. Diese Worte meiner Mutter löste ein Gefühl der Dankbarkeit in mir aus. Ich brachte meine Freude zum Ausdruck, indem ich ihr versicherte, ich hätte nun gelernt, meinen Weg zu finden wie das Wasser, das im Fluss seinen Weg immer durch die Steine findet, und ich sei froh, dass Ina mich auf diesem wendungsreichen Weg begleitet.

Beruf ohne Familie?

Bisweilen werde ich gefragt, wie ich es in den letzten 20 Jahren fertiggebracht hätte, ein derart umfangreiches wissenschaftliches Werk mit zahlreichen innovativen Studien zu schaffen. In der Rückschau kann auch ich mir kaum erklären, wie ich in der Folgezeit alles Mögliche unter einen Hut brachte. Meine Frau, »meine treueste wissenschaftliche Mitarbeiterin«, wie sie sich selbst nennt, ist noch heute Inspirationsquelle und erste Korrekturinstanz zugleich. Ein »Wunderbar« von ihr zeigt mir, dass ich den Nagel auf den Kopf getroffen habe, während ein lang gezogenes »A-amen« mich darauf verweist, ich habe gepredigt, muss konkretisieren und mich kurz fassen. Bereichernd sind unsere Qualifikationen auf unterschiedlichen Gebieten: Ihre deutschen, meine westasiatischen und unsere gemeinsamen europäischen Kenntnisse werfen wir zusammen und entwickeln daraus ein offenes Ganzes.

Ina, die nicht direkt ins Lehramt einsteigen konnte, kehrte zu ihrem Leidwesen vorläufig in ihren früheren Bürojob zurück.

Doch diese eher geruhsame Tätigkeit gab uns die notwendige Zeit für unsere Projekte. Gemeinsam setzten wir ungeheure Energien frei. Manchmal hatten wir das Gefühl, einen regelrechten inneren Dammbruch zu erleben, der unsere Ideen, die jahrelang gereift, aber zurückgehalten worden waren, wie Lawinen hervorsprudeln ließ. Wir mussten uns regelrecht zügeln, um uns nicht zu verzetteln. Wir wurden ein eingespieltes Team, das wahrscheinlich auch deshalb so erfolgreich arbeiten konnte, weil wir auf nichts und niemanden Rücksicht zu nehmen hatten.

Ich hatte zwischenzeitlich staunend miterleben müssen, dass die wissenschaftlichen Seminare an den Universitäten eine recht ineffektive Arbeitsweise pflegten. Innovative Ideen wurden zerrieben zwischen Vorsichten, Nachsichten und Rücksichten. Eitelkeiten und Ränke der Kollegen taten ein Übriges, um Pläne zu verwässern oder zu verlangsamen. Unser Vorgehen hingegen war überaus produktiv. Über den Kaffeetisch wurden die weiteren Schritte unseres jeweiligen Projektes besprochen, dann legten wir los, ohne Reibungsverlust oder Machtspielchen.

Was wir dabei möglichst ausblendeten, war das Verhalten von Kollegen, die unsere Produktivität mit Argusaugen beobachteten. In diesem Sinne erklärte ich einer Kollegin: »Ich liebe und nehme immer das ernst, was ich mache. Im Laufe der Zeit habe ich gelernt, universitäre Nachteile als Gelegenheit zur weiteren Entfaltung meiner Ideen zu nutzen. Schließlich ist kein Nachteil so groß, dass sich hieraus nicht auch ein Vorteil ergäbe.« »Wie gehen Sie mit dem Verhalten Ihrer Kollegen Ihnen gegenüber um?«, fragte sie weiter. Auf diese Frage wollte ich unbedingt eine freundliche Antwort formulieren, die der Kollegin hilft und mir nicht schadet: »Geduld und Produktivität sind zwei Antworten auf weniger förderliche Haltungen«, formulierte ich vorsichtig mit einem freundlichen Lächeln. Sie merkte, dass es mir unangenehm war, darüber weiter zu diskutieren.

In dieser Zeit zogen wir unseren Sohn groß. Viele Studienfreunde hatten sich verflüchtigt, es blieben solche, die wie wir Kinder hatten, über Kindergartenkontakte kamen neue Freunde hinzu. Immer häufiger waren wir im Kreise anderer Familien im

Trierer Umland unterwegs, das ein umwerfend schönes Naherholungsgebiet ist. Wir fuhren zum Schwimmen an die Eifelmaare, wanderten im Luxemburger Müllertal und in Kell im Hunsrück oder gingen übers Wochenende am Losheimer See campen. Unvergesslich sind mir auch die Sonntag-Nachmittag-Standardausflüge ins nahe gelegene Städtchen Saarburg mit dem obligatorischen Besuch in der Eisdiele am imposanten Wasserfall.

Da wir einen schönen Garten zur Verfügung hatten, wurde anschließend häufig bei uns gegrillt, auf einem wackeligen Grill, den meine Frau zur Belustigung aller für zehn Mark im Billigladen erstanden hatte. Noch heute werden solche Grills im Supermarkt angeboten. Immer wenn wir dieses Modell sehen, erinnern wir uns mit einer gewissen Wehmut an die schöne Zeit dieser ungezwungenen Grillpartys im Kreise anderer Eltern. Wir können kaum glauben, wie viel Würste, Schweinerippchen und Steaks wir auf dem winzigen Ding gar gekriegt haben. Das Geld war knapp, vielleicht schmeckte es gerade deshalb umso besser. Nach dem Essen spielten die Kinder zusammen im Garten. Wenn sie glücklich waren, dann waren wir es auch.

Leider haben sich diese Freundschaften im Laufe der Jahre in dem Maße aufgelöst, in dem die Kinder unterschiedliche Wege gingen. Unser Sohn ist derzeit stolzer Bauingenieurstudent im Masterstudiengang. Vielleicht hat er einen technischen Studiengang gewählt, weil er sich bewusst von uns abheben und nicht im Fahrwasser unserer geistes- und sozialwissenschaftlichen Tätigkeit dümpeln wollte. Sein großes Hobby ist die klassische Musik, die er mittlerweile mit beachtlichem Können auf dem Klavier praktiziert. Ich versichere ihm immer wieder, wie sehr ich es genieße, wenn er seine zehn denkenden Finger auf den Tasten des Klaviers bewegt. Es ist schön, mit anzusehen, wie er Musik und Mathematik miteinander verbindet. Die gleiche Verbindung besitzt er zur Kunst.

Als er noch klein war, entdeckte Bernhard das Zeichnen und Malen für sich. Oft fertigte er komplexe Skizzen an, die auf den ersten Blick wie verworrene Linien aussahen, in denen ich sogleich ein System entdeckte. Auf die Frage, was er da mache, entgegnete Bernhard, er zeichne ein Labyrinth. Ich war beeindruckt, verstand aber nicht recht, was er damit beabsichtigte. Stattdessen verfolgte ich wortlos, wie er farbige Stifte immer wieder über das Papier führte, ohne die Linien zu unterbrechen und ihre ineinanderfließende Struktur zu beschädigen. Oft beobachtete ich ihn nur mit staunendem Schweigen. Seine farbigen Liniennetze spiegelten, was mir mein bisheriger Lebensweg oftmals erst nach zweimaligem genauen Hinsehen offenbarte: Das Leben ist ein Labyrinth mit vielen Abzweigungen. Es gibt Irrwege und Sackgassen. Manchmal müssen wir umkehren, manchmal einen anderen Weg einschlagen. Immer wieder gelangen wir an Ausgänge, an denen wir verschnaufen können, finden Ruheplätze, uns von der Reise zu erholen. Oft stellen wir fest, dass wir, wenn wir glauben, den endgültigen Ausweg gefunden zu haben, nur vor einem weiteren Irrgarten stehen, der noch größer und farbenprächtiger ist als der vorherige. Bernhards Zeichnungen wohnt diese metaphysische, tief ins Seelenleben blickende Perspektive inne, die sein Können auf vielen Ebenen dazu anregt, immer neue Entdeckungen im eigenen Wesen zu machen. Seine Labyrinthe nehme ich wahr als Gewässer der Kulturen mit ihren unterschiedlichen Kontexten, die nebeneinander herfließen und irgendwann zueinander finden und ein prächtiges Ganzes entwickeln. Stillschweigend möchte er das interkulturelle Bewusstsein artikulieren, in dem letztlich alles zusammenfließt. Einige seiner Zeichnungen verwendete ich für die Gestaltung meiner Buchumschläge.

Beeindruckt bin ich, wenn er über verschiedene Stilebenen der klassischen Musik erzählt: Von Mozart und seinen Sonaten, von Bruckners romantischer Metaphysik der Musik oder von Beethoven, der die Technik der Komposition am weitesten vorangebracht hat. Bernhard erzählt, er könne nicht viel mit modernen Kompositionen anfangen, weil diese oft abgewandelte Formen der Großmeister seien. Daher wolle er sich selbst in die erschlossene Welt dieser Altmeister begeben. Ich merke, wie er sich am Klavier entfaltet, wenn er Beethovens fünftes Klavierkonzert spielt.

Bernhard hat sich in den letzten Jahren zu unserem Webmaster entwickelt. Er kauft keine fertigen Geräte, sondern bastelt sich seinen Rechner, wie er ihn braucht, indem er alle Teile in ein leeres Gehäuse selbst montiert. Gerne beobachte ich auch hier die Feinmotorik seiner Finger, die sich geschickt in der Enge des Gehäuses bewegen. Beeindruckend ist sein Sitzfleisch, mit dem er seine Bemühungen mit Erfolg verbindet. Seit seiner Kindheit fasziniert mich, dass er bei Bastelarbeiten absolut systematisch verfährt. Zunächst verinnerlicht er den Montageplan, ohne die Ware auszupacken. Je nach Komplexität dauert dies mehr als eine Stunde. Erst dann beginnt er zu montieren, im Gegensatz zu vielen Menschen, die zunächst wild drauflos arbeiten und erst dann die Gebrauchsanweisung zur Hand nehmen, wenn alles bereits falsch zusammengesetzt ist. Diese Systematik, die er von Kindheit an gepflegt hat, hat mir persönlich in meinem wissenschaftlichen Denken geholfen.

Wer behauptet, wir könnten von Kindern nichts lernen, irrt sich gewaltig. Immer haben wir ihn anerkennend unterstützt, um seine Selbstentfaltung zu fördern und um ihm das Gefühl zu geben, dass wir in allen Belangen seiner Entscheidungen hinter ihm stehen. Wir hoffen, dass er seinen Weg in den Beruf finden wird und dass wir die Verantwortung und Freude, die Kinder ins Leben bringen, weiterhin bei ihm beobachten dürfen.

Unsere Ausflüge mit den Kindern führten mir oft Familienausflüge aus meiner Kindheit vor Augen. Ich fühlte, dass ein harmonisches Leben für die Entwicklung der Persönlichkeit von Kindern unermesslich wichtig ist. Auch wurde mir erst jetzt die tiefere Bedeutung des Weihnachtsfestes richtig bewusst. Zwar hatte ich, besonders zusammen mit Kolping, Weihnachten gefeiert, aber im Beisein von Kindern erhielt die Botschaft von der Geburt Jesu und dem Ausspruch »Friede auf Erden« eine ganz eigene Bedeutung.

Wenn ich über unsere Ausflüge nachdenke, fällt es mir leicht, zu sagen, dass auch die Landschaften Deutschlands so unterschiedlich schön sind, wie ich es aus meiner ersten Heimat kenne. Mittlerweile schlage ich jedem, der nach Urlaub ruft und meint, urlaubsreif zu sein, vor, er solle zunächst das eigene Land bereisen. In Deutschland sind so viele landschaftliche Schönheiten und Wanderwege zu entdecken. Bereist man Deutschland, so findet sich die Erfüllung vielfältiger Landschaftsträume in diesem einzigen Land vereint. Rhein und Mosel, die bekannten Flüsse im Westen Deutschlands, die an der Großstadt Koblenz zusammenfließen und auf ihren Wegen fünf Länder miteinander verbinden. Der Schwarzwald, der schon in früheren Zeiten Berühmtheit erlangte. Die mystischen Gegenden der Rhön, des Spessart, die malerische Brandenburger und Mecklenburger Seenplatte. Die unbändigen Gezeiten der Nordsee, die südlich anmutenden Sandstrände der Ostsee. Wer die vielfarbigen Facetten Deutschlands kennt, dem eröffnet sich die ganze Welt in einem einzigen Land.

Umso mehr wundere ich mich, dass viele Menschen über das ganze Jahr Geld sparen, um irgendwo in der Ferne Urlaub zu machen. Dabei ist mir etwas aufgefallen, nämlich dass der Mensch die Tendenz in sich trägt, gedankenlos zu handeln, indem er Fernsehnsucht entwickelt. Die Sehnsucht in die Ferne, jenseits des Horizontes der eigenen Welt, beseelt und beeindruckt ihn so sehr, dass er sich selbst und das Eigene vergisst und sich nur noch nach der Ferne sehnt. Wir sollten nicht vergessen, wer wir sind, wie wir sind und wo wir hingehören. Wer das vergisst und sich im Kosmopolitismus verliert, merkt später, was er alles im Leben versäumt hat, wenn es schon zu spät ist.

Mein kultureller Rucksack

Falsche Eliten und Pseudo-Intellektuelle haben uns mit Schubladendenken und belastenden Vorurteilen derart zugemüllt, dass es immer schwieriger wird, sich davon zu befreien. Sie konstruieren eine Realität, die unser Denken und Fühlen sowie Empfinden und unsere Intuition oft in ein illusorisches Niemandsland verführt. Sie erzählen uns, wir wären pünktlich und fleißig, zielstrebig und leistungsorientiert. Wir würden denken, bevor wir handeln, wir würden analysieren, bevor wir fühlen, und wir seien gewohnt, genau zu überlegen, bevor wir über unsere Empfindungen sprechen. Sie haben sich und damit auch uns, wie die Mutter das Kind, immer wieder darüber belehrt, wie sachlich wir sind und wie arm die Welt ohne unsere Errungenschaften doch wäre. Die Prägekraft dieses Welt- und Menschenbildes spukt wie ein rachsüchtiges Gespenst durch die westliche Welt. Die falschen Eliten und Pseudo-Intellektuellen, insbesondere Ethnologen, kompensieren ihre Unwissenheit durch die Suggestion einer radikalen Absolutheit mit seltsamem Universalitätsanspruch. Im Sinne des »Orientalismus«, dem gleichnamigen Buch von Edward Said, bezeichnen sie den Iran als rückständig und seine Männer als Machos, die Frauen unterdrücken und sie zum Tragen eines Kopftuchs zwingen. Die Menschen dort seien familienfanatisch und patriarchal und man erzöge seine Töchter gezielt zur Schwäche, die von den Söhnen der Familie begleitet und beschützt werden müssten. Als Mädchen geboren zu werden heiße, ein Mensch zweiter Klasse zu sein.

Wer ausschließlich sich selbst und das Eigene lobt, vergisst leicht, dass diese Sichtweise genau das Gegenteil im anderen bewirken kann, was nur Konflikte nach sich zieht. »Eliten«, die so einseitig und despotisch denken, verfehlen ihre eigentliche Aufgabe. Die Welt in »rückständig« und »fortschrittlich« zu unterteilen ist eine Vereinfachung, die nach Dostojewski schlimmer ist als das Verbrechen selbst.

Im Denken ist alles möglich. Man kann sich Kulturen durchaus als Kugeln vorstellen und diese lieben oder bekämpfen. Die bitteren Erfahrungen der Realität zeigen, wie illusorisch und destruktiv solche Kulturvorstellungen sind. Kulturen gibt es nicht. Es gibt nur ineinanderfließende Kontexte, die wir uns durch die indoktrinäre Analyse der falschen Eliten und Pseudo-Intellektuellen als geschlossenes Gebilde, wie die chinesische Mauer, vorstellen. Der Mensch bewegt sich innerhalb dieser Kontexte, die ihn unterschiedlich beeinflussen und verändern können.

Auch sind es Kontexte, in denen der Mensch unterschiedlich kulturell-religiös erzogen wird. Die Art und Weise der Erziehung macht die Individualität des Menschen aus und bestimmt sein Unbewusstes. Das Unbewusste steuert ihn und schlummert verborgen in seinem Seelenleben, in dem unendlicher Schmerz und Freude oder unvergessliches Glück und Unglück zusammenfließen. Das Unbewusste ist der Ort der gesammelten Erfahrungen sowie der Sehnsüchte, welche für das Wesen des Charakters grundlegend sind.

Mein kultureller Rucksack ist ein solcher Ort, in dem ich meine Wurzeln mit mir herumtrage. Meine Prägungen, Erfahrungen und Eindrücke begleiten mich überall hin und fungieren für mich als Kompass und Orientierung. Die neu gewonnenen Eindrücke vermischen sich mit den Inhalten meines kulturellen Rucksacks und erschließen mir eine neue Welt. Eine Welt, mit der ich ständig konfrontiert bin. Bereichernd wird das Leben in dem Moment, wo wir Menschen kennenlernen, die unterschiedlich geprägt sind und ihren eigenen Rucksack bei sich tragen. Die Rucksäcke sind oft sehr spezifisch.

Die Begegnung mit dem anderen in allen Kontexten des Lebens im eigenen Land oder im Ausland lädt ein und zwingt geradezu, eigene Identität zu suchen, zu finden und gegebenenfalls zu festigen. Der Rucksack behält diesen Erfahrungsschatz und führt jederzeit vor Augen, wer man ist und wo man steht. In Deutschland durfte ich nach meiner Migration durch die Begegnung mit anderen Rucksäcken mich selbst erneut kennenlernen und die Rolle der Identität im Leben reflektieren. Bald ist mir aufgefallen, dass ich auch mit den falschen Eliten und Pseudo-Intellektuellen, die mich meiner Identität entfremden wollten, zu kämpfen habe. Festgestellt habe ich, dass ich ein Don Quichote bin, der gegen die Windmühlen der Vorurteile und konditionierenden Kulturindoktrinationen ankämpft. Wundern Sie sich nicht, dass ich noch immer erfolglos am Kämpfen bin, solche Vorurteile zu überwinden.

Was ich mit Erfolg überwunden habe, sind historisch gewachsene Vorurteile in mir, Westeuropa und die USA seien wahre

Hüter der Menschenrechte und Freiheit. Gelernt habe ich, dass diese Werte niemandes Besitz alleine sind. Wir Menschen haben uns mit unseren Rucksäcken dafür einzusetzen, dass diese Werte in der Schatztruhe unserer Erfahrungen gewahrt bleiben. Wer sich auf die falschen Eliten und Pseudo-Intellektuellen verlässt, schießt sich selbst ins Knie und verlernt letztlich, wie ein aufgeklärter und demokratisch erzogener Bürger zu handeln, der von seinem Verstand in allen Phasen seines Lebens Gebrauch machen kann. Das habe ich von Immanuel Kant gelernt, der die Denkfeindlichkeit der falschen Eliten und Pseudo-Intellektuellen seinerzeit und weit darüber hinaus erkannt hat.

Wenn wir uns kennenlernen wollen, müssen wir unsere Rucksäcke kennen, ihre Inhalte analysieren und ihre Vorzüge menschwürdig nutzen. Die entdeckten Gemeinsamkeiten und Unterschiede bestimmen die Intensität des Bezogenseins zum anderen. Wer sich dessen bewusst ist, lernt, sich selbst von der Seite zu betrachten und seine Urteile und Eindrücke nicht zu verabsolutieren. Solche Begegnungen zeigen, dass nicht Kulturen als unüberbrückbare Gegensätze aufeinanderprallen, sondern Menschen, die in unterschiedlichen Kontexten und Milieus erzogen worden sind und sich mit verschiedenen Identitäten präsentieren.

Derartige Erfahrungen haben mich gelehrt, nicht über »den Deutschen« oder »den Iraner«, zu sprechen, die es nicht gibt. Stattdessen spreche ich von Menschen, die auf ihre Weise mein soziales Bezogensein bereichern und bestimmen. Dieses Gut habe ich auf vielfältige Weise erfahren und wertschätzen lernen dürfen, wobei mir eine ganze Reihe von Menschen behilflich waren, die diesen Weg ein Stück mit mir gemeinsam gegangen sind. Dass sie eine andere Sprache sprechen, die ich zu erlernen habe, dass sie unterschiedliche Rucksäcke bei sich tragen, muss ich respektieren und sie im Geiste der aktiven Toleranz begleiten. Jeder trägt seinen kulturellen Rucksack, seine Erfahrungen durch sein Leben.

Ich habe Menschen kennengelernt, die, wie etwa mein verstorbener Freund Heinz Kimmerle, als Deutsche genauso gut Afrikaner hätten sein können oder Iraner, die als Deutsche leben. Die Grenzen zwischen allen Kontexten sind fließend wie Salz- und Süßwasser nebeneinander, ohne sich gegenseitig überwinden zu wollen. Diese Mannigfaltigkeit ist eine Schatztruhe gemeinsamer Werte, die wir brauchen, um endlich von unserem hohen Ross herunterkommen und Menschen auf Augenhöhe begegnen lernen.

Das unerträgliche Schubladendenken von falschen Eliten und Pseudo-Intellektuellen ist ein Feind dieses gemeinsamen Erfahrungshorizontes, an dem die Sonne des Menschseins aufzugehen vermag. Später, in meiner psychotherapeutischen Tätigkeit, ist mir zunehmend aufgefallen, wie wichtig es ist, den kulturellen Rucksack des Menschen ernst zu nehmen und ihn im Dialog immer zu berücksichtigen.

Mein späterer Student Matthias, auf den ich noch zu sprechen kommen werde, hat mich in dieser Hinsicht besonders beeindruckt und immer wieder verblüfft. In unserer Zusammenarbeit hat er gelassene Momente, intensiv-nachdenkliche Situationen und Augenblicke der Abneigung gegenüber Situationen erlebt, die wir beide nicht beeinflussen konnten. Ihm gelingt der fließende Übergang zwischen seiner höflichen und gastfreundlichen Art zu einem sachlichen und distanzierten Analytiker, der kritisiert, beurteilt und bewertet. Auch in seinen Urteilen und Vorurteilen ist er aufrichtig und gibt zu, dass solche Verfehlungen schwerwiegende Folgen für eine Freundschaft oder Beziehung mit sich bringen können.

Ich denke, dass ein solcher Charakter viel geeigneter ist, sich selbst zu entfalten, als diejenigen, welche die Selbstverliebtheit der falschen Eliten und Pseudo-Intellektuellen für bare Münze halten und jedes Gespräch mit dem anderen entweder vermeiden oder von oben herab führen. Zugleich ist Matthias ein Mensch, der für andere ein offenes Ohr und ein großes Herz hat, der jedoch auch seine Grenzen verteidigt, wenn andere sie wiederholt überschreiten.

Das Beispiel meines Schülers zeigt, dass der Mensch ein Exemplar der Natur ist und nie in bestimmte Schubladen gesteckt werden kann. Wir dürfen Menschen nicht titulieren und wie eine

Ware mit Etiketten versehen. Es gibt auch in der westlichen Welt Menschen, denen die Familie das höchste und wichtigste Gut ist. Genauso gut kann man auf Menschen aus Ländern wie dem Iran treffen, die karriereorientiert sind und ihren eigenen Weg gehen, ohne sich Gedanken um mögliche Probleme zu machen. Jeder Mensch hat in seinem kulturellen Rucksack sowohl Dinge, die aus seinem eigenen Umfeld stammen, als auch solche, die er augenscheinlich nur aus anderen Gegenden der Welt kennt. Eine eindeutige Zuschreibung, dass eine bestimmte Eigenschaft zu Menschen aus bestimmten Regionen der Welt gehört, ist daher kaum möglich. Was wir ein Leben lang zu lernen haben, ist, die Vorzüge des Rucksacks des jeweils anderen wertzuschätzen und als ein wertvolles Geschenk wahrzunehmen.

Zuhause in der Heimat?

Ein Kosmopolit bin ich nicht und wollte ich nie sein wie ein Eremit oder Hare-Krischna-Anhänger, die ihr Leben in einem Rucksack haben und meinen, überall zu Hause sein zu können. Auch bin ich kein Bhagwan-Wanderer, der sich in das orangefarbene Ideal verliert und seine Existenz fahrlässig gefährdet. Die harte Realität erteilt solchen Menschen ziemlich schnell eine Lektion. Sie zeigt, dass sie eine Heimat brauchen, wie diese auch definiert sein mag, um sich vertrauensvoll zurückzuziehen und sagen zu können: »Ich fühle mich hier wohl.« In den letzten 33 Jahren habe ich mich, egal, wo ich mich bewegt habe, als Insider und Outsider zugleich wahrgenommen, der in beiden Kulturen mit Unbehagen lebt und sich immer neu definieren muss.

»Heimat« und »Beheimatung« besitzen große Prägekraft. Das Heimatgefühl gibt dem Leben Sinn und Identität. Es umfasst eine ganze Welt, in der wir geboren und in Geborgenheit groß geworden sind, die uns durch unser gesamtes Leben hinweg prägt und Identität stiftet. Im Ausdruck »Heimat« steckt eine emotionale Welt, eine Art Sehnsucht, die uns im tiefsten

Inneren bewegt und wie eine Fackel im Sturm des Lebens Orientierung gibt. Heimatgefühl ruft in uns Vertrautes auf, wie es sich in Kindheitserinnerungen äußert: Orte, Erfahrungen, mit denen wir uns identifizieren, Menschen, mit denen wir vertraut sind und die uns als zugehörig anerkennen, Lebenswege, in denen Ironie und Humor sowie Sprache und Musik zusammenfließen. Jeder kennt auf seine Weise das Gefühl der Heimat und des Heimwehs.

Sie kennen selbst vielleicht das Gefühl, Heimweh zu haben. Schon Kinder sagen während eines kurzen Urlaubs: »Ich will heim.« Das Gleiche gilt für Erwachsene, die in unterschiedlichen Situationen ihres Lebens sagen »Ich will heim« oder »Irgendwann kommen wir alle nach Hause«. Sogar der Patient sagt immer wieder »Ich will heim«, obwohl er weiß, dass seine Gesundheit gefährdet ist und er im Krankenhaus bleiben muss. Das ist die magische Kraft der Heimatsehnsucht, die uns hinzieht und uns zeigt, wo wir hingehören. Dieses Gefühl entsteht manchmal nicht sofort, aber die Seele des Menschen meldet sich früh genug und bringt uns wie eine Brieftaube zurück zu unserem Ursprung.

Eine andere Facette des Heimatbegriffs wird dann angesprochen, wenn wir eine zweite Heimat in einer völlig anderen Gegend der Welt suchen. Wenn wir der Sprache niemals völlig mächtig werden, einem anderen Glauben angehören – selbst wenn wir diesen überhaupt nicht pflegen –, einen Namen tragen, der »fremd« klingt, wenn jeder aus zehn Metern Entfernung sieht, dass wir »anders« aussehen, wenn wir unseren Kulturkreis verlassen, wie sieht Heimat dann aus? Dann gewinnt die Suche nach Heimat eine soziale Dimension. Wenn ich assimiliert bin, heißt dies noch lange nicht, integriert zu sein. Assimilation ist für mich das emotionale und intellektuelle Einswerden mit einer Gesellschaft, die ich mag, mit einer Sprache, die ich spreche, und einer sozialen Umwelt, mit der ich mich verbunden fühle. Doch die eigene innere Haltung, so positiv diese auch sein mag, ist stets auf Kollisionskurs mit äußeren Vorurteilen.

Dieses Problem wurde mir bewusst, als ein Studienfreund mich in der Mensa fragte, ob ich jemals Probleme wegen meiner

Hautfarbe gehabt hätte. Zunächst war ich völlig perplex, denn mitnichten bin ich ein Schwarzafrikaner. Ich wollte ihn nicht vor den Kopf stoßen, gab ihm aber zu bedenken, dass gerade in Trier viele Nachfahren der römischen Legionäre, ebenso wie ich, einen etwas dunkleren Teint hätten. Dies ließ er mit den Worten »Das ist etwas anderes« nicht gelten. Meine minimal dunklere Färbung, gepaart mit dunklen Haaren, genügt, um mich als nicht zugehörig einzuordnen.

Auch mein Name scheint mich verdächtig zu machen. Nach den unglücklichen Ereignissen des 11. September 2001 war ich, allein wegen meines Namens – denn eingebürgert war ich bereits – bei jeder Rasterfahndung dabei, worüber man in Deutschland allerdings erst im Nachhinein informiert wird. Richtig bewusst wurde mir das Verhängnis meines Namens, als ich polizeilich vorgeladen wurde, um eine belanglose Aussage zu machen. Als ich die Tür öffnete und mich vorstellte, äußerte der erstaunte Beamte, er hätte eine völlig andere Person erwartet: martialisch, mit langem Bart und vielleicht mit Turban.

Um sich zu mir zu bekennen und um aller Welt zu zeigen, dass wir eins sind, nahm Ina bei unserer Hochzeit meinen Familiennamen als zweiten Nachnamen an. Diese offene Bereitschaft, sich in aller Öffentlichkeit und bei jeder bürokratischen Abzweigung mit mir zu solidarisieren, ließ sie vor meinem inneren Auge nur noch größer und strahlender erscheinen. Öfter habe ich über eine Namensänderung nachgedacht, etwa in »Hellmut Braun« oder »Karl Meyer«. Teilweise konnte ich mir anders behelfen: Obwohl ich keinen Wert auf meine Titel lege, bestehe ich darauf, diese bei jeder Gelegenheit vor meinen Namen zu setzen. Ina fand das zu Beginn affig. Doch seit sie die Bemerkung »Frau Braun-Yousefi ist mit einem Gastarbeiter verheiratet« gehört hat, sieht auch sie diese Notwendigkeit ein, um von vornherein die Vorstellung zu verhindern, ich sei ein eingewanderter Ziegenhirte oder ein islamistischer Terrorist.

Ein weiterer Vorfall beim runden Geburtstag eines Kollegen ließ uns sehr nachdenklich zurück. Wir saßen am großen Festtisch und eine ältere Dame gegenüber unterhielt sich mit mir.

Es kam, wie es kommen musste, sie fragte, wo ich herkäme. Im Stimmengewirr der großen Runde verstand sie meine Antwort nicht, sodass Ina wiederholte: »Mein Mann kommt aus dem Iran.« Die Dame schien schockiert. Aus ihr platzte heraus: »Was? Haben Sie den wirklich geheiratet?« Nun war es an meiner Frau, schockiert zu sein. Auf ihre Frage, wie die Dame das meine, antwortete sie: »Man weiß doch, Iraner sind intolerant und unterdrücken Frauen. Kennen Sie denn das Buch ›Nicht ohne meine Tochter‹ nicht? Die arme Frau zeigt doch, wie unmenschlich die Iraner sind, wie sie Frauen unterdrücken und Menschen, die keine Moslems sind, zu Tode steinigen! Man darf doch solchen keulenschwingenden Barbaren nicht vertrauen!«

Um den Geburtstag nicht in eine Trauerfeier zu verwandeln, versuchte meine Frau, die Dame zu beruhigen. Sie sehe doch gewiss nicht unterdrückt aus, sie fühle sich auch nicht so; im Übrigen sei ich Professor und vielleicht menschlicher als alle zusammen im Raum. Sicherlich hätte die Dame bemerkt, dass ich auf ihren Ausbruch recht tolerant reagiert hätte, nämlich mit einem Lächeln. Verletzend fand ich, dass sich die Dame abrupt umdrehte und begann, mit ihrer Tischnachbarin zu reden, als hätte ein Gespräch zwischen uns nie stattgefunden. Vielleicht hat sie sich ja auch für ihr unmögliches Verhalten geschämt.

Fragen, die schon meinen Freund Bijan gestört hatten, woher ich komme, wann ich wieder »nach Hause« gehen würde, oder die Bemerkung, ich sei »kein waschechter Deutscher«, machen ein Einleben in die neue Heimat ebenfalls nicht leichter. Ich fühlte mich wie in einer Sackgasse, wenn ich über Ereignisse im Iran von deutschen Freunden und Bekannten ausgefragt wurde, was »da unten« schon wieder los sei. Bei solchen vielleicht gut gemeinten, doch im Grunde gedankenlosen Aktionen werde ich immer wieder daran erinnert, dass ich dieser Gesellschaft nicht angehöre und bestenfalls als ein lieber Gast angesehen werde.

Dies sind Momente, in denen ich eine Pathologie unserer konditionierten Gesellschaft feststellen muss. Dennoch besteht für mich Heimat nicht aus vier Wänden oder Grenzlinien, die

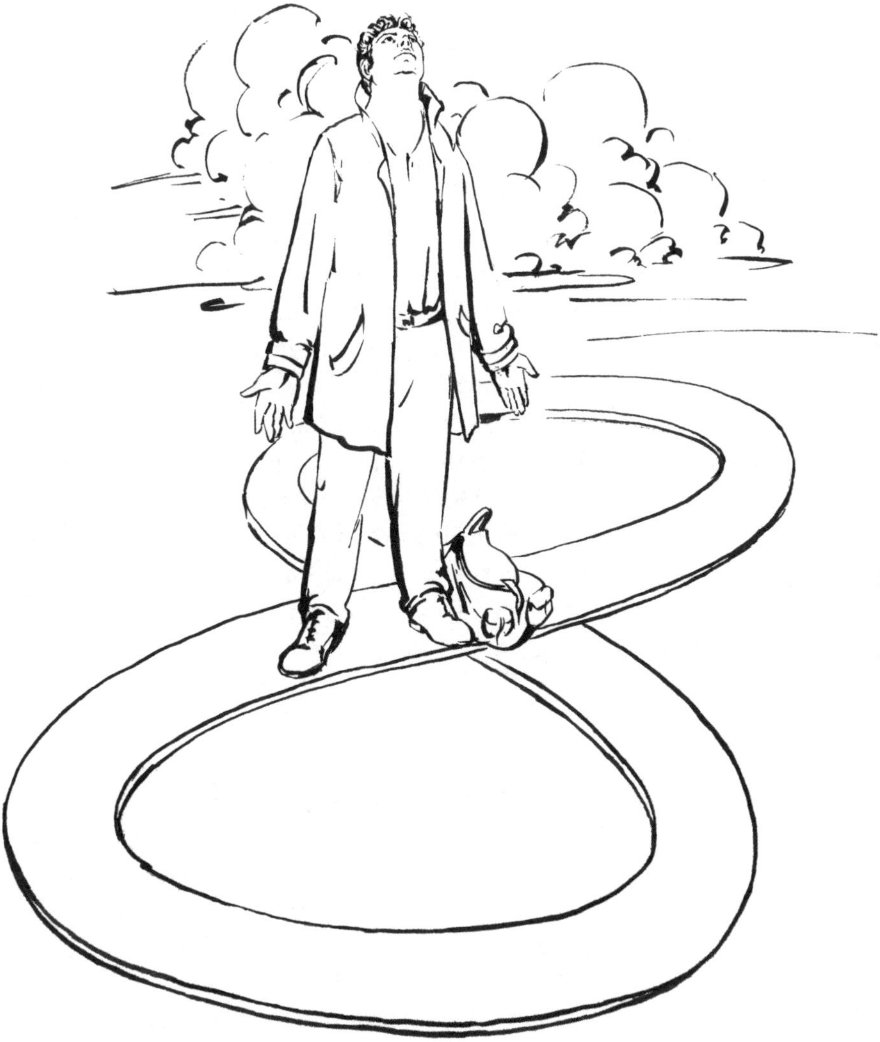

mich von anderen trennen. Es wäre schön, wenn ich vorbehaltlos mehrere Heimatorte mein Eigen nennen könnte, die sich miteinander im Fluss des Lebens zusammenschließen. Doch dies scheint mir ein Traum zu sein, der in vielen Kontexten rasch ausgeträumt ist. Meine wahre Heimat habe ich in Trier gefunden, in der ältesten Stadt Deutschlands. Meine engsten Freunde leben hier, hier lebe und arbeite ich mit meiner Familie. Meine Studienzeit verschlug mich hierher, hierhin lade ich Freunde und akademische Kollegen ein, mit denen ich mich verbunden fühle. Hier fließt meine Welt zusammen, wie die Mosel, die an Winter- wie Sommertagen mal träge mal rauschend, dem Rhein entgegenstrebt. Ist das Leben nicht als ein Ruhezentrum inmitten eines solchen Flusses zu sehen, der sich nicht im mindesten um menschengemachte Grenzen schert? Ich hätte nie gedacht, dass ich Trier vermissen würde, wenn ich irgendwo anders in Deutschland bin. Weil ich beruflich viel unterwegs war und bin, entdecke ich immer wieder die Brieftaube in mir, die gurrend flüstert: »Ich will heim.« In solchen Momenten weiß ich, dass ich mich auf den Weg machen muss. Unbeirrt findet diese Taube zurück nach Trier. Bin ich dort angekommen, fühle ich mich heimatlich. Was braucht man mehr, um glücklich zu sein und das Leben voller Freude wahrzunehmen?

Vom Sinn der Spiritualität

Während der Arbeiten an meiner Doktorstudie habe ich 2002 durch einen glücklichen Zufall den Diplom-Ingenieur Peter Gerdsen aus Hamburg kennengelernt. Peter Gerdsen gehört zu den führenden Professoren der Elektrotechnik, welche die Bundesrepublik Deutschland nach dem zerstörerischen Zweiten Weltkrieg wiederaufgebaut haben. Er war Professor an der Bundeswehruniversität in Hamburg und bildete über Jahrzehnte hinweg eine Reihe von Wissenschaftlern aus. Nach seiner Emeritierung koppelte er sich von der Naturwissenschaft ab und machte deren Erkenntnisse für die Geisteswissenschaften fruchtbar. Zu jener Zeit lernten wir uns kennen und schätzen.

Peter ist ein Macher, mit dem ich in den letzten zwei Jahrzehnten mehrere Werke verfasst, Kongresse organisiert und Projekte gestaltet habe. Das erste Thema, das uns zusammengeführt hat, war die Frage nach Toleranz. Ich suchte im Internet nach kompetenten und laut denkenden Menschen, die nicht das Gewohnte wiederholen, sondern neue Wege suchen, um am Zeitgeist zu arbeiten und diesen positiv zu beeinflussen. Die Ergebnisse unserer Zusammenarbeit haben wir als »Grundlegung des Toleranz-Dialogs« veröffentlicht. Die Resonanz war groß, sodass wir beschlossen, weitere problemorientierte Werke zu verfassen.

Im Gespräch ist Peter diszipliniert, kurz angebunden, aber außerordentlich einfühlsam. Es entsteht das Gefühl, mit einem sachlich denkenden Menschen unterwegs zu sein, der sich die Welt durch die Zahlen der Mathematik und Physik anschaut. Dies manifestiert sich auch äußerlich in seiner disziplinierten Haltung und adretten Kleidung, bei der er nie vergisst, eine Fliege anzulegen. Bei näherem Kennenlernen entdeckt man aber eine fürsorgliche Haltung, eine verborgene Einfühlsamkeit, die sich kaum in dieser Art findet. Die Bekanntschaft mit ihm lehrte mich, Menschen nicht vorschnell zu beurteilen. Urteilen kann man erst dann, wenn man weiß, wie dieser Mensch lebt, welche Erfahrungen er macht, welche Gefühle er entwickelt und wie er empfindet.

Bald wechselten wir täglich mehrere Mails, tauschten uns bisweilen stundenlang telefonisch über die anstehenden Themen und unsere neuesten Buchprojekte aus und richteten zweimal jährlich einen Pendelverkehr zwischen Trier und Hamburg ein. Seine leider früh verstorbene Ehefrau hatte mir ans Herz gelegt, ich solle mit ihm verbunden bleiben. Peter schätze die Lehre des Zarathustra, dies sei eine Grundlage für unsere Verbundenheit. Ich versicherte ihr, dass auch ich Peter sehr möge. Er ist mir ein »Bruder im Geiste«, ist offenherzig und hilfsbereit, bei Schwierigkeiten steht er neben mir, bei der Entwicklung von Ideen hilft er, wobei er an konstruktiver Kritik nicht spart. Auch später unterstützte mich Peter, als ich einer Freundin, Sonja Bischoff, Hilfe leisten sollte. Diese Qualitäten haben unserer Freundschaft eine standhafte Grundlage gegeben. Darüber hinaus verbinden uns Gemeinsamkeiten in unserem Denken.

Peter hat sich nach seiner Emeritierung mit seinem außerordentlich kritischen Zeitgeistbewusstsein den Bereichen Kulturwissenschaft, Soziologie und Theologie zugewandt. Die Titel seiner Werke »Blockiertes Deutschland«, »Das moralische Kostüm geistiger Herrschaft« oder »Eine Erde ohne Himmel wird zur Hölle« sind selbsterklärend. Insbesondere artikuliert Peter seine Sorge im Hinblick auf das Verschwinden der deutschen Geistes- und Kulturgeschichte. Darüber hinaus hegt er die Befürchtung, dass zu viele Menschen in die Konsumfalle unserer Gesellschaft geraten, was eine folgenreiche Entfremdung herbeiführe. In einer solchen Selbst- und Weltanschauung mache sich eine Pathologie bemerkbar, deren Folgen noch nicht absehbar seien. Mehr und mehr seien extreme Lebenskonzepte zu beobachten, die Feindseligkeit nach sich ziehen, zumal sich eine duale Betrachtungsweise eingebürgert habe, durch die unsere Beziehungskultur nachhaltig Schaden nehme. Wir hätten keinen Einfluss darauf, was der Mainstream für richtig oder falsch halte. Akzeptierten wir alles kritiklos, so verleugneten wir uns selbst, lehnten wir es ab, so würden wir nicht mehr dazugehören. Im Mainstream hätten wir unser Bezogensein verloren und wollten nicht wahrhaben, dass sich unsere Gesellschaft in einer krisenhaften Situation befinde. Bedenklich sei, dass unsere Politik diesen selbstentfremdenden Zustand verteidige.

Gerdsen ist sich mit mir darüber einig, dass es in Deutschland keine offenen Diskurse mehr über Themen gibt, die Menschen in der Tiefe ihrer Existenz betreffen. Wer über Freiheit spricht, muss sich an bestimmte säkularistische Vorgaben halten. Dieser Mainstream fördert nicht die Freiheit und das freie Denken, sondern minimiert und schränkt die Meinungsfreiheit ein. Eine Gesellschaft, in der nur dem System angepasste Freiheiten erlaubt sind, ist eine bestimmte Form von Despotismus, der das Gehirn für das Wagnis des Neuen ausschaltet. Er spricht immer wieder über Diskriminierung, Toleranz und Menschenrechte, die er als säkulare Waffen bezeichnet, mit denen jeder geistige Inhalt entwaffnet werden muss. Insbesondere wenn Menschen Kritik üben, scharen sich die Moralapostel dieser Ausrichtung zusammen und schwingen eifrig die Säkularisierungskeule, mit der die Globalisten jeden geistigen Widerstand im Lobpreis auf eine sogenannte freie Gesellschaft zerschlagen. Andere begründete Meinungen erfahren sogleich Gegenwind. Man fordert auf, toleranter zu sein. Wer etwas für sozial widerwärtig hält und Kritik übt, dem wird der Vorwurf entgegengebracht, er diskriminiere Menschen und Meinungen. Werden Kulturen vorgestellt, die der breiten Masse unzureichend bekannt sind und in denen offensichtliche Unterschiede zum gewohnten Umfeld des Mainstreams bestehen, so sieht man hierin eine Verletzung der Menschenrechte. Wer es dennoch wagt, das Neue zu suchen, wird stigmatisiert und damit mundtot gemacht. Eine gesunde Gesellschaft braucht aber freies Denken, um ein kritisches Welt- und Selbstverständnis zu pflegen.

Solcherlei Denkwege machen Gerdsen sympathisch und unbequem zugleich. Diese Einstellung hat in mir viel bewegt und mich angeregt, ein kritisches Bewusstsein für meine vielfältige Umwelt zu entwickeln. Seine Kritik am Missbrauch der Verwendung dieser Ausdrücke als Kampfbegriffe, mit deren Einsatz jegliche gegenläufigen Meinungen zerschlagen werden müssen, erscheint mir mehr als angemessen.

Peter setzte sich eingehend mit meinen Texten auseinander, wie auch ich seine Texte intensiv redigierte. Nebenbei ging es um meine beruflichen Perspektiven, die mir nur minimale Möglichkeiten zu einer lukrativen Beschäftigung erschlossen. Peter war ein geduldiger Zuhörer und ein guter Ratgeber, wenn ich ihm wieder einmal über meine beruflichen Enttäuschungen berichtete. Er beharrte, ich solle meinen Standpunkt wegen billiger Vorteile im Berufsleben nicht aufgeben, mir treu bleiben und nicht vergessen, wo ich herkomme.

Zum Ausdruck meiner Dankbarkeit gegenüber Peter Gerdsen habe ich seine Werke in zehn Bänden veröffentlicht. Während die ersten fünf Bände seine naturwissenschaftlichen Arbeiten umfassen, integrieren die weiteren fünf seine kulturwissenschaftlichen Spätwerke. Er zeigt, warum es Sinn macht, die Welt nicht in Schwarz-Weiß-Malerei, sondern in ihrer ganzen göttlichen Weite zu betrachten. Durch ihn habe ich vieles über mich selbst erfahren, weil er mir demonstriert, dass man immer das bleiben sollte, was man ist, und andere unterstützen soll, so zu bleiben, wie sie sein möchten. Diese religiös-tolerante Haltung bildet die Grundlage einer Freundschaft, die ich existenziell nenne. Sie speist sich aus der gegenseitigen Verantwortung, füreinander da zu sein, das Leben miteinander zu gestalten und sich in Wahrhaftigkeit zu begegnen.

Derlei ethische Grundlagen des Handelns entsprechen auch dem religiösen Bewusstsein von Peter Gerdsen, der christlich geprägt ist. Er geht von Nächstenliebe als einer besonderen Prägung seines Lebens aus und lässt sich von Herz und Vernunft leiten. In diesem Sinne hält er eine Erde ohne Himmel für eine Hölle. Der Sinn des Lebens leuchtet in diesem Licht, das wir sehen, wenn wir uns mit Leib und Seele auf den Weg machen, um es zu finden. Er ist nicht einfach da, sondern wird errungen und erlangt durch das Vertrauen in unsere Aufgabe der Welt und dem Menschsein gegenüber. Je mehr wir uns mit dem Leben verbunden fühlen und von dieser Warte unsere Existenz betrachten, desto sinnvoller erscheint das Leben. Wir als Menschen geben dem aus unserer Sicht Sinnlosen einen Sinn. Grenzsituationen konfrontieren uns mit der Sinnfrage des Lebens. Meistern wir sie, so erscheint für uns das Dasein sinnvoll, scheitern wir dagegen, kann es oft sein, dass das Leben für uns sinnlos erscheint.

Wir sind bestrebt, der Spiritualität im öffentlichen Leben den ihr gebührenden Platz einzuräumen, um vorzubeugen, dass religiöser Fanatismus mit dem tieferen Gehalt der Religion verwechselt wird. Diese Erkenntnisse habe ich in meinen Lehrveranstaltungen mit der ganzen Kraft meines spirituellen Sinns entfaltet. Immer wieder stellte ich fest, dass meine Studenten keine Aversion entwickelten, sondern großes Interesse zeigten. Schade finde ich, dass man in unserer angeblich säkularen Gesellschaft versucht, Religion und damit auch Spiritualität aus dem öffentlichen Leben zu verbannen. Dies wird nicht gelingen, weil der Mensch seine Verbundenheit zur Schöpfung stets am Altar der Liebe in seinem Herzen zelebrieren wird. Die innere Freiheit des Menschen können wir nicht durch eine äußere ersetzen.

Religion und das Feindbild »Islam«

Peter ist ein gläubiger Christ evangelischer Prägung, während ich zwar nicht gläubig, aber spirituell veranlagt bin und offene Ohren für gläubige Spirituelle oder spirituell Gläubige habe. Eine solche Weltanschauung verbindet uns. Die Erziehung Heranwachsender zum Nihilismus raubt ihnen die Möglichkeit, sich mit den metaphysischen Dimensionen des Lebens vertraut zu machen und Jenseitsvorstellungen als Halt oder Orientierung zu entfalten. Für mich ist Religion sichtbar gewordene Liebe, die als Hüterin der Moral Menschen zu helfen vermag, sich in der Landschaft des Lebens zu orientieren, über sich hinauszuwachsen, das Gute im Menschen zu suchen und durch seine Stärken die Schwächen zu überwinden.

Religion ist in diesem Sinne eine Orientierungsinstanz, die dem Leben und damit auch dem Sinnlosen im Leben einen Sinn verleiht. Religion erweist sich in Grenzsituationen als ein Halt und Refugium, in das sich der Mensch zurückziehen und Geborgenheit erfahren kann. Sie ist gleichsam eine transzendente Gewalt, das innere Auschwitz offenzulegen und zu beseitigen, den Teufel in sich zu suchen und auszutreiben. Das ist der große Djihad im Islam, das Anstrengen auf dem Wege Gottes. Dieser Weg ist ein integraler Bestandteil meines Lebens. Religion heißt, einen skeptischen Blick auf die Umwelt zu bewahren, in der wir uns bewegen. Sie hat die Aufgabe, eben nicht kommentarlos vor

Unrecht die Augen zu verschließen, sich aber auch zugleich nicht unbesonnen in die Fänge von Kräften zu verstricken, die den Menschen auseinanderreißen können. Ihre Aufgabe ist, recht verstanden, den Menschen zu einer geistigen Selbsttätigkeit aufzufordern, die ihn standhaft gegenüber seinem Lebensschmerz und seinen Erfahrungen werden lässt. Was Adolf Kolping mir zeigte, war genau dieser unerschütterliche Glaube, der Menschen wie ihn als würdige Gesandte des Himmels auf Erden erscheinen lässt. Solche Menschen, solche unermüdlichen Arbeiter Gottes sind es, denen unsere Welt ihr Fortbestehen zu verdanken hat. Adolf sagte mir, wie bereits zuvor genannt, ich sei »sein liebstes Heidenkind«. Im Gegenzug stelle ich mir vor, ihn im Paradies durch die Augen von Karl Rahner, als einen »anonymen Schiiten« zu sehen. Dieses Gefühl zeigt, dass Menschen unentwegt die Wahrheit suchen, die sie verbindet. Die einlädt, ohne auszuladen. Je ähnlicher diese Wahrheiten sind, desto größer ist oft die Gefahr, dass man sich gegenseitig vereinnahmt. Deshalb wäre es besser, weder von anonymen Christen noch von anonymen Moslems zu sprechen.

Religion wird gewalttätig, wenn die Vernunft verweigert und nur unreinen Emotionen Einlass gewährt wird. Wo aber Emotionen durch die Einsichten der Vernunft reguliert werden, bringt sich der Mensch selbst auf den richtigen Weg im Leben. Der schiitische Islam, die Religion meiner Mutter, hat eine solche Entfaltungskraft in sich, die ich kaum in anderen Glaubensrichtungen habe für mich entdecken können. Deshalb bin ich in diesem spirituellen Vernunftglauben zu Hause und pflege eine prinzipielle Offenheit für andere Welt- und Menschenbilder. Was für mich und meine Lebensführung den Maßstab aller Wege und Entscheidungen darstellt, ist die Würde des Menschen, welche die Schöpfung in die Natur des Menschen hineingelegt hat. Wer sich von dieser Würde entfernt und im Namen seiner Weltanschauung andere Völker erziehen will, tut sich und anderen Gewalt an.

Ein Vorbild des schiitischen Islam ist mir die herz- und vernunftgeleitete Lebensführung von Imam Ali, dem Schwiegersohn des Propheten Mohammed, der den Schiiten als rechtmäßiger

Nachfolger des Propheten gilt. Schon in meiner Kindheit hatte mich Imam Alis Menschenbild und vor allem sein Verhalten gegenüber seinem Mörder beeindruckt.

Ibn Muldscham, der heidnischen Glaubens war, verschaffte sich Zugang zum Haus von Imam Ali, das jedermann offenstand. Er versetzte dem Betenden eine schwere Schädelverletzung. Imam Ali vermochte noch einen Tag zu überleben. Als Imam Hassan, sein Sohn, fragte, was mit dem Gewalttäter geschehen sollte, gebot Imam Ali, diesen verzeihend zu behandeln. Ibn Muldscham solle geschätzt werden wie die eigenen Glaubensbrüder und das Gleiche verzehren, was Imam Hassan selbst verzehre. Sollte sich die Gemeinde für Vergeltung entscheiden, so müsse diese ohne Beschimpfung und Folter erfolgen. Das Leiden Ibn Muldschams übernehme Imam Ali, so lange er noch lebe. Der spätere Märtyrertod von Imam Hossein in Kerbala hat ähnlichen Charakter. Auch er verzieh seinem heidnischen Mörder mit dem Spruch: »Eure Lebensmaxime sollte die Freiheit sein, auch wenn ihr unseren Glauben verachtet.«

Dies ist eine historische Begründung im schiitischen Islam, die Todesstrafe durch verzeihendes Denken, Reden und Handeln zu ersetzen und jedem auf gleiche Weise Gerechtigkeit widerfahren zu lassen. Die Todesstrafe eines Mörders oder eines Kinderschänders ist es eigentlich, ihn am Leben zu lassen, um ihn jeden Tag seinen eigenen Tod sterben zu lassen, bis er sich von seinen Taten löst und zu einem Menschen wird. Das ist die Botschaft von Imam Ali an seinen Sohn Imam Hassan. Die Todesstrafe macht das Verbrechen selbst nicht ungeschehen, ebenso wenig wie sie den Betroffenen Frieden schenkt. Auch das jüdische »Auge um Auge, Zahn um Zahn« ist nach diesem Prinzip keine menschenwürdige Lösung.

Die Staaten dieser Welt sollten sich dafür einsetzen, die Todesstrafe aus ihrer Justiz zu verbannen und stattdessen den Menschen zu erlauben, den eigenen Quell der Worte Imam Alis und von Jesus Christus in sich zu suchen. Auch Imam Hossein ist ein solches Vorbild, der durch Verzeihen Größe selbst unter seinen Feinden erlangt hat. Beide leben hier einen Islam vor, der ein Glaube der Liebe, der Gnade und des Friedens ist. Diese Einstellung macht die Seele des Islams schiitischer Prägung aus. Was Schiiten an ihren Imamen als vorbildhaft schätzen, ist deren Großmut in einem Zeitalter der Grausamkeit und Tyrannei. Diese Botschaften haben mich als Wissenschaftler und Menschen geprägt. Sie lehrten mich, Entscheidungen von Herz und Vernunft leiten zu lassen, um meinen Mitmenschen in Versöhnlichkeit und Frieden zu begegnen.

Spiritualität, recht verstanden, kann ein wegweisendes Licht in dunklen Momenten des Lebens sein. Religionen sehe ich, wie gesagt, als Hüterinnen der Moral, ohne dass sie auf diese Qualität zu reduzieren wären. Im Vordergrund steht die spirituelle Dimension, die sich zwischen Gott und Mensch abspielt, deren Ziel die Vervollkommnung des Menschen ist. Eine Standpunktbeweglichkeit des Religionsverständnisses halte ich für essenziell. Ein solches offenes Welt- und Menschenbild hilft mir, Gespräche möglichst ohne Vorurteil zu suchen und ohne Argwohn zu führen.

Dennoch musste ich in Deutschland erleben, dass der Islam als ein Feindbild angesehen wird. Feindbilder entstehen nicht im leeren Raum. Sie entstehen durch Desinformation oder gezielte Verbreitung von Vorstellungen, die darauf hinwirken, mit der Angst der Menschen zu spielen. Das Feindbild Islam scheint eine solche zu sein, die tief verwurzelt ist seit der ersten Koranübersetzung durch Petrus Venerabilis, Abt von Cluny, der die Heilige Schrift der Muslime in der Absicht übersetzen ließ, um diese angeblich kriegerische Religion und die angeblich verruchte Rolle ihres Propheten in der Öffentlichkeit anzuprangern. Nicht der Dialog war sein Ziel, sondern zu zeigen, warum es legitim ist, diesen Glauben mit Gewalt aus dem europäischen Raum zu tilgen. Petrus Venerabilis merkte nicht, dass er damit, als Würdenträger der Kirche, dem Prinzip der Nächstenliebe zuwiderhandelte.

Die später entwickelten Disziplinen der Orientalistik und Islamwissenschaften haben zur Beseitigung dieser historisch gewachsenen Vorurteile und Feindbilder nichts Nennenswertes unternommen. Im Gegenteil: Aufgrund ihrer Ideologisierung haben sie Vorurteile wissenschaftlich zementiert und die vergangenheitsorientierten Diskurse der politischen und soziokulturellen Öffentlichkeit erheblich beeinflusst. Abwertende Feindbilder haben eine Sündenbockfunktion. Sie beeinflussen die intrinsische Psychodynamik des Einzelnen, verdrängen eigene Defizite und tragen zum Erhalt bestehender Machtstrukturen bei. Der Horizont dieser Einflussnahme umfasst Geschichte, Kultur und Religion der islamischen Welt, aber auch ihre vielfältigen Sprachen und ihre Literatur.

Annemarie Schimmels positive Versuche, die mystischen Dimensionen des Islam darzustellen, sind Ausnahmeerscheinungen, die kaum Zugang in die nicht wissenschaftliche Öffentlichkeit gefunden haben. Im Gegensatz zur Darstellung dieser Ausnahmewissenschaftlerin ist die akademische und nicht akademische Welt vielmehr durch die abenteuerlichen Darstellungen eines Peter Scholl-Latour geprägt, der das »Schwert des Islam« in unser Gehirn gehämmert und immer wieder vor diesem Glauben gewarnt hat.

Die Pathologie solcher Feindbilder, die in das Bewusstsein eindringen und es verändern, erlebte ich im privaten, nicht professionellen Raum. Doch auch im Studium fand ich kaum eine Kritik gegen solche anmaßenden Darstellungen. Als ich eine Hausarbeit über den Toleranzbegriff im Islam verfassen wollte, forderte der Dozent von vornherein, ich müsse mich dazu negativ äußern, ansonsten sei eine angemessene Note kaum möglich. Auf meine Anmerkung, ich kenne den Islam aus den einschlägigen Quellen völlig anders, als er hier dargestellt werde, riet mir der Dozent, meine Darstellung eben auf der hiesigen Trivialliteratur aufzubauen. Schließlich habe ich davon abgesehen, eine solche Arbeit abzufassen.

Diese Erfahrung vertiefte die Risse in meinem Weltbild. Nur wenig kann ich gegen die Übermacht unseres Mainstreams bewerkstelligen. Und wir sind oft Opfer ideologisierter Darstellungen über Andersgläubige. Dennoch hatte ich mit meiner Frau beschlossen, das Islambild im christlichen Abendland zu untersuchen. Das Ergebnis dieses Werkes, das wir unter dem Titel

»Interkulturelles Denken oder Achse des Bösen« veröffentlicht ist, war ernüchternd. Die Tradition des Petrus Venerabilis lebt stärker denn je.

Es ist nicht verwunderlich, dass in TV-Shows und Politrunden die Orientalisten oder Islamwissenschaftler gleichsam als Terrorexperten auftreten. Hier liefert die Wissenschaft im Dienst des politischen Mainstreams Argumente zur Meinungsmache, um historisch gewachsene Feindbilder zu festigen. Auch unsere Politiker äußern sich ähnlich, wenngleich nicht in dieser Schärfe. Als vertane Chance empfinde ich, dass wir unser deutsches Volk nicht mit der Spiritualität des Islam bekannt machen, die sicherlich eine völlig neue Einstellung zu diesem Glauben und den Gemeinschaften dieser Religion bescheren würde. Was hindert uns, Wissenschaftler, Politiker oder Geistliche aus dem Iran einzuladen und mit ihnen zu diskutieren? Stattdessen wird ausschließlich über sie gesprochen.

Bedenke das Bedenkliche!

Eine Beobachtung, die mich Zeit meines Studiums in Unbehagen stürzte, war das Verhalten der Kollegen untereinander, das mich bisweilen an Kämpfe zwischen Tom und Jerry erinnerte. Es war bedrückend, dass manche Kollegen sich weigerten, mit Kollegen, die ihnen unangenehm waren, Prüfungen abzunehmen oder Qualifikationsarbeiten zu betreuen. Diese Mentalität schafft einen ungesunden Konkurrenzbetrieb, der ohne Seilschaften und Akzeptanz der Hierarchie nicht funktioniert. Leidtragende sind weniger die Dozenten mit Festbesetzungen als vielmehr die Studierenden. Innovationen gehen oft unter, weil junge Forschende, die mit großer Hoffnung ihr Studium aufnehmen, demotiviert werden. Meinen Eintritt in die »Gesellschaft für Interkulturelle Philosophie« im Jahr 2004 hatte ich mit der Hoffnung verknüpft, einer philosophischen Gemeinschaft anzugehören, in der solche Hierarchiespielchen zugunsten einer gesunden Auseinandersetzung mit dem Denken und seiner Geschichte überwunden sind.

Eine markante Figur innovativen Denkens war der Kölner Philosoph und Religionswissenschaftler Abdoldjavad Falaturi. Adolf Kolping hatte Falaturi wegen seiner gradlinigen Art geschätzt, sich für einen offenen Diskurs der Religionen einzusetzen. Wie schon erwähnt, hatte Adolf Kolping mich zu einem Vortrag Falaturis mitgenommen und mir empfohlen, ihn kennenzulernen. Schließlich bot sich später im Rahmen einer Vortragsreihe in Köln tatsächlich die Gelegenheit dazu. Falaturis Charme und seine zurückhaltende Menschlichkeit haben mich beeindruckt. Ich merkte, dass eine gelehrte Kapazität zu mir über ihre Erfahrungen spricht, die mir wegweisend schienen. Wir verstanden uns auf Anhieb. Bei einem Spaziergang über den Neumarkt erzählte Falaturi mir einiges über sich und seinen Werdegang. Es war die Geschichte eines Intellektuellen, der sich früh für den interkulturellen Dialog, insbesondere für den christlich-islamischen Dialog, eingesetzt hatte, doch oft vergeblich.

In den 1980er-Jahren hatte Falaturi eine Habilitationsschrift »Die Umdeutung der griechischen Philosophie durch das islamische Denken« verfasst. Er dokumentiert, dass die islamische Philosophie nicht, wie häufig behauptet, eine Magd des griechischen Denkens ist, sondern genuine Eigenständigkeit besitzt. Zentrale Begriffe der Philosophie, wie »Vernunft«, »Denken«, »Gerechtigkeit«, »Glück«, »Krieg« und »Frieden« sowie »Ethik« sind Bestandteile des Koran. Dieser bildet die Grundlage einer völlig anderen Philosophie, welche durch die Berührung mit dem griechischen Denken an Plausibilität gewonnen hat. Falaturis Schrift durfte seinerzeit aus unterschiedlichen Gründen, auch wegen ihrer bahnbrechenden Erkenntnisse, nicht publiziert werden. Erst 2018 ist es mir mit einer Forschergruppe gelungen, dieses Werk einzuleiten und herauszugeben.

Ein echter Dialog soll nach Falaturi zur Überwindung religiöser und kultureller Feindbilder führen. Sein Ziel ist nach dieser Maxime, Religionen nicht auf bestimmte, in diesem Fall westeuropäische Lesarten zu reduzieren, sondern sie so zu beschreiben, wie sie von ihren eigenen Gläubigen wahrgenommen werden. In diesem Zusammenhang hielt er das affirmative Gerede von einem Euro-Islam und seinen seltsamen Blüten für problematisch. Nur eine dialogische Darstellung der Religion in ihrer gesamten Mannigfaltigkeit könne neue Horizonte eröffnen und zu echter Verständigung beitragen. Falaturi erzählte, er hätte sich 40 Jahre lang für die Verwirklichung dieses Zieles eingesetzt, dabei habe er viele Animositäten erlebt.

Mit seiner Forderung stand Falaturi nämlich in Opposition zu europäischen Islamwissenschaftlern, die mit eurozentrischem Blick ausschließlich bestimmte konfliktträchtige Dimensionen wie Djihad, Scharia oder Gewalt darstellten. Diese Tatsache gibt mir die Antwort darauf, warum meine interreligiösen Debatten der letzten 25 Jahre im Rahmen öffentlicher Diskurse immer mit Adam und Eva eingeleitet worden sind. Ich habe irgendwann aufgehört zu zählen, wie oft ich Hassbegriffe wie »Djihad« und »kriegerischer Islam« erklären musste. Das Kuriose daran war, dass viele der Teilnehmenden zugleich diejenigen waren, welche dieselben Fragen immer wieder stellten und überhaupt nicht zuließen, positive Dimensionen des Islam darzustellen. Ich erlebte die »ewige Wiederkehr des Gleichen« nach Nietzsche und hörte irgendwann mit Erklärungen auf, sondern legte nur noch meine Meinung dar.

Im Gegensatz zu den europäischen Islamwissenschaftlern schätzten Kollegen aus aller Herren Länder hingegen Falaturi, was die »Tabula gratulatoria« in seiner Festschrift unterstreicht, in der 2500 international bekannte Gratulanten ihn würdigen. Falaturis Schriften weisen ihn als Schüler eines Molla Sadra des 20. Jahrhunderts aus. Molla Sadra, der im 17. Jahrhundert im Iran lehrte, hatte eine Symbiose der islamischen Philosophen von den Anfängen bis in seine Zeit zusammengeführt und die Theorie der substanziellen Bewegung entwickelt, die zeigt, dass alles im Werden begriffen ist. Molla Sadra war der Erste, der die Psychologie der Handlung entdeckte, indem er die substanzielle Bewegung in den Fokus rückte und auch, wie menschliche Handlungen in der menschlichen Psychodynamik ausgelöst werden. Das ist es, was man später als Psychoanalyse bezeichnet hat.

Ungeachtet der Feindseligkeiten des sogenannten »Wissenschaftsestablishments«, mit denen Falaturi kämpfen musste, hatte er in Köln eine ganze Generation von Wissenschaftlern für interreligiösen Dialog und interkulturelles Denken sensibilisiert. Zu ihnen gehören neben Hermann-Josef Scheidgen auch Morteza Ghasempour und Ram Adhar Mall. Mall, der indischer Herkunft ist, hat interreligiösen Dialog und interkulturelles Denken auf seine Weise an seine Schüler weitervermittelt. Er war 1992 Gründungspräsident der »Internationalen Gesellschaft für interkulturelle Philosophie«, der ich mich auch anschloss.

Diese Zusammenarbeit war von Anfang an eine Totgeburt, weil auch sie dem freien Zusammenfluss der interkulturellen Grundkomponenten des offenen Dialoges nicht angemessen Rechnung trug. Mir war unverständlich, dass man auch hier von mir verlangte, mich vom iranischen »Regime« zu distanzieren oder mich in meiner Heimat für die Verbreitung säkularen Gedankenguts einzusetzen. Meine Kollegen, die sich für Toleranz, Überwindung von Vorurteilen und offenen Dialog einsetzten, merkten nicht, wie despotisch sie sich mir gegenüber verhielten und das Gebot wissenschaftlicher Redlichkeit verletzten. Sie meinten, in allen Diskursen Despotismus zu sehen, ohne zu merken, wie despotisch sie sich dabei selbst verhielten. Kurios fand ich wieder einmal, dass selbst in einem solchen Zirkel ihre faktische Belesenheit über den Iran nicht über hiesige Zeitungsmeldungen hinausging.

Meine Haltung ist nach wie vor, dass wir nicht vorgeben können, ideologiekritisch zu arbeiten, während wir selbst mit einer zentralistischen Ideologie liebäugeln. Auch europäische Philosophien dürfen wir nicht mit außereuropäischen Begriffserfahrungen beschreiben. Darin sehe ich eine Denkfeindlichkeit, die uns nur dem Anschein nach zum interkulturellen Philosophen erhebt, während wir verdeckte Zentralisten sind. Eine solche

Ambivalenz in den Grundpositionen interkulturellen Denkens haben dieses Fach bereits in seinen Kinderschuhen in Verruf gebracht, alte Ideologien durch eine neue ersetzen zu wollen. Es war verständlich, dass Kollegen aus anderen Fachkreisen die »Gesellschaft für Interkulturelle Philosophie« als eine Gemeinschaft von »Sektierern« bezeichneten. Nachdem ich dieses Dilemma erkannt hatte, war mein Ansinnen, dem interkulturellen Denken eine erkenntnistheoretische Basis zu schaffen. Meine Ideen legte ich in dem Lehrbuch »Interkulturalität« nieder. Ich wollte der Philosophie den verlorenen interkulturellen Sinn des Philosophierens wiedergeben. Für mich war immer klar, dass Philosophie per se eine menschliche Verankerung besitzt und über alle Kulturen und ihre Kontexte erhaben ist. Die Betonung des Interkulturellen ist lediglich eine Erinnerung, dass wir diesen Sinn wiederfinden sollten. Der Entstehungsort der Philosophie ist dort, wo der Mensch beginnt, das Bedenklich zu bedenken und über den Sinn des Lebens nachzudenken. Ich wollte Philosophierende aus aller Herren Länder zusammenbringen, welche die Geschichten ihrer Kontinente aus unterschiedlichen Perspektiven unter Bezugnahme der eigenen historischen Begriffserfahrung darstellen. Doch auch hier war ich auf den Straßen der Wissenschaft alleine unterwegs. Mein Ansatz fand seinerzeit keinen Konsens, was mich zur Trennung von dieser Gesellschaft bewog.

5. »Freiheit« in der »freien« Welt

Reise in das »schleierhafte« Land

Inzwischen waren 24 Jahre vergangen, in denen ich meine Heimat nicht gesehen hatte. Unser Sohn war groß geworden. Meine Frau hatte immer großes Interesse für den Iran gezeigt und begonnen, die persische Sprache zu erlernen. Immer wieder hatte sie mich darauf angesprochen, dass sie endlich ihre Schwiegermutter in die Arme schließen, meine Familie kennenlernen und mein erstes Heimatland bereisen wolle. Eines Tages setzte sie mir die Pistole auf die Brust und stellte mich vor die Wahl: Entweder würde ich mit ihr fliegen oder sie wolle sich einer Reisegruppe anschließen, um sich auf diesem Wege mit meiner Familie und dem Land bekannt zu machen.

Dieser Wunsch machte mich zunehmend nachdenklich. Meinen innersten Wunsch, in den Iran zu reisen, hatte ich immer verdrängt und mein zögerliches Verhalten mit dem Vorwand begründet, in Forschung und Lehre versunken zu sein. Dabei hatte ich, trotz der Sehnsucht nach meiner Heimat, Bedenken über die Zustände in dem Land. Wenn ich bei Freunden und Kollegen gelegentlich fallen ließ, meine Frau hätte den Wunsch geäußert, in den Iran zu fliegen, löste dies Gelächter aus. Auch engere Freunde sagten mir vorwurfsvoll, aber auch mit einer gewissen Angst, dass ich mir diesen Schritt gründlich überlegen solle, in ein solch unberechenbares Land voller Überwachungsmechanismen zu reisen. Ich fragte mich, wie oft diese Freunde und Kollegen im Iran gewesen sein mochten und Folter und Repressionen ausgesetzt gewesen mussten, um eine solch harte Haltung gegenüber dem Iran zu pflegen. Sie zeigten mir den Vogel und fingen an, wüst zu schimpfen: »Flieg da bloß nicht hin! Du weißt, was dir blüht: An jeder Ecke steht ein Sittenwächter, auf der Straße darfst du nicht lachen, Frauen ins Gesicht schauen wird bestraft, jederzeit ist mit öffentlichen Peitschenhieben zu rechnen! Bring deiner Frau bei, von ihrem Wunsch Abstand zu nehmen. Es kann sein, dass man sie steinigt, wenn sie frech wird. Oder du findest Gefallen an dem Mullah-Fanatismus und wirst völlig anders.«

Diese Äußerungen stimmten mich nachdenklich. Ich rang mit zweierlei Ängsten: Dass mir tatsächlich das zustoßen würde, was mir die Kollegen in grellen Farben ausgemalt hatten, und dass sie sich nach einer Heimkehr von mir distanzieren würden. Von Freunden hätte ich ein solches Verhalten nie erwartet. Hier trennte sich in gewisser Weise die Spreu vom Weizen. Schließlich überwand ich meine Ängste. Ich sagte mir, dass meine Frau und mein Sohn schließlich ein Recht darauf hätten, meine Heimat und meine Familie kennenzulernen.

Wir bereiteten also die Reise vor. In jener Zeit fühlte ich mich wie ein Psychopath, der von Kollegen und Freunden wohlwollend therapiert wird. Einige kamen in mein Büro oder auch privat zu mir. Sie gaben mir weitere gut gemeinte Ratschläge, die sie in Funk und Fernsehen gehört hatten. Ich dürfe Frauen in der Öffentlichkeit generell keine Hand geben, mit meiner Frau nicht Hand in Hand auf der Straße gehen oder das »Regime« kritisieren. Der Iran sei ein Polizeistaat, ich könnte Ärger bekommen und im Knast verschwinden. Die »Mullahs« seien unberechenbar, ich würde überall durch ihr Monitoring-System beobachtet. Auch solle ich kein Handy mitnehmen, weil man mich orten, abhören oder gar gezielt töten könnte. Außerdem bedeute eine Iranreise die Anerkennung dieses »Regimes«. Als Wissenschaftler müsse ich jeden Kontakt mit diesem Land vermeiden, um zu demonstrieren, dass man auch als Iraner keinen Gefallen an diesem System finde.

Freilich sind diese Äußerungen nicht spurlos an mir vorbeigegangen. Mein Problem bestand nicht darin, dass ich nicht in den

Iran fliegen wollte, sondern dass ich meine Freunde nicht enttäuschen wollte. Ich wollte mein Gesicht wahren, ihnen weiterhin ein guter Freund sein. Dies war der Ausdruck meiner inneren Zerrissenheit. Im Gegensatz dazu war meine Frau unerschütterlich bemüht, dieses innere Vorurteil zu beseitigen. Jedes Mal habe ich mit ihr darüber gesprochen und ihr erzählt, was mir Freunde und Kollegen im Geheimen rieten. Jedes Mal lachte sie. Sie sagte, sie wäre bestens vorbereitet und ob ich nicht gemerkt hätte, dass sie eine Reihe von Büchern von weltweit ernst zu nehmenden Schriftstellern über den Iran gelesen hätte.

Schließlich nahm sie den »Reiseführer Iran« von Langenscheidt hervor und fing an zu blättern. Sie meinte, dass meine Freunde und Kollegen vielleicht recht haben könnten, aber die Wahrheit über den jetzigen Iran könne man nicht leichtfertig unter den Teppich kehren. Der Iran entwickelte sich immer mehr zu einer Industrienation. »Du solltest in den Iran gehen, um zu sehen, wie du deine Aufgabe als Brücke zwischen den Kulturen angemessen wahrnehmen kannst.« Diese Worte meiner Frau haben mich sehr ermutigt. Sie sagte mir: »Wenn deine Freunde dich entmutigen wollen und dir sagen, du sollst besser nicht fliegen, lass sie reden, was sie wollen! Sie können dir egal sein! Wichtig ist doch, was du selbst willst, was wir wollen!« Nach diesem klärenden Gespräch begannen wir gemeinsam, unseren Reiseplan zu gestalten. Ich fasste den Entschluss, ohne »wenn« und »aber« mitzufliegen. Ich schämte mich immer wieder meiner feigen Haltung gegenüber meiner Frau und unserem Sohn, der schweigend alles beobachtete.

So flogen wir im Sommer 2012 mit der Fluggesellschaft IranAir nach Teheran. Bereits beim Besteigen des Flugzeuges nahm ich beglückt einen Hauch Heimat wahr, denn die Stewardessen trugen Käppchen mit einem angedeuteten dunkelblauen Seidenschleier, der mit Goldfäden durchwirkt ist. Die Begrüßung der Flugchefin, die ihre Ansagen in persischer, deutscher und englischer Sprache machte, taten mir wohl. Auch die Gespräche mit dem Bordpersonal, insbesondere aber mit anderen Fluggästen beruhigten mich. Bei mir stellte sich das Gefühl ein, dass wir doch nicht in einen Teufelsstaat flögen, sondern in meine Heimat, die ich sehr vermisst hatte.

Was alle Passagiere ärgerte, war der Umstand, dass die Maschine nicht durchfliegen konnte. Wegen der Sanktionen wurde iranischen Maschinen das Auftanken in Frankfurt verweigert und wir mussten in Budapest zwischenlanden, was für alle ein großer Zeitverlust und für die iranische Fluggesellschaft eine unglaubliche Mehrbelastung an Starts und Landungen verursachte.

Unsere Landung am Teheraner Internationalen Imam-Khomeini-Flughafen, der nach dem Iran-Irak-Krieg errichtet worden war, hielt die erste Überraschung für mich bereit. Wir betraten eine hochmoderne Drehscheibe des internationalen Flugverkehrs, die ich so nicht erwartet hatte. Auf der Fluggastbrücke wurden die Gäste von den »Pasdaran« einzeln begrüßt. Hinter den Glasscheiben winkten Angehörige und Freunde der Fluggäste mit Blumen in der Hand.

Die Begrüßung in unserer Familie fiel freudig, teilweise auch tränenreich aus. Insbesondere meine Mutter war glücklich, mich nach so langer Zeit wiederzusehen. Alle waren angetan von meiner Frau, ihrer deutschen Schwägerin, die sie nun endlich von Angesicht zu Angesicht sehen konnten, und von unserem Sohn, der direkt in den Kreis seiner Cousins und Cousinen aufgenommen wurde. Ich war glücklich über die angetroffenen Verhältnisse. Von mir wich der übergroße Druck, der sich in den letzten Wochen in Deutschland in mir angestaut hatte. Dennoch reagierte mein Körper psychosomatisch auf die ausgestandenen Ängste. In den ersten Tagen hatte ich mit einer heftigen Mandelentzündung zu kämpfen, die ich schließlich dank Antibiotikum und reichlich Ingwertee mit Zitrone in den Griff bekam.

Wir genossen die Wiedersehensfeiern im Kreise unserer Großfamilie, die allabendlich für uns ausgerichtet wurden. Meine Verwandten verwöhnten uns mit den landestypischen Speisen, die ich so lange entbehrt hatte, wie »Kaleh pache«, Lammschädel, mit »Bastani«, Safraneis mit Sahne, oder »Faludeh«, dem leckeren Nudeleis mit Limonensaft. Bisweilen erhält man solche

Spezialitäten auch in Deutschland, aber höchstens in fragwürdiger Qualität.

Immer wieder hatte meine Familie mir am Telefon berichtet, dass in Teheran nun vielspurige Autobahnen das Stadtbild ebenso bestimmen wie Luxus-Wohntürme im Norden. Was wir aber zu sehen bekamen, übertraf völlig meine Erwartungen, besonders vor dem Hintergrund, dass ich noch eine kriegszerstörte Stadt vor Augen hatte. Teheran vereint völlig unterschiedliche Viertel. Auf den großen Boulevards, wie dem Vali Asr oder dem Dr. Shariati, hatte sich eine bunte Welt der Geschäfte und Restaurants niedergelassen, der Boulevard Mir Damad hatte sich zum Bankenviertel mit verspiegelten Palästen gewandelt. Unser Wohnviertel, in dem ebenfalls elegante Wohnhäuser entstanden waren, schien dennoch wie früher, wie ein Dorf in der Stadt, noch mit den typischen winzigen Läden, die fast rund um die Uhr geöffnet haben und in denen sich die Waren bis unter die Decke stapeln. Auch der Gemüseladen, von dem aus ich als Junge den bezeichnenden Vorfall mit dem Briten beobachtet hatte, war noch da. Viele Geschäfte wurden noch von den früheren Betreibern geführt, die erfreut waren, als ich mich als der jüngste der Yousefi-Söhne vorstellte und von meinem Leben in Deutschland erzählte.

Auch bestimmen noch immer die tiefen ausbetonierten Bachbetten das Bild meines Viertels. Da Teheran am Fuße des Elborz-Gebirges mit über 4000 Meter hohen Bergen liegt, sind diese notwendig, um im Frühling das Schmelzwasser abzuleiten. Alte Erinnerungen kamen hoch, wenn wir bei Nacht durch das geöffnete Fenster das Rauschen dieser Bäche hörten, dies inmitten dieser riesigen Metropole, in der nie völlige Stille herrscht.

Drei wunderbare Wochen lang ließen wir uns durch das sommerliche Teheran treiben, immer im Pulk mit Verwandten und Freunden. Wir genossen die Schönheit der Stadt und freuten uns an der Freundlichkeit der Menschen auf der Straße. Faszinierend war auch die neue U-Bahn. Die extreme Hanglage hatte den Ingenieuren einiges abverlangt, um die Niveauunterschiede innerhalb des Stadtgebietes anzugleichen. So musste man in der

Südstadt zwei Stockwerke hochsteigen, um am Tadjrish-Platz im Norden über sieben riesige Rolltreppenanlagen von unten auf ebenerdiges Niveau gebracht zu werden. Dort befindet sich der Bazar, den die Bewohner unseres Viertels für größere Einkäufe aufsuchen. Auch hier sog ich, in Erinnerungen schwelgend, die Düfte ein, in denen sich die aufgeschütteten Gewürze und der Bockshornklee mischen. Diese Kräuter benötigt man, um »Gormeh Sabzi«, ein persisches Nationalgericht, zuzubereiten. In Deutschland gibt es dieses auch als Konserve, aber auch dies ist kein Vergleich zu dem Gericht, das aus den Kräutern zubereitet wird, die hier im Markt, frisch gemahlen, ihr Aroma verbreiten.

Auf dem »Borg-e-Milad« mit 435 Metern Höhe, dem sechsthöchsten Fernsehturm der Welt, genossen wir eine unvergleichliche Aussicht auf die Stadt. Ich empfand große Freude über die erfolgreiche Wiederaufbauarbeit, die hier geleistet worden ist. Zu unseren Füßen reihte sich in der Dämmerung ein Autolicht nach dem anderen auf den großen Verkehrsadern, welche die einzelnen Bezirke miteinander verbinden. Allein an diesen städtebaulichen Neuerungen ist zu erkennen, dass der Iran es trotz Sanktionen der letzten 40 Jahre geschafft hat, eine gute Infrastruktur zu schaffen und eine astronomische Entwicklung in allen Bereichen der Wissenschaften zu bewirken. Zwischen den einzelnen Bezirken der Stadt, die in einer Art Halbwüste liegt, waren Flächen aufgeforstet und in Parks verwandelt worden. Besonders beliebt war die Pol-e-Tabiat, eine Naturbrückenkonstruktion, die zwei Parks über die zehnspurige Modarres-Autobahn hinweg miteinander verbindet. Wer in den Restaurants auf der Brücke keinen Platz fand, veranstaltete, wie auch wir, ein Picknick unter den Bäumen im Park.

Für mich war auch die Südstadt eine Überraschung. Ich hatte diesen Bezirk aus meiner Jugendzeit als Blechhüttenviertel mit unsäglichen hygienischen Verhältnissen in Erinnerung, um das man einen großen Bogen machte. Nun waren hier Viertel mit vier- bis fünfstöckigen Wohnblocks entstanden; sicherlich nicht die der reichen Leute, doch ordentlich und auskömmlich. Dem Land ist es gelungen, einen breiten Mittelstand zu schaffen. Man sieht den Menschen an, dass es ihnen gut geht und dass sie es sich gut gehen lassen.

Wir durchquerten die Südstadt auf dem Weg zum Grab meines Vaters, der sechs Jahre zuvor verstorben war, ohne dass wir uns noch einmal sehen konnten. Dieser Besuch war für mich ein sehr persönliches Erlebnis. Auf dem riesengroßen Zentralfriedhof »Behescht-e-Zahre« lassen sich die Besucher wegen der großen Entfernungen mit dem Taxi zum Grab bringen, um dort ihrer Toten zu gedenken. Dieser Besuch brachte mir die alten Zeiten in Erinnerung, in denen wir aufgrund unterschiedlicher Ansichten nicht immer konform waren. Gleichzeitig erinnerte ich mich an das letzte Gespräch mit meinem Vater, welches wir nur telefonisch führen konnten. Bei allen früheren Differenzen war dieses Gespräch vergebend und beruhigend.

Vor der Reise hatten wir unseren Sohn auf die erwartete Situation vorbereiten wollen. Wir hatten ihm eröffnet, möglicherweise könnten in der Stadt viele Polizisten zu sehen sein. Auch hatten wir ihn gebeten, diese zu zählen. Aber weder bei unserer Ankunft am Flughafen noch später gab es für ihn etwas zu zählen. Während unseres Aufenthaltes sahen wir zwei oder drei Beamte, die an Verkehrsknotenpunkten den recht chaotischen Großstadtverkehr regelten, mehr nicht.

Es ist nicht vermessen, zu behaupten, dass die Iraner wie die reinsten Barbarenhorden fahren und insbesondere der stehende Verkehr so eng ist, dass jedes Auto kleine Beulen hat. Doch wenn es einmal kracht, regt sich keiner auf. Man winkt sich zu und fährt einfach weiter. Das ist in Deutschland ganz anders. Erlebe ich hier einen Autounfall, ist jeder schnell mit Schuldzuweisungen und Streitlust bei der Hand. Die Polizei wird, wenn sie einmal eingetroffen ist, oft übergangen oder muss Streitende trennen, die in ein Handgemenge geraten sind. Wie anders kamen mir die Verhältnisse in Teheran vor, die sich nun vor meinen Augen ausbreiteten. Solange Polizisten den Verkehr regelten, verlief alles gesittet. Jeder achtete die Rechte des anderen, keiner beschwerte sich. Sobald die Streifenwagen jedoch fort waren, wurde von allen Seiten Gas gegeben. Trotzdem geschah nie etwas. Beamten mussten keine Streithähne trennen. Wenn etwas passierte, dann sorgten alle Beteiligten dafür, dass niemand zu Schaden kam.

Auch waren im Stadtbild kaum Überwachungskameras auszumachen im Gegensatz zu deutschen Städten. Und von »Mullahs« oder Sittenwächtern konnte überhaupt keine Rede sein. Selbstverständlich tragen die Frauen in der Öffentlichkeit Kopftücher. In Banken und Verwaltungsbehörden gebietet die Kleiderordnung sogar, die Haare komplett zu verhüllen. Auf der Straße allerdings drapieren die wunderschönen Frauen bunte Tücher wie einen Schmuck über ihre Haare. Je länger der Abend, desto tiefer rutscht das Tuch in den Nacken, während die Mantelkleider, insbesondere bei jungen Frauen, eine Kürze erreichen, die ihre Konturen eher entblößt als verhüllt.

Unser Abschied war wiederum so freudig wie tränenreich. Meine Mutter begann zu weinen und äußerte ihre Befürchtung, dies könnte das letzte Mal sein, dass wir uns in die Arme schließen könnten. Inzwischen haben wir uns sechsmal wiedergesehen, doch wir fürchten, dass ihre Tränen irgendwann ihre Berechtigung haben werden.

Meine Erleichterung war grenzenlos, weil unsere Erlebnisse in keiner Hinsicht mit dem übereinstimmten, was mir die Kollegen und vor allem Freunde in Deutschland suggeriert hatten. Mir fiel ein Stein vom Herzen. Auch wurde mir bewusst, dass der Wunsch meiner intuitiv-klugen Frau von Anfang an richtig und wichtig war.

Ernüchternde Rückkehr

Nun wollte ich meinen Kollegen erzählen, dass sie sich von dem verzerrten Bild über den Iran in den westlichen Medien hatten täuschen lassen. Doch sie ließen das nicht gelten. Sie fragten mich, ob ich zu »denen« übergelaufen sei. Traurig fand ich, dass sich einige Bekannte von mir mit der Behauptung abgewandt haben, man hätte mich wohl einer Gehirnwäsche unterzogen. Ich durfte nicht offen über meine erste Heimat sprechen, um nicht unter Verdacht zu geraten, ein Spion oder der Verherrlicher eines »Unrechtsregimes« zu sein. Mir wurde bewusst, dass es kaum gelingen kann, eine Brücke zu schlagen. Es ist einfacher, Mauern zu errichten und mit gelenkten Vorurteilen zu schmücken.

Der Iran ist weder ein »Unrechtsregime« noch ein »schleierhaftes« Land noch von schizophrenen Extremen geprägt, sondern hat, wie jedes andere Land, Stärken und Schwächen. Politisch stehen auf der einen Seite die Konservativ-Offenen, die auf die eigenen Traditionen und die eigenen Ressourcen bauen, um Entwicklung im Lande herbeizuführen. Sie verschließen ihre Augen nicht einem Dialog mit anderen Kulturregionen, jedoch lehnen sie das Überstülpen westlicher Lebensart grundsätzlich als Identitätsverlust ab. Außerdem verbinden sie solcherlei Bestrebungen mit einem dominanten Streben nach Ausbeutung des Landes zugunsten des Westens.

Ihnen gegenüber stehen die sogenannten »Reformwilligen«, die einen Fortschritt des Landes nur in der völligen Anbindung und dem Gehorsam gegenüber westlichen Führungsmächten sehen. Sie haben das koloniale Erbe des Iran – wenngleich er nie den Status eines Kolonialstaates hatte – verinnerlicht, schicken ihre Kinder zum Studium ins Ausland, befürworten die westliche verweltlichte Lebensart und lehnen die iranisch-islamische Tradition ab. In Europa und in den USA erfährt nur die intellektuelle Richtung der Reformwilligen massive Anerkennung und Unterstützung. Alle anderen Richtungen werden als Fanatiker abgestempelt und als Feindbild in der Öffentlichkeit präsentiert.

Das Interessante ist, dass diese Reformwilligen selbst immigrieren und oft unter psychischen Belastungsstörungen leiden, weil sie sich ein falsches Identitätskleid angelegt haben, aus dem sie nunmehr kein Entrinnen sehen. Sie meinen, ihre eigentliche Identität leugnen oder gar überwinden zu können, indem sie sich bis zur Unkenntlichkeit verstellen. Diejenigen Oppositionellen, die in Europa oder den USA breite Unterstützung erfahren, sind oftmals Separatisten. Sie streben an, das Land zu spalten, um eigene Nationen auf iranischem Boden zu etablieren. Auf diese Weise schaffen sich die Westmächte eine Legitimationsgrundlage, ihre sanktions- und kriegsfördernde Politik gegenüber dem Iran durchzusetzen. Diese Dissonanzpolitik, die Parteien im Innenverhältnis des Iran gegeneinander auszuspielen, hat zu starken Verwerfungen innerhalb der iranischen Gesellschaft geführt. Die beiden Flügel sind keine starren Bildungen, sondern die Menschen wechseln zwischen beiden Blöcken. Ein Großteil des Volkes fühlt sich hin- und hergerissen zwischen zwei Welten: der realen Welt eines uralten Kulturvolkes, in dem familiäre Bindungen im Wesentlichen noch intakt sind und das stolz sein kann auf seine Entwicklung in den letzten Jahren, und Minderwertigkeitskomplexen aus Zeiten westlicher Unterdrückung. Seit der Entstehung der sozialen Medien, die in dieser Hinsicht verheerend manipulativ ein Bild der westlichen Freiheit zeichnen, in der Bindungen aufgehoben sind und Schamgrenzen verwischen, verstärkt sich dieses Gefühl. Dass dieses neoliberale Bild von schlauen Medienmanagern aus höchst eigennützigen Gründen gefördert wird, ist nicht jedem ersichtlich. Dies führt insbesondere bei den Jugendlichen zu dem Wunsch, das Land zu verlassen. Da Iraner neugierig sind und jedes Wagnis des Neuen gerne eingehen, werden sie hierdurch verletzlich. Dies bringt sie in falsche Konkurrenz innerhalb des eigenen Landes.

Die Anziehungskraft des Begriffes »Freiheit«, trotz seiner Nebulosität, wird mir in Gesprächen immer wieder bewusst. Atefe, eine 60-jährige Freundin der Familie, beklagte bei einem Telefonat wieder einmal die fehlende Freiheit im Iran. »Was meinst du damit?«, fragte ich nach. »Man darf sich hier nicht kleiden, wie man will.« »Willst du dich denn im Bikini zeigen oder wie Jennifer Lopez mit einem Ausschnitt auf dem Hintern?« Nein, selbstverständlich wolle sie das als alte Frau nicht, aber sie wünsche diese Freiheit ihrer Tochter Ramona. Ramona ist recht korpulent und hat zudem gerade ein Kind auf die Welt gebracht. »Meinst du denn, dass sie ihren dicken Bauch in einen Bikini zwängen würde?« Dies verneinte Atefe schließlich auch. »Was meinst du dann, wenn du dich nach Freiheit sehnst?« Darauf wusste sie keine Antwort. Dass wir auch hier in Deutschland »Freiheit« nur innerhalb des Mainstreams genießen dürfen und reglementiert werden, wenn wir eine Meinung vertreten, die außerhalb davon liegt, konnte ich Atefe aber nicht vermitteln.

Diese Überlegungen habe ich versucht, Freunden und Kollegen nahezubringen. Doch sie schimpften einstimmig, wenngleich unterschiedlich, auf den Iran. Ich möchte dieses Verhalten nicht psychologisieren, aber bis heute verstehe ich nicht, dass sie so reden, als hätten sie jahrelang in diesem Land unter diesem »schrecklichen Unrechtsregime« gelitten. Ich erinnerte mich an die Äußerungen von Jürgen Habermas, der nach seiner Rückkehr aus dem Iran beteuerte, er hätte sich gefühlt wie in der DDR. Mir ist unverständlich, wie Habermas zu diesem Vergleich kommt, obwohl er wohl kaum in der DDR gelebt hat. Dennoch waren solche Äußerungen für mich richtungsweisend. Sie führen vor Augen, wie ein Imperium der Lüge entsteht und wie man gezwungen ist, darin zu leben und daran sein Leben auszurichten.

Manchmal werde ich gefragt, warum ich denn nicht in den Iran zurückkehre, wenn sich das Land doch so zum Guten gewandelt hätte. Die Antwort ist einfach: Ich habe mich hier niedergelassen, bin beruflich wie privat in Deutschland verwurzelt und es ist nicht einfach, diese Bindungen und Verbindungen einfach zu kappen. Dies ist der tiefere Grund dafür, dass ich mich mit den Gegebenheiten hier zu arrangieren versuche und weiterhin in diesem Land lebe. Meine Freunde und Kollegen haben kaum verstanden, dass es mir darum geht, eine Brücke zwischen zwei Kulturen zu schlagen, die sich gegenseitig bedingen, aber von vielen Vorurteilen und Stereotypen belastet sind. Sie interpretierten meine Haltung als einen Vergleich, obwohl es mir nur darum ging, den Iran so zu beschreiben, wie ich ihn erlebt hatte, ohne unbedingt hervorheben zu wollen, dass der Iran auch meine erste Heimat ist. Das Totschlagargument »Warum gehst du denn dann nicht wieder dorthin zurück?« gefiel mir nie, weil sich dahinter nur derjenige versteckt, der nicht bereit ist, mutig zu sein und diese »Mauern aus Angst« einzureißen und das ganze Vorurteilsgebäude in sich einstürzen zu lassen. Zu meiner Schande ist es mir nicht gelungen, meine Umwelt dazu zu bewegen, aufzuhören, Mauern zu bauen und stattdessen damit zu beginnen, Brücken zu schlagen.

Segen der Sanktionen

Wenngleich die Zeit des iran-irakischen Krieges unerträglich war, so war das Glück in dieser von Unglück geprägten Epoche, dass die Iraner ein Erweckungserlebnis im wahrsten Sinne des Wortes hatten. Gegen Ende des Krieges war es iranischen Ingenieuren gelungen, Radaranlagen und ballistische Präzisionsraketen für militärische Zwecke zu entwickeln. Nachdem die erste Rakete in Bagdad eingeschlagen hatte, waren Saddam Hussein und seine westlichen Verbündeten schockiert und notgedrungen bereit, den Krieg zu beenden. Ansonsten hätte der Iran, dessen Truppen bereits vor Basra standen, den Irak eingenommen.

Seitdem gilt als Motto der Iraner der Ausspruch »Ma mitawanim«, »Wir schaffen es«. Die Erfahrungen schmiedeten das Volk zusammen. Sie bestärkten das Land, sich unverwundbar zu machen. Das Volk wusste, dass es auf eigenen Beinen stehen musste, eigene Industrie und Technologie entwickeln musste. Vorher war das Land nicht einmal in der Lage, Stacheldraht zu fertigen, um seine Grenzen zu schützen. Stacheldraht stand selbstverständlich auf der Sanktionsliste des Westens. Heute exportiert der Iran auch Stacheldraht.

Die Situation direkt nach dem Krieg war problematisch. Das Land war wegen der umfangreichen Sanktionen der westlichen Welt nicht in der Lage, geschwind einen Wiederaufbau zu leisten. In Deutschland war die Situation nach 1945 völlig anders, da die USA gewillt waren, dieses Land mit dem Marshall-Plan einzukassieren. Dass dies den USA nur partiell gelungen ist, hängt damit zusammen, dass die Deutschen die verlorene Industrie durch ihr Know-how und internationale Hilfe ihrer einstigen verfeindeten Nachbarn wiederaufbauen konnten. Nicht nur ein gemeinsames, sondern auch ein verbindendes und versöhnliches Wachstum half dem deutschen Volk, seine Souveränität und Identität zu bewahren.

Mein Heimatland hatte diese Voraussetzungen nicht, doch durch die Sanktionen wurde der Iran gezwungen, den Rückstand der Schahzeit aus eigener Kraft aufzuholen. Nach einiger Anlaufzeit ist dies erfolgreich gelungen. Heute zählt das Land, auch wenn unsere Medien darüber beharrlich schweigen, zu den führenden Nationen auf vielen technischen Gebieten: in der Stammzellenforschung, der Nanotechnologie, der Nuklearmedizin und der Krankenhaustechnik. Es stellt Pharmazeutika und Präparate zur Chemotherapie her, was wir bis dato als unser Monopol angesehen haben. Neben dem friedlichen Atomprogramm wurden orbitale mehrstufige Raketen gebaut, um eigene Satellitensysteme für wissenschaftliche Forschungen in die Umlaufbahn der Erde zu bringen. Es folgten weitere Errungenschaften auf dem Gebiet der Bauwirtschaft, der U-Boot- und Schiffbautechnologie und des militärischen Arsenals.

Trotz der Sanktionen ist es iranischen Ingenieuren gelungen, in mehreren Phasen eine Raffinerie zur Herstellung von Benzin und weiteren Produkten aus Rohöl zu konstruieren. Dieser Komplex »Setare Khali-je-Fars«, »Stern des Persischen Golfes«, wurde 2019 fertiggestellt. Somit ist der Iran das einzige Land innerhalb der islamischen Welt, das sein Öl selbst weiterverarbeiten kann und aufgrund eigener Technologie zu den Exporteuren von Benzin und Kerosin zählt. Dass darüber in hiesigen Medien kein Wort verloren wird, ist bezeichnend.

Die Anzahl wie auch die Ausstattung der Universitäten hat sich im Zuge dieser rasanten Entwicklung enorm zum Positiven gewandelt. Universitäten wie Sanati-Sharif, Amirkabir, Tarbiat-Modarres, Shahid-Beheschti oder Malek-Aschtar haben sich zu international anerkannten Spitzenuniversitäten entwickelt, die Partnerschaften zu westlichen Universitäten unterhalten. Mit ihrer gemeinschaftlichen, kooperativen Organisation sind sie ein

Pendant zu den europäischen Clusteruniversitäten. Heute muss kein Wissenschaftler mehr seine Ausbildung zwingend an einer US-amerikanischen oder einer europäischen Universität absolvieren, wie dies zu Zeiten des Schahs der Fall war. Das bedeutet, dass keine Universität zwingend nach europäisch-westlichem Vorbild gestaltet sein muss, an der ausschließlich europäische Wissenschaften unterrichtet werden.

Im gegenwärtigen Iran sind die Leistungen derer zu sehen, die hier als »Mullahs« bezeichnet und bekämpft werden. Betrachten wir den Staatsapparat, so werden wir verblüfft feststellen, dass nicht einmal 5 Prozent als Geistliche im Parlament sitzen. Sie besetzen ausschließlich religiöse Institutionen, wie dies auch bei Katholiken und Protestanten in Deutschland der Fall ist. Gesetze werden ausschließlich durch das Parlament erlassen und ratifiziert. Daher sind die Ausdrücke »Mullah« bzw. »Mullah-Regime« willkürliche, als Schimpfwort benutzte Sammelbegriffe in westlichen Medien.

Die iranische Geistesgeschichte ist voller Talente, angefangen von Charazmi, der den Algorhythmus entdeckte, über Avicenna, dessen »Canon der Medizin« bahnbrechend war, bis zu den gegenwärtigen Forschenden zur Raumfahrttechnologie. Ein solch innovativer Geist war durch den Druck der Ereignisse eine Zeit lang eingeschlafen, doch gegenwärtig erleben wir, nicht zuletzt bedingt durch die Sanktionen des Westens, eine gewaltige Renaissance.

Lehre im Würgegriff

Nach meiner Promotion in Trier hatte ich begonnen, in Trier, später in Kaiserslautern und Koblenz zu lehren. Meine intensiven Lehr- und Forschungsjahre hatten mir immer wieder, seit meinem Studienbeginn in Trier, gezeigt, dass die gesamte Philosophiegeschichte bei uns aus eurozentrischer Perspektive verfasst worden ist. Eine solch chauvinistische Mentalität wollte ich nicht weiter akzeptieren. So bestand meine These in der Forderung nach einer völlig neuen Philosophiegeschichtsschreibung, in der außereuropäische Denkschulen behandelt werden, und zwar nicht nur am Rande oder als belächelte exotische Weisheiten. Bei meinem Studium der Schriften von Karl Jaspers hatte ich gelernt, dass Philosophie niemandes Besitz alleine ist. Jaspers' innovativen Wurf habe ich in meiner Habilitationsschrift weiterentwickelt: Auch die Geschichtsschreibung der Philosophie kann niemandes Besitz alleine sein. Wenn wir annehmen, dass der Mensch denkt und seine Erzeugnisse das Ergebnis dieses Denkens sind, dann müssen wir auch akzeptieren, dass Philosophie auf das Denken zurückzuführen ist, welches sich bei jedem Individuum inner- oder außerhalb Europas anders entfaltet. In diesen vielschichtigen Entfaltungsmöglichkeiten sehe ich die ein-malige Chance, ein Weltalter des Ausgleichs einzuläuten und mit der kolonialen Weltphilosophie gemeinsam den Schwanengesang anzustimmen. Wer versucht, sich durch wirtschaftliche und militärische Macht Deutungshoheiten der Weltgeschichte anzueignen, dem muss seine despotische Haltung bewusst gemacht werden.

Ich konnte nicht ahnen, wie vehement man einen solchen Weg bekämpfen würde. 2010 reichte ich meine Studie in Koblenz ein. Absurd fand ich, dass manche Kollegen dies zum Anlass nahmen, gleich die ganze Strömung der interkulturellen Philosophie, die, recht betrieben, durchaus ihre Berechtigung hat, als belanglos darzustellen. Von Beginn an spürte ich Gegenwind, der gepaart war mit unschönen Reaktionen.

Im universitären Konkurrenzkampf waren meine umfangreichen Publikationen registriert worden. Man betitelte mich als »Publikationshascher«. Auch war registriert worden, dass einige meiner Monografien und Lehrwerke bei bekannten Verlagen, wie »Universitätstaschenbuch« (UTB), der Wissenschaftlichen Buchgesellschaft (WBG) oder Springer Fachmedien (SP) erschienen waren. Darüber hinaus diskreditierten die Kollegen meine positive Haltung zum Iran. Mir war es stets peinlich, dazu Stellung nehmen zu müssen, weil man mich ungefragt zur Ablehnung von Sachverhalten aufforderte, die ich aus meiner

Kenntnis der Verhältnisse vor Ort nicht ablehnen konnte. Ich hatte immer gedacht, ein Philosoph besäße einen sokratischen Charakter und gebe den Weg des Dialogs nie auf. Dass sich unsere Politiker ambivalent verhalten, kann ich mir noch erklären, doch bis heute ist mir unverständlich, warum die Vertreter in der vermeintlichen Pluralität unserer »freien« universitären Welt den Dialog mit dem anderen so vehement ablehnen.

Trost fand ich in diesem Dschungel von Animositäten bei meinen Studierenden. Besondere Aufmerksamkeit erfuhren meine Werke »Menschenrechte«, »Ethik« und »Toleranz im Weltkontext«. Mein Anliegen war, sie durch philosophisches Denken für das reale Leben vorzubereiten. Sie hatten ein feines Gespür dafür, dass das, was ich lehrte, gelebte Erfahrungen waren, während viele Kollegen – nicht alle – über Philosophie als tote Materie dozierten. So rannte man mir zu Semesterbeginn regelmäßig die Bude ein, was wiederum Missgunst entfachte. Zu einigen meiner Studenten aus dieser Zeit pflege ich noch heute einen besonderen Kontakt, der sich in Freundschaften ausdrückt, die weit über das Verhältnis einer Lehrer-Schüler-Beziehung hinausgehen. Wir diskutieren, lachen und streiten zusammen, und wann immer wir uns treffen, sehe ich junge Menschen, die ihren Weg mit offenen Augen gehen, den ich mit meiner Sichtweise habe bereichern können. Sie stehen für ihre Überzeugungen ein, nehmen kritisch die Missstände unserer Gesellschaft in den Blick und urteilen nach reiflicher Überlegung – was könnte ich mir als ihr ehemaliger Lehrer mehr wünschen?

Damals jedoch war ich verblüfft, traurig und erschüttert. Man zitierte mich zur Institutsleitung. Ich wurde aufgefordert, meinen Seminaren Theorien von Habermas oder anderen westlichen Philosophen zugrunde zu legen, wie alle anderen Kollegen dies praktizierten. Meinen Einwand, ich hätte eigene Lehrwerke zur Hermeneutik der Kulturen verfasst, ließ man vonseiten der Institutsleitung nicht gelten. Ich fragte mich oft, warum ich nur meine eigens ausgearbeiteten Stoffe nicht ohne die »Ergänzung« von europäischen Theorien verwenden durfte. War ich etwa nicht »assimiliert« genug?

Einige Wochen später, als ich das Vorlesungsverzeichnis für das Sommersemester 2014 studierte, entdeckte ich den Hinweis auf meine Veranstaltungen im »Studium generale«. Ich ging von einem Irrtum aus, doch die zuständige Sekretärin versicherte mir, mein Wirkungsbereich sei völlig korrekt ausgewiesen. Studium generale?! Hier konnten die Studenten weder Pflichtveranstaltungen belegen noch die für ihre Abschlüsse dringend benötigten Credit-Points erhalten. Statt vor einem überbordenden Saal – wie bisher – dozierte ich nunmehr vor fast leeren Bänken, die von drei interessierten Seniorenstudenten warmgehalten wurden. Dies bedeutete das Ende der Tätigkeit an meiner deutschen Stamm-Universität und kam dem Versuch einer Vernichtung meines philosophisch-kulturwissenschaftlichen Werkes gleich.

Ich erfuhr in dieser Zeit außerordentliche Unterstützung von meinen Studierenden. Viele setzten sich sogar abseits des universitären Lebens für mich ein und forderten dieses Unrecht gegen meine Person zu beenden. Doch ihre Bemühungen, obschon sie sehr energisch waren und ich sie begrüßte, erschienen mir nur wenig angemessen und zielführend. Einige von ihnen schrieben den zuständigen Instanzen der Universitäts- und Fachbereichsleitung oder rannten bei Gremien der studentischen Selbstverwaltung die Türen ein. Bezeichnend war, dass die Fachschaften der betroffenen Studiengänge von den Leitungspositionen instrumentalisiert worden waren und schließlich den Studenten mit juristischen Schritten drohten. Waren wir etwa hier in Deutschland, das doch angeblich viel zivilisierter ist als der »rückständige Überwachungsstaat« Iran, inzwischen selbst zur Stasi-Vergangenheit zurückgekehrt? Ich riet meinen Studierenden davon ab, sich für mich einzusetzen, wenngleich es mich sehr schmerzte. Viele dachten, ich hätte aufgegeben. Mein Blick jedoch hatte sich bereits auf andere Ziele erstreckt, die mich alsbald aus diesem Irrenhaus der Freiheit herausführen sollten.

Als Studienanfänger war ich 30 Jahre alt gewesen. Immer wieder hatte ich mir gesagt: »Die Zeit läuft dir davon«, um mein Ziel nicht aus den Augen zu verlieren. Letztlich habe ich mein

Studium im Rekordtempo absolviert. In 13 Jahren gelangte ich, trotz Sprachhürden, vom Erstsemester zur Habilitation, eine Spitzenleistung in Deutschland. Immer wieder erwiesen sich Studenten, wissbegierige Studienfreunde, wohlwollende Förderer und meine kluge Frau als Energiebomben, die Herausforderungen in Möglichkeiten verwandelten. Es ist bezeichnend, dass mir akademische Ehrungen von ausländischen Universitäten verliehen worden sind. Wenn ich es recht bedenke, so macht mich dies wesentlich stolzer als die Anerkennung einer Universität, die nicht bereit war, der interkulturellen Philosophie eines Freidenkers eine kleine Nische einzuräumen.

In solchen Momenten, in denen ich dachte, dass auch die letzte Hoffnung gestorben sei, hatte ich das Gefühl, in ein Loch zu fallen, aus dem ich mich nicht mehr retten konnte. In solchen Situationen befinden sich viele Menschen, wenn sie eine Krise erleben oder mit Problemen konfrontiert werden. Viele zerbrechen daran und geben auf, ihre Ziele zu verfolgen, die aber für ihre Selbstentfaltung im Berufsleben und im Privaten notwendig sind. Viele psychische Störungen, so habe ich festgestellt, hängen mit unerfüllten Zielen zusammen, welche tief im Menschen sitzen und ihm seine energiespendende Zuversicht nehmen. Gerade das Gefühl der Unerfüllbarkeit ist es, das uns antreiben sollte, unsere Ziele letztlich doch zu realisieren, insbesondere wenn diese realistisch sind. Die geistreichen Aphorismen meines Großvaters, der uns in Manier eines Käpt'n Blaubär alte oder ausgedachte Geschichten erzählte, um uns Kinder zu unterhalten oder zu beruhigen, haben mir viel in meinem Leben geholfen.

Einmal erzählte Großvater schwungvoll über zwei Brunnenfrösche, die bei einem Erdrutsch in ein tiefes Loch gefallen waren. Sie versuchten herauszuklettern. Andere Frösche eilten herbei. Sie gaben zu bedenken: »Ihr kommt nicht heraus, es ist aussichtslos. Wir werden euch verlieren.« Es dauerte nicht lange, bis einer der Frösche in der Grube auf dem Rücken lag. Die Anstrengung, vor allem aber die Demotivation hatte vermutlich einen Herzstillstand verursacht. Es herrschte Stille. Der zweite

Forsch setzte sich nach einem vergeblichen Versuch erneut in Bewegung und es gelang ihm, die Wand hinaufzuklettern. Als die Umstehenden den Geretteten beglückwünschen wollten, stellten sie fest, dass dieser nicht reagierte. Er war durch den Sturz taub geworden, hatte die Bedenken nicht gehört und sich mit eigener Initiative und Willensstärke gerettet.

Sie können sich bestimmt denken, dass die negativen Zurufe der Frösche darauf zurückzuführen sind, dass sie es selbst vielleicht nicht immer leicht im Leben hatten und selbst mit Ängsten zu kämpfen hatten. Gelernt habe ich aus dieser Geschichte, dass man manchmal im Leben taub sein muss, um nicht alles zu hören, was daran hindert, große Ziele zu erreichen. Deshalb rate ich meinen Studenten, sich in Krisensituationen aus ihrem beschränkten Tiefpunkt herauszulösen und nach vorne zu schauen, um die eigenen Potenziale entfalten zu können. Der Ausspruch »Ich schaffe es nicht« könnte das fragile Motivationsgebäude zum Einsturz bringen und alles zunichte machen. Umso hilfreicher erscheint mir dabei der Imperativ, den ich durch einen meiner Studierenden und inzwischen langjährigen Freund kennenlernen durfte: »Kann nicht? Gibt es nicht!«

Wege philosophischen Denkens

In all diesen Wanderjahren lernte ich an der Universität und in der Gesellschaft Zustände kennen, die nicht immer von Freude begleitet waren. Für mich als junger Wissenschaftler und nicht Eingeweihter im Hochschulwesen war es unerträglich, zu beobachten, wie Professuren und Stellen besetzt und ersetzt werden. Seilschaften haben sich gegenseitig unterstützt und sogar Forschungsgelder der DFG an sich gerissen. Dieses Verhalten hatte zur Folge, dass junge Wissenschaftler kaum Drittmittel erhielten. Anträge wurden mit fadenscheinigen Begründungen abgelehnt und große Enttäuschungen bei jungen dynamischen Wissenschaftlern hinterlassen.

Diese Erfahrungen bescherten mir eine Gelassenheit, die Welt so zu sehen, wie sie ist, und meinen Weg so zu beschreiben, wie ich es für richtig halte. Das Leben hat dabei mit mir gespielt, oft zu meinen Gunsten. So fiel es mir immer wieder leichter, Herausforderungen in Chancen und Gelegenheiten zu verwandeln.

Das größte Glück meines akademischen Lebens habe ich bereits nach meiner ersten Lehrveranstaltung erkannt: Es war der Kontakt mit meinen Studierenden. Wie ich mir vorgenommen hatte, gelang es mir, Adolf Kolpings Denkschärfe und pädagogisches Geschick in eine Methode umzuwandeln, um meine Studenten für die eigentlichen Fragen des Lebens und Philosophierens zu sensibilisieren. Auch Hinskes Lehrmethoden und seine geistreichen Beispiele aus den Wohnzimmern des Menschen trugen dazu bei, meinen eigenen Weg zu finden, meine eigene Lehrmethode zu entwickeln und meine Studenten auf meine Weise zu begleiten. Von beiden habe ich gelernt, kein Wiederkäuer zu sein, sondern Ziele zu kreieren und diese flexibel, aber nach Prinzipien zu verwirklichen. Zu keinem Zeitpunkt war mein Ziel, alte Schläuche mit neuem Wein zu füllen. Aus einer Reihe von Lehrer-Schüler-Beziehungen sind Freundschaften entstanden, die genauso tief greifend sind wie der Austausch über unsere kulturwissenschaftlichen Themen.

Gegen den wissenschaftlichen Mainstream konnte ich dadurch ankämpfen, indem ich in meinen Seminaren aufzuklären suchte. Die Studierenden waren von meinen Veranstaltungen nicht enttäuscht. Sie fühlten sich motiviert, die Frage nach dem Philosophieren mit »Was ist Denken?«, »Was ist Kultur?« und »Was bedeutet Philosophie?« beginnen zu lassen. Die reflektierende Analyse dieser Fragen war für sie verblüffend. Sie merkten, dass sie längst am Denken sind, weil es etwas zu bedenken gibt, dass sie über Kultur reflektieren, weil diese sie auf vielfältige Weise prägt, dass sie philosophieren, weil Philosophie eine menschliche Angelegenheit ist. Ich animierte die Studierenden dazu, sich eine umfassendere eigene Weltsicht zu erschließen. Um ihnen zu zeigen, wie sie ihren eigenen philosophischen Weg suchen und finden, hatte ich mir eine praktische Übung ausgedacht.

Fünf Studenten beauftragte ich, die Frage zu beantworten, was Philosophie bedeutet. Vier Studenten gab ich Beiträge von Immanuel Kant, Georg Wilhelm Friedrich Hegel, Karl Jaspers und Martin Heidegger an die Hand, in denen diese sich kurz mit der Bedeutung der Philosophie auseinandersetzen. Meine Frage sollten sie jeweils in Anlehnung an »ihren« Philosophen beantworten. Der fünfte Student sollte diese Frage ausschließlich aus eigener Perspektive darlegen. Während die vier über meine Literaturempfehlung froh waren, beklagte sich Letzterer, dass er keine Literatur erhalten hatte, und fühlte sich als Versuchskaninchen. Ich erklärte ihm, er solle sich auf mich verlassen, doch er dürfe nicht schummeln und nicht »googeln«. Nur seine eigene Auffassung solle Maßstab seiner Vorgehensweise sein.

Eine Woche später beauftragte ich im Seminar die ersten vier Studenten, ihre Ausarbeitungen nun mit eigenen Gedanken anzureichern. Der fünfte Student erhielt die vier Aufsätze mit der Bitte, seine Ausarbeitung, die mir recht gut gefiel, mit den Überlegungen von Kant, Hegel, Jaspers und Heidegger zu versehen. Nach einer weiteren Woche las jeder seinen Beitrag vor. Wir stellten gemeinsam fest, dass der erste Student, auch in seinen eigenen Reflexionen, nur Kants Gedanken referiert hatte. Das Gleiche hatten alle anderen drei gemacht mit Hegel, Jaspers und Heidegger. Als nun der letzte Student begann, seinen Aufsatz vorzutragen, waren alle anderen erstaunt und vielleicht ein bisschen neidisch. Er hatte seine eigenen Gedanken unverfälscht und unverblümt dargestellt, ohne ständig auf andere Philosophen Bezug nehmen zu müssen. Er stand als »Ich« im Zentrum des Geschehens mit seinen Peripherien, die wiederum Zentren mit Peripherien waren.

Bei der anschließenden Diskussion stellte ich die Frage in den Raum, was Philosophie nun sei und wie wir zur Philosophie kommen. Aufgrund der Erkenntnisse war die Antwort besonnen: Wenn wir nicht den eigenen Verstand als Leitfaden zum Einsatz bringen, verfallen wir in blinde Imitation, wie Geistesschmarotzer, ohne uns selbst zu entfalten. Die Studierenden haben gelernt, dass wir die Welt durch autonomes Denken so beschreiben können, wie sie ist und wie wir sie empfinden.

Philosophie bedeutet Selbstentfaltung des Geistes, wir können sie nicht lernen wie Mathematik oder Physik. Sie ist der innere Eindruck über die Erscheinungen der Welt in ihrer ganzen Mannigfaltigkeit. Philosophie ist der Name einer bestimmten, methodisch orientierten Form zu denken, zu reden und zu handeln, um die Welt und alles, was damit zusammenhängt, zu begreifen. Jedes Denken artikuliert eine bestimmte Lebensweise, sodass es Philosophie nicht als Fertigprodukt gibt, das wir erlernen können. Das Potenzial des Philosophierens ist jedem Menschen gegeben, und zwar entsprechend seiner individuellen Struktur der Persönlichkeit und seiner Gesamtbiografie.

Eine Reihe meiner ehemaligen Studenten lehren heute an Universitäten, Schulen und sind in gesellschaftlichen Institutionen oder in der Politik tätig oder gehen selbst den Weg, hohe Positionen in der akademischen Welt zu erlangen. Ich bin dankbar dafür, dass einige von ihnen promoviert wurden oder sich habilitiert haben und als Professoren Lehrstühle bekleiden. Nichts berührt mich in meiner akademischen Laufbahn mehr als die Erfahrung und das Gefühl von Dankbarkeit, dass ich meine Studierenden einen Teil ihres Weges zum Erfolg habe begleiten dürfen.

An eine dieser Begegnungen aus dem Sommersemester 2012 denke ich immer wieder gerne zurück. Vom Koblenzer Bahnhof aus nahm ich immer eine Buslinie, um zum Campus zu gelangen. Dort begegnete ich einem jungen Mann, der sich tiefenphilosophisch mit einem meiner älteren Studierenden unterhielt. Sogleich wurde mir bewusst, dass dieser junge Mann ein Talent besaß, Dingen auf den Grund zu gehen, ohne ihre Oberfläche zu vernachlässigen. Ich klinkte mich ins Gespräch ein, als mich der junge Mann fragte, ob ich auch zur Universität führe. Ich bejahte, woraufhin er fragte: »Besuchen oder leiten Sie dort Veranstaltungen?« »Ich bin Student«, erwiderte ich lächelnd. Trotz meiner akademischen Lehre sehe ich mich noch immer weit mehr als Studierender, denn das Leben selbst ist der größte Lehrmeister.

Wie ich hinterher erfuhr, war es für den jungen Mann umso verblüffender, um Viertel nach zehn in meiner Lehrveranstaltung zu sitzen und mich als lehrenden Dozenten vorzufinden.

Damals ahnte ich noch nicht, dass mich mit diesem besonderen Menschen, Matthias, eine tiefe und enge Freundschaft verbinden würde, die bis heute Bestand hat. Immer wieder trafen wir uns am Donnerstagmorgen am Busbahnhof und verbrachten die gemeinsamen Minuten zur Universität in Gesprächen. Matthias war mir von Anfang an aufgefallen. Höflich, stets zuvorkommend, oft in Gedanken versunken, wusste ich instinktiv, dass dieser junge Mann das Potenzial hatte, zu einer großartigen Persönlichkeit aufzusteigen.

Oft war er mit tiefen philosophischen, psychologischen und gesellschaftskritischen Gedanken hoher Komplexität beschäftigt, die er als so selbstverständlich hinnahm wie die Tatsache etwa, dass es regnete. Das Wesen dieses Menschen berührte mich auf eine ihm ganz eigene Art. Es war mir schon seit Beginn meiner Lehre ein Anliegen, solchen besonderen Menschen dabei zu helfen, ihren Weg zu gehen und ihre Potenziale zu entfalten, weshalb ich Matthias recht rasch in meine Veranstaltungen einbezog. Wir gestalteten Vorlesungsmanuskripte, überarbeiteten und erweiterten meinen eigenen Lehransatz der interkulturellen Philosophie um verschiedene Perspektiven unterschiedlicher Denker. Sein immenses Wissen, gepaart mit einem hohen Einfühlungsvermögen und sprachlicher Versiertheit, die jedem akademischen Duktus folgen konnte, hatten Matthias schon in früheren Zeiten zu einem besonderen Schüler gemacht. Die 15 Jahre seiner Schul- und Ausbildungszeit haben mit ihren beständigen Herausforderungen dazu beigetragen, aus ihm den Menschen zu machen, der er geworden ist.

Noch am Ende des gleichen Semesters legte er eine wichtige Prüfung unter meiner Leitung ab, die er mit Bravour bestand. Von seinem eigenen Selbstanspruch getrieben, war Matthias zunächst enttäuscht, einige wenige Details außer Acht gelassen zu haben, selbst wenn seine Leistung sehr gut war. »Du musst dir vorstellen«, sagte ich ihm nach der Prüfung, »wir Menschen sind wie ein Wurm, der in einem Apfel lebt. Der Wurm weiß vielleicht sogar, dass er in einem Apfel lebt. Er kann alles über diesen Apfel wissen, das, was außerhalb davon existiert, kann er aber nur verstehen, wenn er den Apfel verlässt.« Dieses Sprachbild verwendet Matthias heute selbst, und wenn wir darauf zurückkommen, erfüllt uns herzliches Gelächter.

Matthias verfasste schließlich seine Masterarbeit, die ich zusammen mit einem Kollegen betreute. Besonderes Interesse hegte Matthias für die skeptische Philosophie, in der er eine geistige Heimat fand. Der Zweifel, recht verstanden als Weg des eigenen Denkens und Handelns, artikuliert zugleich eine beständige selbstkritische Prüfung des eigenen Standpunktes. Diese Funktion und seine mal belehrende, mal kritisierende Haltung untersuchte Matthias in seiner Arbeit am Beispiel des schottischen Philosophen David Hume. Er zählt zu denjenigen Philosophen, die das Denken auf eine neue Ebene erheben und das Leitbild einer sensualistischen Philosophie prägen.

Diese Arbeit legte zugleich den Grundstein für viele weitere Projekte, die wir in den kommenden Jahren betreuten. Unsere gemeinsame Arbeit schuf die Grundlage einer Freundschaft auf Augenhöhe, wie sie einen Lehrer mit seinen Schülern verbinden sollte. Mal auf kritisch-hinterfragende, mal auf herzlich-fröhliche Weise begleite ich Matthias' Lebensweg weiterhin als Mentor, Lehrer und Freund. Ich lerne von ihm vielleicht sogar noch mehr, als ich ihn selbst lehre. Unsere Aufsätze, Bücher und Schriften erschließen neue Wege des Denkens, das wir im Zeichen vielfältiger Erkenntniswege miteinander verbinden. Mit kritischen aber auch mahnenden und herzlichen Worten sprechen wir eine gemeinsame Sprache des leibhaftigen, aufrichtigen Dialoges, der ebendiese Raum für solche Freundschaften eröffnet.

Inzwischen promoviert Matthias unter meiner Leitung und steht kurz davor, seinen Weg im Gebäude der Wissenschaften von einem neuen Standpunkt aus zu gehen. Es ist für mich als Lehrer ein besonders wichtiges Anliegen, meinen Schülern bestmögliche Startvoraussetzungen zu bieten. Ganz in dem Sinne, in dem mich mein erster Mentor hier in Deutschland, Adolf Kolping, unterrichtet hat, möchte ich den Lebensweg meiner Schüler, wie Matthias oder Alexandra und Philipp, die ins Lehramt gegangen sind, ein Stück weit begleiten. Ich habe meine Aufgabe dann erfüllt, wenn ich weiß, dass ihnen meine Weisungen und Ratschläge Werkzeuge sind, die ihnen in ihrem Leben weiterhelfen können. Es sollte das Ziel jedes Lehrenden sein, auf diese Weise dem Ideal der sokratischen Aufforderung zum kritischen, eigenverantwortlichen Denken zu entsprechen. Dasselbe habe ich auch meinem Sohn Bernhard zu vermitteln versucht.

Wir wünschen uns für die Zukunft der jüngeren Generationen, dass sie stets die Leistungen der Älteren übertreffen, auf deren Basis ihr Erfolg aber auch erst möglich ist. In dieser besonderen Konstellation ist eine gute Lehrer-Schüler-Beziehung nicht zuletzt eine Bereicherung durch positive Erfahrungen und Eindrücke. Das heißt nicht, dass es nicht auch Uneinigkeiten gäbe. Im intellektuellen Streitgespräch aber zeigen sich die Qualitäten des Menschen auf besondere Weise. Reflektiert und durch die jeweils eigenen Erfahrungen geprägt wird offensichtlich, wie meine Schüler mit meinen Ratschlägen umgehen. Ich wiederum darf erfahren, zu welchen Lösungen sie gelangen, und bin oftmals erstaunt über ihre Kreativität und Weitsicht, die diese jungen Menschen als gestandene Persönlichkeiten mitten im Leben positionieren.

Freundschaften dieser Art sind das Lebenselixier eines jeden Menschen und berühren ihn tief in der Seele. Sie sind von unbezahlbarem Wert und mit keinerlei materiellen Gütern der Welt aufzuwiegen.

Das Ziel ist der Weg

Das hinterlassene Erbe von Adolf Kolping ist reichhaltig und erfüllend. Dieses Erbe begleitet mich bei allen Schritten meines Lebensweges. Jahrzehnte sind vergangen. Heute sehe ich meine Aufgabe darin, dieses Erbe würdig zu vertreten und an meine Schüler weiterzugeben, die nicht nur sich selbst, sondern auch nach den richtigen Wegen in ihrem Leben suchen. Ziele erreichen wir, wenn wir auf dem Weg sind und merken, dass der Weg das Ziel ist, der mit jedem Ende auch ein Anfang ist. Meinen Studenten gebe ich Folgendes mit guten Wünschen auf den Weg: Hasse nicht das, was du nicht kennst! Daran zerbrechen viele Freundschaften, die für eine glückliche Lebensführung von unschätzbarem Wert sind. Sei neugierig, erkunde die Welt, schau dich um und lerne aus deinen Fehlern. Entscheide dich zwischen Vergangenheit und Zukunft für die Gegenwart, ohne beides aus den Augen zu verlieren. Lobe nicht nur das, was du zu kennen glaubst. Laufe nicht einer flüchtigen Begeisterung nach, sondern sei konsequent, wenn du dich für etwas entscheidest. Einen Fehler einzugestehen, ist keine Schwäche, sondern lässt dich umso heller erstrahlen. Wage, deinen eigenen Weg zu gehen und sei aufrichtig zu dir und anderen. Dieses Wagnis schleift dich wie ein Diamant, prägt dir unweigerlich sein Siegel ein. Vergeude nicht die Lebenszeit, mit der du beschenkt worden bist, sie ist kostbar. Definiere dir Ziele und sei unnachgiebig, diese zu erreichen. Sei eine Lokomotive deiner Ziele und kein Waggon deiner flüchtigen Leidenschaften. Nutze deine Wahlmöglichkeiten für das Beste im Leben, für dein Glück. Erklimme die höchsten Gipfel in dir, um über dich hinauszuwachsen. Vermeide jeden Hass und jede Missgunst, überwinde sie in dir! Sie fressen nur deine resiliente Energie und bringen dich von deinem Weg ab, dein Leben würdig zu gestalten. Sei jener Bergsteiger, der jeden auf seinem Weg mitnimmt und jedem individuell zeigt, was er kann.

Ist jemand auf deine Hilfe angewiesen, dann verweigere sie ihm nicht. Falscher Stolz ist des Menschen nicht würdig. Begleite ihn immer im Rahmen deiner Möglichkeiten: Wenn du schenkst, ermöglichst du ihm, sich selbst in dir zu entdecken, um seine Stärke entdecken zu lernen. Sei dir und anderen ein Vorbild, lösche das Feuer nie mit Benzin und überhäufe es nicht mit Holzspänen der Überheblichkeit. Bodenständig ist der Apfelbaum, der sich unter der reichen Last seiner Früchte biegt. Das ist eine Demut, die du dir selbst und anderen schenken kannst, um zu wachsen und das Wachstum anderer zu fördern. Blicke nicht auf Menschen herab, es sei denn, du willst ihnen aufrichtig helfen.

Denke nicht, dass das Leben nur von Dornenfeldern mit oft schwer gängigen, verschlungenen Pfaden durchzogen ist. Oft ist nichts unmöglich. Sei ein Schöpfer deiner eigenen Wege, schmiede dein eigenes Kunstwerk! Die Sterne des Glücks sind zum Greifen nahe. Aus jedem Irrenhaus der Freiheit kannst du einen Ausweg finden, konzentriere dich auf das Eigentliche im Leben. Suche das Vollkommenste zu erlangen, sei aber auch mit weniger zufrieden, mit dem, was dir deine Mühe lohnt. Stelle dir das Leben wie einen ungeschälten Apfel vor, der nicht nur bitter ist. Du beißt in diesen Apfel, als wäre er das Köstlichste, was es im Leben überhaupt gibt. In diesem Augenblick versüßt du dir das Bittere und verweilst in Momenten, die unwiederbringlich sind. Genieße die Bitterkeiten des Lebens, indem du sie dir auf deine Weise versüßt. Mach dir die Bitterkeit des unreifen Apfels zu eigen, weil auch sie heranreift und süß wird! Das ist eine Wahlmöglichkeit, die dir als Mensch gegeben ist. Wer nicht weiß, dass er eine solche Chance hat, wird kaum in der Lage sein, sie zu nutzen.

Lass nicht zu, dass dein Gehirn Opfer von Verführungen wird. Bewahre deinen Stolz und lass dich nicht ducken, gehe aufrecht und bleibe bescheiden. Darin liegt die stille Tiefe der Weisheit die du brauchst, um die Sonne des Denkens in dir aufgehen zu lassen und dem Leben den gebührenden Sinn zu verleihen. Denke nicht, dass sich das Ende nähert. Vergiss nicht, dass jedes Ende, wo immer du auch sein magst, ein Anfang ist, der dich tragen kann. Ertrage den Schmerz des Weges und halte ihn aus, bis das Glück deine Zurufe hört. Viele Türen schließen sich, aber sei versichert, dass sich andere Türen dafür öffnen werden. Gib deine Hoffnung nicht auf, wer nicht kämpft, hat schon verloren. Laufe nicht hinter der Zeit her, sie kommt früh genug. Lerne, mit ihr zu gehen. Das Muster wiederholt sich. Eine Gelegenheit verstreicht, eine andere kommt vorbei. Lerne, nicht blindlings jeder Chance hinterherzujagen, von der du hofftest, sie wäre nur für dich gemacht.

Echte Chancen sind diejenigen, die dich auf deinem Weg belohnen. Vergiss nicht, dankbar zu sein, große Menschen haben immer klein angefangen. Wisse, dass Übermut der Bruder von

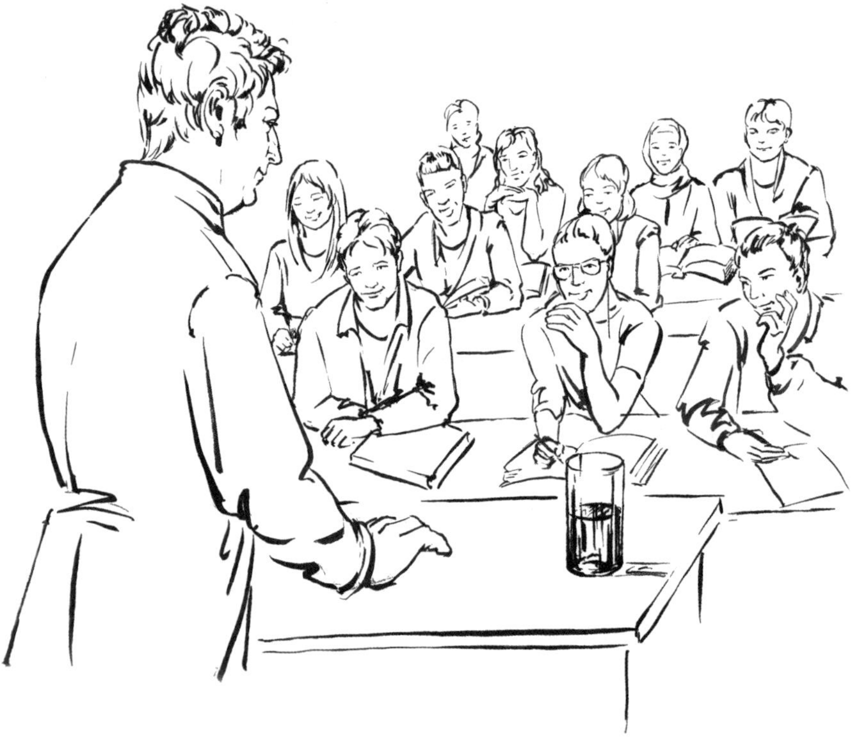

Verlust und Niederlage ist. Lerne, wo du hingehörst. Von einem Philosophen habe ich gelernt, dass auch eine falsche Aussage Akzeptanz findet, wenn du Anerkennung genießt, erfährst du keine Akzeptanz, so wird deine Aussage abgelehnt, auch wenn sie wahr ist. Der Weg ist das Ziel, das wie eine Laterne leuchtet und auf dich wartet.

Deutschlandfunk und Zauberflöte

Abermals sollte sich mein Leben durch eine Freundschaft ändern. Vom Deutschlandfunk erhielt ich 2015 das Angebot, in einem Interview mein Leben und meine Wissenschaft darzustellen. Auch sollte ich dem Sender Vorschläge zur Pausenmusik machen, wozu ich Themen aus Mozarts »Zauberflöte« und iranische traditionelle Musik von Arda-van Kamkar auswählte.

Die Ausstrahlung der Sendung war kaum beendet, da erhielt ich die Mail einer Dame, die mir mitteilte, sie sei von meinen Ausführungen, auch von meiner Musikauswahl, so angetan, dass sie gerne in Kontakt mit mir treten würde. Meine Recherche im Netz erstaunte mich, denn Sonja Bischoff – um sie handelte es sich – hatte mit meiner wissenschaftlichen Materie nichts zu tun. Sie war Professorin für Betriebswirtschaft im Ruhestand, hatte in den 1980er-Jahren in Hamburg die erste Studie zu »Frauen in Führungspositionen« vorgelegt und seither über dieses Thema geforscht. Auch hatte sie mit den Studiengängen »Strategische Unternehmensführung« und »Entrepreneurship« zahlreichen jungen Menschen den Weg in die Selbstständigkeit eröffnet.

Nachdem Sonjas aktives Berufsleben an der Universität beendet war, widmete sie sich der Vortragstätigkeit über ihr Lebensthema und reiste von einem Vortrag zum anderen. Privat hatte sich allerdings ihr Interesse auf spirituelle Dimensionen und die klassische Musik verlagert. Deshalb war sie nach Dresden gezogen, um die Aufführungen der Sächsischen Staatskapelle Dresden, die sie schätzte, so häufig wie möglich genießen zu können.

Da Sonja von der Pausenmusik meines Interviews angetan war, lud sie mich kurzerhand zu einer Aufführung von Mozarts »Zauberflöte« ein. Es folgte ihr Besuch in unserem Haus, bei dem wir uns über dieses und jenes unterhielten und sie uns in vieles einweihte. Der Schmerz ihres Lebens war der Tod ihres langjährigen Lebensgefährten Thomas Berg, den sie nie wirklich verschmerzt hat. Dieser Manager der Großindustrie gehörte zu den Männern der ersten Stunde, die nach dem Zweiten Weltkrieg tatkräftig mitwirkten, um Deutschland mit dem Abschluss internationaler Verträge wiederaufzubauen. Wie sie uns erzählte, hatte sie nach dem Tod ihres Lebensgefährten in der Musik Trost gefunden und den Tiefgang einer inneren Mystik verspürt. Dieses Gefühl öffne sich ihr, wenn sie Bach, Mozart oder überhaupt klassische Musik höre, und führe sie in eine Welt voller Feinsinnigkeit, in der sie Ruhe finden würde.

Ich machte Sonja mit der Musik von Ardavan Kamkar intensiver bekannt, von deren mystischen Dimensionen sie ebenfalls berührt war. Mystik war für sie ein tief greifender Zugang zum Sein des Kosmos und zur Existenz des Menschen im Kreislauf der Natur. Durch Achtsamkeitsübungen konnte sie ihren Lebensschmerz bewusst in die Konzentration auf das Eigentliche umwandeln, sich mit dem Leben verbinden und in der Musik eine Befreiung sehen. Glück ist ein inneres Empfinden über die momentane Situation hinaus. Es geht um das Gefühl, mit dem verbunden zu sein, was das gesamte Dasein in Bewegung bringt und zwischen allem, was einen Menschen zum Menschen macht, Gesprächsbrücken schlägt. Ein solcher Mensch ist vertrauensvoll mit sich im Reinen und weiß, dass Glück etwas ist, das nicht jedem zuteil wird, sondern einen Weg beschreibt, der sich durch das Labyrinth des Lebens zieht.

Auch diese Freundschaft wandelte sich bald in eine existenzielle Beziehung, in der wir uns über Telefon oder Internet täglich austauschten. Im Nachhinein ist nachvollziehbar, was zu diesem intensiven Austausch führte. Offenbar spürte Sonja Bischoff schon damals, dass sie nicht mehr viel Zeit haben würde. Sie äußerte immer wieder voller Überzeugung, sie werde ihren 70. Geburtstag nicht mehr erleben. Deshalb wolle sie sich nicht mehr, wie sie sagte, mit Menschen oder Themen auseinandersetzen, die sie zeitlebens gelangweilt und daran gehindert hätten, sich für das einzusetzen, wofür ihr Herz eigentlich schlage. Sie war nicht abzubringen von diesem Gedanken, der sich leider bewahrheiten sollte.

Das Thema, das ihren beruflichen Werdegang bestimmt hat, war die Rolle von Frauen in Führungspositionen. Damit wollte sie nicht auf ideologische Frauenbewegungen verweisen, die nach einer späten Rache suchen, um Männern zu zeigen, dass sie nicht mehr an den Herd wollen. Im Gegenteil, sie distanzierte sich von dem, was sie »feministisches Tussitum« nannte, von Frauen, die nichts im Hirn hätten, dafür aber, wie sie sich ausdrückte, etwas anderes in der Unterhose, mit dem sie sich hochschlafen würden. Studiere man die Biografien solcher »Tussis«, insbesondere solcher in akademischen Führungspositionen, so fände man gescheiterte Existenzen und Frauen mit hochgradigem Leidensdruck vor, die ihre Komplexe über das Quotentum kompensieren würden.

Eine Frauenquote lehnte sie ab, weil dadurch überwiegend unfähige Frauen in Positionen kämen, in denen sie eher als Sand im Getriebe wirken würden. Sonja beklagte, an ihrer Universität sei bei jeder Stellenausschreibung von Feministinnen gefordert worden, diesen oder jenen Posten mit Frauen zu besetzen, um Gleichberechtigung herzustellen und Diskriminierung auszuschließen. Dies sei eine verkappte Ideologie und ein Akt der Selbsterniedrigung. Man müsse sich für leistungsorientierte Frauen starkmachen, dies sei mit der Würde der Frau als Mensch in Einklang. Sie arbeitete mit ebensolchen Frauen zusammen, die große Leistungen vollbrachten. In ihrem Hamburger Umkreis war sie jahrelang mit einer Juristin und einer Steuerberaterin beruflich verbunden, die sie fachlich wie privat geschätzt hat.

Selbstverständlich waren meine negativen Erfahrungen an den deutschen Universitäten, auch mein Selbst- und Menschenbild, Gegenstand unserer Gespräche. Sonja meinte, ich solle nicht alles gutheißen, was in unserer Gesellschaft getan werde.

Unsere Gesellschaft sei selbstsüchtig und selbstgerecht. Ihrer Devise konnte ich nur beipflichten: »Selber denken macht schlau, Nachahmung tötet den Geist.« Denken ist das einzige Vermögen, das bei allen Menschen gleich verteilt ist. Mit dem Denken, verbunden mit der Kapazität unseres Herzens, können wir die Türen des Paradieses öffnen und uns Welten erschließen, aber auch Katapulte bauen, um eine ganze Stadt zu zerstören. Die Geschichte lehrt uns, dass wir oftmals Opfer dieser Ambivalenz sein werden, wenn wir unsere Denkfähigkeit nicht benutzen.

Wir waren einer Meinung, dass Menschenrechte ohne Weiteres als Waffe eingesetzt werden, um politische Gegner zu diskreditieren. Zu meiner ersten Heimat sagte sie: »Wir negieren die Menschenrechte überall, während wir dein Land anprangern, Menschenrechte zu verletzen. Diese Separatisten, die in Europa offene Unterstützung erfahren, setzen ihre westliche Version der »Menschenrechte« als Waffe ein, um einen politischen Umsturz herbeizuführen. Deine Aufgabe besteht darin, dies offenzulegen und zu zeigen, wie mit Menschenrechten, auch mit dem Feminismus, im Iran gespielt wird, um politischen Druck auszuüben.« Auch riet sie mir, eine interkulturelle Nische für unsere Gesellschaft fruchtbar zu machen in der Verbindung von Zarathustra mit der schiitisch-islamischen Vernunft.

Sonja Bischoffs Worte, in denen ich meine Auffassung aus einer völlig anderen wissenschaftlichen Ecke bestätigt sah, trösteten mich in jener Zeit meiner beruflichen Ohnmacht. Sie sagte, das Leben sei ein Irrenhaus, in dem der Mensch wenige Möglichkeiten habe zu überleben: »Entweder du hältst deinen Mund und machst mit, was man dir vorschreibt. Dies wäre ein elendes Dahinvegetieren. Oder du nimmst dich selbst ernst und tust das, was du mit deinem Gewissen vereinbaren kannst. Das Leben ist nur für diejenigen ein Ponyhof, die über den Sinn ihres Lebens nicht nachdenken. Solche Menschen sind nichts anderes als Stimmvieh für unsere gelenkte Politik und Sklaven der Wirtschaft und der Werbung.«

Da Sonja schon immer für das »Zukunftsmodell freier Beruf« plädiert hatte, schlug sie mir vor, mich selbstständig zu machen und eine psychologische Lebenspraxis zu gründen. Ich formulierte ein Konzept zur Stressbewältigung und befreienden Lebensführung durch Avicennas Methode der Psychologie, das wir gemeinsam umsetzen wollten. Doch die Verwirklichung dieser Idee blieb uns versagt. Eines Abends kündigte Sonja an, sie wolle uns besuchen. Sie fühlte sich unwohl, klagte über Nasenbluten und Schlaflosigkeit. Ein seltsames Gefühl sagte mir, ich solle permanent in Kontakt mit ihr bleiben. So rief ich sie auch an, als ich beim Friseur auf meinen Termin wartete. Ich war erschrocken, als ich nur ein Lallen von ihr hörte. Plötzlich nahm eine ältere Dame den Hörer, stellte sich als Nachbarin vor und sagte, unserer Freundin gehe es sehr schlecht.

Ich vermutete einen Schlaganfall. Geschwind rief ich meine Frau an und bat sie, einen Notruf abzusetzen. Auf dem Nachhauseweg redete ich mit ihr etwa 40 Minuten lang, um ihren Zustand einigermaßen stabil zu halten. Vom Notarzt wurde die Ferndiagnose bestätigt. Sonja werde ins Kreiskrankenhaus gebracht. Blitzartig brach ich mit dem nächsten Zug auf. Spät in der Nacht durfte ich sie auf der Intensivstation umarmen, und während ich sie bei ihrer Genesung im Krankenhaus, später in einer Reha-Klinik unterstützte, hatte meine Frau alle Hände voll zu tun, Vorträge und sonstigen Termine wie auch meine Seminare abzusagen und uns am Wochenende zu besuchen.

Glücklicherweise erholte sich Sonja Bischoff zunächst schnell. Sie war geistig voll anwesend und die warmherzige resolute Frau von früher, doch tragisch war für die einst wortgewaltige Professorin, dass sie an Wortfindungsstörungen litt. Der Chefarzt riet uns, sie nicht alleine zu lassen, dies sei ihr ausdrücklicher Wunsch. So beschlossen wir, dass sie zunächst so lange in unser Haus übersiedeln sollte, bis sie sich wieder völlig erholt hätte. Niemand ahnte zu jener Zeit dass dieser Schlaganfall der Beginn einer Leidensgeschichte mit bitterem Ende sein würde.

Zuhause angekommen übte ich mit Sonja Bischoff Sprechen und Schreiben. Noch immer litt sie unter dem Problem, Sätze nicht zügig formulieren zu können. Den Kontakt zu langjährigen Freundinnen brach sie ab, da sie sich mit ihnen am Telefon nicht adäquat unterhalten konnte. Sehr angetan war sie von den Gesprächen mit meiner Frau, die ihrer Ansicht nach die meiste Geduld aufbrächte, zu warten, bis sie ihre Ideen sprachlich hervorgebracht hätte. Ina lachte und erklärte, diese Einfühlsamkeit sei berufsbedingt: Auch im Französischunterricht müsse sie warten, bis ihre Schüler einen einigermaßen passenden Satz herausstammeln würden.

In langen Gesprächen, die mehr und mehr therapeutischen Charakter annahmen, versuchte ich, einer beginnenden Depression die Schärfe zu nehmen. Wir freuten uns über jeden Fortschritt, der sie dem näherbrachte, wieder in angemessener Zeit auszudrücken, was sie bewegte. Sie wünschte sich den Besuch ihrer zwei Hamburger Freundinnen, die sie mit großer Freude in die Arme genommen hat. Sonjas Schwester konnte sie krankheitsbedingt nicht besuchen, beide haben aber immer wieder telefoniert und sich geschrieben. Rührend fand ich, wie sie das Grab der Eltern gepflegt haben. Diese Gespräche weckten in mir eine alte Sehnsucht, nämlich mich mit der Psychologie näher auseinanderzusetzen.

Sonja verweilte immer häufiger in Erinnerungen. Sie erzählte von ihrer Jugend und der Liebe zu ihrem Vater, der verstorben war, als sie gerade ihr Abitur in der Tasche hatte. Auch war sie voller Trauer, wenn sie über ihr Leben mit Thomas Berg berichtete. Sie zeigte uns die Bildergeschichte von Sam McBratney, »Weißt du eigentlich, wie lieb ich dich hab?«, die beide gemeinsam gelesen hätten. In dieser Geschichte versichern sich zwei Hasen ihrer Liebe in immer umfangreicheren Vergleichen: »Bis zum Mond [...] und wieder zurück haben wir uns lieb!« Die tiefe Verbundenheit mit ihrem verstorbenen Lebensgefährten war ein Grund, warum sich Sonja mit dem Kosmos und der Musik als dessen Rhythmus verbunden fühlte.

Bewundernswert war ihre akribische Disziplin, die sie auf die Gestaltung ihres Äußeren verwendete. Sie legte großen Wert darauf, auch zu Hause so elegant gekleidet zu sein, als wolle sie gerade ausgehen. Als wir eines Abends zusammen auf dem Balkon saßen und Sterne zählten, sagte sie spontan: »Reza, aus diesem Haus möchte ich nicht mehr hinaus. Ich möchte bei euch bleiben, weil ich mich hier heimisch fühle.«

Wir fühlten uns wie eine Familie mit Zuwachs. Auch hatten Sonja Bischoff und Bernhard einen Draht zueinander. Sie, die ehemalige Professorin, die so vielen Menschen unternehmerisch auf die Sprünge geholfen hatte, entwickelte auch für ihn Pläne, um ihn später zu coachen. Bernhard war damals bereits im ersten Studiensemester, doch er erinnerte sie wohl an das, was sie im Leben nicht hatte. Bisweilen kam sie darauf zu sprechen, sie hätte ihr Leben für eine steile Karriere geopfert. Das Erklimmen der Karriereleiter hätte ihr momentanen Ruhm, aber keinen wahren Lebenssinn geschenkt, denn darüber hätte sie die Gründung einer Familie vergessen.

Freilich geben Kinder dem Leben Sinn und erden das eigene Dasein, doch viele hochrangige Akademiker oder Geschäftsleute verzichten auf Kinder, weil sie sich für ein Leben entscheiden, das sich mit Familie schwer vereinbaren lässt. Eine steile Karriere hat ihren Preis mit Folgen, die sich im fortgeschrittenen Alter bemerkbar machen, wenn der Mensch über den Sinn seines Lebens reflektiert. In solchen Momenten spürt man seine wahren Sehnsüchte. Sonja hatte erst gar nicht versucht, Karriere und Familie unter einen Hut zu bringen, da sie ein Kind nicht den Höhen, Tiefen, Brüchen und Umzügen aussetzen wollte, die ihr Leben bestimmten.

Ein schöner gemeinsamer Ausflug war uns beschieden, ins Allgäu, wo ich einen Vortrag über interkulturelles Denken zu halten hatte. Vor einem großartigen Alpenpanorama hakte sich Sonja, wie ein Kind zwischen seinen Eltern, links bei meiner Frau und rechts bei mir ein und sagte: »So soll es sein.« Wir ahnten in diesem Moment, dass sie in den Straßen ihres Lebens, trotz ihrer beruflichen Erfolge, sehr einsam war.

Die Genesungserfolge wurden durch einen zweiten schlimmen Schlaganfall und später zwei weitere völlig vernichtet. Hatten wir uns gerade auf einen gesundheitlichen Zustand eingestellt, so verschlimmerte sich die Situation erneut. Das Glück in diesem Unglück war, dass Sonja Bischoff bis zur letzten Sekunde ihres Lebens bei Sinnen war. Ich konnte fühlen, dass sie dadurch ihre Verbundenheit zum Leben artikulierte. In jeder ihrer Bewegung spürten wir die Schritte des Abschieds, den sie zu verhindern und zum Leben zurückzufinden suchte.

Sonjas mystische Dimensionen habe ich etwa zwei Wochen vor ihrem Tod deutlich gespürt. Ich las ihr, wie so oft, ein Buch vor und streichelte ihr dabei Hände und Gesicht. Sie war bereits vom Tod gezeichnet. Ich sagte ihr, dass wir Menschen gekommen sind, um irgendwann wieder zu gehen, wir würden uns aber irgendwann irgendwo wiedertreffen: »Wir werden uns immer in unserem Herzen besuchen, egal wann und wohin du gehst. Jesus hat überall ein Auge auf dich. Er weiß dich zu beschützen.« Sie starrte mich mit großen Augen an und fing an zu weinen. In diesem Moment war mir klar, dass Sonja mit ihrer inneren Mystik verbunden ist und wohl wusste, was um sie herum geschieht. Tatsächlich hat sie ihren 70. Geburtstag nicht erreicht, sondern ist kurz vorher von uns gegangen.

Sonja hatte sich eine Seebestattung vor der Nordseeküste, ihrer zweiten Heimat, gewünscht, zusammen mit den sterblichen Überresten ihres Thomas. An einem strahlenden Frühlingstag nahmen wir Abschied im Beisein ihrer Schwester, deren Gatten sowie Freundinnen und Freunden. Trotz unserer Trauer wussten wir, dass ein Mensch niemals sterben wird, weil wir nie aufhören werden, ihn in unsere Gedanken einzuschließen und uns der Zeit zu erinnern, in der unser Austausch so intensiv gewesen ist.

Nach diesem traumatischen Erlebnis mussten wir zwei Jahre lang eine Katastrophe nach der anderen erleben. Das hat mir mit voller Wucht die Flüchtigkeit des Lebens vor Augen geführt. Wir mussten miterleben, wie eine Freundin binnen kurzer Zeit erbarmungslos eine Wesensveränderung erfährt und von allem Abstand nimmt, was ihr heilig gewesen ist. Diese Zeit lehrte mich, dass nichts wichtiger ist als das bewusste Verweilen in unwiederbringlichen Sekunden, in denen sich der Sinn unseres Lebens offenbart.

Von der Philosophie zur Psychologie

Die Erfahrungen an deutschen Universitäten hatten bei mir massive Spuren hinterlassen. Nach langer Überlegung habe ich mich von der universitären Philosophie entfernt, die mir immer stagnierend vorgekommen war, mit Seilschaften, die sich gegenseitig Stellen zuschanzen und innovative Eindringlinge wie Stinktiere verjagen. Die Erfahrungen der letzten Jahre, auch die langen Gespräche mit Sonja Bischoff, hatten in mir den Wunsch entstehen lassen, das Wagnis des Neuen einzugehen und philosophische Erkenntnisse mit psychologischen Grundfragen zu verbinden. Dies hat mich zu Gebieten geführt, die teilweise weit ab vom universitären Betrieb liegen.

Schon länger war ich auf der Suche nach einer Antwort auf die Frage, in welchem Verhältnis Sucht und Sehnsucht stehen. So forschte ich zunächst über Sucht in Deutschland und im Iran. Ein weiteres Feld waren ehrenamtliche Therapiegespräche, die ich seit 2010 über die sozialen Netzwerke unseren deutschen Mitbürgern, insbesondere aber iranischen Migranten, regelmäßig angeboten habe. Meine Erkenntnisse über die psychischen Probleme der Migration sammelte ich in einem Aufsatz mit dem Titel »Depression in der Diaspora«.

Schließlich durfte ich Erfahrungen als Betriebspsychologe in einem Bauunternehmen sammeln. Bei all dieser Tätigkeit war ich ein Beobachter der deutschen Gesellschaft, wobei ich auch über deren Zustände die Studie »Gewaltfreie Hermeneutik der Identität« für die vielfältige Theorie und Praxis der Psychotherapie verfasste.

Bei allen verschiedenen psychologischen Tätigkeiten gehe ich davon aus, dass in der Tiefe unserer Seele eine Ur-Kraft, eine Ur-Sehnsucht liegt, die alles bewegt. Sie ist ein inneres Verlangen, das uns antreibt, nach dem Sinn unseres Lebens zu suchen. Antriebs- und Motivationsquelle in uns ist die bewegende Ur-Kraft, aus der alle Leidenschaften zur Selbst- und Weltsuche hervorgehen. Ihr Entfaltungsvermögen steuert unsere Psyche und bestimmt unser Denken, Fühlen, Empfinden sowie Intuieren. Sie treibt uns an, Welten zu erschließen, Kultur zu erzeugen, Tradition zu bilden, Philosophie zu betreiben, Literatur, Musik und Kunst hervorzubringen und am Gebäude der Wissenschaft zu bauen. Sie veranlasst uns auf unvergleichliche Weise, innige Liebe zu suchen und sie dennoch in letzter Vollkommenheit nicht finden zu können. Wird die Ur-Sehnsucht verschüttet, so besteht die Gefahr, dass der Mensch eine Kompensation sucht, die oft im Suchtverhalten endet. Die Bandbreite der Sucht ist bekanntlich mannigfaltig.

Ur-Sehnsucht bewegt mich, seit ich denken gelernt habe. Sie motiviert mich unentwegt, das Leben immer wieder neu zu erkunden. Dieses Gefühl gibt uns Kraft, nach Niederlagen nicht aufzugeben, nach vorne zu schauen, Hürden zu nehmen und das vorgenommene Ziel immer im Blick zu behalten. Immer wieder habe ich mich gefragt, was geschieht, wenn der Mensch die Motivation zur Sinnsuche in seinem Leben verliert. Ich denke an das Suchtverhalten vieler Menschen, mit denen ich im Rahmen von Therapiegesprächen zu tun hatte. Oftmals nannten sie als Grund frühkindliche Unerwünschtheit, sexualisierte oder häusliche Gewalt, Erschütterungen und Grenzsituationen im Leben, die sie veranlasst hätten, sich aufzugeben.

Es ist verständlich, dass jeder seinen Horizont auf seine Weise zu erweitern versucht. Manche durch Studium, andere durch Sehnsüchte, nach deren Erfüllung sie sich Zeit ihres Lebens bemühen: einen ausgezeichneten Beruf, einen guten Wagen, ein repräsentatives Haus, eine glückliche Familie. Die Unersättlichkeit des Menschen macht sich oft bemerkbar, nachdem die eine Sehnsucht partielle oder völlige Erfüllung findet und er nach der Erfüllung der nächsten Sehnsucht strebt, ohne zu merken, dass er sich in einen Kreislauf permanenten »Sehnsuchtsstresses« hineinsteigert.

In unserer Gesellschaft bemerken wir zunehmend, wie wir einer selbstversklavenden Sehnsuchtserfüllung unterliegen. Wir funktionieren nur noch und leben, um zu arbeiten und unsere Konkurrenzsucht fortzusetzen. Wir werden sehen, was diese

Konkurrenz im individuellen und kollektiven Leben bewirken kann. Dabei halten wir die Einbildung aufrecht, wir wären kraftgeladen, obschon unser Gefühl uns sagt, dass irgendetwas nicht »richtig« ist. Diese Selbstlüge zwingt uns oft zu Taten, die unserer Natur zuwiderlaufen. Wir schlittern in eine risikoreiche Gratwanderung, in welcher der kleinste Fehltritt bestraft wird. Ruhm und Reichtum werden selten durch »gut Glück« erlangt – alles hat seinen Preis. Wir verdrängen oft, dass ein Windstoß unser feines nervliches Spinnennetz zu zerstören vermag und uns in Identitätskrisen führen kann.

Persönliche Erfahrungen mit einem Suchtkranken

Die Frage nach der Sucht und die Gründe, wie sie entstehen, hat mich seit meiner Jugend beschäftigt. Eine wichtige Person ist mein Schwager Mohsen, den ich sehr gemocht habe. Immer wenn ich mit meinem Vater nicht zurechtkam, hat er mich aufgenommen. Er nahm mich wie einen Freund wahr und führte schon früh ernste Gespräche mit mir. Mohsen war bei der Armee. Er erzählte mir von der Armut seiner Familie, in deren Getriebe er sich zerquetscht gefühlt hatte. Eine Kindheit hatte er nicht. Sein Vater war ein einfacher Bäcker mit kleinem Einkommen, der in einer Bäckerei nahe unserer Straße arbeitete. Deshalb konnte die Familie nur ein bescheidenes Leben führen und Mohsen musste bereits als Kind Arbeiten übernehmen.

Von seinem Vater hatte Mohsen nicht viel, die Mutter war nur mit den Töchtern unterwegs und ärgerte sich im Übrigen über die Nachbarsfrauen, die nachmittags vor ihren Häusern saßen, Kürbiskerne knackten und über die anderen Nachbarn klatschten. Seine liebevolle Art mochte ich, vor allem weil er meine Schwester sehr liebte und sagte: »Wir werden gemeinsam in der Zukunft wundervolle Dinge machen.« Er war Kung-Fu-Meister geworden, was ihn sehr stolz machte.

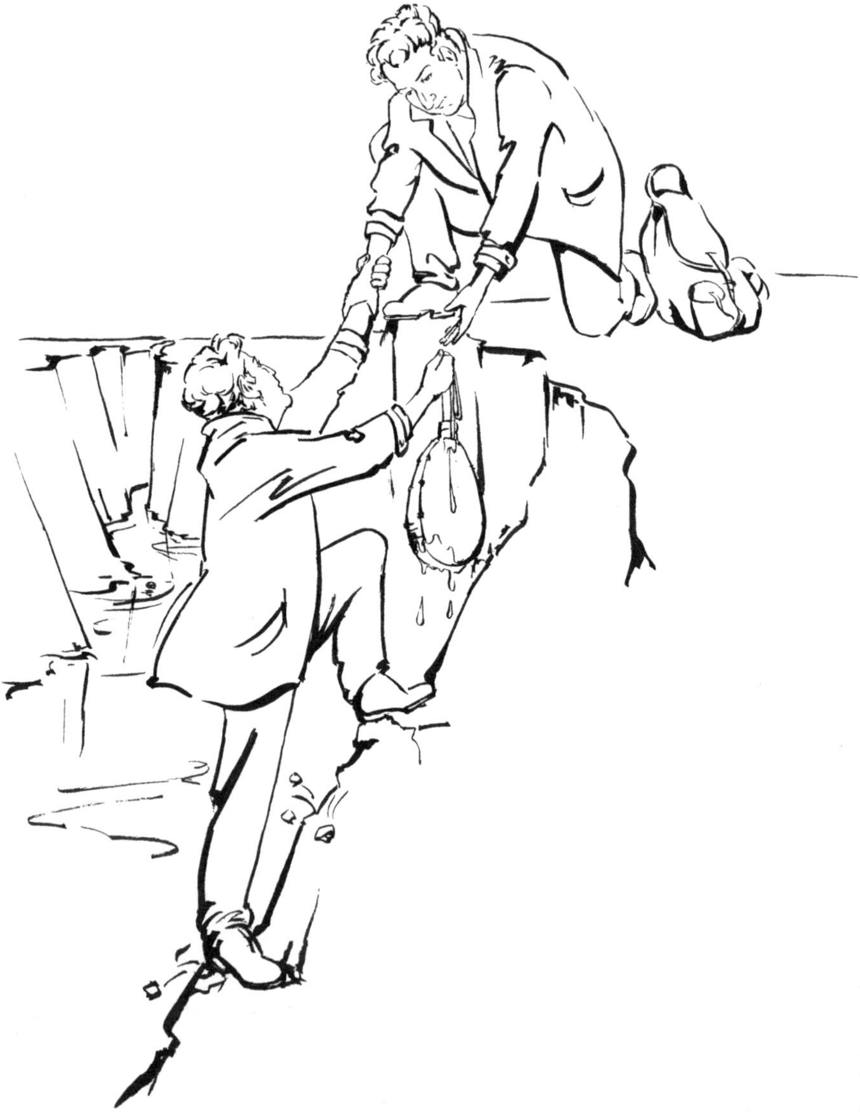

Eines Donnerstags, dem Tag der Feier im Familiengarten, erschien meine Schwester alleine. Sie erzählte, Mohsen habe bei der Arbeit seinen Zeigefinger verloren und werde im Krankenhaus versorgt. Dieser kleine Unfall stellte Mohsens Leben auf den Kopf. Aufgrund permanenter Schmerzen verordnete ihm der Arzt Neuroleptika, die ihn sedierten. Die verordnete Ruhe gab ihm Zeit, über sein Leben nachzudenken. Das Ergebnis war nicht gut.

In Gesprächen gab ich ihm zu bedenken, er solle die negativen Erfahrungen seiner Jugend hinter sich lassen oder versuchen, sich damit zu arrangieren. Doch er widersprach: »Alles hätte in meinem Leben anders verlaufen können. Keine Kindheit zu haben, früh erwachsen zu werden und immer unter Druck zu stehen macht das Leben sinnlos.«

Trotz der Neuroleptika hielten die Schmerzen an. Mohsen wurde von einem gewissenlosen Freund dazu verleitet, gegen die Schmerzen zunächst einen Joint mitzurauchen, dem bald härtere Drogen, Opium und schließlich Heroin folgten. Er war drogensüchtig und Mehrfachkonsument geworden. Er kam mir vor wie ein lebendes Wrack. Andauernd ging er mit sich und seinem Leben ins Gericht und wollte nicht aufhören, sich zu verurteilen.

Die Situation war nicht einfach. Meine Schwester war überfordert, zumal sie sich um die Kinder kümmern musste, die damals noch recht klein waren. Unser verständnisvoller Großvater war 1000 Kilometer weg, das Verhältnis mit meinem Vater war noch immer schlecht. Daher konnte ich, um Mohsen beizustehen, ihm nur zuhören. Er war kaum zu beruhigen. Sein Zustand führte zur Frühpensionierung, was ihn noch unerfüllter machte. Nun waren fast alle Brücken seines Lebens zerstört.

Wir versuchten einige Male, Mohsen zu Hause zu entgiften. Dann ging es ihm einige Wochen besser. In Maßen konnte er dann am familiären Leben teilnehmen, doch meine Schwester lebte die ganze Zeit in der Angst, dass er wieder rückfällig würde.

Mein Vater erfuhr von Mohsens Zustand. Er beschimpfte verständnislos seinen Schwiegersohn aufs Übelste. Unglücklicherweise kamen an diesem Tag Mohsens Brüder hinzu, die ihn ebenfalls beschimpften und auf ihn einprügelten. Einen der Brüder konnte ich beruhigen, worauf auch der andere von Mohsen abließ. Meinen Vater konnte ich davon überzeugen, dass Mohsens Zustand eine Krankheit sei und man ihm helfen müsse. So nahmen wir ihn in unserem Elternhaus auf und starteten hier einen Versuch, ihn zu isolieren und zu entgiften. In dieser Zeit brachte ich ihm immer Mangos, die ich ihm durch ein schmales Fenster reichte, und er erzählte mir, wie traurig es für ihn sei, sich einsperren zu lassen. Ich solle mir ein Beispiel an ihm nehmen und nicht mit Freunden verkehren, die mir nicht guttäten. Freunde seien Himmel und Hölle zugleich. Nur gute Freunde wären zuträglich, schlechte Freunde könnten einen vernichten. Deshalb sollte ich immer auf der Hut sein.

Als ich ein Jahr später den Iran verließ, war eine Heilung nicht in Sicht. Bei unserem letzten Gespräch sagte ich ihm, wie sehr ich ihn vermissen und mir seine Heilung wünschen würde. Ich ahnte, dass wir uns nie wiedersehen würden. Heute wüsste ich, was ich ihm sagen könnte. Unsere Aufgabe wird lebenslang sein, das Wrack in uns zu erkennen und als eine Möglichkeit der Selbstheilung wahrzunehmen. Vielleicht wird eine völlige Genesung nicht gelingen. Möglich ist aber, dass wir uns mit unseren Ur-Verletzungen anfreunden und den Leidensdruck, der nach seiner Kompensation verlangt, steuern lernen. Das ist eine Möglichkeit der Selbsttherapie. Mohsen hatte Träume, doch aufgrund seiner familiären Verhältnisse war er unfähig, sich zu entwickeln, und hatte Unerfüllbarkeitsängste entwickelt. Diese kamen mit dem unheilvollen Unfall und seinen Folgen zum Ausbruch. Sein Selbstbild machte ihn zu einem scheiternden Wesen, obwohl er zunächst anscheinend erfolgreich mit beiden Beinen im Leben gestanden hatte.

Auch in Deutschland hielt ich über meine Schwester Kontakt mit Mohsen, der sich nun häufiger in Entzugskliniken aufhalten musste. Tragisch war, dass auch sein mittlerweile erwachsener Sohn, der ihm zur Seite stand, drogensüchtig wurde und an einer Überdosis verstarb. Bei der Identifizierung wollte meine Schwester nicht wahrhaben, dass der Tote, der vor ihr lag, ihr Sohn war. Diese Ereignisse haben ihr psychischen Schaden zugefügt. Auch Mohsen war völlig aus der Bahn geworfen. 2004 teilte mir meine Schwester den Tod Mohsens mit. Er hatte sich mit seinem Gürtel an dem Maulbeerbaum erhängt, unter dem er in seiner Jugend gespielt hatte. Dies hat meine Schwester und meine gesamte Familie erneut erschüttert. Auch mir sind diese Erlebnisse nie aus dem Sinn gegangen.

Sucht und ihre Therapie

Vielleicht war mein Philosophie-, Pädagogik- und Psychologiestudium ein Grund zu verstehen, was Menschen im Leben aus der Bahn wirft und aus ihnen ein lebendiges Wrack macht, so wie es Mohsen ergangen ist. Das menschliche Leben ist voller stillem Weinen und schweigendem Schreien. Ich habe eine Verbindung gesehen zwischen Ur-Verletzung und unerfüllten Sehnsüchten im Menschen. Dieses Phänomen habe ich später als »verschüttete Ur-Sehnsucht« bezeichnet, die zu therapieren wäre, um den Menschen wieder in die richtigen Bahnen zu lenken.

Heute bin ich der Ansicht, dass der Verlust der Ur-Sehnsucht im Seelenkarussell der Betroffenen einen Leidensdruck erzeugt, der, wie gesagt, nach Kompensation sucht. Die Kompensation dieses Leidensdrucks ist oft das süchtige Verhalten, das sich in unterschiedlichen Formen artikuliert. Um meine Hypothese zu überprüfen, führte ich mithilfe einer Gruppe von Psychologen und Sozialarbeitern in Deutschland und im Iran eine klinische Fragebogenstudie bei Suchterkrankten verschiedener Altersstufen durch.

Über Alireza Taheri, einen Psychotherapeuten aus Teheran, durfte ich mehrere Drogeneinrichtungen besuchen. Wenngleich es im Iran vorbildlich eingerichtete, staatlich geförderte Suchtzentren gibt, so gilt meine Bewunderung den beiden »Non governmental organisations«, kurz »NGOs«. Hier ist das Sprichwort wörtlich zu nehmen, dass die ehrenamtlich Tätigen es vermochten, Dreck in Gold zu verwandeln. Einige hatten selbst eine erfolgreich beendete Drogenkarriere hinter sich, was den Vorteil hatte, dass ihnen kein Abhängiger etwas vormachen konnte.

Offenbar reichen die finanziellen Mittel der NGOs nur dazu aus, alte Gehöfte außerhalb des Teheraner Stadtbereichs anzumieten. Doch diese waren mit bunten Farben so wohnlich hergerichtet wie nur möglich, straff organisiert und boten zahlreiche Möglichkeiten zur therapeutischen Freizeitbeschäftigung. Eine NGO hielt Hühner, Enten und Hasen. Neben dem Aspekt der Selbstversorgung diente diese kleine Tierzucht dazu, die Suchtkrankten, welche die Tiere selbst versorgen mussten, wieder an regelmäßige Verantwortlichkeit heranzuführen. Den Männern sah man an, dass sie einige Zeit auf der Straße gelebt hatten. Neben einem allgemeinen körperlichen Verfall zeigten selbst die jungen Männer desolate Gebisse.

Obwohl der Leiter der Einrichtung mir versicherte, es sei schwer, die Erkrankten aus ihrer Lethargie zu reißen, bestand ich darauf, mit ihnen zu reden. Erschütternd fand ich, wie sie sich bei meiner Begrüßung mit ihrer Sucht identifizierten: »Ich bin Ali, der Heroinsüchtige«, »Ich bin Djamal, ich habe Alkohol und Speed konsumiert« oder »Ich bin Farid, der Schische-Raucher«. Schische ist die persische Bezeichnung für Crystal Meth, diesen teuflischen Stoff, der nach dem ersten Konsum bereits eine heftige Abhängigkeit erzeugt. Ich sprach ihnen Mut zu und versicherte ihnen, sie würden einen Ausstieg schaffen, wenn sie nur an sich glauben würden. Im anschließenden Gespräch mit dem Leiter regte ich an, den Therapiewilligen positive Identitäten nahezulegen, etwa: »Ich bin Ali, der seit 10 Wochen nichts mehr konsumiert.«

Beim Besuch in einer staatlichen Einrichtung für jugendliche weibliche Suchterkrankte wurden mir im Gespräch mit einer jungen Frau die verheerenden Auswirkungen sexuellen Missbrauchs vor Augen geführt, der sie letztlich in die Sucht getrieben hatte. Wie ich später meinen Fragebogenstudien entnehmen konnte, wird dieser Grund häufig für das Abgleiten in Suchtverhalten genannt, erschreckenderweise nicht nur bei weiblichen, sondern auch bei männlichen Probanden.

In Deutschland fand ich Unterstützung durch den psychologischen Psychotherapeuten Andreas Stamm, der seit mehr als 20 Jahren die offene Einrichtung »Die Tür« in Trier leitet. Er gewährte mir Einblick in seine Institution, die ein Anlaufpunkt für die Beratung und Gesprächstherapie von Suchtkranken ist. Große Teile meiner Suchtstudie in Deutschland habe ich in seinem Institut mit Suchterkrankten verschiedener Altersstufen durchführen dürfen. Zudem stand ich im Austausch mit zwei Freunden, dem Kinderpsychiater und Drogenforscher Paul Runge und seinem Kollegen, dem Psychiater Xaver Hipp. Mit beiden habe ich immer wieder elementare Teile meiner Studie diskutiert und durch ihre Unterstützung meinen Horizont erweitert. Paul Runge, ein Nachfahre des frühromantischen Malers Philipp Otto Runge, durchforschte seinen reichen psychotherapeutischen Schriftenfundus und ließ mir zahlreiche anregende Aufsätze zukommen. Er entwickelte seine Therapieansätze im Gespräch, während Xaver Hipp zunächst eher der schweigende Zuhörer war, der anschließend glasklar seine Auffassung darlegte. Das teilnehmende Interesse beider ließ mich ahnen, dass die Theorie der erstarrten Ur-Sehnsucht als Grund für Suchtverhalten ein neues Fenster zur Betrachtung der menschlichen Psyche aufgestoßen hatte.

Den vorgenommenen Befragungen konnte ich entnehmen, dass in der Regel ein erschütterndes, nicht verarbeitetes Ereignis im Leben der Drogenabhängigen die Verschüttung oder Erstarrung dieser Ur-Sehnsucht bewirkt. Hierdurch wird jede Willenskraft im Keim erstickt, Herr der eigenen intrinsischen Psychodynamik, was auch einfach als »Ich« bezeichnet werden kann, zu sein. Ein derart betroffener Mensch sucht, wie gesagt, nach der Kompensation seines Leidens durch Suchtverhalten, häufig gar nach einer Lösung durch Suizid.

Mithilfe der wohlwollenden Kollegen und Freunde konnte ich das Konzept einer kontextuellen Psychotherapie formulieren. Meinen suchtpsychotherapeutischen Ansatz habe ich nach dem iranischen Arzt-Philosophen »Avicenna-Therapie« benannt. Ibn Sina, bei uns als Avicenna bekannt, wirkte um die erste Jahrtausendwende. Sein mehrbändiges Werk »Canon der Medizin«, in dem er Philosophie und Medizin auf unvergleichliche Weise miteinander verband, war bis ins 17. Jahrhundert weltweit ein Standardwerk. Avicenna beschreibt mehr als 700 Erkrankungen samt ihren Diagnosen und Heilungsmöglichkeiten. Von besonderer Bedeutung für meine Forschungen sind Ibn Sinas innovative Methoden zur Heilung psychisch Erkrankter, die er durch individuelle Improvisation behandelt.

Meine Beschäftigung mit der Ätiologie der Suchterkrankung zeigte, dass eine Entgiftung mit ausschließlich medikamentöser Behandlung kaum hilfreich sein kann. Parallel ist eine aufwendige Suchtgesprächspsychotherapie notwendig, um durch die Aktualisierung der Vergangenheit die gesamte Biografie der Betroffenen zu betrachten. Ansonsten ist kaum hinter den Stein des Anstoßes zu kommen, durch den die Willenskraft und die Ur-Sehnsucht der Betroffenen außer Kraft gesetzt worden ist und sie zu einer Entgleisung verleitet oder gar gezwungen haben könnte.

Die Analyse der Suchterkrankung und die Arbeit mit Suchterkrankten haben mir neue Welten erschlossen. Ich konnte einen Einblick gewinnen in den Prozess des psychosomatischen Krankwerdens. Eine Beobachtung bewegte mich am meisten, nämlich die innige Beziehung Suchterkrankter untereinander, wie sie sich gegenseitig mit Stoff versorgt haben, wie sie sich Geld leihen, wie sie gemeinsam in Bahnhöfen und auf öffentlichen Plätzen schnorren. Das Bewegende ist, dass sie sich gegenseitig ihre Schmerzerfahrungen erzählen, wie sie gelebt haben, wie sie im Leben wahrgenommen wurden, was man von ihnen gehalten hat und warum ihr Leben so brüchig geworden ist. Dies schildern sie oft im Rauschzustand, nach dem Prinzip: Betrunkene sagen die Wahrheit.

In diesem Zustand äußerten sie ihre volle Einfühlsamkeit auch anderen Menschen gegenüber, als ob sie, wenn sie nicht krank geworden wären, sich selbst und andere Menschen genauso behandeln würden. Darin sah ich ihre verschüttete Ur-Sehnsucht, die in diesem Zustand eine künstliche Befreiung erlebt, insbesondere wenn sie über ihre Probleme sprachen und bisweilen heftig weinten. Deshalb dachte ich, dass die Befreiung ihrer Ur-Sehnsucht eine Befreiung ihres Schmerzes als Ursache haben könne. Oft war es so, dass sie auf diese Weise zum Leben allmählich – mit massiver Unterstützung – zurückfinden konnten.

Ein Therapieansatz auf diesem Wege ist die oft vernachlässigte Berührung Suchterkrankter. Ich habe beobachtet, dass sie sich nur im Rauschzustand berühren und menschlich natürlich verhalten, als ob die Trümmerlast, unter denen sie begraben sind, durch den Rausch weggesprengt würde, während die Last im nüchternen Zustand auf die Ur-Sehnsucht zurückfällt und diese wieder verschüttet. Der Suchterkrankte will wieder sein altes Leben erfahren und deshalb setzt er sich erneut einem Rauschzustand aus. Mit diesem Verhalten vermittelt er dem Therapeuten und seiner Umwelt, er wolle im Realen in diesem Zustand leben. Dies ist die Beschreibung seines Lebensentwurfs. Deshalb muss sich der Therapeut in diese Welt hineinversetzen, um diesen Lebensentwurf zu begreifen. Je größer das Einvernehmen zwischen dem Suchterkrankten und dem Therapeuten, desto größer ist die Chance, dass er von seiner Suchterkrankung loskommt und seine Ur-Sehnsucht derart bestärkt, dass ihre Macht gegenüber der Last überwiegt.

Die Evidenz-Psychotherapie sieht nur den körperlichen Verlust des Suchterkrankten, während die humane Psychotherapie die erschlossene Welt des Suchterkrankten zu verstehen versucht, in der er sich eine Bühne errichtet hat, auf der er sein wahres Leben im Rauschzustand leben will, ohne die körperlichen Schäden zu vernachlässigen. Von besonderer Bedeutung ist bei dieser humanen Psychotherapie die Berührung, welche alle Botenstoffe in Bewegung bringt, um die seelischen Ressourcen der Suchterkrankten abzurufen, um eine psychosomatische Heilung in Gang zu bringen. Berührung ist darüber hinaus für den menschlichen Lebenserhalt existenziell. Diese Interaktion beginnt bereits in der Schwangerschaft und mit der Geburt des Kindes. Indem die Mutter das Kind berührt, vermittelt sie ihm das Gefühl von Liebe. Liebe und Zuneigung verändern die Biochemie des Gehirns und senden Signale durch Serotonin an das Kind. Berührung setzt beim Neugeborenen Entwicklungsprozesse in Gang und lässt es seine körperlichen Grenzen erfahren. Berührung beruhigt und entspannt, erzeugt Selbstgefühl, stärkt die Bindung und das Immunsystem. Sie lindert Schmerzen, schenkt Lebensgefühl und verlängert das Leben des Probanden. Berührung ist insofern ein Grundmechanismus für die Heilung der Drogensucht. Berührung reguliert sein Ich-Gefühl und bestimmt sein Zugehörigkeitsgefühl zu anderen Menschen.

Mit der Berührung lernt der Suchterkrankte, sich anders wahrzunehmen, vor allem dass er nicht alleine ist und dass jemand ihn mit bestem Wissen und Gewissen begleitet. Erfolgt keine Berührung, so findet keine Interaktion statt, was die Heilung stark beeinträchtigen kann. Die kontextuelle Suchttherapie hilft durch Berührungs- und Achtsamkeitsübungen dem Patienten, Schritt für Schritt zu sich zu finden. Mit dieser Methode kann er sein Selbstbewusstsein und Selbstwertgefühl wieder erlangen.

Mein Vater und ich

Erziehung ist das, was den Menschen zum Menschen macht. Sie nimmt Einfluss auf die Bewusstseinsfunktionen seines Denkens und Fühlens, des Empfindens und Intuierens. Erziehung ermöglicht, sich zu entfalten und ein Leben zu gestalten, in dem die Seele Erfüllung findet. Sie gibt, recht verstanden, Selbstorientierung in allen Kontexten des Lebens. Der Mensch ist in diesem Sinne das Produkt seiner Erziehung. Ist er nicht angemessen erzogen, so besteht die Gefahr, dass er seinen Weg im Leben verfehlt oder Opfer ökonomischer Verführungen wird. Verinnerlicht er ein Fehlverhalten, so wird es Zeit seines Lebens schwer sein, dieses abzulegen, wie eine Sucht, die tief in ihm sitzt, von der er sich nur unter bestimmten Voraussetzungen lösen kann. Derartige Schicksale beobachten Sie vielleicht in Ihrem Freundeskreis oder am Arbeitsplatz. Sie haben vielleicht auch gehört, wie sich ein Mensch aufgrund fehlender Selbstführung ins Unglück stürzt oder Opfer von Intrigen wird.

Ich habe mehrere Formen der Erziehung kennengelernt. Viele Elternteile sehen sich im Besitz ihrer Kinder, wie bei einem Auto, das man kauft oder einem Haus, das wir verkaufen. Dieses Verhalten hinterlässt Spuren im Bewusstsein der Heranwachsenden. Können sie sich später nicht selbst berappeln und den richtigen Weg im Leben finden oder einen Mentor kennenlernen, der sie auf der richtigen Spur führt, so sitzen sie auf verlorenem Posten. Andere Eltern erziehen ihr Kind freiheitlich, gönnen ihm alles und stopfen es voll mit übertriebener Fürsorglichkeit und unangebrachter Belohnung. Auch solche Kinder werden es schwer haben, sich im Leben zu behaupten. Weitere Eltern maßregeln ihre Kinder mit Ignoranz und Strafe, um ihren Charakter in eine beliebige Richtung zu biegen. Sie berauben es damit jeder Möglichkeit der Selbstentfaltung.

Falsche Erziehung sprengt die Statik des kindlichen Charakters und verursacht ein scheiterndes Leben. Sie entfernt bspw. das extrovertierte Kind von seinen eigentlichen Anlagen und mutiert es zur Introvertiertheit oder umgekehrt. Das Kind ist möglicherweise von Natur aus extrovertiert, künstlerisch begabt oder ein Führungsmensch mit neugierigem Charakter. Wird es aber in den Gängelwagen einer Zwangserziehung eingespannt, so fällt sein wahrer Charakter dieser zum Opfer. Eine solche Erziehungsform ist für die Entwicklung behindernd, weil sie die im Kind schlummernden Potenziale nicht zur Entfaltung bringt. Statt kreative und soziale Fähigkeiten des Kindes, etwa beim Spielen mit anderen Kindern gleichen Alters, zu fördern, wird es dazu gedrängt, für sich alleine zu sein und einer anderen Beschäftigung zu folgen. Gezielte Isolation oder totale Verwahrlosung verunsichert das Kind, minimiert seine Kreativität und erhöht die Tendenz abweichenden Verhaltens. Verlieren diese

Kinder ihre Linie im Leben, so ist die Gefahr nicht auszuschließen, dass sie ein Leben voller Protest und Rebellion führen und zunehmend ihr soziales Bezogensein verlieren. Eine solche Reise in die Destruktivität endet nicht selten in Sucht- oder Gewaltverhalten und ist nur durch gezielte, oft mühsame psychologisch-psychiatrische Therapie auszugleichen. Viele Menschen unserer Gesellschaft begreifen sich selbst als »normal«, während sie Normopathen sind, da sie bereits in ihrer Primärsozialisation Opfer von Knüppelerziehung wurden.

Sie haben bestimmt schon davon gehört, dass Menschen zu Hause gegängelt wurden, mit der rechten Hand zu schreiben, statt mit der linken. Auch hier realisiert sich die weitreichende Folge einer solchen deformierenden Erziehung: Das Kind wird als abnormal behandelt und bestraft, um gefälligst Rechtshänder zu werden. Falsche Erziehung beschädigt das Selbstvertrauen und den Selbstwert des Kindes und labilisiert seinen Charakter. In meinen interkulturellen Begegnungen habe ich häufig festgestellt, dass viele Menschen aufgrund einer solchen Erziehung gespaltene Persönlichkeiten sind und zu abweichendem Verhalten neigen.

Wie erwähnt, war das Verhältnis zu meinem Vater von oft dramatischen Erfahrungen begleitet. Wir haben uns bis zur letzten Sekunde, in der ich den Iran verließ, nichts zu sagen gehabt. Neben dem großen Altersunterschied hing dies mit seinen aggressiven Erziehungsmethoden zusammen. Bei jeder Kleinigkeit sah er sich veranlasst, seinen Gürtel aus dem Hosenbund zu ziehen und ziellos auf uns Kinder einzuschlagen. Dies ließ mich oft verzweifeln. Die Angst vor Schlägen hat mein Verhalten nachhaltig beeinflusst. Vater mochte meine Neugier nicht. Bei jeder Frage sagte er: »Maul halten!« Vielleicht schlug mich mein Vater, dachte ich, weil er oft selbst nicht wusste, was er mir antworten oder wie er für mich Verantwortung übernehmen sollte.

Meist fand ich bei meiner bereits erwachsenen Schwester, die mich einfühlsam aufgenommen hat, Zuflucht, um dort zu übernachten. Viele und schöne Erinnerungen habe ich mit ihr, die für mich Trost im Leben sind. Doch am nächsten Tag ging es weiter mit Aggressionen und der Frage, wo ich gewesen sei. Vater stieß Beleidigungen gegen die Schwester aus, oft gab es ein Gerangel. Wenn sich die Mutter einmischte, bekam auch sie Schläge ab und wurde beleidigt: »Kuck, das Balg ist das Produkt Deiner laschen Erziehung!« Vater merkte nicht, dass er das Problem verursachte und mich in Ruhe lassen sollte. Mutter hielt manchmal zu ihm, um seiner Aggression ein Ende zu bereiten. Derartige Friedensversuche endeten aber erst recht in Eskalationen. Vater folgte mir mit dem Gürtel in der Hand durch Haus und Garten, bis ich mich draußen retten konnte.

Wird ein Kind seiner Wissbegierde beraubt, so treibt dies einen Keil in die Persönlichkeitsentwicklung, der wiederum psychische Belastungen hervorrufen kann. Der Mensch wird Zeit seines Lebens ein fliehender Charakter, ein geduckter Mensch, der bei den geringsten Anzeichen von Konflikten sein Heil in der Flucht sucht. Solche, durch fehlgeleitete Erziehung verursachte Schäden, können aus einem extrovertierten Menschen einen introvertierten machen und umgekehrt. Schädigungen sind oft bis ins Alter hinein zu erkennen. Denke ich heute darüber nach, so betrübt mich diese Haltung außerordentlich. Menschen, denen alles gleichgültig ist, die keine Verantwortung übernehmen wollen, in kriminelle Machenschaften verstrickt sind und bereits als Jugendliche keine Perspektive entwickeln, tragen in ihrer Biografie oft weitreichende Schädigungen durch offene oder verdeckte Knüppelerziehung mit sich.

Betrachten wir die Familienverhältnisse von Menschen, die durch entsetzliche Gewalttaten oft traurige Bekanntheit erlangten, so finden sich selbst in intakten Familienverhältnissen desolate Einflüsse, die den jungen Menschen von seinem Umfeld isolieren. Ob diese in selbstgewählter Verantwortung liegen oder unbewusst durch das Umfeld, durch schlechte Schulleistungen oder das Gefühl entstehen, dass dem Menschen niemand zuhört, ihm niemand Verantwortung übertragen will, ist dabei von entscheidender Bedeutung. Solche Menschen möchten oftmals nicht, wie angenommen werden könnte, im Mittelpunkt stehen.

Vielmehr möchten sie oftmals einfach eine Aufgabe erfüllen dürfen, Verantwortung für ihre Mitmenschen übernehmen, gebraucht werden.

Mein Leben zuhause war oft nicht auszuhalten, obschon ich die gemeinsamen Familiendonnerstage schön fand. Aber danach gab es oft endlosen Ärger. Nach meiner Entscheidung, den Iran zu verlassen, war ich innerlich froh, weil ich wusste, dass Prügelei und unerträgliche Albträume, die mich noch Jahre nach meiner Ausreise verfolgten, irgendwann aufhören würden. Erschwerend kamen meine Kriegserlebnisse hinzu, die ich bewältigen musste. Diese Doppelbelastung hat mich oft ausgezehrt und verzweifeln lassen. Ich wusste, dass meine erste Aufgabe darin bestehen würde, zu meiner erdrückten und weit von mir entfernten Persönlichkeit zurückzufinden und diese zu stabilisieren, um den Schmerz meiner Erfahrungen in resiliente Energie für eine erfolgreiche Zukunft umzuwandeln.

Nach Studium und Wanderjahren zwischen den Kulturen merkte ich zunehmend, dass mein Vater meinen neugierigen Charakter niederknüppeln wollte, ohne sich bewusst zu sein, was er eigentlich in mir bewirkt. Ich habe gelernt, nicht mehr meine Knie zu umarmen und mich in mich selbst zu verkriechen. Die eigentliche Gewalt liegt in dieser Ungewissheit, die Menschen zu Ungeheuern werden lässt. Um die bitteren Folgen dieser Knüppelerziehung zu verarbeiten, habe ich mir vorgenommen, meine Erfahrungen nicht zu versüßen, sondern daraus für eine bessere Zukunft zu lernen.

In unserem letzten Telefonat eröffnete Vater mir erstaunlicherweise, dass er in all diesen Jahren, in denen ich nicht im Lande war, über mich und seine Erziehung nachgedacht hatte. Ihm sei klar geworden, dass er selbst Opfer seiner eigenen Erziehung gewesen wäre. Seine Eltern hätten ihm nichts Besseres beigebracht, und er hätte nichts Besseres gewusst, als seine eigenen Kinder zu kommandieren und mit Schlägen zu bedenken. Wichtig im Leben ist nicht, wie oft wir zu Boden gehen, sondern vielmehr, dass wir wieder aufstehen – der Sturz hat mich nicht gebrochen, auch wenn ich oft so dachte. Die Wiedererfindung meines Selbst hat mich stabilisiert und die Angst genommen, eine Lebensneugestaltung zu wagen.

Eine Aufgabe der Eltern in psychologischer Hinsicht besteht darin, die Bewusstseinsfunktionen der Kinder ihrer Anlagen entsprechend zu fördern. Knüppelerziehung erdrückt nicht nur ihr Denken und Fühlen, sondern auch ihr Empfinden und Intuieren. Lernt das Kind die Vorzüge des Denkens kennen und verinnerlicht, dies gut einzusetzen, dann haben die Eltern ihre erste Aufgabe erfüllt. Später haben wir unseren Sohn unter Berücksichtigung seiner Veranlagungen und Begabungen erzogen. Was ich verinnerlicht habe, ist, dass Kinder kein Besitz sind, sondern lediglich die Leihgabe einer höheren Ordnung, mit der wir würdig umzugehen haben. Mit diesem Erziehungsmodell ist es uns gelungen, unserem Sohn gesundes Selbstvertrauen und einen soliden Selbstwert zu schenken, den er braucht, um das Beste aus seinem Leben zu machen.

Wird das Kind durch Ignoranz, falsche Zustimmung oder falsche Belohnung daran gehindert, sich angemessen zu entfalten, so schafft es sich oft eine illusorische Realität mit unerreichbaren Sehnsüchten, die ihn gefährden. Viele Iraner, die den Iran verlassen und in der Diaspora unter depressive Verstimmungen leiden, sind Opfer einer solchen Knüppelerziehung. Mir ging es nicht anders. Es hat viel Anstrengung und Beistand gekostet, sodass ich die Spätfolgen meiner Knüppelerziehung überwinden konnte. Adolf Kolping ist derjenige, der mich auf diesem Wege mit Rat und Tat unterstützt hat. Er wusste aufgrund seines hohen Alters, Kriegserfahrungen und seiner seelsorgerischen Tätigkeit, wie in solchen Fällen angemessen zu reagieren ist.

Die Exiliraner suchen, ohne zuvor auch nur ein wenig Wissen über Kultur, Sprache und Verhältnisse ihrer Fluchtpunkte zu sammeln, der eigenen geistigen wie tatsächlichen Heimat zu entfliehen, um in der oft illusorisch verzerrten Wahlheimat eine Existenz zu gründen. Sie akzeptieren bereitwillig einen Platz im Irrenhaus der Freiheit, unterschreiben sogar mit Freunden die eigenen Einweisungspapiere. Mit dem festen Wunsch, dass jetzt »alles besser werde«, machen sie sich auf und stürzen sich Hals über Kopf in eine ungewisse Reise, an deren Ende sie oftmals weit weniger besitzen, als zuvor. Oft merken sie nicht, welche Heimtücke dieses selbst gewählte Einweisungsverfahren mit sich bringt, ehe sie feststellen, in welchem Irrenhaus sie wirklich gelandet sind.

Psychologie der Kommunikation

Mein Lebensweg zwischen den Kulturen hat aus mir das gemacht, was ich heute bin. In beiden Kulturen fühle ich mich wie ein Insider und Outsider zugleich. In beiden Kulturen werde ich nicht so wahrgenommen, wie ich mich eigentlich fühle. In Deutschland bin ich nicht deutsch genug, was auch nicht möglich ist, im Iran bin ich europäisiert, was auch nicht stimmt. Die Kollision meines Selbstbildes mit der Wahrnehmung der anderen bestimmte meine Lebensform. Lange habe ich darüber nachgedacht, wie ich diese Vorurteile in dialogisches Verstehen überführen könnte.

Die Beschäftigung mit der analytischen Psychologie von Carl Gustav Jung hat mir die Augen geöffnet. Er unterscheidet im menschlichen Gehirnareal vier Bereiche, die sich gegenseitig befruchten. Es geht um, wie erwähnt, »Denken« und »Fühlen« sowie »Empfinden« und »Intuieren«, die sich bei jedem Menschen anders entfalten und unmittelbaren Einfluss auf seine Formen der Interaktion ausüben.

Stellen Sie sich einmal vor, ein Freund kauft einen Garten, den er nach seinem Geschmack gestaltet. Irgendwann macht er ein Gartenfest, bei dem alle Freunde zusammenkommen. Sie können sich vorstellen, dass jeder diesen Garten, wie er gestaltet ist, anders wahrnimmt. Während des Grillens kommt es zu einem Austausch über den Garten. Dem einen sind die Rhododendren nicht landestypisch genug, der andere findet den Kirschlorbeer abscheulich, dem dritten ist die Hütte zu kitschig und der vierte würde den ganzen Garten komplett anders gestalten. Dies gefällt dem Gastgeber nicht, der im Kreis seiner Freunde feiern wollte.

Sie können sich vorstellen, wie konfliktträchtig die Urteile der Freunde sind. Ihre Haltung ist zwar ehrlich und will nicht artikulieren, dass der Freund keinen Geschmack hätte, wirkt aber beim Freund wie eine Beleidigung. Vielleicht bereut er, überhaupt den Garten seinen Freunden gezeigt zu haben. Dieser Abend ist alles andere als schön, weil alle irgendwie unglücklich auseinandergehen. In allen anderen Belangen des Zwischenmenschlichen sind wir tagtäglich mit solchen Einstellungen und Haltungen konfrontiert, die unser Verhältnis zu anderen bestimmen. Wenn der Gastgeber und seine Freunde nur wüssten, wie kognitive Dissonanzen entstehen, hätte er sich gegenüber seinen Freunden wahrscheinlich beruhigend verhalten.

Carl Gustav Jung gibt eine plausible Antwort, die mich sehr überzeugt hat. Die Einstellungen der Freunde sind ein Ergebnis von individuell unterschiedlichem Denken und Fühlen sowie Empfinden und Intuieren. Dies hängt damit zusammen, dass wir Menschen unterschiedlich erzogen werden, verschiedene Geschmäcker entwickeln und uns die Welt oft sehr unterschiedlich anschauen. Daher ist es selbstverständlich, dass wir verschieden sind. Ohne diese Verschiedenheit wäre das Leben nicht mehr lebenswert. Auch Vorurteile, die wir dem Freund und anderen Menschen gegenüber im Leben hegen, sind das Ergebnis dieser vier Bewusstseinsfunktionen, die alle sozialen Interaktionen bestimmen. Das Anregende daran ist, dass das menschliche Erfahrungsrepertoire durch seine sozialen Begegnungen erweitert wird und dementsprechend die Verhältnisse komplexer werden.

Diese im Menschen verankerte Qualität, immer anders zu sein, habe ich zur Grundlage meiner Theorie der Kommunikation gemacht. Ich war froh, dass ich nicht, wie meine Kollegen, an dem alten Vorurteil festgehalten habe: »Afrikaner denken völlig anders als Europäer« oder »Asiaten denken total anders als Lateinamerikaner«. Ich habe gelernt, dass der unmittelbare deutsche Nachbar ein völlig anderer Kontinent von nebenan sein kann. Auf diese Weise brauche ich nicht meine Unwissenheit über die Afrikaner oder Asiaten an den Tag zu legen.

Auf diesem Erkenntnisweg habe ich durch Jung gelernt, das gesamte Zwischenmenschliche völlig anders zu betrachten. In meinen Lehrjahren habe ich immer besser verstanden, dass der Mensch zwar in einen Kulturkontext hineingeboren wird, aber nicht ausschließlich von diesen Kontexten bestimmt wird und in ihnen aufgeht. Der Einfluss ist nur partiell. Sie haben bestimmt Nachbarn, die sich umzäunen, damit Sie ja nicht auf die Idee kommen, ihren Garten zu betreten. Sie kennen bestimmt auch Nachbarn, die so penibel sind und ihren Rasen »mit der Nagelschere« schneiden und die Gärten anderer als schlampig bezeichnen. Erziehung und individuelle Persönlichkeit gehen miteinander Hand in Hand. Ein introvertierter oder ängstlicher Mensch sieht die Welt anders als ein extrovertierter und vermeintlich mutiger Mensch. Auf jeden Fall ist wissenschaftlich nachweisbar, dass Erfahrungen, insbesondere die frühkindlichen, Menschen prägen.

Wie lässt sich der mögliche Schwarz-Weiß-Blick erklären, der bereits im Denken und Fühlen sowie im Empfinden und Intuieren zu entscheiden vermag, wie Beziehungen zum anderen gestaltet werden? In Anlehnung an ein kulturkontextbewusstes Miteinander kann ein Verstehensweg geschaffen werden. Dafür habe ich zwei Begriffe geprägt, um die Theorie von Carl Gustav Jung weiterzuführen. Ich unterscheide zwischen zweierlei Formen des Verstehens, enzyklischer und apozyklischer Art. Apozyklisches Verstehen ist eine reduzierte Form von Verstehen und Verständigung, die sich auf die eigene Weltanschauung beschränkt. Eine solche Methode des Verstehens ist zweidimensional, weil die Partner ausschließlich eigene Sichtweisen in den Vordergrund stellen. Enzyklisches Verstehen ist darauf ausgerichtet, eine vielseitige und umfassende Form von Verstehen und Verständigung zu ermöglichen, damit die Gesprächspartner die Möglichkeit bekommen, sich in allen Kontexten ihrer Begegnungen spiegelbildlich zueinander zu verhalten. Eine solche argumentative Methode kann das bloße und oft konfliktreiche Nebeneinander in ein interaktives Miteinander überführen.

Im Gespräch mit meinen Kollegen und Freunden habe ich immer wieder festgestellt, dass es eine gute Möglichkeit gibt, den anderen so zu verstehen, wie er sich verstanden wissen will. Ich soll versuchen, mich im anderen als Teil des Ganzen wahrzunehmen. Stellen Sie sich einmal vor, wenn auch der andere sich in meiner Welt als Teil des Ganzen wahrnehmen würde, so entstünde eine Situation, in der wir uns verstehen, ohne in Extremverhalten zu verfallen. Das ist anstrengend, aber wer Freunde gewinnen und Konflikte vermeiden möchte, sollte schon diese Mühe auf sich nehmen. Wenn wir erwarten, dass nur der andere mich wahrnimmt und akzeptiert, so werde ich ihn irgendwann verlieren.

Mein Freund Harald Seubert

Harald Seubert ist ein kommunikativer Geist, mit dem ich viele Meinungen in meinem akademischen Leben teile. Er vermag, auf Anhieb präzise Gedanken zu entfalten. Es sind 25 Jahre vergangen, seit wir beschlossen haben, gemeinsam in Sachen Denken und Zukunft unterwegs zu sein. Wir sind ein Jahrgang, 1967, Seubert war damals Privatdozent und Oberassistent in Halle. Wir sehen uns selten, gestalten aber Projekte, Webinare und Vorträge über soziale Medien. Was uns verbindet, ist seine kritische Betrachtung des Zeitgeistes und die unverblümte Art, seine Meinung zu artikulieren.

In vielen Arbeiten habe ich festgestellt, dass Seubert nicht mit dem Zeitgeist mitläuft, sondern vielseitig mitwirken will. Man spürt, dass er aus einer handwerklich künstlerischen Familie kommt, dass unter seinen Vorfahren Bauern waren: Er genießt das Leben ganz elementar, er bestaunt die Welt, um ihr antworten zu können. Er ist in seinem Denken konservativ, aber für jedes Gespräch offen. Ein Bewahrender, der nicht meint, dass es sich mit einfachem Gepäck leichter reise. Doch mit Walter Benjamin bedeutet das für ihn auch, Kritik und Rettung zu verbinden. So geht er selbst mit denen, die ihm nah sind, Freunden und Klassikern, sehr kritisch um. Ihm liegt nicht an der Asche, sondern am lebendigen Gedächtnis, das für neues Denken fruchtbar werden kann.

Akademisch kommt Seubert von der klassischen humboldtschen Universität her. Er hatte große Lehrer, denen er bis heute dankbar und auch über den Tod treu geblieben ist, wie Manfred Riedel, Dieter Henrich oder Werner Beierwaltes. Auch Germanisten, Historiker und Theologen befinden sich unter denen, die ihn geprägt haben. Doch Seubert ist in keinem Gehäuse einer Schulphilosophie gefangen. Er sieht sich als Gelehrter, dem das Wissen nicht Selbstzweck ist. Er analysiert Texte in Bezug auf den Kern und die Frage, um die herum sie geschrieben worden sind, macht das Gewesene lebendig und verbindet es mit einem Denken von Grund auf.

Unsere intensive Zusammenarbeit begann 2003 mit der Herausgeberschaft der »Interkulturellen Bibliothek«. In Telefonaten, Briefen und Mails entdeckten wir, lange bevor wir uns begegneten, unsere wissenschaftliche Nähe. Wir sehen uns seither als Brüder im Geist. Seubert verbindet die Liebe zu den großen Traditionen von Dichtung und Philosophie mit einer Offenheit für verschiedene Kontexte des Denkens: Zur Interkulturellen Bibliothek steuerte er damals, gerade mit der grundlegenden Untersuchung über »Platon. Polis und Nomos« habilitiert, kleine Monografien über Nicolaus Cusanus, Max Weber, Heinrich Rombach und Friedrich Wilhelm Schelling bei: Denker, zu denen Seubert einen besonderen Bezug hat.

An Cusanus fasziniert Seubert eine spekulative Kraft, die sich mit der Mystik berührt und die über das Entweder-oder hinausblickt. Gespräche schlossen sich an über den Zusammenhang östlicher und westlicher Mystik. Max Webers Rationalität entwirft in einem breiten Panorama, dass die östlichen Hochkulturen in keiner Weise dem okzidentalen Rationalismus unterlegen sind. Diesen Faden nahm Seubert auf. Auch der Persönlichkeit Webers zwischen Eros und preußischer Disziplin ist er nah. Aus dem Werk Heinrich Rombachs arbeitete er eine Tiefenschicht heraus: die Hermetik, die dem Hermeneutischen noch vorausgeht.

Seubert hat ein beeindruckendes Werk vorgelegt. Er thematisiert große Felder der Philosophie, von Religionsphilosophie über Politische Philosophie bis zur Ästhetik und der Frage nach der Kunst. Er entwickelt sein ausgeprägtes systematisches Denken im Zusammenhang mit den großen Philosophien. Mit Marc Bloch ist Denken für ihn ein Gespräch der Lebenden mit den Toten. Er will sie nicht nur doxographisch erfassen, sondern auch in ihren Andeutungen. Er ist höflich und umsichtig mit ihnen wie mit Gästen, doch liebt er auch das agonale Streitgespräch.

Was ich an Seubert schätze, ist der rhetorische und künstlerische Schwung des scharfsinnig argumentierenden Geistes in Schreiben, Reden und Leben. Er verfolgt seinen philosophischen Weg unabhängig von Moden und Tendenzen. Keinem »ismus« ist er gefolgt, sondern den Worten Hölderlins »Ins Offene, Freund«. Wir teilen das Ziel einer Erneuerung des Denkens von Grund auf, das sich in vielfachen Kontexten auffächert, es setzt immer neu an und bleibt sich doch treu. In diesem genuinen Vertrauen auf die Kraft des Geistes sind wir eins.

Es war für mich eine unerwartete Freude, dass Seubert mit Freunden eine Festschrift zu meinem 50. Geburtstag herausgegeben hat. Geprägt haben ihn Denker, über die er große Monografien geschrieben hat: Platon, Heidegger, aber auch klassische deutsche Philosophen: Hegel, Schelling und Fichte. Seubert ist unverkennbar in seinem Denkstil, der sich anfangs an anderen geformt hat. Frei nach Goethe, weiß Seubert, von mehr als einem Jahrtausend Rechenschaft abzulegen. 2016 stellte Seubert eine Weltphilosophie vor, die den Impuls von Karl Jaspers aufnimmt, die Spuren der verschiedenen Weltphilosophien und -kulturen in ihrer Eigenheit und zugleich in den sich wechselseitig erhellenden Linien zu sehen. Auch das Ansinnen, in die jeweilige Öffentlichkeit hineinzusprechen, verbindet uns beide in der Tradition von Jaspers' lebenslangem Versuch einer unmittelbaren Aufklärung der Völker.

Seubert ist ein froher, manchmal emphatischer Mensch. Er lässt sich begeistern und kann begeistern. Zugleich ist eine Melancholie um ihn, eine Schwermut, die fern vom Zynismus ist.

Ohne diese Trauer ist es vielleicht nicht möglich, in tiefere Fragen einzudringen. Vernunft und religiöse Empathie verbinden sich bei ihm nicht nur bezüglich seiner Herkunftsreligion, die christlich bezogen ist, sondern auch mit dem Gespräch der Religionen. Die Tiefe von Islam, Judentum und fernöstlichen Religionen achtet er als anderes seiner Selbst. Die Liebe zum Schönen und zum Heiligen, die Fähigkeit zum Erstaunen und zum Erschrecken bewahrt er sich bis in sein sechstes Lebensjahrzehnt. Man spürt ein intensiv gelebtes Leben, eine Müdigkeit, aber in der Verhaltenheit steigert sich der Kern seines Denkens und Fragens.

Um mit Goethe und Schiller zu sprechen, ist Seubert naiv und zugleich sentimentalisch, reflektiert, reflektierend und einfach zugleich. Er ist ein hingebungsvoller Freund, der die Schönheit liebt und die Einsamkeit kennt, aus der er das Gespräch umso mehr schätzt und sucht. An ihm schätze ich, dass er das Gegenteil eines Funktionärs und Apparatschiks ist. Ämter und Funktionen sind für ihn Maske, Persona nicht das Eigentliche.

Wir treffen uns wissenschaftlich darin, dass wir keine abstrakten Akademiker sind. Denken ist uns wie Lebensluft und -lust. Auf diese Weise ist Seubert ein leidenschaftlicher Lehrer und Redner, mäeutisch, fordernd, provozierend und zugleich zurückgenommen. Er lässt seine Schülerschaft das denken, wozu sie fähig ist, gibt alle Freiheit und ist ein Ermöglicher, soweit es in seiner Kraft steht, kein Verhinderer. Doch er setzt sich mit ihnen auch von Gleich zu Gleich auseinander. Karriereängstlichkeit liegt ihm fern, er fordert im Zweifel von sich mehr als vom anderen. Akademische Zeremonien ohne Gehalt meidet er. Die Ablehnung von vermufften Traditionen ohne jegliches Talent, sich neu zu orientieren, verbindet uns.

Das Bewahrende führt bei ihm zu einer geschärften Urteilskraft. Er hat einen untrüglichen Sinn für das Sinnvolle und das Sinnlose. Das Irrenhaus einer Freiheit, die sich selbst zerstört, von akademischen oder politischen Ritualen, die nur um sich selbst kreisen und keine Welt mehr zulassen, beurteilen wir beide ähnlich. Am meisten irritieren Seubert die Selbstgerechten und permanent Irritierten, solche, die am liebsten nur mit sich selbst reden möchten. Sie stellen sich das Leben, ohne sich dessen bewusst zu sein, als ein Irrenhaus vor, in dem alles erlaubt ist, um den vermeintlichen Gegner in die Knie zu zwingen. Das Interessante dabei ist, dass solche Menschen, wenn es um ihre eigenen Belange geht, mit der Freiheit völlig anders umgehen und ihr gar Grenzen setzen wollen, damit ihre Interessen gewahrt bleiben. In dieser meist zutreffenden Einstellung in unserer Gesellschaft gedeiht eine unerträgliche Selbstverliebtheit, die nur aus der Ohnmacht des anderen lebt.

Seubert beansprucht und übt Ambiguitätstoleranz, die Fähigkeit, den anderen anders sein zu lassen und von ihm zu lernen. Er ist ein leidenschaftlicher Anhänger der »unbedingten Universität«, von der zuletzt Jacques Derrida geträumt hat. Wenn es nicht einen Ort der Kontemplation gibt, der den Zweckritualen entzogen ist, dann verliert man die humane Kultur. Als Weltbürger lebt Seubert auch in verschiedenen Epochen. Vielleicht wäre er besser in der Klassik aufgehoben oder im platonischen Athen oder im Aufbruch der Philosophie nach 1920. Dass dieser Aufbruch zerstört wurde, ins Bodenlose stürzte, macht ihn sensibel für die Zwanzigerjahre des 21. Jahrhunderts. Dennoch macht er mit seiner Epoche seinen Frieden.

Ein zarter und zugleich kraftvoller Mensch ist Seubert. Er liebt das Helle und das Dunkle, die sardonische Aufklärung und die spekulativen Tiefen. Zwischen Heine und Hölderlin möchte er sich nicht entscheiden müssen. Er ist ein spekulativer Kopf, zu dessen Erfahrung die transzendenten Gedanken genauso gehören wie der Blick auf das, was draußen ist. Er mag keinen Jargon. Begriffe müssen etwas zeigen und enthüllen. Er antwortet wie eine Membran auf das, was ihm begegnet. Resonanzen und Korrespondenzen sucht er. Doch er tut das in Entschiedenheit. Die verkehrte Welt verlangt eine klare Diagnose und Therapie.

Seubert liebt, wie ich auch, Thomas Manns Wort von der Aufklärung, die in die Tiefen steigen müsse. Er ist ein entschiedener Selbstdenker und bringt durch seine Schriften, die auch einen hohen ästhetischen Anspruch haben, andere zum Selbstdenken, wobei ich bei Mann mehr dessen Sprachtechnik schätze, an der er wie ein Maler bis zur absoluten Perfektion arbeitet. Dies macht die Sprache seines literarischen Werkes zwar ein bisschen härter, aber nicht weniger einfühlsam als die Heines.

Seubert wird weiterhin einen starken Gegenakzent gegen eine Gesellschaft setzen, in der auf allen Kanälen das Gleiche gesendet wird. Es wäre nur von Nachteil, wenn dieser Zustand der Einlullung aufgehoben würde, denn die Politik scheint großes Interesse daran zu haben, diesen Zustand aufrechtzuerhalten. Letztlich hat das Volk in seinem Gehege alle möglichen Freiheiten, die ihre Grenzen dort gesetzt bekommen, wo der Mensch das Leben in diesem gelenkten Irrenhaus kritisch betrachtet und beginnt, im Sinne von Kants Aufklärung sich selbst in seinem Denken zu orientieren.

Denken ist ein Gespräch mit sich selbst und mit der Welt. Denken bestimmt den Orientierungsweg des Selbst- und Weltverhältnisses. Nur kritisches Denken ist in der Lage, sich selbst zu bestimmen und Zukunftsperspektiven zu entwickeln. Philosophie ist ein vernünftiger Weg aus einer Palliativgesellschaft, die Menschen zwingt, im Konsum zu leben und zu allem unreflektiert Ja und Amen zu sagen. »Palliativgesellschaft« ist eine andere Bezeichnung für das »Irrenhaus der Freiheit«, wo ethisches Denken nicht untersagt wird, aber keine Förderung erfährt. Eine solche Gesellschaft verwechselt Sinn und Funktion von Glück und Freude. Dem Menschen wird die Möglichkeit genommen, sich spirituell zu entwickeln. Er bohrt sich nur wie eine Bohranlage in den Konsum, ohne zu merken, dass er ein »Dollbohrer« geworden ist.

Dieses Zeitbewusstsein verbindet uns. Wir sind im Versuch unterwegs, an der spirituellen Dimension des Menschen zu rütteln, um ihn zu sich zu rufen. Tun wir dies nicht, ist der Mensch anfällig für Fanatiker, die beliebig mit ihm spielen können. Kritisches Denken ist gegen Verdummung und Verdumpfung allergisch, dagegen auch immun. Daher ist Philosophie, die jederzeit aus dem Denken neue Geburtsorte erfährt, etwas anderes als Ideologie, welche das Denken verschüttet und den Menschen von seinem Menschsein entfernt.

Eine totale Technik-Philosophie ist schuldig zu sprechen, die das menschliche Bewusstsein als eine Waschmaschine missversteht, die man programmieren kann. Solcherlei Ideologien vergessen in ihrer Euphorie, dass der Mensch jederzeit aus dieser künstlichen Palliativhaltung ausbrechen kann. Für einen denkenden Menschen, der seine Handlungen zu reflektieren vermag, ist kritisches Denken ein neuer Anfang, eine Art Geburt. Wir sollten immer der Wahrheit und einer Toleranz verbunden sein, die anerkennt und lernt, nicht nur erträgt.

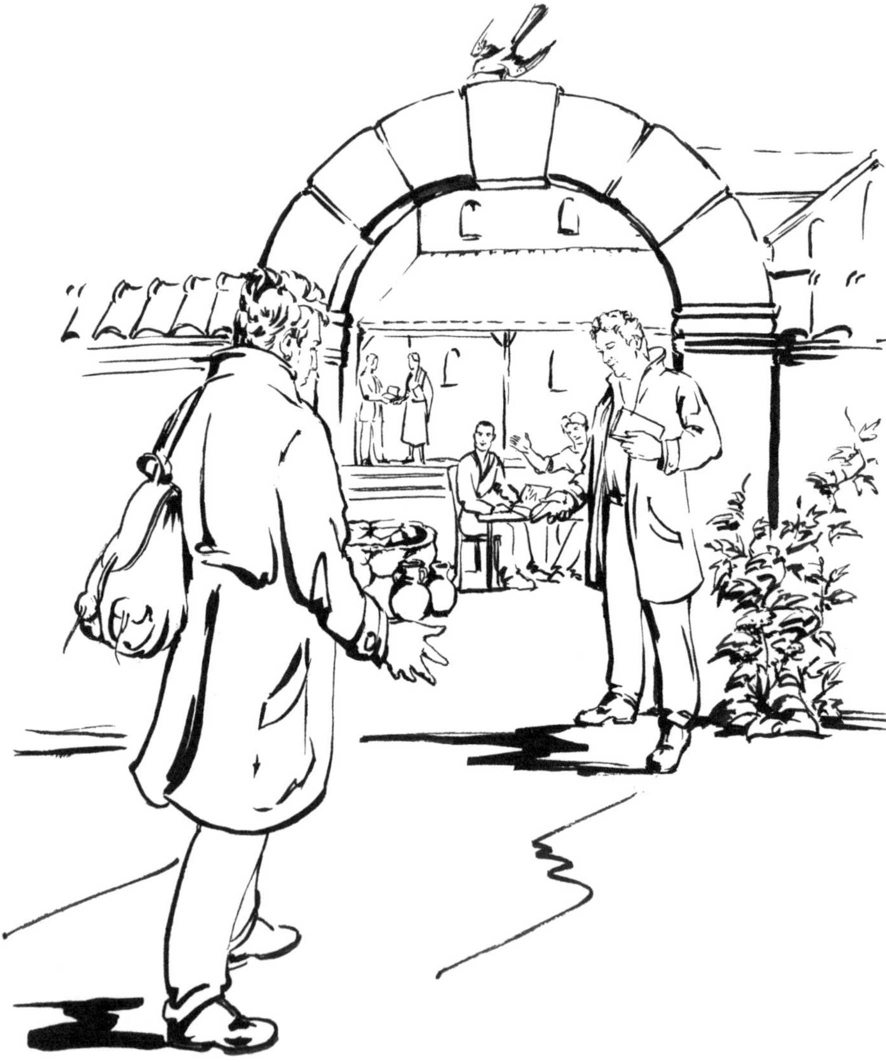

6. Nicht ohne »meinen« Westen

Romantisches Westbild

Im Rahmen der psychologischen Beratungstätigkeit mit meinen Landsleuten wurde mir immer deutlicher, dass viele Iraner im Ausland ein zerrissenes Leben führen. Viele Beweggründe veranlassen sie dazu, ihre Heimat zu verlassen und sich unbewusst in die Falle einer Identitätskrise mit unabsehbaren Folgen zu begeben. Solche Krisen treten häufig ein, nachdem scheinbare Ruhe und Stabilität eingekehrt sind. Die Beobachtung der Innen- und Außenperspektive meines Landes hat mich immer nachdenklicher gemacht. Deshalb habe ich mir zum Ziel gesetzt, die kulturellen, religiösen und gesellschaftlichen Folgen der Selbstentfremdung bei Migranten zu untersuchen.

Ein Mensch fällt in eine Identitätskrise, wenn er mit falschen Illusionen lebt. Im Iran der letzten 100 Jahre hat sich in manchen gesellschaftlichen Schichten und bei den Eliten eine derartige Illusionswelt etabliert. Sie leben in Parallelgesellschaften mit der Vorstellung, der Iran sei ein Ort des Niedergangs, des religiös dominierten Fanatismus und der Diktatur. Gleichzeitig trachten sie danach, ihr Leben nach einem europäischen Wertesystem auszurichten, das sie für gut und richtig halten. Je mehr sie sich in die Welt solcher westlich ausgerichteten Parallelgesellschaften hineinsteigen, desto weiter entfernen sie sich von ihrer eigenen Gesellschaft, die sie zunehmend für rückständig und reformbedürftig halten.

Nach Reformen zu trachten ist eine gute Sache. Despotisch wird diese Haltung jedoch dann, wenn eine ganze Gesellschaft gewonnen und nach einem Wertesystem umgeformt werden soll, das nicht ihres ist. Sind Menschen einmal in solchen verklärenden Sehnsüchten gefangen, so ist es unmöglich, Perspektiven im eigenen Lande zu entfalten. In diesen Parallelgesellschaften, auch in virtuellen Vergleichen sozialer Netzwerke, meinen sie, ein Teil Europas geworden zu sein. Dies entspricht dem Bild, das ich selbst wahrgenommen habe, als ich zum ersten Mal nach Deutschland kam und unter meinen Landsleuten gelebt habe. Die iranische Parallelgesellschaft um meinen Freund Bijan führt mir vor Augen, dass diese Muster sich wiederholen. Diese Iraner in Deutschland wollten zurück in den Iran, selbst wenn sie diesen als rückständig betrachteten. Die Iraner, mit denen ich in meinen Beratungsgesprächen zu tun hatte, sehnten sich nach Europa, obwohl sie auch darüber schimpften. Dies ist Ausdruck einer inhärenten Kulturschizophrenie, ein selbst gebasteltes Irrenhaus der Illusionen und Trugbilder. Dieses Verhalten macht sich bemerkbar durch den Gebrauch englischer Ausdrücke oder europäischer Kleidung. Solche Menschen entwickeln gegenüber den Geschehnissen im eigenen Land unbewusste Ignoranz, prophezeien das angebliche Ende des politischen Systems und freuen sich über jedes Indiz, welches ihre kulturelle Selbstflucht stützt.

Häufig erklären mir bereits Iraner im jugendlichen Alter, ein weiteres Leben in ihrem Heimatland könnten sie nur mit Stillstand oder gar Rückschritt in der Entwicklung ihrer Persönlichkeit gleichsetzen. Fortschritt ließe sich erzielen, wenn sie ihr Land verlassen würden, um in westlichen Ländern den suggerierten Idealen nacheifern zu können. Alle verwiesen auf die virtuelle Welt der Internet-Plattformen, wobei ihnen nicht bewusst ist, dass deren Anziehungskraft lediglich den Glanz- und Glamourausschnitt des westlichen Lebens zeigt. Dies zieht häufig eine Selbstflucht nach sich und führt dazu, für die Verwirklichung ihrer Sehnsüchte einen anderen Ort außerhalb des eigenen Landes zu suchen.

Die Imitationskultur der extremen Reformwilligen im Iran tut ein Übriges dazu, eigene Talente zu vernachlässigen, obwohl diese teilweise innovativer und fortschrittlicher als europäisch-westliche Denkweisen sind. Noch immer hat sich kein Bewusstsein dafür gebildet, dass eine kulturelle, wissenschaftliche und historische Selbsterniedrigung nicht weiterführend ist. Im Gefolge dieser erniedrigenden Selbst-Verwestlichung ist über Generationen hinweg eine Bildungselite herangezogen worden, die zwar iranisch aussieht und Persisch spricht, jedoch westlich denkt und handelt, folglich im eigenen Land letztlich westliche Interessen vertritt.

Bereits im Vorfeld werden Denkleistungen aus dem eigenen kulturellen Vermögen heraus, zu denen Intellektuelle fähig wären, unterbunden. Im Sinne eines solchen Illusionswahns studieren viele Jugendliche nicht dafür, um sich später eine qualifizierte Arbeit in ihrem Land zu suchen, sondern um, ganz im Interesse des westlichen Arbeitsmarktes, später auszuwandern. Dabei ist ihnen egal, dass sie die Ressourcen ihres Landes missbrauchen, um sich auf fremdem Boden entfalten zu können.

In den Wirren dieses Identitätsverlustes geht die Chance verloren, dem Land und sich selbst zur Entfaltung eigener Interessen zu verhelfen. Hingegen wird die Verwestlichung als einziger Weg zur wahrhaftigen Bildung suggeriert. Durch derlei akademische Multiplikatoren saugen insbesondere junge Menschen das kulturelle Selbstvorurteil und die Meinung ein, in ihrem Land sei keine Zukunft möglich. Dieses Klima der Hoffnungslosigkeit schwächt das gesamte Land. Die unreflektierte Abwertung der eigenen Kultur begünstigt die Bildung von Fraktionen mit westlicher wie nichtwestlicher Orientierung, traditionalistischer wie liberaler Ausrichtung. Würden sie dies begreifen, könnten sie die Verherrlichungsdiskurse des Westens, gefeiert als Akt des Fortschritts und der Völkerverständigung, zu ihren eigenen machen.

Die Eliten vernachlässigen, einen konstruktiven Dialog innerhalb verschiedener Gesellschaftsschichten des Landes sowie zwischen dem Iran und anderen Ländern zu führen. Auf diese Weise könnten historisch gewachsene Vorurteile offengelegt werden. Doch die reformwilligen Intellektuellen üben eine Fundamentalkritik am politischen System des Iran.

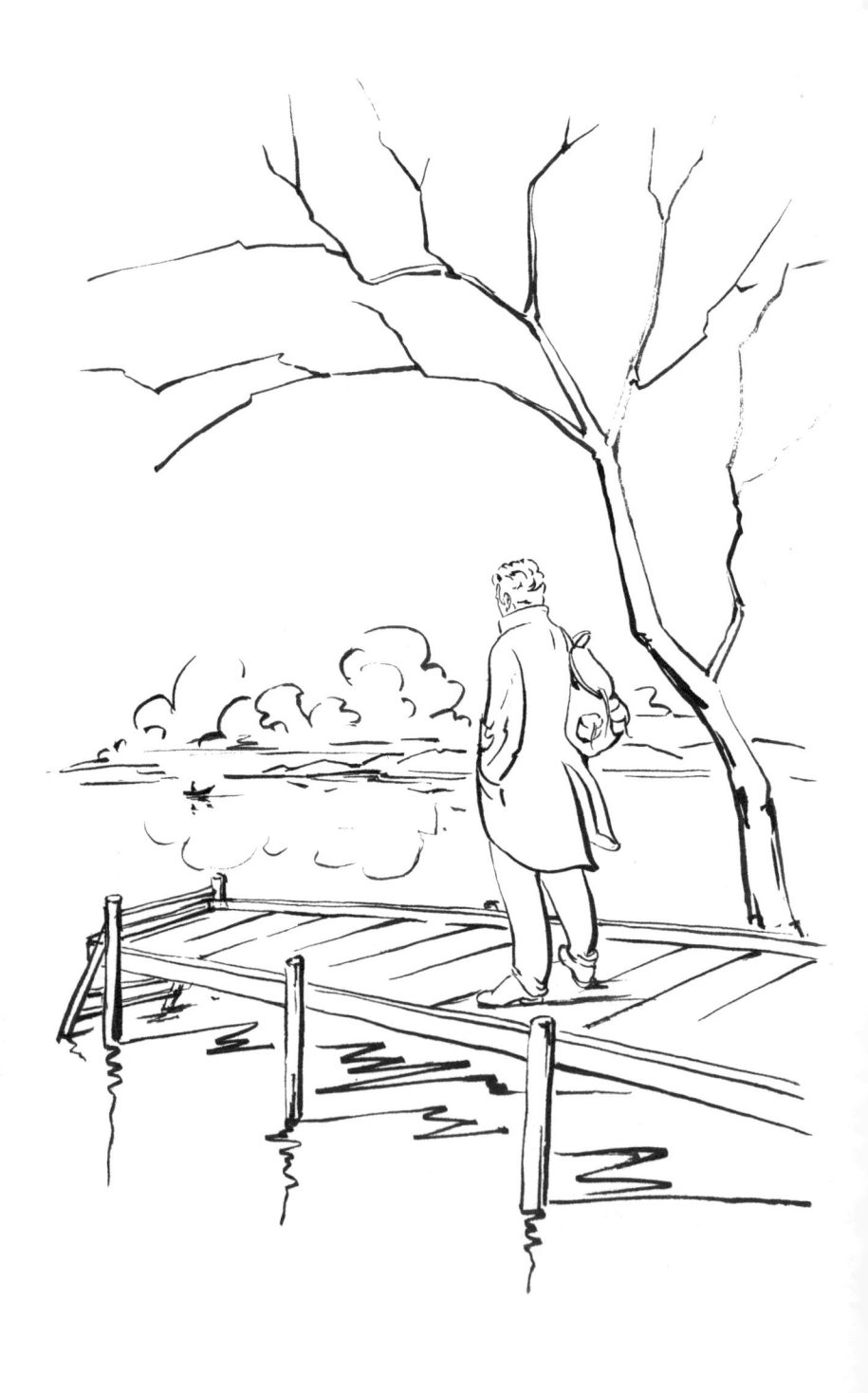

Auch in meiner Familie lässt sich dieses Phänomen beobachten. Meine Mutter war immer wieder traurig, dass einige ihrer Enkelkinder, die nicht einmal 20 Jahre alt sind, weinend den Wunsch äußern, in Europa leben zu wollen. Wenn sie seinerzeit meinen Wunsch, das zerstörte Land nach dem Krieg zu verlassen, noch nachvollziehen konnte, so ist ihr dies bei den Enkelkindern, die derzeit im Iran in Saus und Braus leben, unmöglich. Vom Wunsch nach Migration sind auch Menschen aus ärmeren Verhältnissen betroffen, wobei dort wirtschaftliche und familiäre Aspekte deren Migrationswilligkeit erhöhen. Was die westlichen Länder für sie attraktiv macht, sind Sozialleistungen, die auch bei Nichtstun ein geringes, jedoch geregeltes Einkommen garantieren. Hier entfalten typische Phänomene sozial schwacher Schichten ihre Wirkung, wie Armut, das Gefühl der Unerwünschtheit, körperliche Züchtigung oder Gewalt. In ihrem Imitationswahn gehen sie davon aus, dass hier keine Ungerechtigkeit herrsche. Oftmals entschließen sich ganze Familien dazu, den Iran zu verlassen. Solche Unternehmungen enden zumeist verlustreich. Illusionsblind denken sie kaum daran, dass sie mit völlig unbekannten Gegebenheiten konfrontiert werden. Ihre Bildungsferne räumt ihnen auch in der westlichen Realität kaum Chancen ein.

Im Schlaraffenland

Migranten denken zunächst nicht an Probleme, welche ihre psychische Konstitution berühren könnten. Solche Menschen betrachten ihr Heimatland wie ein Hotel. Halten sie den Service für nicht gut genug, so suchen sie sich ohne Rücksicht auf Verluste ein anderes Hotel. Einige Jahre später merken sie, dass sie alle Brücken hinter sich zerstört und sich durch kulturelle Selbstflucht von der eigenen Kultur entfremdet haben. In der Zielgesellschaft kommen sie aber nicht wirklich an. Oft macht sich dies als Sozialisationsstörung mit Depressionen und psychischen

Belastungsstörungen bemerkbar, die das tiefe Selbst beeinträchtigt. Die Schwere hängt ab vom Grad der Entwurzelung und davon, inwieweit der Betroffene seine Identität aufgegeben hat.

In einem meiner Therapiegespräche erzählte mir Nossrat, ein Familienvater aus Hannover, mit Tränen in den Augen, dass er und seine Frau mit zehn weiteren Familien vor 20 Jahren beschlossen hatten, nach Deutschland zu kommen, um hier ein schönes Leben zu führen. Die Kinder sollten eine gute Zukunft haben und nichts entbehren müssen. Nun war er enttäuscht über alle Entscheidungen, die sie getroffen hätten. »Wir dachten, wir kämen ins Schlaraffenland und bekämen alles, was wir wollten. Was wir hier erfahren, hat nichts mit dem zu tun, was wir uns ausgemalt hatten. Neben der Sozialhilfe müssen wir auch einen kleinen Job machen, um halbwegs leben zu können.«

Nossrat berichtete, seine Familie hätte zwar eine Unterkunft, ein Auto und ein gewisses Einkommen, doch man nehme sie als Fremde wahr, die hier wie Schmarotzer leben. Vor allem seine Kinder, die mit fünf und sechs Jahren nach Deutschland gekommen seien, fühlten sich zerrissen. Sie gingen zur Schule, fühlten sich aber hier nicht heimisch. Nossrat habe sie sogar taufen lassen, sie christlich erzogen und in der Schule hätten sie Unterricht in katholischer Religion erhalten. Im Familienkreis hätten sie Weihnachten wie die Christen gefeiert. Er klagte, nichts hätte gefruchtet. Die Kinder würden weiterhin in einer Parallelgesellschaft leben und noch immer mit Freunden verkehren, mit denen sie seinerzeit ihr Land verlassen hatten.

Nachdenklich stimmte mich seine undankbare Haltung: »Das ist unser Los. Im eigenen Land in Parallelgesellschaft leben, im Ausland genauso.« Der Familienvater merkte überhaupt nicht, dass der jetzige Zustand der Familie einzig auf seine Fehlentscheidung zurückzuführen ist, sondern machte die aktuelle Politik im Iran dafür verantwortlich. Es dauerte eine Weile, bis ich Nossrat verständlich machen konnte, dass er ein viel besseres Leben im Iran führen könne, wenn er sich nicht auf das Hörensagen verlassen hätte, Europa sei das gelobte Land. Ihm sind nun die Gründe klar geworden, warum seine Kinder sich dort heimisch fühlen: Dort werden sie als Einheimische wahrgenommen, nicht als Menschen, die zwar Deutsch sprechen, aber dieser Gesellschaft nicht angehören. Das Gefühl, ihre Wurzeln woanders zu haben, macht die Kulturzerrissenheit seiner Kinder aus.

Nun kam Nossrat auf seine beruflichen Perspektiven zu sprechen. Im Iran sei er verbeamtet gewesen, hätte aber auf alles verzichtet. Jetzt mache ihn das wahnsinnig, denn selbstverständlich sei es unmöglich gewesen, in Deutschland in seinem Beruf Fuß zu fassen. So verdiene er nun seinen Lebensunterhalt mit Tätigkeiten, für die er sich im Iran geschämt hätte. Zunächst sei er Taxifahrer gewesen, später Pizzalieferant. Nur eine der Familien, die seinerzeit mit ausgewandert wären, führe ein recht gutes Leben, weil der Mann als Arzt eine adäquate Beschäftigung gefunden hätte. Doch auch er klage bei Treffen, dass er im Krankenhaus schuften müsse, kaum bleibe für seine Familie Zeit. Seine Frau hätte einen anderen Mann kennengelernt, worunter auch die Kinder litten, die ebenfalls fast nur Kontakte mit gleichaltrigen Migranten hätten. Hier müsse man oft noch härter, disziplinierter und ohne zu nörgeln für sein Geld arbeiten als im Iran.

Nossrat hat zu spät erkannt, dass er einem Konstrukt erlegen ist, das nur in seinen Träumen existierte. Sein Selbst ist empfindlich gestört, wobei seine Identität schrittweise aufgeweicht wird. Es ist nicht verwunderlich, dass dadurch die intrinsische Psychodynamik eine Totalblockade für die Selbstentfaltung erfährt, egal in welchem Land er sich aufhält. Wer Utopien verfällt und den Himmel auf Erden sucht, erfährt das Vorhandene als Hölle.

Ein weiteres Beispiel aus einem Beratungsgespräch mit einer vierköpfigen Familie, die seit 20 Jahren in Deutschland lebt, möge vor Augen führen, wie eine »Flucht« nach Deutschland Depressionen herbeiführt, die eine Familie zu zerstören drohen.

Parwin verkehrte im Iran in einem Freundeskreis, der davon träumte, das Land zu verlassen, um einfach weg zu sein. Ihr Ehemann und sie seien davon begeistert gewesen. Sie hätten alles verkauft, was sie besaßen, und seien nach Deutschland gekommen, während drei weitere Gruppen von jeweils zehn Personen nach Großbritannien, Frankreich und ebenfalls nach Deutschland ausgereist seien. Innerhalb kürzester Zeit hätten sie aufgrund der Gräuelgeschichten, die sie erzählten, einen Asylpass erhalten. Danach sei alles in geregelte Bahnen gelangt, sie hätten auch eine Tätigkeit gefunden, um ein ausreichendes Einkommen zu erzielen. Zehn Jahre später sei der Asylpass durch einen deutschen Pass ersetzt worden und sie hätten als »vollständig assimiliert« gegolten.

Parwin und ihr Mann wurden in Deutschland Eltern, ihre Kinder sind 19 und 16 Jahre alt. Irgendwann merkten sie, dass sie dennoch nicht vollends hier ankommen seien. Die Kinder, die fließend Deutsch sprächen, würden gefragt, woher sie kämen. »Sie können sich nicht vorstellen«, meint Parwin im Gespräch mit mir, »wir haben alles aufgegeben, weil wir Deutsche werden wollten. Wir werden aber überall beäugt wie unerwünschte Gäste. Das ist den Kindern, die kein anderes Leben als das hier kennen, aufgefallen. Sie sind unglücklich, dass es ihr Verhängnis ist, zu sein, wie sie sind.«

Im Gespräch bedauert sie: »Hätten wir gewusst, dass viele Deutsche so rassistisch sind, wären wir nicht hergekommen. Irgendwann haben wir einen iranischen Pass beantragt und sind zurückgekehrt, um die Familie zu besuchen. Diese Reise hat unser Schicksal auf den Kopf gestellt. Unsere Kinder haben sich mit Gleichaltrigen schnell angefreundet. Das Paradoxe war, dass diese Spielgefährten Deutschland verherrlicht haben, auch deren Familien. Als wir uns gegen deren Vorstellung von Deutschland als Musterland wandten, wollten sie uns nicht glauben. Wir müssten sinnesverwirrt sein, wenn wir aus dem ›Paradies‹ wieder zurückkehren wollten in die ›Hölle‹«, so meinten sie. Fortschritt sei alleine in Deutschland möglich, der Iran aber stagniere. Jeder, der freiwillig bliebe, sei irre.

Sie schilderte, Freundschaften im Iran seien an dieser Hürde des romantisierten Deutschland- und Europabildes zerbrochen: »Nach dieser ersten Reise haben unsere Kinder depressive Züge gezeigt. Sie wollten ›nach Hause in den Iran‹ zurückkehren, obgleich sie doch in Deutschland geboren sind. Das Ganze hat an ihrer Identität gerüttelt, sodass sie nicht mehr zurückfinden.« Die Familie ist letztendlich in den Iran zurückgekehrt, um ein ruhiges Leben im Kreis ihrer Familie zu führen. Wie Parwin mir berichtete, fühlen sich die Kinder nun wesentlich wohler.

Manipulierte Sehnsüchte

Viele Jugendliche werden von klein auf durch den Verwestlichungswahn ihrer Eltern in einem Minderwertigkeitsverständnis erzogen, das nichts anderes nahelegt, als das eigene Land zu verlassen. Hierauf werden sie minutiös von ihren Eltern vorbereitet, anstatt eine Selbstentfaltung im eigenen Land zu ermöglichen.

Eine Frau mit massiver Schlafstörung klagte mir ihre Probleme, mit denen ihr Sohn Keywan seit längerer Zeit zu kämpfen hätte. Sie hatten Jahre zuvor seine Ausreise aus dem Iran betrieben, um sich in Deutschland ein neues Leben aufzubauen. Mit Stolz erklärte sie, wie akribisch die Familie gewesen sei und wie mutig sie auf alles verzichtet hätte: »Unser Sohn ist 18 Jahre alt. Wir haben ihn seit Jahren auf seine Ausreise vorbereitet, damit er sich in Deutschland entfalten kann. Er spricht Fremdsprachen, er hat einen Schwimm- und Musikkurs erhalten. Er liest zu Hause nur deutsche Literatur, damit er sich in Deutschland zurechtfinden kann.« Doch der Junge sei von Heimweh befallen worden. Er hätte seine Freunde wiederhaben wollen. Trotz vieler Telefonate habe nichts den Sohn beruhigen können. Er habe angefangen zu rauchen, zu trinken und mit fragwürdigen Menschen zu verkehren.

Die Frau war emotional derart in ihrer Erzählung befangen, dass sie meine Betroffenheit nicht wahrnahm. Zunächst habe ich sie als Mutter gelobt, die sich für die Zukunft ihres Sohnes eingesetzt hatte, merkte aber an, Keywans jetzige Probleme könnten damit zusammenhängen, dass ihm alles vorweggenommen worden sei. Er müsse ein Leben führen, das nicht seines sei. Sie begann zu weinen und wandte ein, sie hätte doch alles getan für ihren einzigen Sohn. Die Frau spürte keinerlei Verantwortung für den Werdegang ihres Kindes.

Schließlich legte ich ihr nahe, zu bedenken, mit gut gemeinter Lebenserziehung oder Lebensgestaltung könne man auch das Umgekehrte bewirken. Sie habe ihrem Sohn systematisch verwehrt, dass dieser sich auch nur irgendwie im Iran entfalten könne. Sie habe ihr Kind zum Opfer ihrer eigenen Sehnsüchte gemacht, ohne sich dessen bewusst zu sein. Sicherlich sei dies der Ursprung ihrer Schlafstörung und der Depressionen ihres Sohnes. Ich bot ihr an, zu überlegen, was man unternehmen könne.

Da explodierte die Frau plötzlich: »Sie leben in Deutschland, Sie haben es gut. Auch Keywan weiß überhaupt nicht, wie gut er es hat. Im Iran leben doch nur Verrückte und Betrüger, die über Leichen gehen. Deshalb wollten wir wenigstens unseren Sohn retten und nicht zulassen, dass er in dieser Gesellschaft lebt.« Auf meine Anmerkung, sie sei nun einmal an ihr Geburtsland gebunden, erwiderte sie: »Wir betrachten uns aber als Weltbürger.« Auf Nachfrage konnte sie allerdings nicht sagen, was sie hierunter versteht. Ich erklärte, der Weltbürgergedanke schließe nicht aus, eine Heimat zu haben, auf die man stolz sein könne. Der Mensch brauche Heimatgefühl. Deshalb dürfe sie sich nicht wundern, dass ihr Kind jetzt Aversionen gegen ihre Entscheidungen entwickelt habe.

Die Haltung der uneinsichtigen Frau ist typisch für viele sensibilisierungsresistente Iraner, die ihre Identität aufgeben und einer Identitätskrise ihrer Kinder Vorschub leisten. Einem Kind die Heimat madig zu machen ist ein Schuss, der nach hinten losgeht und der sich dann im Gastland mit voller Wucht bemerkbar macht.

Folgenreicher Asyltourismus

Iranische Migranten, die eine Aufenthaltserlaubnis wegen politischer Verfolgung anstreben, haben mit einem weiteren iranspezifischen Problem zu kämpfen. Wie ich aus meiner Zeit bei den iranischen Oppositionellen wusste, wird die Erteilung einer Aufenthaltserlaubnis umso wahrscheinlicher, je stärker der Aspekt der politischen Verfolgung angeführt wird. In Therapiegesprächen gaben viele meiner Klienten freimütig zu, sie hätten gelogen wie gedruckt und Geschichten über Gewalt, Repression und Lebensgefahr in ihrem Land erfunden, um politisches Asyl zu erschleichen. Um herauszufinden, dass die Gewährung von Asyl häufig auf Falschaussagen beruht, bräuchte die Bundesregierung nur den iranischen Botschafter zu befragen, wie viele iranische, »politisch verfolgte« Asylanten wieder in ihr Land zurückgekehrt sind. Dadurch könnte klargestellt werden, dass viele der angeführten Verfolgungen erlogen sind, um Asyl zu erhalten.

Von Freunden bekam ich einen Anruf, ob ich bei ihrem Bekannten in Karlsruhe vermittelnd eingreifen könne. Es handelte sich um einen 25-jährigen jungen Mann namens Ahmad, der sich Gewalt angetan hätte und in eine Nervenklinik eingewiesen worden sei. Er spreche Persisch, aber kaum Deutsch. Zusammen mit einer iranischen Freundin machte ich mich auf den Weg. Im Gespräch vor Ort mit dem behandelnden Nervenarzt erfuhr ich, der junge Mann leide unter massiver Depression. Er müsse über längere Zeit in der Psychiatrie bleiben, weil er selbstmordgefährdet sei. Er habe in einer Pension gewohnt, die einer älteren Dame gehöre. Sein Antrag auf Asyl wegen politischer Verfolgung sei abgelehnt worden. Man hätte ihn mehrfach aufgefordert, Deutschland zu verlassen. Nach der dritten Mahnung sei die Polizei in der Pension erschienen, um ihn zur Abschiebung abzuholen, worauf er sich, im Beisein der beiden entsetzten Enkelkinder der Dame, die Pulsadern aufgeschnitten habe.

Ich äußerte die Bitte, zunächst ein Gespräch unter vier Augen zu führen. Ahmad bat mich, ich solle mich für ihn einsetzen. Er wolle unter keinen Umständen in den Iran zurück. Seine Eltern hätten für ihn arrangiert, dass er nach Deutschland komme, und ihn finanziell unterstützt, weil sie für ihn im Iran keine Möglichkeit der Entwicklung gesehen hätten. Von Beginn an habe er die Eltern belogen, die denken würden, er hätte sich gut eingelebt und beginne bald sein Studium. Er könne nicht zulassen, dass sie ihn in diesem Zustand sähen. Zudem habe er aufgrund der ablehnenden Bescheide immer mehr getrunken, weshalb er befürchtete, zum Alkoholiker geworden zu sein.

In intensiven Gesprächen erzählte Ahmad, von sich aus wäre er nie hierhergekommen. Doch Freunde und vor allem seine Eltern hätten ihm geraten, er solle nicht in diesem »kaputten Iran« bleiben, sondern sich eine Existenz woanders aufbauen, bevor es zu spät sei. In diesem Glauben hätte er alles getan, um Asyl zu erhalten, und erzählt, er sei politisch verfolgt und gar gefoltert worden. Als er dennoch letztlich abgeschoben werden sollte, sei für ihn eine Welt zusammengebrochen. Er schäme sich einerseits wegen seiner Lügen über Gräueltaten im Iran, insbesondere aber könne er, wegen der Lügen gegenüber seinen Eltern, er habe in Deutschland tatsächlich paradiesische Zustände vorgefunden, ihnen nicht mehr unter die Augen treten.

Ahmad ist ein typischer »Asyltourist«, der sich in einer Welt der zielgerichteten Lügen eingerichtet hat. Was aber für die Erlangung des Bleiberechts zielführend war, stellte sich später als Belastung dar. Ein Migrant, der sich als politisch Verfolgter ausgibt, um Asyl zu erhalten, tut bereitwillig mit, seine kulturspezifische Verankerung aufzugeben. Dafür erhält er zunächst, insbesondere wenn sein Asylverfahren anerkannt wird, die vordergründige Empathie oder das Mitleid der Menschen seiner Wahlheimat. Doch bald wandelt sich dieser Einsatz in Gleichgültigkeit. Die Aufrechterhaltung der Illusion gegenüber den Angehörigen in der alten Heimat, es gehe dem Migranten im Gastland blendend, ist eine weitere Belastung, die einen Rückweg verbaut und ihn in seinem Gebäude der Lüge belässt.

Verändernde Macht sozialer Netzwerke

Eine der Errungenschaften des 20. Jahrhunderts war die Entwicklung der Netzwerke, welche die Art der zwischenmenschlichen Kommunikation gründlich verändert haben. In den 1990er-Jahren war das Handy ein soziales Statussymbol. Wer eines hatte, durfte sich der Anerkennung und des Neides anderer gewiss sein. Die Errungenschaften des Internets haben durchaus positive Eigenschaften. Sie ermöglichen schnelle Informationsübertragung und mehr Bildung der Gesellschaft. Mit einem Mausklick kann jeder im Sekundentakt wissen, was in den dunkelsten Ecken eines Landes geschieht. Der Fall des schwarzen US-Amerikaners George Floyd zeigt zum wiederholten Mal, wie wichtig soziale Netzwerke sind. Es ist inzwischen gelungen, sich stellvertretend für ihn einzusetzen, um Rassismus in all seinen Schattierungen weltöffentlich zu entlarven.

Solche Netzwerke gewähren dem Menschen in gewisser Art mehr Freiheit. Er kann sich seine eigene Welt konstruieren, in die er sich entweder alleine oder mit anderen jederzeit zurückzieht. Der Machbarkeits- oder Erfüllbarkeitswahn kann Menschen in eine solche selbst gebastelte Welt der Träume führen, welche sie die Herausforderungen der realen Welt vernachlässigen lässt, in der sie sich nur noch schwer zurechtfinden. Der Mensch kann in solchen Momenten zum Sklaven der Technik werden, die ihm eigentlich mehr Ruhe und Möglichkeiten bringen sollte. Nur wenige merken, dass diese angebliche Freiheit eigentlich Vereinsamung bedeutet, da sie nicht mehr den Kontakt mit dem unmittelbaren Nächsten pflegen. In der ersten Phase macht es sogar Freude, sich neue Identitäten zuzulegen, um mit anderen zu spielen. Dabei wird in Kauf genommen, dass diejenigen, mit denen er kommuniziert, getäuscht, Opfer von Exhibitionismus oder abweichendem, teilweise betrügerischem Verhalten werden.

Bei meinen Beratungsgesprächen mit Migranten konnte ich beobachten, wie sich insbesondere im Bereich der Chatrooms neue Dimensionen eines Asyltourismus aufgetan haben. Generell gelingt es hier Menschen, unter Verleugnung ihrer wahren Identität Bekanntschaften zu schließen, dem Partner Zuneigung oder gar Liebe vorzugaukeln und ihn zu einem Treffen zu veranlassen. Zwar ist dies auch unter Deutschen teilweise gang und gäbe, doch eine solche Beziehung kann unkompliziert wieder aufgelöst werden, wenn man sich getäuscht fühlt. Sie gewinnt eine völlig andere Dimension, wenn der aufgeforderte Partner aus dem Iran – oder einem anderen Ausland – stammt und eine Reise in ein unbekanntes Land auf sich nimmt, um den ebenfalls völlig unbekannten Partner zu treffen.

Bei meiner Tätigkeit in einer Aufnahmeeinrichtung für Asylbeantragende wurde ich von einer 38-jährigen Iranerin um Hilfe gebeten, die einer solchen Internetbekanntschaft auf den Leim gegangen war. Über einen Internet-Chat hatte sie einen jungen Deutsch-Iraner kennengelernt. Der Kontakt sei über einige Zeit hin aufrechterhalten und immer vertraulicher geworden, schließlich sei ihr Chat-Partner sehr aufmerksam gewesen, habe ihr Komplimente gemacht und dadurch in ihr ein Gefühl der Zuneigung ausgelöst. Einmal sei er sogar zu ihr in den Iran gereist, wobei er sie gebeten hätte, die Flugkosten zu übernehmen. Sie habe sich nichts dabei gedacht, als er sie eingeladen hätte, ihn in Deutschland zu treffen und gar eine spätere Heirat nicht ausgeschlossen hätte. Selbst seine Forderung, sie solle ihm 2000 Euro übersenden, damit er sie angemessen abholen und unterbringen könne, habe sie zunächst nicht stutzig gemacht.

Bald nach ihrer Ankunft habe sie aber erkannt, dass sie es mit einem psycho-pathologischen Betrüger zu tun habe. Sie habe einen völlig verwandelten Menschen vorgefunden, der sie lediglich sexuell und finanziell ausnutzen wollte. Der junge Mann habe sie nach anfänglichem kurzem »Liebesglück« misshandelt, eingesperrt und ihr das mitgebrachte Geld abgenommen. Als sie bekundete, sie werde bei der ersten Gelegenheit flüchten, habe er sie aus seiner Wohnung geworfen mit dem Rat, sie könne einen Asylantrag stellen. Dies habe sie tatsächlich getan und im Asylantenheim weitere Frauen getroffen, deren Schicksal ähnlich sei wie ihr eigenes.

Weil sich dieser Fall in Zeiten der Pandemie zugetragen hat, ist die Frau vom Regen in die Traufe gekommen. Zunächst habe sie eine 14-tägige Quarantänezeit über sich ergehen lassen müssen. Im Asylantenheim sei ihr eine gefängnisähnliche Zelle zugewiesen worden, in der sie durch eine Klappe in der Tür ihre Mahlzeiten empfangen hätte. Wenngleich ihr diese Zeit grausam vorgekommen sei, so hätte sie die 14 Tage soweit unbeschadet überstanden, doch hätte sie erfahren, dass sechs weitere Quarantänekandidatinnen und -kandidaten in diesem Heim sich das Leben genommen hätten. Das ungewisse Schicksal, verbunden mit den haftartigen Zuständen, hatte deren Kräfte überstiegen. Die Zukunftsperspektive der Frau bestand darin, mit dem nächsten möglichen Flugzeug in den Iran zurückreisen, doch derzeit seien noch alle Flüge coronabedingt eingestellt.

Auf meine Frage hin, warum sie sich so vorbehaltlos auf diesen Chat-Partner eingelassen habe, führte sie an, sie sei seit einiger Zeit einsam gewesen und habe mit dem jungen Mann ein Leben in Freiheit gestalten wollen – einer Freiheit, die sie nur vom Hörensagen kannte. Vor dem Hintergrund ihres sowieso positiven Europa-Bildes habe sie es nicht vermocht, hinter die Fassade dieses Mannes zu schauen, dessen Chat-Identität ihn als freundlich, aufrichtig und verliebt gezeigt hätte. Diese und ähnliche Erfahrungen führen mir vor Augen, dass ein Mensch, der sich über soziale Netzwerke eine Nische sucht und einen Partner kennenlernt, um mit ihm zu leben, in eine wahre Odyssee gerät, die sein Leben vollständig verändert. Die Enttäuschung über diese Erfahrung setzte der Frau derart zu, dass sie in massive bipolare Depression verfallen ist und in eine Psychiatrie eingewiesen werden musste.

Depressives Gehirn

Menschen, die ihre Heimat aufgeben oder gar schlechtmachen, geraten in mehrere Teufelskreise. Sie werden immer als »Ausländer« angesehen, selbst wenn sie noch so gut die Sprache ihrer

Wahlheimat sprechen, sich westlich kleiden und zu Wohlstand gelangen. Debatten wie die um den Euro-Islam oder die deutsche Leitkultur beschleunigen die soziale Desintegration von Menschen mit Migrationshintergrund, die mit einem zwiespältigen Gefühl leben, dass sie nirgends richtig hingehören. Erst später erkennen viele, dass dieser Einsatz vergeblich war, und vor allem, dass sie an dieser traumatischen Situation selbst eine Mitschuld tragen.

Viele meiner Klienten schildern mir ihre Einsicht, dass sie ihren kulturellen Rucksack letztlich nicht ablegen können. Da sie ohnehin fast alle Abläufe mit denen in ihrer eigentlich ungeliebten, aufgegebenen Heimat vergleichen, beginnen sie, ihr Leben in Deutschland so auszurichten, als würden sie im Iran leben. Dies reicht vom Essen über kulturelle Gewohnheiten bis hin zu religiösen Vorstellungen, die sich in der Regel im Ausland intensivieren. Ohne ein Teil Deutschlands geworden zu sein, fühlen derlei Migranten sich kulturell wie religiös hin- und hergerissen. Diese mehrschichtige Zerrissenheit ist von Beginn an virulent, jedoch verdrängt oder vernachlässigt sie der Migrant im Hinblick auf das erhoffte traumhafte Leben – unbewusst oder bewusst.

Nun gewinnt die Entfremdung von der alten Heimat an Tragik. Da sich die Betroffenen ihrer Ursprungskultur beraubt haben, fühlen sie sich auch dort nicht mehr zu Hause, wenn sie sich dort überhaupt zu Hause gefühlt haben. Doch um vor den Zurückgebliebenen das Gesicht zu wahren, wird das Bild kultiviert, in der neuen »Heimat« habe man sich erfolgreich eingelebt und sei zu Wohlstand gelangt. Diese Selbstlügen verursachen ein Dilemma. Sie zeigen, dass viele Migranten in einem Imperium der psychischen Selbstverstümmelung leben. Die eigene Identitätsvergessenheit geht einher mit kultureller Selbstentfremdung sowie dem Gefühl der Wert- und Haltlosigkeit in der Fremde. Bezeichnend ist, dass viele Migranten jedes Gespräch in der Diaspora mit ihren Landsleuten vermeiden, um nicht von ihnen das gleiche Schicksal zu erfahren und sich in ihrem Irrtum bestätigt zu sehen. Sie sind Paradebeispiel Assimilierter ohne Integration.

Viele meiner Klienten bemerken nach mehrjährigem Leben in Europa, dass ihre Identität durch eine falsche Vorstellung und auch durch die iranische Bildungselite, die im Westen studiert hat, zerstört worden ist. Wo der Mensch sich zurückgelassen fühlt und nach seiner verlorenen Identität sucht, entsteht eine Reibung an der ihn umgebenden Welt und Labilität. Diese wird auf die »Migranten der zweiten Generation« übertragen, die noch extremer unter tief greifenden Lebenseinschnitten leiden. Solchen Jugendlichen fehlt es an einem stabilen elterlichen und einem anerkennenden sozialen Umfeld, um ihre Identität im Weltgeschehen angemessen ausbilden zu können. Weil sie die Situation überhaupt nicht begreifen, suchen sie einen Schuldigen für ihr Scheitern. In ihrer emotionalen Verwirrung fällt ihnen nicht auf, dass ihre Desorientierung von den Eltern mitverschuldet ist.

Solche Menschen bilden verschiedene Verhaltensweisen aus. Einige geben sich selbst auf und betrachten sich als Vertreter einer verlorenen Generation. Sie bleiben im Land ihrer Migration, während sie mit ihrem Schicksal hadern. Andere flüchten sich in einen übertriebenen Stolz auf den Philosophen Zarathustra und die großartige Vergangenheit der persischen Könige vor 2500 Jahren. Was die Rückkehr zur eigenen Identität sein soll, lässt sich leicht als Selbsttäuschung durchschauen. Wieder andere machen ausschließlich das politische System für ihr Unglück verantwortlich, wodurch sie ihrem Gastland, als Ausdruck einer späten Rache, mit Hass begegnen. Eine weitere Gruppe wird sich ihrer Selbsttäuschung bewusst. Sie bereut, die westliche Welt unkritisch verklärt zu haben, zieht sich zurück und lebt ihr eigenes Leben. Nur wenige von ihnen setzen sich für einen offenen Dialog ein, wollen Wiedergutmachung leisten und versuchen, sich als eine Kulturbrücke wahrzunehmen, um ihre Erfahrungen auf beiden Seiten zu transferieren.

Die gelebten Erfahrungen vieler Migranten, die ich im Rahmen meiner Beratungstätigkeit begleitet habe, weisen einen starken Wirkungszusammenhang zwischen der Schwächung der Identität in der Diaspora und psychischen Belastungsstörungen auf. Ist man nach einem längeren Aufenthalt desillusioniert und mit der harten Realität auf eine besonders rigide Weise konfrontiert, so wird fast automatisch die Basis für derlei Erkrankungen gelegt, die sich in Depression, Sucht oder Desorientierung äußern.

Auf dem Bau wie an der Universität

Bei einem Bauunternehmen ergab sich für mich die Gelegenheit, mich mit dem Feld der Betriebs- und Organisationspsychologie vertraut zu machen. Die fragliche Firma weckte mein besonderes Interesse, da sie eine »Migrationsfirma« ist. Der Unternehmer stammt aus der Türkei mit kurdischer Herkunft, hat aber eine Seele für beide Völker. Mit acht Jahren kam er nach Deutschland. Der Vater, ein mutiger Unternehmer, hatte sich auf Kabelverlegung spezialisiert, später übernahmen die Söhne das Geschäft. Seit seinem 13. Lebensjahr hat der Unternehmer die Schaufel in der Hand, heute führt er ein Bauunternehmen mit mehr als 150 Mitarbeitern aus unterschiedlichen Nationen. Obschon wir zwei Sprachen sprechen, verbindet uns das Gefühl, der unüberbrückbare andere zu sein. Mit diesem Gefühl muss auch er fertigwerden, wenn er in Deutschland lebt und arbeitet. Wir sind beide seit 32 Jahren in Deutschland. Unsere Tätigkeitsbereiche sind unterschiedlich, doch in seinem Metier, das völlig different von meiner universitären Welt ist, hat er ähnliche Erfahrungen mit der deutschen Gesellschaft gemacht. Ein Unterschied besteht darin, dass die Türkei von deutschen Politikern nicht verteufelt, sondern als rückständig gebrandmarkt wird. Dies bereitet dem Geschäftsführer einer größeren Tiefbaufirma ein Gefühl der Ohnmacht.

Die Mischung aus dem Fachwissen eines Tief- und Straßenbaumeisters mit meinen Kenntnissen der Menschenführung sollte der Firma neuen Auftrieb geben. In der Betriebspsychologie geht es darum, bestimmte Arbeitsabläufe praxisnah zu optimieren. Die Menschen in einem Unternehmen sind keine isolierten Wesen, sondern arbeiten miteinander in Abteilungen und Baukolonnen. Bei unterschiedlichen Nationalitäten der Mitarbeiter ist dies mit besonderen Herausforderungen verbunden, im Innenverhältnis wie im Verhältnis zu Kunden oder bei Kontakten zur Bevölkerung. Dass es für alle von Vorteil ist, die Arbeit so reibungslos wie möglich zu gestalten, versteht sich von selbst.

Zu meinen Aufgaben zählt neben der Bewältigung organisationspsychologischer Themen die Unterstützung des Geschäftsführers. Wenn er das Gefühl hat, dass bei der vielfältigen Arbeit die Tankstelle seiner Seele leer zu werden droht, setzen wir uns auf die Blumenterrasse der Firma, die eine Nische der Entspannung bietet, und sinnen über anstehende Probleme, effiziente Führungsstile und Konfliktvermeidungsstrategien nach. Auch führen wir Gespräche über den Sinn des Lebens und über Dinge, die Menschen motivieren, um die Schönheiten des Lebens bewusst zu erleben. Bei spirituellen Themen, die über die betrieblichen Angelegenheiten hinaus den Glauben und dessen Prägungen aus der ersten und zweiten Heimat betreffen, wundern wir uns manchmal, wie sehr unsere Denkweisen einander ähneln.

In Bezug auf die Strategie einer gelungenen Firmenführung fällt mir eine bezeichnende Geschichte ein, die mein Großvater uns Kindern erzählt und die meinen Werdegang in vielfältiger Weise bestimmt hat. Es geht um zwei Freunde, die sich schätzen und mögen. Was beiden Glück schenkt, sind gemeinsame Wanderausflüge am Wochenende. An einem Wintertag beschließen sie, einen steilen Berg zu bezwingen. Die Sicht verschlechtert sich, es beginnt zu schneien, sodass beide immer wieder Schutz suchen müssen. Plötzlich sehen beide am Hang einen Menschen liegen, der verletzt zu sein scheint. Während der eine weiterwandern will, beharrt der andere darauf, Hilfe zu leisten.

Die Freunde trennen sich und sind uneins. Der eine wandert weiter, der andere sucht den Menschen. Er stellt fest, dass dieser verletzt ist und ohne Hilfe keine Überlebenschance hat. Er nimmt seine Kraft zusammen, nimmt den Verletzten auf seinen Rücken und macht sich auf den Weg in Richtung Hütte. Wenngleich ihm das Schleppen schwerfällt, so hält ihn diese Anstrengung warm. Plötzlich entdeckt er einen Menschen, der in hockender Haltung erfroren ist. Voller Entsetzen erkennt er seinen Freund, von dem er sich zuvor getrennt hat. Wenig später erreicht er mit dem Verletzten die warme Schutzhütte. Später suchen beide den erfrorenen Freund auf, um seine sterbliche Hülle zu bergen. Der weinende Retter klagt, er hätte den Freund in dem Augenblick verloren, in dem er sich für die Rettung des anderen entschieden habe. Nun habe der liebe Gott ihm einen neuen Freund geschenkt. Allah gebe alles, Allah nehme auch alles. Nun hätte er gelernt, was Liebe, Treue und Dankbarkeit bedeute.

Der Charakter eines Geschäftsführers sollte dem des rettenden Bergsteigers ähneln, der Menschen zur Seite steht, wenn sie ihn brauchen, und der oft von denjenigen im Stich gelassen wird, denen er geholfen hat. Dieses Unternehmen pflegt eine solche Haltung und stellt alle Mitarbeiter in ordentlichen Arbeitsverhältnissen an. Die Mitarbeitenden pflegen trotz oft starker Sprachbarriere einen kollegialen Umgang miteinander. Wenn morgens auf dem Lagerplatz die Kolonnen über ihre Aufgaben unterrichtet und auf die Baustellen geschickt werden, erinnere ich mich an meine Veranstaltungen, in denen Menschen aus unterschiedlicher Herren Länder zusammenkommen und sich ähnlich freundschaftlich zueinander verhalten.

Die Bauwirtschaft ist indes ein schwieriges Pflaster, weil hier unglaublich viel Geld zu verdienen ist, wenn man Arbeiten nur von den Richtigen ausführen lässt. So kommt es, dass in unserem wohlorganisierten Sozialstaat Menschen ausgebeutet werden wie früher die Tagelöhner. Arbeiten werden an Nach- und Subunternehmer delegiert, die ihrerseits weitere Arbeitskräfte zur Erledigung heranziehen. Während auf den oberen Ebenen große Profite geschaufelt werden, müssen die einfachen Arbeiter, von denen ohnehin viele einer sozial schwachen Gesellschaftsklasse zuzurechnen sind, für geringen Lohn schuften. Dies zeigt Auswirkungen auf deren Arbeitsethos.

Situationen verändern Menschen, wenn das eigene Vertrauen in ihre Umwelt Enttäuschung erfährt. Auf dem Bau weicht

Eigenverantwortlichkeit der Drückebergerei. Wendet der Vorarbeiter sein wachsames Auge von seinen Männern ab, so wird Zigarettenpause gemacht. Die Arbeitszeit wird bisweilen dazu eingesetzt, Leistungen in die eigene Tasche zu erledigen. Zunächst war ich erstaunt, dass immer nur 30 Liter Diesel für den Bagger vorhanden war, doch manche Arbeiter betanken ihre Autos, wenn der Vorrat an Sprit dies zulässt. Bisweilen entwenden Bauarbeiter Materialien, um diese zu verkaufen.

Kürzlich war ich auf einer Baustelle, um Schotteraushub zu holen. Der anwesende Arbeiter bot mir Schotter, Kontaktkleber, Split und Baustellenschilder an, die er gegen einen Kasten Bier tauschen wollte. Ich fand dieses Verhalten gewissen- und darüber hinaus verantwortungslos und gegenüber seiner Firma betrügerisch. Nach einigem Hin und Her lehnte ich sein Angebot ab mit der Begründung, ein Kollege hätte bereits Schotter gekauft. Dies enttäuschte ihn. Ich schenkte ihm Geld für einen Kasten Bier und belehrte ihn, sein Verhalten könnte ihn irgendwann seine Arbeit kosten. Solche Versuche würden früher oder später auffliegen und ihn in Gefahr bringen. Er solle sich mit seinem Lohn begnügen und versuchen, durch gute Leistungen aufzusteigen. Der Bauarbeiter schien einsichtig und dankbar. Er wollte mir das Geld zurückgeben, doch ich entgegnete, seine Einsicht wäre mir einen Kasten Bier wert. Dieses Erlebnis zeigte mir zum wiederholten Mal, dass das Wesen des Menschen von Natur aus gut ist, das Gute sucht und sich im Guten entfalten will, wenn die Vorbilder gut sind, an denen er sich orientiert. Was ihn im Irrenhaus seiner vermeintlichen Freiheit verführt, sind Situationen und Kontexte, in denen er sich bewegt. Oft kennt sich der Mensch in diesen Kontexten nicht genug aus und sucht sich Orientierungen, um sich in den farbenprächtigen Labyrinthen seines Lebens, wie sie mein Sohn Bernhard erschafft, zurechtzufinden.

Wenn wir annehmen, dass im Wesen des Menschen ein Teufel und ein Engel existieren, wird sein Menschsein so werden, wie er beide behandelt. Füttert er den Teufel, weil Situationen ihm dies als dienlich erscheinen lassen, so entwickelt er Aggression,

Habsucht und Selbstliebe. Er ist innen behaart, nicht außen. Wir sehen nicht auf Anhieb, was er im Schilde führt. Lässt er den Teufel aus sich heraus, so titulieren wir ihn mit den schlimmsten Attributen. Füttert der Mensch hingegen den Engel und versucht, in allen Situationen und Kontexten das Gute im Menschen zu sehen, so wird ihm gelingen, seinen Charakter nicht von solcherlei Kontexten und Situationen verbiegen zu lassen. An Universitäten wie auf Baustellen beobachten wir oft den Teufel, weniger den Engel. Es ist also besser, wenn wir im Versuch unterwegs sind, in allen Situationen den Blick des Engels schweifen zu lassen. Eine solche Übung ist schwierig, weil die Nerven häufig überstrapaziert sind. Doch sie vermag dazu beizutragen, dass der eigene Charakter nicht widerspenstiger Aggression zum Opfer fällt. Es sind Konkurrenten, die dem Teufel Nahrung geben, die Unsicherheit im Menschen hervorbringen. Wenn wir unserem inneren Teufel mehr Nahrung geben, verkommt in uns das Gute, was zur Folge hat, dass unsere schlechten Eigenschaften uns führen.

Bei der Baustellenkontrolle in Sachen Qualitätssicherung hatte ich manche derartigen Situationen zu schlichten und zum Guten zu wenden. Manche tippten mir auf die Schulter und fragten: »Sprechen Deutsch? German?« Wenn ich mich in gesetzter Sprache vorstellte, war die Verwunderung groß. Die Kolonnen, drei bis vier Arbeiter mit einem Projektleiter, werden recht unterschiedlich behandelt. Während viele Anwohner die Männer freundlich empfangen und manchmal sogar Kaffee servieren, pöbeln andere sie offen an, titulieren sie als »Scheiß Ausländer« oder bemerken »Geht doch dorthin zurück, wo ihr herkommt«. Zwei Rumänen mussten sich anhören, mit solchen »Hurenböcken« wolle man nicht zusammenarbeiten. Auch vor dem deutschen Vorarbeiter machten sie nicht halt, den sie als »Türkensklave« titulierten. Ihm wurde geraten, sich zu wehren, damit wir nicht in einigen Jahren von den Türken überrannt würden.

Als ein ausländischer Lastwagenfahrer Schotter versehentlich auf ein Gemeindegrundstück abgekippt hatte, drohte der Bürgermeister, die Polizei zu holen. Ich wollte den Vorfall aus der

Welt schaffen und bat zunächst, mich vorstellen zu dürfen. Doch er entgegnete mir, ihm sei »scheißegal«, wer ich sei, ich solle bloß verschwinden. Auf einer anderen Baustelle gebärdete sich ein aggressiver Hund gegenüber den Arbeitern in furchterregender Weise. Auf meine Aufforderung, den Hund zu beruhigen, entgegnete der Halter, der belle bloß den Bagger an; ansonsten handele es sich um ein liebes Tier.

Bisweilen fühlte ich mich bei solchen Einsätzen »ganz unten«, wie der türkische Gastarbeiter »Ali«, als den sich Günter Wallraff in den 1990er-Jahren ausgegeben hatte. In seinem Werk gleichen Namens, das in zahlreiche Sprachen übersetzt ist, legte Wallraff seine diskriminierenden Erfahrungen als ausländischer Gastarbeiter in Deutschland dar. Bereits in seinen Reportagen über die *Bild*-Zeitung hatte er eine erschreckende Meinungsmache durch Schlagzeilen nachgewiesen, die für ein negatives Ausländerbild sorgten. Hier sind zu nennen: »Ein Türke rief an: Großen Hunger. In Mannheim sind 180 Katzen spurlos verschwunden« oder »Koffer, Kisten, Kühlschränke: Die Türken kommen ...«. Mir scheint, seit dem Erscheinen von Wallraffs Sachbuch-Bestseller hat sich in der deutschen Gesellschaft wenig geändert. Außereuropäische Nationalitäten, wie gut oder schlecht sie sein mögen, werden als Menschen zweiter Klasse betrachtet. Sie dürfen unsere Drecksarbeit leisten. Ob in der akademischen Welt oder der Baubranche, sie haben mit Bevormundung, Stigmatisierung und Respektlosigkeit zu rechnen.

Doch nicht nur auf der Baustelle, sondern auch im Verhältnis zu Auftraggebern wird diese Firma, die sich aktiv für Migranten einsetzt, bisweilen impertinent behandelt. In diesem Zusammenhang ist die zunehmende Konfliktorientierung in dieser Sparte bemerkenswert. Man verklagt sich lieber gegenseitig, als nach tragfähigen Lösungen zu suchen. In solchen Momenten fühlt sich ein Geschäftsführer, der aus seiner Heimat andere Verfahrensweisen gewohnt ist, niedergeschlagen oder wuterfüllt und reagiert auf jedes falsche Wort impulsiv.

Ein Mensch, mit dem ich mich sehr verbunden fühlte, war Toni, ein Betonbaumeister. Er befasste sich zwar mit Einschalen und Betonieren, war aber kein Betonkopf, sondern eine feinfühlige und nachdenkliche Seele. Schon in den ersten Stunden unseres Kennenlernens begann ein philosophisches Gespräch über das Menschsein und die Frage nach dem Sinn des Lebens. Was Toni besonders beschäftigte, war die Politik unserer Zeit. Er las Werke von Autoren, die man in der Wissenschaft als Außenseiter bezeichnet, die über Missstände, wirtschaftliche Machenschaften und historische Verdrehungen von Erinnerungskulturen berichten. Toni reflektierte während schwerer Betonarbeiten oder beim Kaminbau, warum die Politiker uns wie Stimmvieh behandeln. Prophetisch sagte er: »Bruder, bald wird es knallen. Ich schwöre, es wird bald einen Knall geben. Die Politiker werden uns unser Geld bis zum letzten Cent aus der Tasche ziehen.«

Diese nachdenkliche Art gefiel mir. Sein Misstrauen war ehrlich und nicht politisch inszeniert. Er sagte immer wieder: »Bruder, ich lasse mich von niemandem beeinflussen. Das, was ich dir sage, ist meine Meinung. Ich lese Bücher, die krass sind.« Beeindruckt war er vor allem von Milorad Krstic, der die Politik als ein »Imperium der Lüge« bezeichnet, wobei nicht alle Politiker Lügner sind. Es gibt viele, die sich mit Leib und Seele für die Belange des Menschen einsetzen, auch wenn sie oft unter die Räder der Politik geraten. Tonis Gedanken waren vielleicht philosophisch oder wissenschaftlich weniger geschult, er besitzt aber ein starkes Gespür für das Wesentliche im Leben.

Seine Überlegungen hat Toni in seinem beeindruckenden Werk »Der geduckte Mensch« zusammengefasst, in dem er das System des Globalismus als »Tentakel« bezeichnet, die durch multinationale Konzerne über den gesamten Planeten herrschen. Sehr einfühlsam beschreibt er, dass sie in das Unbewusste der Menschen eindringen, um sie in Konsum zu versenken und nachhaltig gefügig zu machen. Diese Perspektive ist mit meiner deckungsgleich.

Bei dieser neuen Tätigkeit habe ich interessante Menschentypen kennenlernen dürfen, die sich über das Leben der Mitmenschen Gedanken machen und an denen Probleme nicht spurlos vorbeigehen. Darüber hinaus lehrten mich die Begegnungen, dass die Betriebs- und Organisationspsychologie permanente Herausforderungen in sich birgt; dies besonderes in einem Unternehmen, in dem viele Nationen vertreten sind. Auf allen Ebenen, insbesondere aber auf der menschlichen, ist darauf hinzuwirken, den Sand im Getriebe zu minimieren, um zufriedene und leistungsfähige Mitarbeiter zu behalten.

Rassismus und Gesellschaft

Meine Erfahrungen in der Baubranche haben mir sehr geholfen, meine wissenschaftlichen Erkenntnisse zu ergänzen und teilweise zu korrigieren. In der Regel entwickeln Wissenschaftler ihre Theorien an ihrem schönen Schreibtisch mit einer Tasse Kaffee. Dabei können sie unbeschwert ihre geistigen Ergüsse entfalten und das Ergebnis ihrer Theorien schon im Vorfeld festlegen. Die Praxis belehrt uns eines Besseren. Das Erleben von konkretem »Rassismus«, mit dem ich in der Baubranche konfrontiert war, hat meine Meinung zu diesem Thema grundlegend verändert.

Es gibt zahlreiche Theorien, die analysieren, wie Rassismus aus der Öffentlichkeit zu verbannen ist. Bei diesen Theorien wird vorwiegend erarbeitet, wo Rassismus beginnt und welche Formen er hat. Weniger aber wird in Augenschein genommen, wie rassistische Einstellungen entstehen und wie es trotz der Diversität von Denkweise, Denknutzung und Denkleistung der Individuen möglich ist, miteinander zu sprechen, ohne den Verstand zu verlieren.

Mir ist zunehmend aufgefallen, dass Rassismus viele Gesichter hat. Er tritt nicht nur in Politik und Gesellschaft auf, sondern auch in Wissenschaft, Religion und Literatur. Er kann überall dort angetroffen werden, wo Menschen zusammenkommen. Rassismus ist nicht etwas, das sich nur spezifisch in Rassentheorien äußert. In dieser Hinsicht müssen wir uns den Vorwurf gefallen lassen, dass Westeuropa historisch zur Entwicklung und

Verfestigung von Rassismus in unseren Gesellschaften beigetragen hat. Die Geschichte des Kolonialismus und Expansionismus ist eine Geschichte des theoretischen und praktischen Rassismus. Die Entstehung der USA beruht auf ethnischer Säuberung und Sklavenhalterei. Auch gefeierte Disziplinen wie Ethnologie und Orientalismus, die in dieser Zeit entstanden sind, weisen teilweise stark völkerdiskriminierende Darstellungen auf.

Philosophie ist eigentlich ein Feld des Denkens und Nachdenkens. Philosophisches Denken beginnt immer dort, wo es etwas zu bedenken gibt. Problematisch wird es, wenn das Philosophische bedenklich wird. Das Studium der Philosophie hat mich, was den Rassismus anbelangt, sensibilisiert. Viele große Philosophen haben recht rassistisch gedacht und unsere Geschichte der Philosophie ist eine Geschichte der Stufentheorie des Denkens. Der andere wird am Rande der Geschichte wie ein Hund an der Leine nachgezogen.

Hegel betrachtet Afrika als geschichtslos, Kant stigmatisiert die Afrikaner als dickhäutige Mohren, die man mit hartem Knüppel schlagen müsse, damit sie das auch spüren. Er sieht die Vollkommenheit nur im Westen. Alle anderen Völker hält er für unwürdig. Es ist nicht so lange her, dass wir stolz Völkerschauen im Herzen Europas betrieben und die Afrikaner wie Tiere in einem Gehege präsentiert und wie in einem Zoo zur Schau gestellt haben. Wir haben also selbst, wie ich meine, zur Entwicklung des soziokulturellen Rassismus beigetragen.

Wir müssen uns also nicht wundern, dass historische Fehltaten in unseren Gesellschaften Spuren hinterlassen haben. Wir dürfen unter keinen Umständen den Unschuldigen oder aus heutiger Sicht den demokratischen Moralapostel spielen und im Namen der Meinungsfreiheit rassistische Äußerungen tätigen. Es ist historisch gut dokumentiert, dass Antijudaismus und Islamophobie auf der Pathologie »Rassismus« gründen.

Wenn wir darüber nachdenken, wie wir zur Überwindung dieses Zustandes in unserer Gesellschaft beitragen wollen, so müssen wir zuerst in uns selbst hineinschauen. Andererseits ist zu beachten: Kritik dürfen wir nicht mit Ressentiment verwechseln.

Nicht jede Kritik am Verhalten des anderen ist als rassistisch zu deklarieren. Die Instrumentalisierung dieses Begriffs kann nur das Gegenteil bewirken. Jede Form von Gutmenschentum im Rahmen des Rassismusdiskurses bewirkt das Gegenteil und beschreibt einen umgekehrten Rassismus. Der andere braucht kein Lob, sondern kritische Akzeptanz. Dies ist im Rahmen des postkolonialen Rassismusdiskurses, ohne rassistische Sprache, diskurskritisch zu überprüfen.

Die Pathologie »Rassismus« entsteht im Seelenleben des Menschen, wobei das Menschenbild und das Verstehen eine wichtige Rolle spielen. Mit Pathologie bezeichne ich eine historisch gewachsene Einstellung, die von einem Weltbild getragen wird, in dem Menschen in verschiedene Klassen eingeteilt werden. Für solche Menschen hat ein Afrikaner einen anderen Wert als ein Westeuropäer. Dies hat zur Folge, dass jedes Gespräch von oben herab geführt wird. Wir sollten uns deshalb nicht wundern, wenn der Afrikaner den Westeuropäer als Ausbeuter wahrnimmt, der ihn für seine Belange arm hält.

Der Mensch ist Zeit seines Lebens bestrebt, die Welt auf ein handliches Format zu bringen, um darin seinen Stellenwert zu bestimmen, sein Verhältnis zu anderen zu definieren und überhaupt um die Welt zu verstehen. In diesem Verstehen liegt der Beginn des zwischenmenschlichen Übels. Alle Formen von Erklärungen setzen Verstehen voraus. Verstehen ist also alles. Verstehen artikuliert unterschiedliche Formen des Begreifens von etwas, mit dem der Mensch unmittelbar konfrontiert ist oder sich konfrontiert fühlt. Ohne Verstehen keine Erklärung. Ohne Verstehen keine Verständigung. Ohne Verstehen keine Koexistenz.

Alle Formen des Verstehens sind vom Denken und Fühlen sowie Empfinden und Intuieren beeinflusst. Carl Gustav Jung verweist zu Recht darauf, dass jeder Mensch von diesen Bewusstseinsfunktionen getragen ist, die ihn bestimmen und unterschiedlich steuern. Um das handliche Format des Welt- und Selbstverstehens zu erreichen, entwickelt der Mensch Kategorien, definiert Prioritäten und nimmt Ausklammerungen vor. Eine solche »Komplexitätsreduktion« von Tatsachen beschert ihm zwar Identität, Geborgenheit und einen definierten Platz im Leben, sie macht ihm aber das Leben oft zum Kampfplatz seiner Interessen.

Im Prozess des Verstehens liegt die Wurzel aller zwischenmenschlichen Dissonanzen und Probleme. Auch Kriege und alle Formen von Friedensversuchen hängen mit Formen des Verstehens zusammen. Je unversöhnlicher das Verstehen, desto kriegerischer oder konfliktreicher die Positionierungen. Verstehen bringt überall, wo sich der Mensch bewegt, Lesarten hervor, die zumeist miteinander in Konkurrenz stehen. Verstehen dirigiert in der Psychodynamik des Menschen die Konkurrenz, welche durch Vergleiche entsteht. Konkurrenz ist eine Art Wettkampf und Rivalität, die je nach Situation unterschiedlich entwickelt wird. Ihre Intensität hängt mit der Art und Weise des vergleichenden Verstehens zusammen. Pathologisches Verstehen hat abweichende Konkurrenz zur Folge. Es verändert Menschen oft massiv.

Pathologische Konkurrenz erzeugt dem anderen gegenüber pathologischen Narzissmus und krankhaftes Superioritätsgefühl. Er erscheint als potenzielle Gefahr. Viele von uns entwickeln in sich solche Monster. Die Gefahr ist groß, Gegner zu stigmatisieren und aus der Gemeinschaft oder der Öffentlichkeit auszuschließen. Konkurrenz bedeutet Kollision zwischen diversen Konstruktionen von Selbst- und Weltwahrnehmungen, die sich oft kannibalistisch zueinander verhalten. Sie bringt einen erbitterten Kampf zwischen Menschen hervor, die verschieden sozialisiert sind und sich die Welt unterschiedlich anschauen.

Diese Spirale setzt sich fort und kann zur Entwicklung von ausgrenzendem, rassistischem Denken und letztlich physischer Gewalt führen. Konkurrenzsituationen beobachten wir in allen Bereichen des Menschseins. In der Institution Ehe, wo ein Partner die Hose anhat, in der Freundschaft, wo einer alles bestimmen will, in der Politik, wo sich einer für den Mächtigsten hält und andere unterjocht, in der Religion, wo man glaubt, über die alleinige Wahrheit zu verfügen, und in der Wissenschaft, wo Machbarkeitswahn alles bestimmt. Die Tragik des Experiments mit dem Fuchs, das ich beschrieben habe, ist eine Folge dieses Machbarkeitswahns in unserem selbst gebastelten Irrenhaus der Freiheit. Dies sind elementare Verhaltensformen, die jederzeit Rassismus bewirken können.

Um die Frage nach Rassismus auf ein handliches Format zu bringen, unterscheide ich zwischen gesunder und pathologischer Konkurrenz. Ein gesundes Menschenbild beschreibt eine Haltung, die verbindet. Pathologische Konkurrenz, mit der ein pathologisches oder rassistisches Menschenbild einhergeht, trennt und verursacht einen gefährlichen Kampf. Die Wurzel des Rassismus liegt in der Art und Weise des Verstehens, mit dem ein pathologisches Menschenbild das Verhältnis der Menschen zueinander diktiert. Pathologische Konkurrenz sieht nur sich selbst als sinnstiftend und verwirft im Extremfall andere Formen der Existenzberechtigung. Sie reduziert die psychosoziale Empathie und verursacht soziale Diskriminierung, Fremdenfeindlichkeit oder Extremismus.

Jetzt ist erneut die Frage zu stellen, was Rassismus ist. Rassismus besitzt keine genetische Veranlagung, sondern ist eine soziale Einstellung, die psychische Gewalt artikuliert und eine Wirklichkeit suggeriert, die es nicht gibt. In all seinen Spielarten ist Rassismus ein abweichendes Verhalten, in dem Vorurteile und Stereotype ein Feindbild konstruieren, das legitimiert, andere mit allen Mitteln zu bekämpfen. Eine solche Form des Rassismus praktiziert strukturelle wie physische Gewalt, die sich in Gedanken, Worten und Handlungen ausdrückt. Sie wächst historisch, ist sozial tradiert und kontextbedingt erlernt.

Die Pathologie »Rassismus« besitzt eine explizit offene Verwendung, nach welcher der andere ohne Vorbehalt als Fremdgefährdung stigmatisiert und bekämpft wird. Sie besitzt eine implizit verdeckte Applikation, nach der nicht immer offen ausgesprochen wird, dass der andere nichts wert ist und beseitigt werden muss. Beide Rassismus-Spielarten beeinflussen die soziale Einstellung, die aus Kognition, Emotion und Verhalten besteht. Die Kognition sagt: »Du bist nichts wert.« Das ist die Feststellung. Die Emotion sagt: »Du bist abzulehnen.« Das ist das Urteil. Das Verhalten sagt: »Du bist zu beseitigen.« Das ist die Forderung.

Mit einer rassistischen Weltanschauung gehen drei Funktionen einher: Sie hat erstens eine Identitätsfunktion, die artikuliert, selbst gut, stark und in jeglicher Hinsicht überlegen zu sein. Störfaktor sind nur die anderen. Diese Feindbild-Ideologie, die wir in allen rassistischen Theorien beobachten, fördert das suggestive Ich- oder Wir-Gefühl und mobilisiert das kollektive Bewusstsein gegen das vermeintliche Feindbild. Eine solche Suggestion zwingt die Mitglieder der eigenen Gruppe zur Abgrenzung von anderen und legitimiert deren Bekämpfung. Viele rassistische Gewalttaten hängen mit dieser Vereinfachung zusammen, die Welt in lediglich zwei Seiten einzuteilen. Die rassistische Weltanschauung hat zweitens eine Orientierungsfunktion. Man weiß schnell, wo man steht und woran man ist. Sie besitzt drittens eine Rechtfertigungsfunktion. Diese ermöglicht den Mitgliedern der eigenen Gruppe, die Schuld an Unruhen in der Gesellschaft und in der Welt überhaupt beim anderen zu suchen, nämlich bei demjenigen, der als rassistisches Feindbild gilt.

Verstärker und Beschleuniger rassistischer Einstellung sind in allen soziokulturellen Regionen der Völker zwanghafte Machtansprüche, Expansionssucht und im weitesten Sinne ein verfestigtes Interesse an der totalen Weltbeherrschung. Darin liegt die Psychologie des Totalitarismus, bei dem der Zweck die Mittel heiligt. Konzentrationslager des Dritten Reiches artikulieren eine derartige Pathologie des rassistischen Totalitarismus. Auch die Genozide in Ruanda, bei denen eine Hutu-Mehrheit die Tutsi-Minderheit niedergemetzelt hat, sind ein rassismusgeleitetes Verbrechen gegen die Menschlichkeit.

Die erwähnten drei Identitäts-, Orientierungs- und Rechtfertigungsfunktionen des Rassismus gehen mit mindestens zwei Diskursen einher, die sich zu einer regelrechten Treibjagd mit tödlichem Ausgang vereinen können: 1) der Kriminalisierungsdiskurs. Dabei wird der andere stigmatisiert und verfolgt. Mit der Kriminalisierung wird verlangt, jede Berührung mit diesem anderen als Besudelung des Eigenen wahrzunehmen. Deshalb 2) der Ausschließlichkeitsdiskurs. Hier ist jeder Kontakt mit diesem als kriminell Stigmatisierten untersagt. Wer dennoch wagt, sich auf diesen einzulassen, wird als Mittäter ebenfalls gebrandmarkt.

Die Mutter dieser Diskurse ist die schwarze Rhetorik, in der sich der Rassist mit seinem abweichenden Verhalten und seiner fragwürdigen Selbstwahrnehmung als überlegene Rasse missversteht. Er meint, er hätte das Recht, den anderen als unwertes Wesen zu beseitigen. Das Grundmissverständnis besteht in der Anmaßung, die anderen besser zu verstehen als diese sich selbst. Opfer rassistischer Gewalt werden in der Regel Minderheiten, Kleingruppen oder bestimmte Communities in der Mehrheitsgesellschaft, die oft aufeinandergehetzt und gegeneinander ausgespielt werden. Der Rassist kommuniziert eindimensional und teilt nur mit, wer er selbst ist und was andere für ihn sind. Wie die anderen sich selbst sehen und was sie von ihm halten, bedeutet ihm nichts. Der Rassist kompensiert den eigenen Leidensdruck durch hemmungslose Stigmatisierung und Schuldzuweisung gegenüber dem anderen.

Eine solche gerechtigkeitsverletzende Haltung sehen wir im gemeinschaftlichen Klüngel gegen die AfD als rechtsextreme Partei. Eine Selbstartikulation jenseits der Vorwürfe des Rassismus seitens der Parteiangehörigen findet kaum statt. Politiker und Medien berichten meist über die AfD, ohne dass ihre Vertreter selbst zu Wort kommen. Es werden ausgesuchte Extrempositionen dargestellt, die unsere Vorurteile bestätigen. Es ist politische Praxis, die Argumente des anderen als falsch darzustellen, um die eigenen Argumente zu verifizieren.

Eine öffentliche Debatte ist seit der Entstehung dieser Partei kaum dialogisch kommentiert worden. Ohne auf die Haltung der AfD einzugehen, scheint mir, dass hier das Kind mit dem Bade ausgeschüttet wird, ohne die eigene Haltung zu relativieren und eine echte dialogische Debatte zu gestalten. Es geht vielmehr darum, die Absichten und Ansichten jedes einzelnen Menschen zu prüfen, der auf politischer Bühne agiert und Politik betreibt, statt gegen diese Menschen eine selbstverherrlichende

Moralkeule im Namen säkularisierter und bestenfalls illusorischer Freiheitsideologien zu schwingen. Solchen Akteuren muss ein Raum geboten werden, in dem sie ihre Argumente darlegen können, statt sie von vornherein ebenso mit dem Rassismus-Vorwurf zu diskreditieren, wie extremistische Gruppierungen dies tun. Stattdessen wird ein weiteres Feindbild aufgebaut. Anstatt dem eigentlichen demokratischen Grundgedanken, dem offenen Dialog nämlich, Rechnung zu tragen, werden bestimmte, der Mehrheitsgesellschaft entstammende Ideologien verabsolutiert, die ihrerseits zur Vernichtung dieser Interessengruppe aufrufen. Dieses Deutungsmuster verursacht wiederum die Solidarisierung und Ghettoisierung der Stigmatisierten.

Wie ist aber eine gelingende Verständigung möglich? Eine Möglichkeit ist, den Rassisten aus öffentlichen Diskursen auszuschließen, bis er seine rassistische Einstellung überwunden hat. Eine andere Möglichkeit wäre, in der Öffentlichkeit über Rassismus und rassistische Übergriffe zu sprechen, ohne Rassisten selbst am Diskurs zu beteiligen. Dies wird weitestgehend praktiziert. Beide Formen sind kontraproduktiv und bewirken in der Regel eine Verhärtung der rassistischen Einstellung und eine Fanatisierung. Ist es nicht so, dass man heute mit Menschen nicht spricht, die man als Rassisten ausgemacht hat?

Mein Vorschlag ist: Das Gespräch mit Rassisten und ihren Opfern ohne Parteilichkeit und Diskreditierungsversuch suchen und im Gespräch bleiben. Alle haben sich anzustrengen, um ein solches Gespräch aufrechtzuerhalten. Die Funktion der demokratischen Rechtsstaatlichkeit, die von Gleichbehandlung ausgeht, bewährt sich, recht verstanden, im Gespräch-Suchen und im Verharren im Gespräch der streitenden Parteien. Bei dieser Diskursgestaltung scheint mir grundlegend, dass wir Rassismus nicht per Dekret oder durch öffentliche Diskreditierung überwinden können. Nur das offene Gespräch kann die Chance bieten, eine Umkehr im kognitiven Verhalten der Parteien, insbesondere der Rassisten, herbeizuführen. Jede explizite oder implizite Form der Schuldzuweisung ist zu vermeiden. Wir müssen lernen, den Rassisten nicht als Rassisten zu bezeichnen. Auch der Rassist muss lernen, seine pathologische Einstellung zurückzustellen. Der wechselseitige Lernprozess findet nur im Dialog statt. Einen anderen Ort gibt es nicht. Alle müssen zunächst den Rassismus in sich entdecken und zu überwinden suchen. Dabei könnten beide Parteien einen dialogischen Als-ob-Modus einnehmen, in dem der Rassist von seiner Superioritätsbehauptung der eigenen Rasse Abstand nimmt und der andere aufhört, als Moralapostel zu erscheinen. Dies eröffnet die Möglichkeit, dass beide Parteien sich argumentativ austauschen und langfristig im Gespräch bleiben, bis historische und gegenwärtige Vorurteile und Stereotype allmählich abgebaut sind und eine Annäherung erzielt ist. Sich ein Luftgebäude voller Schuldzuweisungen zu errichten und sich gegenseitig zu zwingen, darin zu leben, ist eine despotische Einstellung, die genauso pathologisch ist wie das Verhalten des Rassisten.

Die Voraussetzung dieser Als-ob-Situation ist das dialogische Verstehen-Wollen und Verstanden-werden-Wollen der beteiligten Parteien. Diesen Diskursversuch nenne ich gewaltfrei, weil sich die Beteiligten im Geiste der aktiven Toleranz argumentativ danach fragen: Wer sind sie? Was halten sie voneinander? Wie sind sie zu diesem Urteil gekommen? Wo gibt es Verbesserungsmöglichkeiten? Wie ist eine Toleranz trotz bestehender Differenzen möglich? Diese Haltung nenne ich enzyklisches, umfassendes Verstehen der Parteien.

Das Wort »aktive Toleranz« ist ein weites Feld. Was ist das und wo liegen ihre Grenzen? Aktive Toleranz heißt praktische Anteilnahme und echtes Verstehen-Wollen des anderen. Die Praxis der Toleranz ist ein Versuch, eine gemeinsame Diskursmöglichkeit in Aussicht zu stellen. Die Grenzen einer solchen gewaltfreien Toleranz liegen dort, wo die Intoleranz des anderen auch im Diskurs weder aufhört noch reduziert wird. Der Wahlspruch: Toleriere nur diejenigen, die dich tolerieren, ist nicht zielführend. Wir können auch bis zu einem gewissen Grad diejenigen tolerieren, die uns nicht tolerieren. Damit ist die Hoffnung verbunden, miteinander in den Dialog zu treten und auch die rassistische Einstellung des anderen revidieren zu helfen.

Zu beachten ist, dass auch der pathologische Rassist ein Mensch ist und wie jeder andere Menschenwürde besitzt. Abgelehnt wird stets seine rassistische Einstellung. Diese Form von »ablehnender Anerkennung« ist sinnbildend, weil dadurch gelingen kann, die Wechselwirkung zwischen dem pathologischen Verstehen und Menschenbild des Rassisten positiv zu beeinflussen. Unterschiedliches Verstehen und nicht miteinander sprechen sind die Übeltäter aller Beziehungen. Jeder schaut sich die Welt anders an und sieht den gleichen Sachverhalt anders. Die Voraussetzung, um Rassismus in positive Bahnen zu lenken, ist die Erziehung zum gewaltfreien Verstehen und argumentativen Dialog.

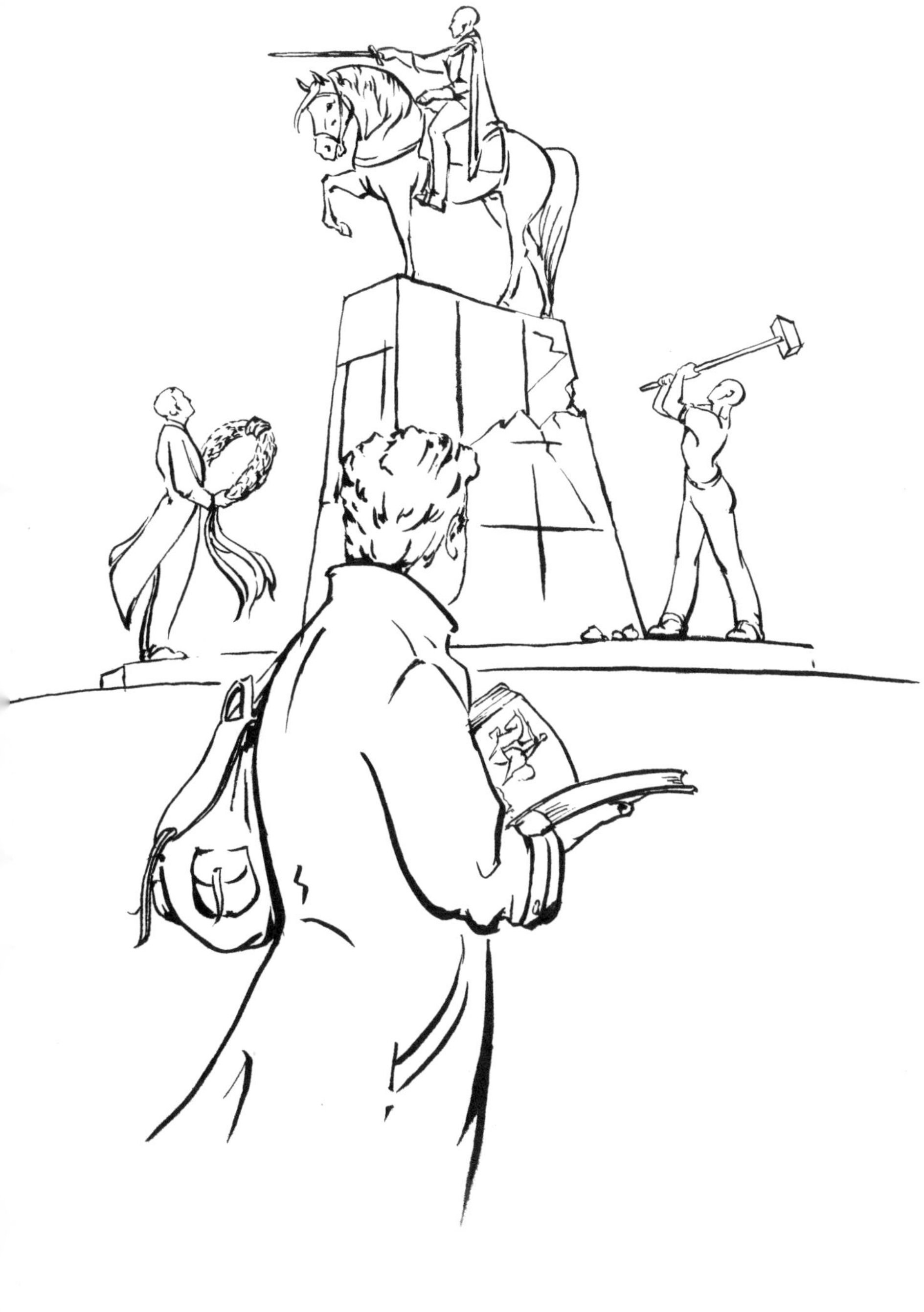

... Wenn wir Israel loben, auch wenn dies unbegründet und unsinnig ist, erhalten wir Zuspruch und sogar Auszeichnungen. Positiv über den Iran zu sprechen, auch wenn dies angemessen und richtig ist, wird durch Bulldozer wie die Bild-Zeitung diffamiert und vernichtend stigmatisiert. Diese Form der Meinungsfreiheit, gelinde formuliert, der funktionären Freiheit, ist widerlich und nur in einem Dschungelcamp, in einem Irrenhaus der Freiheit möglich ...

7. Willkommen im Irrenhaus der Freiheit

Seelenleben und Freiheit des Menschen

Als ein aufmerksamer Beobachter der deutschen Gesellschaft erstaunt mich immer wieder, für wie »normal« sich die Menschen hier halten. Mir hingegen scheint die psychische Verfasstheit in diesem Land in meinen 33 Jahren Aufenthalt immer bedenklicher. Auf diesen Umstand versuchte ich auch meine Studenten aufmerksam zu machen, woraus sich häufig anregende Diskussionen entwickelten.

Bezeichnend scheint mir, dass wir unsere soziale Bezogenheit längst zugunsten einer folgenreichen Freiheit aufgegeben haben. Wir sind zu Sklaven unserer Ideale geworden. Die Falle des Selbstverwirklichungswahns beschert uns soziale Einsamkeit. Im Gefolge der Spaßgesellschaft bekommen wir suggeriert, ein unverwechselbares Ich zu sein. Mit dem Fleiß unseres Wahns haben wir uns ein »Irrenhaus der Freiheit« errichtet, aus dessen Schießscharten wir die vermeintlichen Feinde unserer narzisstischen Selbstbezogenheit zu beseitigen suchen.

Erich Fromm war ein aufmerksamer Beobachter der Gesellschaft, der bereits vor Jahrzehnten die Anatomie einer solchen sinnentleerten Lebensführung vor Augen geführt hat. Fromm sieht den Grund von psychischen Belastungsstörungen nicht in der Armut, sondern in Überfluss und Selbstverwirklichungswahn. Er beschreibt den Entgleisungsprozess des modernen Menschen, der ein nihilistisches Weltbild einnimmt. Die von ihm festgestellte Pathologie in Form von sozialer Schizophrenie zeigt sich in der Dominanz der Ich-Funktion und daraus hervorgehenden Selbststörungen der Individuen. Das Seelenleben des Menschen wird manipuliert, sodass er sein Selbst und sein Ich nicht mehr angemessen entfalten kann.

Viele Menschen weisen ein gespaltenes Wesen auf. Es drängt uns fortdauernd, ganz im Sinne der Moderne, morgen besser zu sein als gestern und heute. Durch brillant aufbereitete Werbetechnik wird uns suggeriert, ein starkes, selbstbewusstes Ich zu sein. Das Resultat solcher Suggestion ist eine Identitätskrise. Eine Folge sind depressive Krankheitszustände, von denen fünf Prozent aller Deutschen, also mehr als vier Millionen Deutsche, betroffen sind. Die Ergebnisse eines bundesweiten Großforschungsprojekts des Bundesministeriums für Bildung und Forschung zeigen verzweifelte, erschöpfte und suizidgefährdete Menschen.

Die systembedingte Identitätskrise wird dadurch verursacht, dass der Mensch zu einem Instrument der Wirtschaft geworden ist. Sein Wert äußert sich in seiner Arbeitskraft, für die er einen bestimmten Lohn als Gegenwert erhält. Er ist erfolgreich motiviert, sich in den Dienst einer selbsttragenden Maschinerie zu stellen, nach deren Suggestion er sein Glück vollumfänglich käuflich erwerben kann, vom Kleinstartikel bis zur Liebe. Abhängigkeit von Geld oder beruflicher Position führt dazu, dass der »moderne« Mensch verdinglicht ist und von sich selbst entfremdet hat. Er wird nicht mehr als lebende, denkende und frei handelnde Person wahrgenommen, sondern als systemische Nummer, die wie ein Zahnrad in einem mechanischen Getriebe funktionieren muss.

In diesem Sinne konfrontiert Fromm »moderne« Systeme mit dem Vorwurf eines krankhaft verdrehten Freiheitsbegriffes mit einer Anthropozentrik, nach der sich der Mensch als Gott wahrnimmt. Dabei blendet er aus, dass er zunehmend zu einem Sklaven der manipulierten Sehnsüchte seiner Ich-Funktion wird und sein tiefes Selbst-bezogen-Sein verloren hat.

Das Gefühl der übersteigerten Ich-Bedeutung wird deutlich in Werbeslogans wie »Weil ich es mir wert bin«. Das Gefühl der

Bedrängnis zeigt sich in Anmerkungen wie »Ich komme zu gar nichts mehr«, »Nach mir die Sintflut« oder »Ich habe keine Zeit mehr für mich«. Die Betrachtung der eigenen Kapazitäten ist die Grundlage einer jeden Entscheidung im Leben. Wer seine Potenziale überschätzt oder vernachlässigt, wird sich weder selbst entfalten noch anderen auf dem Weg ihres Lebens behilflich sein können. Wir leben in einem »Machbarkeitswahn«, in der Illusion, alles im Leben erreichen zu können. Dabei setzen wir uns oft unrealisierbare Ziele. Die enttäuschte, ausgeträumte Illusion lässt Menschen sich zurückziehen, sie können Distanz und Nähe nicht mehr regulieren, leiden unter Burnout, psychischen Belastungsstörungen, schleichender Depression oder Suchtverhalten.

Dieser ausgeprägte Selbstbezug sorgt in letzter Konsequenz ebenso dafür, dass wir die Mauern, die uns gefangen halten, kaum mehr als echte Begrenzung wahrnehmen, sondern der Meinung sind, sie bestünden gar nicht. Geschickt verdrängen wir, was uns sorgen sollte, und bilden uns ein, alles im Griff zu haben, auch wenn dies längst nicht mehr der Fall ist. Wie Konditionierte eilen wir, ungeachtet ihrer Höhe oder Neigung, die Stufen dieses krankhaften Karriere- und Gesellschaftsbildes hinauf, um festzustellen, das sich an die soeben erklommene Leiter eine weitere anschließt, die wir ebenfalls in Angriff nehmen. Oft merken wir erst spät, was wir dadurch verloren haben, meist erst dann, wenn es zu spät ist. Beharrlich täuschen wir uns selbst über Ängste, Enttäuschungen und unsere eigenen Empfindungen hinweg und geben vor, etwas oder jemand anders zu sein als derjenige, der wir unserer Selbstentfaltung nach eigentlich sind.

Sozialisationsstörung durch Selbststörung

Selbststörungen ziehen Sozialisationsstörungen nach sich. Störungen dieser Art sehen wir zunehmend im Verhalten der jetzigen »Generation Smartphone«. Eine Generation gekrümmter Menschen ist versunken in ihrer Smartphone-Welt, die sie von der realen Welt abschneidet und einer virtuellen Welt anschließt. Ein bekanntes Bild urbaner Lebensweise ist inzwischen, Gruppen von Jugendlichen im Bus oder einem Café sitzen zu sehen, die einander Nachrichten über ihre Smartphones schicken. Face-to-face-Kommunikation findet immer weniger statt.

Diese Generation verabschiedet sich zunehmend von der Realität. Sie flüchtet in eine virtuelle Pseudo-Welt. Die Abkehr vom Alltäglichen entwertet gewohnte Abläufe. In diesem Kontext lässt sich auch die Welt der Konsolen im Sinne von Spielen wie »Bau dir deine eigene Welt« als Suche nach Erfüllung begreifen. Der Mensch beginnt, in Pseudo-Realitäten nach der Vollendung persönlicher Ziele zu suchen. Dort wird er befähigt, allumfassende Entscheidungen zu treffen und Einfluss auszuüben. Dies hat zur Folge, dass der Mensch seine soziale Bezogenheit verliert und eine vielschichtige Einschränkung seiner Wahrnehmung erleidet.

Eine Ausprägung hiervon ist auch in der allgemeinen Konfliktorientierung der Gesellschaft zu sehen, die sich in der Bereitschaft äußert, auch den kleinsten Sachverhalt gerichtlich klären zu lassen. Dies erscheint mir umso fraglicher, als über eine gewaltfreie Kommunikation und dialogische Konfliktlösung große Theorien zu entwickeln, die überall gelehrt werden. Selbst Eheschließungen werden hier konfliktorientiert vorgenommen. Man vereinbart von vornherein Gütertrennung für den Fall des Scheiterns, anstatt sich zunächst zu versichern, alles zu tun, um dem Partner Freude zu bereiten und ihn letztlich glücklich zu machen. Freilich funktionieret auch manche Ehe unter solch positiver Einstellung nicht, doch der Ansatz scheint mir ein besserer zu sein.

Will der Mensch innere Freiheit erlangen und sich in einer Gesellschaft so entfalten, wie er in seinem Innersten empfindet, so muss er versteckte, ungewollte Einsamkeit in Kauf nehmen, die seinem sozialen Bezogensein ein Ende setzt. Dies führt zu einem permanenten Rollenstress, der den Menschen immer mehr entindividualisiert.

Die Einsamkeit älterer Menschen ist teilweise durch Zeitablauf bedingt – sie verlieren ihre Altersgenossen –, doch durch das Auseinanderbrechen der Familienstrukturen geht auch der Anschluss an jüngere Menschen verloren. Der jüngere Mensch erkämpft sich Freiheit, die ihm aber nur Pseudo-Glücksgefühle beschert und seine Ich-Sucht befriedigt. Süchtiges Verhalten erweist sich oft als Kompensation, mit der die Einbildung aufrechterhalten wird, etwas zu sein, was man nicht ist. Ein solcher Mensch lebt unbewusst für seine Rollen, die ihm Pseudo-Erfüllung bescheren. Menschen, mit denen er sich umgibt, werden als Mittler zum Erfolg betrachtet und für eigene Zwecke instrumentalisiert. Die vereinsamende Freiheit macht Herzen kalt und Begegnungen berechnend.

Ein weiteres Diskussionsfeld, in welchem der Aspekt einer Pseudo-Freiheit eine Rolle spielt, ist das Ansinnen zur Durchsetzung der Gleichberechtigung von Frau und Mann. Über berechtigte Forderungen hinaus hat sich in unserer Gesellschaft ein despotischer Feminismus im Rahmen der Menschenrechte etabliert, in dem jede Debatte über die Familie zu einem Problem, wenn nicht gar zur Brechung eines Tabus wird. Auf diese Weise wird der Mensch in ein Gehege gebracht, in dem er sein Fehlverhalten nicht mehr bemerkt, sondern es als einen Wert an sich wahrnimmt.

Gehegefreiheit reduziert uns auf unsere niedrigsten Instinkte und macht aus uns ein egoismusgesteuertes Wesen. Sie schließt unser Denken und konditioniert uns. In diesem Moment macht sie aus uns einen Haben-Menschen und entfernt uns von jeder Vorstellung eines Sein-Menschen. Wir verlieren unsere wahre Freiheit im Gehege, sind fremdgesteuert und haben keine Auswahlmöglickeit mehr. Eine Auswahl ist für uns bereits getroffen. Wir sind der Gewalt des Gehegehalters ausgesetzt und werden sanktioniert, wenn wir den gegebenen Rahmen nicht akzeptieren. Gehege sind teils die geschriebenen und teils die ungeschriebenen Gesetze.

Die Verbundenheit mit dem Leben in Bescheidenheit ist ein Weg der Ablösung dieser Gehegefreiheit. Echte Freiheit ermutigt, uns auf andere Menschen einzulassen, statt uns hinter Mauern der Angst und des Misstrauens einzusperren, die wir unter dem Vorwand errichtet haben, uns selbst zu schützen. Aus diesen Mauern müssen wir Brücken bauen, die uns verbinden. Wir müssen lernen, dass unsere zwischenmenschliche Interaktion ein Wechselspiel ist, in dem Vertrauen, Ehrlichkeit und Offenheit zentrale Positionen einnehmen, aber auch Rücksicht, Maßhalten und Angemessenheit. Auf der Suche nach dem eigenen Selbst gehen wir, den Gehegen unserer Scheinfreiheit entflohen, mit offenen Augen stets auf die Suche nach unserem Ziel, dem eigenen Selbst. Dabei dürfen wir unseren Selbstbezug weder verabsolutieren noch uns vom anderen vollständig vereinnahmen lassen.

Aufklärung als Freiheit in Einsamkeit

Die Wurzeln einer solchen Selbststörung sind in unserer Aufklärung gelegt worden, nach der sich der »moderne« Mensch in den Mittelpunkt des Weltgeschehens rückt. Sie suggeriert, er müsse in völliger Freiheit existieren und funktionieren. Die Gefahr dieser Orientierung ist ihre Instrumentalisierung. Der Mensch führt ein Leben nach den Maßstäben instrumenteller Vernunft und betrachtet sich als Individuum mit einem totalitären Selbstbestimmungswahn. Alles, was dieser Selbstbestimmung im Wege steht, wird entweder objektiv bekämpft oder subjektiv verdrängt.

Wurde zunächst der Gottesbegriff durch das rationale Vernunftdenken substituiert, so ersetzt der Mensch die Vernunft durch Anthropozentrik und eine beinahe pathologische Selbstüberschätzung. Ein von dieser Form der Aufklärung ergriffener Mensch glaubt, vollkommene Freiheit gefunden zu haben, die durch keinen äußeren Einfluss begrenzt wird. In dieser meint er, seine Erfüllung zu finden. So begibt er sich in einen Teufelskreis. Die anfängliche Überzeugung, diese schütze vor Enttäuschungen und gewähre die Sicherheit eines geregelten Lebensablaufes, zerfällt rasch, sodass der Mensch zwischen Freiheit und Einsamkeit nach einer Lösung sucht. Findet er in sich Einkehr, so sieht er, dass er in seinem Herzen um das weint, was er vermisst: soziales Bezogensein.

Die Paradoxie an der Philosophie der Aufklärung ist, dass sie zwar eine Entmythologisierung im Namen der Vernunft vornimmt, sich jedoch ihres eigenen Vernunft-Despotismus nicht bewusst ist. Sie verwirft die Allmacht der Religion, macht sich aber dabei selbst zur Religion. Auch heutige Journalisten berufen sich stolz auf die Aufklärung, ohne ihre Schattenseiten auch nur im Ansatz zu thematisieren. Wir benötigen eine Aufklärung der Aufklärung, um die Freiheit neu zu reflektieren.

Worauf wir nicht stolz sein können

Unsere Medien propagieren meist fragliche Wertmaßstäbe. Filme und Serien wie »Berlin Tag und Nacht«, »Adam sucht Eva«, »Der Bachelor« oder »Love Island« vermitteln, wie eine freiheitliche Gesellschaft zu funktionieren habe und welche Ideale als besonders erstrebenswert gelten. Wert- und normative Moralvorstellungen werden beliebig substituiert, die eine Gesellschaft entstehen lassen, in der Sexualität, auch im Kindesalter, selbstverständlich wird. Das sind Aushängeschilder der Freiheit, auf welche die Macher mit Stolz blicken. Über »Feuchtgebiete« zu berichten scheint nur in einem »Irrenhaus der Freiheit« möglich zu sein, um die niedersten Instinkte des Menschen zu bedienen und seine Vernunft in den Ruhestand zu schicken.

In »Berlin Tag und Nacht« wird ein Menschenbild präsentiert, das sich – über jede Norm der Moralität hinwegsetzend – alles erlauben kann. Einer absoluten Ich-Geltung sind keine Grenzen gesetzt. Bestehende zwischenmenschliche Strukturen werden bewusst durchbrochen, um die eigene Karriere in Freiheit zu entfalten. Für seine Entfaltung kann der Mensch seiner Ich-Geltung freien Lauf lassen und geht sprichwörtlich »über Leichen«. Es scheint Programm zu sein, Begriffe ad absurdum zu führen oder ihnen eine völlig andere als ihre ursprüngliche

Bedeutung zuzuweisen. »Familie« kommt nur noch als »WG-Familie« vor, »Liebe« und »Sex« sind Synonyme und werden mit wechselnden Partnern verbunden, »Zusammenhalt« funktioniert so lange, wie der andere einem nützlich ist. Problematisch ist, dass jede Art von Kritik an diesem zur Norm gewordenen Zustand tabuisiert wird. Ist das der neue Maßstab unserer Individualgesellschaft?

Um weltweit gesehen zu werden, scheut sich der Mensch nicht, in exzentrischer, bisweilen schamloser Weise aufzutreten. Ein solches Forum bietet die Fernsehsendung »Ich bin ein Star – holt mich hier raus«, in der sich Prominente gegenseitig mit Schmutz, Kakerlaken, Würmern und Schlangen regelrecht begießen lassen, während sie später in Talkshows wie Helden gefeiert werden. Eine momentane Trunkenheit des Erfolges verblendet diese angebliche Prominenz von Menschen, die sich wie Affen vorführen lassen, wenn sie nur die Gelegenheit erhalten, vor die Fernsehkameras zu treten. Je mehr sie sich auf der gesellschaftlichen Statusleiter über ihre Mitmenschen erheben, desto tragischer kann sich ihr Fall inszenieren. Der Absturz dieser Idole aus Musik, Film und Fernsehen bleibt meist im Verborgenen, wenn er nicht mit massenmedialer Begierde aufgebauscht wird und das persönliche Scheitern Einzelner mit Stürmen der Begeisterung oder Entrüstung gefeiert wird. Solche Figuren nehmen in Deutschland die Funktion von Leitfiguren ein, mit denen Menschen in einem erotisch aufgeheizten Konsumverhalten versinken.

Pathologischer Narzissmus wird auch in Serien wie »Adam sucht Eva« präsentiert. Ein solcher Titel für eine Sendung, in der alle Schamgrenzen fallen und die Protagonisten völlig unverhüllt auftreten, tritt die Ehrfurcht und den Respekt vor den Religionen mit Füßen. Hier stellt sich die Frage, inwiefern wir den Vertretern des Judentums, des Islam und auch den Vertretern des noch nicht durch die Medien verdorbenen Christentums eine solche Blasphemie zumuten dürfen.

Die Sendung »Teenie-Mütter: Wenn Kinder Kinder kriegen« zeigt minderjährige Schwangere ab 14 Jahren. Sind die dazugehörigen Väter überhaupt präsent, so sind diese häufig deutlich älter als die jungen Frauen. Diese Sendung wird völlig unkritisch ausgestrahlt, wobei neben Belangen des Jugendschutzes die Ursachen zu erörtern wären, aufgrund deren Minderjährige überhaupt sexuelle Beziehungen eingehen. Jeder kann sich denken, dass solche jungen Eltern kaum in der Lage sind, ihre Elternschaft zu meistern oder altersgemäße Entwicklungsschritte angemessen zu vollziehen. Unsere Gesellschaft muss sich die Frage gefallen lassen, was aus Kindern wird, die keine richtige Kindheit erleben durften. Wir setzen uns weltweit gegen Kinderarbeit ein und leisten selbstgerecht fortschrittliche Entwicklungshilfe in Indien, Bangladesch oder in Afrika. Dabei ignorieren wir, dass Kinder in unserer Gesellschaft des Schutzes bedürfen, wenn sie im Namen liberaler Gesinnung eines »anything goes« Opfer frühkindlicher Elternschaft werden.

Soziale Netzwerke mit einer gleichsam gläsernen Präsentation ihrer Idole spiegeln diese Entwicklungen. Es bleibt weitestgehend verborgen, dass die Plattformen alle Denk- und Wahrnehmungskategorien beherrschen und gekonnt kontrollieren. Sie können uns beliebig führen, bei Bedarf auch verführen, weil sie über Daten verfügen, die wir preisgeben, Einkäufe kennen, die wir tätigen, auch Kommentare politischer, religiöser oder sozialer Art, die wir öffentlich posten. Bessere Kontrollinstanzen sind kaum vorstellbar.

Die schlimmste Form des Betruges ist die Selbstlüge. Unser Fernsehen zeichnet mit vielen fragwürdigen Sendungen verstörte, gebrochen wirkende Seelen, die eine seltsame Privatkultur inszenieren, in der unser soziales Leben aus den Fugen zu geraten scheint. TV-Shows und Filmindustrie sind unsere heimlichen Erzieher, die unser Welt- und Menschenbild prägen. An verschiedenen Modellcharakteren lernen wir, wie wir uns sozial zu verhalten haben, um Karriere zu machen, und wie wir unsere Gegner vernichten, wenn wir solche Ziele definieren. Bedenklich ist, dass kaum etwas gegen solche Vorbilder unternommen wird, obschon zu befürchten ist, dass einer derart sozialisierten Generation eine psychosomatische Krankheitswelle bevorsteht.

Ein Ausweg aus einem solchen »Irrenhaus der Freiheit« könnte darin bestehen, dass der Mensch neu erlernt, Wesentliches von Unwesentlichem zu trennen und sich in dieser Zerklüftung angemessen zu verorten. Es scheint dringender denn je, dem Menschen Besinnungsraum zuzugestehen, um sein entgleistes *Selbst* und gestörtes *Ich* zu heilen. In diesem Prozess erhält er die Möglichkeit, seine Ich-Funktion zu regulieren, um sich erneut in der Gesellschaft zu orientieren.

Freiheit ist kein Selbstzweck. Wer echte Freiheit sucht, muss sich von seinen Zwängen zu befreien lernen, die ihn unfrei machen. Eine Gesellschaft, in der nach Gesichtspunkten einer totalen Freiheit die dargestellten Lebensformen als Werte anerkannt werden, mag in einem säkularen Staat ihre Berechtigung haben. Problematisch wird es, wenn ein solches Modell verabsolutiert wird. Dies zeigt sich im Kontext liberaler Debatten, in denen eine solche Lebensführung auch in anderen Ländern als Menschenrecht eingefordert wird.

In unserer Gesellschaft betrachten wir es als Kunst, wenn sich eine Frau nackt auf einer Harley-Davidson fotografieren lässt. Wir betrachten es als selbstverständlich, wenn Frauen in sexualisierten Werbungen Vibratoren präsentieren und lautstark sagen: »Entdecke deine Sinnlichkeit.« Wir betrachten es nicht als Selbstentwertung, wenn sich Frauen in Bordellen prostituieren, deklarieren diese Haltung sogar als Freiheit und merken nicht, wie wir selbst die Würde der Frauen in unserer Gesellschaft mit Füßen treten. Dabei treten wir wie Moralapostel auf, wenn wir Frauen, die im Namen einer Religion ein Kopftuch tragen, als unfrei und unterwürfig bezeichnen.

Ein weiteres Feld bieten homosexuelle Partnerschaften, die als benachteiligt dargestellt werden, wenn ihnen nicht überall die gleichen Rechte wie für heterosexuelle Paare eingeräumt werden. Das Recht solcher Paare zur Adoption achtet in keiner Weise die Rechte der Kinder. Studien zeigen, dass Kinder ein Leben lang unter solchen familiären Verhältnissen leiden, in die sie ungefragt hineingesetzt wurden. Doch wir betrachten solche Rechte gleichgeschlechtlicher Lebensgemeinschaften als selbstverständlich, während wir andere Dispositionen ins Lächerliche ziehen und auf politisch-soziokultureller Ebene diskreditieren. Statt hier eine Doppelmoral zu propagieren, wäre es an der Zeit, zumindest rechtliche Klarheit zu schaffen.

Ähnlich verhält es sich mit der Bestimmung von Menschenrechten oder Erklärungen ähnlicher Tragweite. Staatenbündnisse etlicher Nationen sind in der zweiten Hälfte des 20. Jahrhunderts zunehmend dazu übergegangen, verbindliche Regeln zu entwerfen, die für alle ihre Mitglieder gelten sollen. Zwar liegt in dieser Absicht eine grundsätzlich begrüßenswerte Struktur, die dem Menschen weltweit und dauerhaft bestimmte Rechte garantieren soll. Doch in der Universalisierung solcher Maßstäbe, die wir als Ausdruck freiheitlicher Demokratie verteidigen, steckt ein verborgener Chauvinismus, der sich selbst als exklusiv für seine Mitglieder betrachtet und sich in der Position sieht, anderen Staaten die eigenen Menschenrechtsvorstellungen aufzuzwingen. Im Falle der Nicht-Anerkennung werden die betroffenen Staaten gnadenlos sanktioniert. Unter der Einflussnahme der Globalisten, die Loblieder auf die Umsetzung ihrer Idee der »Menschen-Rechte« singen, aber im gleichen Atemzug Staaten verurteilen, die ihr Lied nicht mitsingen, ist die »Menschen-Würde« zu einer substanzlosen Verdinglichung herabgesunken. Wir meinen das Recht zu haben als selbst ernannte Eigentümer der Welt, alle Werte nach unseren Maßstäben zu rekontextualisieren.

Ich möchte keineswegs die Bemühungen um staatenübergreifende Etablierung von allgemeingültigen Menschenrechten, die jedem Menschen auf der Welt die gleichen Rechte zugestehen, schmälern. Doch muss im Kontext ihrer Entstehungsgeschichte und Geltungsbereiche die kritische Frage gestellt werden, für wen diese Rechte geltend gemacht werden sollen und wer sie zu welchem Zweck etabliert hat. Sollen diese Rechte universalen und weltweit geltenden Charakter besitzen, müssen auch alle Staaten, Länder und Nationen gleichermaßen an ihrer Entstehung mitwirken können, ohne dass eine bestimmte Staatengemeinschaft kategorisch andere Staaten von der Konstitution solcher Rechte ausschließt. Es geht hier nicht um die Errichtung einer exklusiven Rechtsgemeinschaft, die andere von ihrer Teilhabe ausschließt, sondern um eine nationenübergreifende Gemeinschaft aller Menschen, die im gegenseitigen Einverständnis eine Erklärung und Versicherung abgeben, einander bestimmte Rechte zuzugestehen, die ungeachtet jeglicher Umstände gewahrt werden müssen.

Wann wird konstatiert, dass die größte Menschenrechtsverletzung ein Krieg ist? Wir erlauben uns, ganze Länder im Bombenchaos versinken zu lassen, ohne dass ein Hahn danach kräht, doch wenn ein Gefängnisinsasse im Iran Nasenbluten bekommt, wird mit den Menschenrechten gewinkt und »Amnesty International« eingeschaltet.

Im Sinne eines menschlichen Verantwortungsethos ist der Dialog auf gleicher Augenhöhe zu suchen; die Macht der Argumente muss in allen Diskursen gleichermaßen walten. Eine globalisierende Einstellung, die sich als allein selig machend wahrnimmt, ist vergleichbar mit einer kriegerischen Religion, nach deren Maßstäben Inquisition, Verfolgung anderen Glaubens oder Hinrichtung auf dem Scheiterhaufen ihre Legitimation erhalten. Ein solcher pathologischer Narzissmus verursacht und legitimiert letztlich Kriege.

8. Pathologie des politischen Narzissmus

Vorsicht, Barbaren kommen!

Es scheint, als lebe eine pathologische Barbarei im Zentrum unserer Politik, die sich in Selbstverliebtheit, Selbstgerechtigkeit und Selbstblindheit äußert. Die schwarze Liste unserer fehlgeleiteten Außenpolitik ist lang: der Irak, Afghanistan, Libyen und Syrien sind Paradebeispiele. Diese Länder, ehemalige Vasallen westlicher Führungsmächte, waren bis an die Zähne bewaffnet worden. Sobald sie sich von ihren ehemaligen »Dienstherren«, zu denen auch Russland zählt, distanzierten, fielen sie bei diesen in Ungnade, wurden zum Feindbild stilisiert und mit Krieg überzogen. Deren Staatsoberhäupter wurden eliminiert, wie im Fall von Saddam Hussein, das Volk hatte heftig zu leiden; das Ergebnis sehen wir in Millionen Toten und Flüchtlingen.

In aufwendigen Medienberichten wird illustriert, dass diese Nationen eine Bedrohung darstellen und in ihrem eigenen Land die Menschenrechte nicht akzeptieren. Doch es geht nicht um Bedrohung oder die Wahrung von Menschenrechten, sondern hier wird eine Legitimationsgrundlage für fehlgeleitete Formen von Außenpolitik geschaffen, die im Gewand drastischer Interventionen auftritt.

Wenn Staaten oder internationale Staatenbünde in die Politik anderer Staaten willkürlich eingreifen, müssten zuvor unabhängige Gremien ein solches Einschreiten als gerechtfertigt ansehen. Doch solche unabhängigen Gremien gibt es nicht, da die westlichen Fremdherrscher selbst Richter und zugleich der ungebetene Anwalt der anderen sind. Solche modernen Formen von staatlicher Vergemeinschaftung und Rechten sind deshalb wenig wert. Wie gehen wir aber in unseren eigenen Ländern in Fällen vor, in denen abweichende Meinungen vertreten werden? Der Blick auf die G20-Gegner in Hamburg, die Demonstranten an der Wall Street oder die »Gelbwesten« in Frankreich zeigt, dass in unseren eigenen Ländern Opposition und unangemeldete Demonstranten mit aller Härte bekämpft werden, selbst wenn sie Interessen vertreten, die ihre Berechtigung haben. Offizielle Zahlen zum G20-Gipfel wollen glauben machen, rund 3000 Festnahmen und 11 Todesopfer beruhten auf einem radikalen Hintergrund »linksversiffter Faschisten«, »Alternativer« oder des »Pöbels«. Warum bezeichnen wir diese Menschen nicht, so wie Demonstranten in China, Russland oder dem Iran, als Freiheitsaktivisten?

Ich will weder kriegsähnliche Gewaltverbrechen konfrontationsbereiter Demonstranten und Gegner des G20-Gipfels, gewaltfreudige Gelbwesten-Aktivisten oder jegliche nicht friedlichen Demonstranten in Schutz nehmen. Im Gegenteil, ich verurteile ihre gesetzeswidrigen Taten entschieden. Doch möchte ich dafür sensibilisieren, dass mit dem gleichen Maß, mit dem wir im Innenverhältnis gegen Stimmen vorgehen, die teilweise durchaus berechtigte Kritik üben, wir auch oftmals im Außenverhältnis zu anderen Staaten unsere Meinung durchsetzen möchten.

Wir vergessen leicht, dass die US-amerikanische »Führungsmacht« unter ihrem ehemaligen Präsidenten George W. Bush und mit dem ehemaligen britischen Premierminister Tony Blair seit dem 11. September 2001 im Nahen und Mittleren Osten entsetzliche Gewaltverbrechen begangen hat, um die gegen sie vorgenommenen Angriffe zu rächen. Sämtliche »demokratischen« Länder feuern seitdem ihre Waffen auf Länder ab, die ihnen mitnichten feindlich gesinnt sind.

Dieser ungleiche Krieg ist ein unvergessliches Zeugnis der weltpolitischen Unfähigkeit US-amerikanischer Führungsmacht und ihrer Alliierten, die Afghanistan im Namen der Menschenrechte und Freiheit zertrampelt haben. Sie sind vertrieben worden, wie 1978 auch die Sowjetunion dieses Land auf eine beschämende Weise verlassen musste. Gelinde formuliert, sind sie von den Taliban, die sie gegen die Sowjetunion hervorgebracht haben, regelrecht aus Afghanistan vertrieben worden. Die Nato-Kriegstreiber haben in diesem Krieg nach öffentlichen Einschätzungen mehr als 241 000 Zivilisten umgebracht. Vor welches Kriegstribunal werden diese Politiker gestellt und wer wird sie vernehmen? Die Realität zeigt, dass es sich um Verbrecher handelt, die gleichsam auch Weltpolizist und Weltrichter spielen. Vergessen wir nicht, dass die Menschen, die in Afghanistan Opfer wirtschaftlicher Machenschaften werden, keine Blumen sind, die verwelken, sondern Menschen, die ihre Existenz wegen der narzisstischen Pathologie der Politik verlieren.

Die selbst ernannte »Weltgemeinschaft«, die in unterschiedlichen Gewändern wie »NATO«, »Koalition der Willigen«, »wichtigste Länder der Welt«, »G7«, »die wichtigsten Wirtschaftsnationen der Erde« auftritt, ist dem »Menschheitstribunal« eine Erklärung schuldig. Sie hat zu erklären, warum sie durch eine Kriegswut nach dem 11. September 2001 Afghanistan demoliert und den Irak teilweise dem Boden gleichgemacht hat. Sie hat zu erklären, was sie in den letzten 20 Jahren in Afghanistan gemacht hat. Die »Koalition der Willigen« hat im Irrenhaus der Freiheit und dem Tempel der Selbstverherrlichung dem Menschheitstribunal zu erklären, was dazu geführt hat, dass sie die Flucht ergriffen haben.

Unsere Politiker haben dem deutschen Volk, damit auch dem Menschheitstribunal zu erklären, was von ihnen, als Beauftragte für die Ausbildung der Armee, den afghanischen Soldaten beigebracht wurde, die innerhalb von drei Wochen vor den barfuß kämpfenden Taliban niedergekniet haben. Hier wiederholt sich einiges. Ich erinnere an die Islamische Revolution von 1979. Der Schah hat genauso den Iran verlassen wie gegenwärtig Ashraf Ghani sein Land. Beide waren Diener der USA und ihrer Verbündeten, beide haben die Flucht ergriffen. Für beide waren die Verhandlungen mit der westlichen Welt wichtiger als das eigene Volk, und beide haben schließlich ihr Volk alleine gelassen.

Die »Koalition der Willigen« kann und darf sich nicht ihrer Verantwortung entziehen. Alle Kriege nach dem 11. September sind politisch unverantwortlich und menschlich zu verurteilen. Die »Koalition der Willigen« muss vor dem Kriegsverbrechertribunal der Menschheit erklären, mit welchem Recht diese Länder belagert, ausgebeutet und schließlich alleine gelassen worden sind.

Wir müssen offenlegen, welche Strategien wir von Anfang an nach dem 11. September verfolgt haben und was uns nach Afghanistan geführt hat. Sich darauf zu berufen, das Ziel sei gewesen, Afghanistan zu befrieden und zu demokratisieren oder Osama Bin Laden zu verfolgen, ist zu wenig. Eine Möglichkeit besteht darin, durch das direkte weltöffentliche Gespräch mit den Taliban offenzulegen, wie sich alles in den letzten 20 Jahren zugetragen hat und welche Politik mit dem Abzug verfolgt wird.

Es ist durchaus denkbar, dass die USA ihr Versagen dadurch wettmachen wollen, dass sie sich erhoffen, einen Krieg zwischen den Schiiten und den Sunniten in Afghanistan zu entfalten, um mit einem Fuß in Afghanistan zu bleiben. Anzumerken ist, dass die Taliban bislang keinen einzigen Schiiten inner- oder außerhalb von Afghanistan verfolgt oder getötet haben. Dies hängt damit zusammen, dass ihre Ideologie mit IS und Al-Qaida nicht gleichzusetzen ist. Während erstere eine Welthegemonie beanspruchen und die Tötung von Schiiten zu ihrer Ideologie gehört, beschränken sich die Taliban auf das afghanische Territorium. Ein früherer Anspruch war aber, das Bundesland Khorasan im Iran ihrem eigenen Land einzuverleiben. Die iranischen Streitkräfte lassen aber keinen Zweifel daran, dass eine solche Politik schwere Konsequenzen für die Taliban und Afghanistan haben würde. Eine moderate Neo-Taliban, wie sie sich gerade weltöffentlich präsentiert, würde Afghanistan gut tun. Die USA aber versuchen durch ihre Dissonanzpolitik, die Taliban gegen die schiitischen Fatimiun Afghanistans aufzuhetzen. Dadurch könnten sie auch den sogenannten »Schurkenstaat« Iran in Schach halten und permanent destabilisieren und China verwehren, eine eigene neue Weltordnung der Wirtschaft über die Seidenstraße herbeizuführen und die USA völlig zu verdrängen. Wir haben es mit großer Wahrscheinlichkeit mit einem neuen Gesicht der Taliban zu tun, mit dem die Hoffnung verbunden ist, dass sie von den USA Abstand nehmen und eine Friedenspolitik innerhalb und zwischen den Nachbarstaaten etablieren.

Dass wir vor der von uns bezeichneten »Gelben Gefahr« der Chinesen Halt machen, hat keine humanitären Gründe, sondern liegt in der Stärke des modernen chinesischen Staates begründet. Wir setzen unsere Würde immer wieder durch Propaganda aufs Spiel. Wir müssen den Tatsachen in die Augen schauen und damit umgehen lernen, dass China eine Supermacht ist, während wir dieses Land in unseren Medien immer noch als Entwicklungsland beschreiben. China hat sehr gut von uns gelernt, wie man politische Gegner zum Schweigen bringen kann. Chinas neue Waffe ist die Verhängung von Sanktionen, ein Instrumentarium, mit dem wir seit dem Zweiten Weltkrieg als wirtschaftliches und politisches Druckmittel weltweit mit Schicksal und Existenz der Völker gespielt haben. Nun ist es an uns, von der neuen Supermacht sanktioniert zu werden, wenn wir frech werden und Grenzen überschreiten.

In naher Zukunft wird es mehr Länder geben, die diesem Beispiel Chinas folgen werden. Vielleicht merken wir dann, dass wir auf dieser Welt nicht alleine sind und nicht immer gewinnen, wenn wir mit Feindbildern arbeiten. Fragwürdige Persönlichkeiten wie Aung San Suu Kyi, die sich angesichts des schrecklichen Schicksals der muslimischen Rohingya in Stillschweigen gehüllt hat, sollten wir nicht länger mit Friedensnobelpreisen ausstatten. Auch durch unsere Legitimation macht sie einen Genozid und eine ethnische Säuberung gegen muslimische Minderheiten vergessen. Wir aber dürfen nicht in Vergessenheit geraten lassen, dass wir uns der Mittäterschaft an diesen Massakern schuldig gemacht haben. Das Gleiche gilt für die iranische Shirin Ebadi, die einen Friedensnobelpreis erhalten hat. Sie soll fehlende Frauenrechte im Iran anprangern, was an sich gut und wichtig ist. Wir aber setzen die Nobelpreisträgerin als ein Instrument zur Beherrschung der iranischen Innen- und Außenpolitik ein, was einerseits dem Aufrechterhalten des Iran als Feindbild dient und andererseits unterstreichen soll, dass dort ein Unrechtsregime an der Macht ist.

Die Auseinandersetzung zwischen den beiden US-amerikanischen Präsidenten Biden und Trump hat deutlich gemacht, dass unsere angebliche Demokratie auf wackeligen Beinen steht. Wir müssen zunächst vor unserer eigenen Haustür kehren und überdenken, ob unser wirtschaftliches und vor allem außenpolitisches Verhalten nicht insgesamt mehr Kriege hervorbringt als Frieden.

Die Ukraine und die in unseren Medien als »Krim-Krise« bezeichneten Auseinandersetzungen sind ein weiteres Beispiel solcher Intervention. Verschwiegen wird, dass wir es gewesen sind, welche die Ukraine bei der sogenannten »Orangen Revolution« unterstützt haben. Wir dürfen uns nicht wundern, wenn Russland auf diese fragwürdige Intervention an seinen Grenzen mit Härte reagiert. Hätte Russland unseren Absichten, dort einen NATO-Stützpunkt zu errichten, nicht von sich aus vorgegriffen, so wäre es unseren Führungsmächten gelungen, dort militärisch Wurzeln geschlagen. Die Halbinsel Krim wurde 2014 durch ein Referendum als Teil der russischen Föderation anerkannt. Dies haben wir auf das Schärfste kritisiert, Russland einer Kollektivkritik unterzogen und gegen das Land Sanktionen verhängt. Sicherlich ist auch der von Russland ausgehende Anspruch auf die Ukraine nicht gerechtfertigt. Doch haben sich europäische Kräfte eingemischt, ohne um Hilfe gebeten worden zu sein. Dies ist ein gewichtiger Unterschied.

Wenn die israelischen Politiker einstimmig mit vielen unserer führenden Politiker im Westen weltöffentlich über die »Annexion« des Westjordanlandes sprechen, was letztlich einer Besetzung gleichkommt, nehmen wir uns hier das Recht heraus, die Welt so vorzuführen, wie wir es wollen. Ohne zu zögern, liefern wir U-Boote und Kriegswaffen auf Kosten deutscher Steuerzahler nach Israel. Heiko Maas fliegt lediglich zur »Beratung« nach Tel Aviv, von Sanktionen ist in diesem Fall nicht die Rede. Aufgrund der deutschen Geschichte, die inzwischen 80 Jahre Zeit hatte zu ruhen, nehmen wir kommentarlos hin, was dort geschieht. Andernorts positionieren wir uns als unabhängige »Europa-« oder »Weltpolizei«, doch hier bewahren wir Ruhe. Wenn wir Israel loben, auch wenn dies unbegründet und unsinnig ist, erhalten wir Zuspruch und sogar Preise. Positiv über den Iran zu sprechen, auch wenn dies angemessen und richtig ist, wird durch einen Bulldozer wie die *Bild*-Zeitung diffamiert. Ist das Dschungelcamp ein Ausdruck der Freiheit und die Bewahrung der Menschenwürde, über die die *Bild*-Zeitung mit Stolz berichtet? Ich denke, dass diese Form der Meinungsfreiheit die Menschenwürde untergräbt und die Meinungsfreiheit auf das Verhalten der Irren in einem Irrenhaus reduziert.

Nur ein Beispiel: Wir fürchten uns vor Wladimir Putin, der angeblich vor nichts Halt macht, und betrachteten die Politik von Donald Trump, der als »mächtigster Mann der Welt« skizziert wurde, als gefährlich. Dennoch schenkten wir ihm letztlich Gehorsam. Wovor machen wir eigentlich Halt? Jenseits aller scheinbaren Proteste gegen die Politik der US-Regierung wahren wir die Maske der Freundlichkeit und distanzierten Aufgeschlossenheit. Darüber vergessen wir, dass die CIA jeden Bundesbürger über Handy- und Internetzugriff ausspionieren kann, wie am Fall von Bundeskanzlerin Merkel bekannt wurde. Staaten, die so etwas tun, sind keine wirklichen Verbündete und Freunde. Mike Pompeo (CIA) konnte politische Feinde durch derlei Handlungen gezielt ausschalten.

Eine Institution, an deren Händen das Blut vieler Menschen inner- und außerhalb der USA klebt, betrachten wir dennoch als demokratisch. Eine solche Sichtweise ist bedenklich, insbesondere wenn nationale Rechte gefährdet und übergangen werden, welche die Festnahme und Liquidierung von Einzelpersonen aus US-amerikanischer Sicht als »Bedrohung der nationalen Sicherheit« rechtfertigen möchte. Nach dem Machtwechsel von Donald Trump zu Joe Biden beschloss dieser nur wenige Tage nach seiner Amtseinführung, Ziele in Syrien unter Beschuss zu nehmen. Wo Trump Kriege als blinden Aktionismus betrieb, führen wir sie im Namen der Demokratie weiter.

Es ist begrüßenswert, wenn verschiedene Geheimdienste der Welt international zusammenarbeiten, um Verbrechen gegen die Menschlichkeit bzw. gegen geschädigte Volksgruppen und Staaten aufzuklären und die Schuldigen vor Gericht zu stellen. Doch die willkürliche Intervention in Prozesse, die durch einzelne Staaten geregelt werden, zu denen obendrein offenbar freundschaftliche politische Beziehungen bestehen, ist bedenklich.

Handeln wir so, dürfen wir auch nicht die Haltung der iranischen Politik in Bezug auf die sogenannten Oppositionellen verurteilen, wenn wir eigene rechte wie linke Gruppierungen stillschweigend dulden. Das Gleiche gilt für Länder wie Russland und China.

Ich möchte in Erinnerung rufen: Im neuen Jahrtausend hat es viele Fälle gegeben, in denen wir beobachten konnten, wie der unbändige Drang nach einer Distanzierung von gewalt- und unterdrückungsbereiten Regierungsformen zu einer Stigmatisierung und Verdammung politisch aktiver Personen geführt hat, die der jeweiligen Mainstream-Gesellschaft oft aufgrund einiger weniger Fehlentscheidungen ein Dorn im Auge waren. Wollten wir wirklich im dialogischen Sinne eine Abkehr von unserer blutigen Geschichte leisten, so sollten wir daran erinnern, statt sie zu dämonisieren. »Geschichte ist biegsam, wenn Herren sie machen«, sagt Herman van Veen und will dafür sensibilisieren, dass wir einen Fehler begehen, wenn wir Geschichte ausschließlich aus der Perspektive des Siegers schreiben. Vielmehr fordert dieser Sinnspruch dazu auf, ehrliche Versöhnungsarbeit im Dialog zu leisten, statt Wiedergutmachung in Form der Unterstützung weltweiter Konflikte zu betreiben.

Wir können den Sachverhalt andersherum betrachten: Warum ducken wir uns noch immer auf der Weltbühne weg oder schauen betrübt zu Boden, wenn ausländische Medien über Deutschland als Nazi-Regime berichten? Warum müssen wir uns im Rahmen von weltweiten Sportereignissen Schlagzeilen wie »Deutsche Panzer überfliegen argentinische Linien« gefallen lassen, die eindeutig kriegsverherrlichend sind? Wie passt es zusammen, dass wir trotz dieser Verunglimpfungen Waffen an

Länder liefern, damit diese weiterhin Krieg führen? Das Dritte Reich fügte den Juden unermesslichen Schaden zu, verursachte weltweites Elend und jetzt leisten wir einen Ausgleich in der Form, dass wir selbst Kriegsgerät nach Israel liefern. Wir wissen, wofür diese Waffen eingesetzt werden. Richten wir unseren Blick nach Palästina, Syrien oder Libyen, so erhalten wir die Antwort. Das ist traurig und zugleich bedenklich.

Die drei Charakteristika unserer Außenpolitik, Selbstgerechtigkeit, Selbstverliebtheit und Selbstblindheit, haben Einzug in das Alltagsverständnis gehalten. Diese Charakteristika sind hintergründig das Ergebnis einer Entwicklung, die Jahrhunderte der Eroberung, Kolonialisierung und Missionierung kennzeichnet. Die Angehörigen der eigenen Kulturgemeinschaft gelten als gebildet, intellektuell und vollkommen, während Menschen aus anderen Kulturen seit dem Aufstieg des antiken Griechenlands in seine Position der vermeintlichen Kulmination der Hochkultur als »Barbaren« bezeichnet werden. Der Begriff »Barbar« steht stellvertretend für alle Charakteristika, die innerhalb der als Leitkultur ausgelobten Gesellschaft einen Platz einnimmt, auf dem er bestenfalls geduldet wird.

Der Barbar, als fremd stigmatisiert, wird als Summe all dessen diskriminiert, was in der Mainstream-Gesellschaft keinen Platz findet. Er ist ein absoluter Angstbegriff. Er wird zum Sinnbild dessen, was nicht verstanden wird oder verstanden werden will, um die Ideale der Absolutheitsgesellschaft in ihrem Anspruch nicht zu gefährden. Es scheint nicht unbegründet, zu fragen, inwieweit wir wirklich in einer demokratischen Welt leben und welche politischen Haltungen den ohnehin brüchigen Weltfrieden gefährden können. Jede wissenschaftliche Arbeit, die ihre Absichten in den Dienst seines Erhalts stellt, muss sich selbst immer wieder kritisch auf ihre eigene inhärente Absolutheit hinterfragen, um nicht in Muster zu verfallen, die Stigmatisierung und Totalitarismus begünstigen.

Nach Jahren der Beschäftigung mit interkulturellen Sichtweisen zu unterschiedlichen Dimensionen der Kultur bin ich der Auffassung, dass der sogenannte »Kampf der Kulturen« ein Mythos ist. Der Erfinder dieser viel diskutierten These, Samuel Phillips Huntington, erschuf als damaliger Berater des US-Außenministeriums eine strategische Lüge, um von tatsächlichen Konflikten sowie der Rolle der westlichen Führungsmacht abzulenken. Es handelt sich nicht um einen »Kampf der Kulturen«, sondern um einen »Kampf der Ideologien«, um politischen Einfluss und wirtschaftliche Interessen, letzten Endes um die Weltherrschaft. Dass Kulturen, Traditionen und Religionen instrumentalisiert werden, macht das Wesen dieser Ideologien aus, deren kriegerische Logik des Denkens, des Redens und des Handelns die größte globale Gefahr für die Weltpolitik im 21. Jahrhundert darstellt.

Das gegenwärtige Jahrhundert ist das Jahrhundert der organisierten Kriegsführung. Nicht der immer wieder beschworene Dialog ist vordergründig, sondern Macht und Interesse Einzelner, welche die Sprache des Friedens diktieren. Die westlich-demokratischen Führungsmächte unter der Vorherrschaft der USA organisieren Kriege im Namen von Demokratie, Menschenrechten und Freiheit, stürzen legitime Regierungen, belegen ihre Gegner mit schwerwiegenden Sanktionen und unterstützen Organisationen wie Taliban, al-Qaida oder IS. Wir sind sogar so unverschämt, offen bei Wahlkämpfen zu äußern, wer die Taliban oder den IS ins Leben gerufen hat. Kriegstribunale sind nicht für uns, sondern für unsere Widersacher, die wir selbst hervorgebracht haben. Die westlich-demokratischen Führungsmächte unter der Vorherrschaft der USA scheinen in dieser Hinsicht von Sinnen zu sein.

Nur der andere wird gestorben

Immer wieder wundere ich mich darüber, dass sich hier jeder eine fast schon fundamentale Systemkritik im Sinne der totalen Ablehnung gegenüber anderen Ländern erlauben darf, während wir jegliche fundamentale Kritik gegenüber der eigenen Gesellschaft zurückweisen. Ist uns unser Irrenhaus der Freiheit inzwischen etwa so willkommen geworden? Parteien am linken und rechten Spektrum werden unter Beobachtung des Verfassungsschutzes gestellt. Man möchte die Gesellschaft vor Interventionen aus diesen Richtungen schützen. Es ist zwar richtig und wichtig, politische Aufklärungsarbeit zu leisten und Extrempositionen mit einem gerüttelt Maß an Skepsis zu betrachten, aber ein Verbot macht derartige Gruppierungen nur umso gefährlicher.

Mit Verwunderung habe ich beobachtet, dass viele, die an unserer Gesellschaft eine solche Systemkritik üben, in Ungnade fallen, ihre öffentlichen Ämter oder gar ihr Leben verlieren.

Der österreichische Politiker Jörg Haider, ehemaliger Vorsitzender der FPÖ, macht sich durch seine Wortführung gegenüber Ausgleichsforderungen jüdischer Vertriebener und gegen die europäische liberale Politik, zumindest im politischen System Österreichs, Feinde. 2008, kaum lässt er seine Kritik verlauten, verunglückt er bei einem Autounfall, dessen Entstehen durch Alkoholeinfluss und plötzliches Versagen der Bremsen erklärt wird.

David Kelly, der Mikrobiologe und Berater des britischen Verteidigungsministeriums, nimmt 2003 als UN-Beauftragter an der ersten Kontrollmission im Irak teil. Er soll nach Massenvernichtungswaffen suchen, um einen Angriffskrieg zu legitimieren, findet das Land jedoch frei von solchen Waffen vor. Kelly wird dennoch von Tony Blair, dem zu diesem Zeitpunkt amtierenden britischen Premierminister, angewiesen, zu behaupten, der Irak sei in der Lage, innerhalb von 45 Minuten ABC-Waffen in Gefechtsbereitschaft zu versetzen. Kelly verweigert dies. Drei Tage später wird er mit durchschnittenen Schlagadern aufgefunden. Sein Bericht wird im Sinne Tony Blairs veröffentlicht.

Der deutsche FDP-Politiker Jürgen Möllemann gerät 2003 in die mediale Kritik mit der »Möllemann-Affäre«, die für Wochen die mediale Landschaft dominiert. Es geht um seine Kritik an Ariel Scharon, dem verstorbenen israelischen Ministerpräsidenten. Möllemann beklagt, wer Scharon, der bei den Palästinensern als »Metzger« bekannt sei, kritisiere, werde hier in die Ecke des Antisemitismus gestellt. Möllemann verbitte sich dies auf das Schärfste; man müsse an Scharons Politik Kritik üben dürfen, ohne in diese Ecke geschoben zu werden. Diese angeblich schwerwiegenden Worte führen zur Aufhebung seiner Immunität. Möllemann kommt 30 Minuten nach dieser Aufhebung bei einem Fallschirmsprung ums Leben.

Eva Hermann, ehemalige Nachrichtensprecherin, fällt 2007 in Ungnade, da sie explizit und ausschließlich die Rolle der Familie im Dritten Reich, jenseits aller Ablehnung dieses Regimes und damit intendierter politischer Interessen, würdigt. Ihr wird eine Sympathie mit dem NS-Regime unterstellt, was dazu führt, dass sie unverzüglich aus ihrem Amt entfernt und ihr zukünftige Medienauftritte untersagt werden.

Horst Köhler, ehemaliger Bundespräsident, tätigt 2010 nach seinem Besuch in Afghanistan die Äußerung, der Afghanistan-Krieg sei nichts anderes als ein Wirtschaftskrieg, an dem sich auch Deutschland beteilige. Wegen dieser Grundhaltung wird er heftig kritisiert. Er tritt von seinem Amt zurück und verschwindet aus der politischen Öffentlichkeit.

Margot Käßmann, ehemalige Ratsvorsitzende der Evangelischen Kirche in Deutschland, kritisiert 2010 ebenfalls den Afghanistan-Krieg als Fehler. Nichts sei gut in Afghanistan, da Soldaten auch Zivilisten töteten. Konflikte müssten auf andere Weise bewältigt werden. Während diese Äußerung zunächst relativ kritiklos im öffentlichen Raum verhallt, wird sie kurze Zeit später betrunken am Steuer erwischt. Sie muss ihre Ämter niederlegen und sich aus der Öffentlichkeit zurückziehen.

Warum widerfahren Vertretern unserer Prominenz, die sich gegen den politischen Zeitgeist äußern, solche Schicksale? Die Fülle der Fälle macht es schwierig, dies als bloße »Verschwörungstheorie« abzutun. Jenseits solcher kaum zu bestätigenden Behauptungen bleibt unsere politische Führung eine Antwort schuldig, ob all diese Amtsenthebungen zufällig oder Symptome einer gelenkten Politik und Weltbeherrschungssucht sind. Politiker, die einer allgemein anerkannten Orientierung folgen, werden weder aus dem Amt gejagt noch kommen sie unter ungeklärten Umständen zu Tode. Doch niemand wagt, diese Frage öffentlich zu stellen. Es könnte ihn seinen Posten oder sein Leben kosten. Doch nicht nur unsere Politiker, sondern auch das deutsche Volk ist seit der virulenten Zeit der Ostermärsche eingelullt. Niemand demonstriert gegen Stützpunkte der USA in Deutschland, von denen aus Kriege gegen Länder Westasiens geführt werden und auf denen, aller Wahrscheinlichkeit nach, atomare Sprengköpfe lagern, die unser Land in ernste Gefahr bringen können. Bei einer atomaren Auseinandersetzung zwischen Russland und den USA würden alle Länder blitzartig atomar angegriffen werden, in denen die USA Atomwaffen stationiert haben. Für mich als Bürger dieses Landes stellt sich die dringliche Frage, wie unsere Politiker eine derartige Stationierung legitimieren, welche die Unversehrtheit des gesamten Volkes in Gefahr bringen kann.

Doch die Deutschen demonstrieren gegen französischen Atomabfall und ketten sich an Gleise, statt sich für die Beseitigung von Nuklearsprengköpfen generell, von jenen der USA im Spezifischen, einzusetzen. Zahlreiche Einflussfaktoren, wie politisch insistierte Manipulation, mediale Verdummungsstrategie sowie eine unbedingte Fokussierung auf sekundäre Ziele, die zwar kritikwürdig sind, jedoch, gemessen an dringlicheren Problemen in der Welt, weitaus weniger Aufmerksamkeit bedürfen, wirken hierbei Hand in Hand. Sie sollen dort Probleme lösen, statt sich um die Unzulänglichkeiten in unserer Gesellschaft oder weltweite Probleme zu kümmern.

Wir denken an unsere individualistische Freiheit ohne Sorge darüber, was uns widerfährt, wie mit uns umgegangen wird und warum fundamentale Systemkritiker unschädlich gemacht werden. Wir sind mit unserem Narzissmus befasst, sodass wir unsere Umgebung nicht mehr richtig wahrnehmen. Das System hat für uns ein Refugium errichtet, in dem wir uns angeblich frei bewegen, ohne dass wir dessen enge Grenzen wahrnehmen. Ein Irrenhaus der Freiheit, in dem jeder Korridor neue Schrecken und Sackgassen bereithält.

Politischer Gängelwagen

Die »Bundeszentrale für politische Bildung« ist in unserem Land diejenige staatliche Institution, welche sich für die vielseitige Aufklärung in der außerschulischen Jugend- und Erwachsenenbildung einsetzt. Ihre Aufgabe sieht sie darin, nach den »Prinzipien des Pluralismus, der Kontroversität und der Rationalität« tätig zu sein. Der Wochenzeitung »Das Parlament« werden Broschüren »Aus Politik und Zeitgeschichte« beigefügt. Sie wird vom Deutschen Bundestag herausgegeben und dient zur Information aller Interessierten in Politik, Wirtschaft und Sozialverbänden. Damit übt sie großen Einfluss auf zahlreichen Ebenen der Gesellschaft aus.

Die Lektüre der Ausgabe »Iran« hat mich entsetzt. Auffällig ist, dass ausschließlich Themen erörtert werden, die alte Feindbilder auffrischen. »Irans Wirtschaft im Zeichen von US-Sanktionen und Corona-Krise« bildet einen Kernpunkt des Heftes, in dem zwei artverschiedene Themen miteinander in Beziehung gesetzt und damit das Urteil des Lesers stark gesteuert wird. Sanktionen, die unsere Bundesregierung stillschweigend mitträgt, werden als selbstverständlicher Bestandteil der öffentlichen Debatte um den Iran wahrgenommen. Der Zusatz »Corona-Krise« soll zeigen, dass der Iran nur durch eine Lockerung der Sanktionen und die Einfuhr von Medikamenten dieser Pandemie Herr werden könne. Die Herausgeber des Heftes suggerieren: Wenn der Iran sich nur anständig benähme, würde er von den USA bestens beliefert werden.

Tatsache ist, dass der Iran das Virus weitestgehend überwunden hat. Es ist bedenklich, dass unsere Regierung nicht den Mut hat, transparent über solche Tatsachen zu informieren oder gar darzustellen, inwiefern der Iran behilflich sein könnte, die zahlreichen Infizierten im maroden Gesundheitssystem der USA zu versorgen. Doch unser pathologischer Narzissmus bewirkt, dass wir fast ausschließlich im Imperium unserer hausgemachten »Realität« leben.

Um die strahlende Sonne der Sanktionen des Heftes kreisen auch weitere Themen »Die Atomvereinbarung mit Iran«, »Iran im Nahen Osten«, »Schiiten und Sunniten« und »Soziales Engagement und politischer Aktivismus in einem autoritären Staat«. Sie verweisen insgesamt auf ein gemeingefährliches Regime, das nicht davor zurückschreckt, seine eigene Bevölkerung mit als rückständig begriffenen Totalitarismen zu unterdrücken und eine prinzipiell diktatorische Regierungsform zu bestärken.

Ein wichtiges Thema ist die Verunglimpfung der »Sepahe-Pasdaran«, einer Sektion der iranischen Armee. In besagtem Heft werden sie bezeichnet als »Korps der Gardisten der Islamischen Revolution«, als »Augen, Ohren und Knüppel der Mullah-Herrschaft«, mit denen die »religiös-ideologischen Kleider- und Verhaltensnormen« durchgesetzt und außerhalb des Iran Terrorismus betrieben werde. Es entsteht die Illusion, als seien hier Freischärler am Werk, die uns als Hüter der Menschlichkeit herausfordern, ihnen das Handwerk zu legen. Doch wer sind eigentlich die Sepan-e-Pasdaran, gegen die wir seit 40 Jahren einen Illusionskrieg führen?

Entstanden ist Sepah in der Anfangsphase des Iran-Irak-Krieges zur Verstärkung der regulären Armee Artesch, deren Zahl an Soldaten zur Führung eines Krieges gegen die übermächtigen westlichen Verbündeten und Saddam Hussein viel zu gering war. Mit den beiden Armeen gelang es dem Iran, den Konflikt für sich zu entscheiden. Der Krieg hat beide Sektionen wie Brüder im Geiste verschmolzen. Das seither neu strukturierte iranische Militär sowie die Umwälzungen der Exekutive sind eine Auswirkung dieser langjährigen Kooperation.

Über die militärischen Aktivitäten hinaus war Sepah mit dem Ziel betraut worden, später das zerstörte Land mit aufzubauen, um den Iran gegenüber der Aggression des Westens unempfindlicher zu machen. Die Institution »Khatam-al-Anbiya« gehört zu den wissenschaftlichen Bereichen der Sepah, die landesweit Brücken, Kläranlagen, Autobahnen, Tunnel sowie hochkomplexe Staudämme konstruiert. Sie unterhält eigene Universitäten mit Spitzenwissenschaftlern in allen medizinischen und technischen Bereichen.

Ein derartig straff strukturiertes militärisches wie ziviles Gremium ist dem Westen aufgrund seiner Vernetzungen ein Dorn im Auge, weil der Iran nicht, wie andere Länder in der Region, beliebig angegriffen werden kann. Dies mag der Grund sein, warum Sepah, als »spiritus rector« des militärischen und zivilen Fortschritts im Iran, mit den Freischärlern von Hisbollah und Hamas verglichen wird.

Dem Leser des Iran-Heftes wird durch die Themenauswahl und -verknüpfung kaum die Möglichkeit eingeräumt, ein eigenes Urteil zu bilden. Das permanente Einbrennen des Feindbildes Iran durch die Medien hat überdies das Bewusstsein dermaßen manipuliert, dass es außerordentlich schwer ist, den Leser mit den wirklichen Zuständen dort vertraut zu machen. Jedes Wort kommt einer Rechtfertigung gleich. Die einzige Möglichkeit wäre, den Iran zu bereisen, um sich selbst einen Eindruck zu machen. Wir sind gewohnt, nur eine Seite aus unseren Medien zu kennen und diese mit militanter Vehemenz nach außen zu verteidigen. Lernen wir die Kehrseite kennen, dann erlebt unsere Wahrnehmung eine Erschütterung, die nur heilsam sein kann, wenn wir eine ernsthafte Verständigung mit dem anderen in seiner Andersartigkeit anstreben möchten.

Die wesentliche Aufgabe der Bundeszentrale für politische Bildung sollte darin bestehen, sich für eine Kultur des Dialogs einzusetzen. Doch zumindest in diesem Iran-Heft wird sie ihren selbst auferlegten »Prinzipien des Pluralismus, der Kontroversität und der Rationalität« nicht gerecht. Einer staatlichen Institution im »Land der Dichter und Denker« ist es unwürdig, sich als Instrument der Stigmatisierung und Diffamierung zur Verfügung zu stellen und Teil einer Wettbewerbspropaganda zu werden. Diese Indoktrination ist politisch und kulturwissenschaftlich unvertretbar. Doch sie muss aufrechterhalten werden, auch deshalb, weil das deutsche Volk es sicherlich übel nehmen würde, wenn es erführe, dass es 42 Jahre mit Unwahrheiten über den Iran gefüttert worden ist.

Immanuel Kant beschreibt solche »Aufklärer« derart, sie hätten ihr Hausvieh zuerst dumm gemacht und dann sorgfältig kontrolliert, dass es keinen Schritt außer dem Gängelwagen tun dürfe. Es ist selbstverständlich, dass es dem Einzelnen schwer wird, sich aus dem ihm beinahe zur Natur gewordenen Tiefschlaf des Gehirns herauszulösen und die auf diesem Wege eingerichtete Komfortzone zu verlassen. Kant hat subtil erkannt, dass solche Aufklärer, die nur Vorurteile pflanzen, selbst aller Aufklärung unfähig seien und kaum ein Interesse daran haben, die Wahrheit zu sagen.

Corona im Weltkontext

Am 31. Dezember 2019 informiert die Weltgesundheitsorganisation, dass eine Corona-Pandemie südlich von Peking ausgebrochen sei. Schwerwiegende Lungenentzündungen werden gemeldet mit vielen Toten. Diese Nachricht löst weltweit Panik aus. Die Menschheit ist derart von Existenzangst ergriffen, dass sie lange braucht, um solide Entscheidungen zu treffen.

Die Politiker merken rasch, dass die Corona-Pandemie viele Opfer fordern wird. Dies dürfte ein Grund sein, warum Politiker zunächst schweigen. Sie müssen zum Schutz der eigenen Bevölkerung zunächst in Schweigen verharren, um intern darüber nachzudenken, wie dieser Pandemie zu begegnen ist. Was mich aber am meisten seit Beginn der Pandemie bewegt und immer nachdenklicher werden lässt, ist das makabre Verhalten unserer Medien, die auch diese Tragik zum Anlass nehmen, mit Schuldzuweisungen und Unterstellungen zu arbeiten.

Die Medien verbreiteten zunächst, dass die Corona-Pandemie in der chinesischen Stadt Wuhan ausgebrochen sei. Inzwischen wissen wir, dass wir es mit einer Pandemie ohne Herkunft zu tun haben. Auch die Weltgesundheitsorganisation hat kürzlich nach langer Untersuchung bestätigt, dass Wuhan nicht der Ausbruchsort der Pandemie sein könne. Die anfängliche Behauptung war also von Anfang an versteckte Propaganda gegen China. Unsere Medien haben auch verbreitet, das Virus sei durch Direktflüge aus China nach Qom im Iran importiert worden, obwohl es in Qom gar keinen Flughafen gibt. Zynisch machten sie sich darüber lustig, dass die schiitischen Mullahs, denen Alkohol verboten ist, ihre Hände, Straßen und Heiligtümer nicht mit Alkohol desinfizieren könnten. Im Rausch ihres Mitleidsdiskurses behaupten die westlichen Medien weiter, die Mullahs würden ihr Volk alleine lassen und die Hilfe des Westens ablehnen. Über Farsi-Kanäle wie BBC, Deutsche Welle, Radio Farda, Radio Israel und Radio Amerika haben sie versucht, das iranische Volk gegen seine Regierung aufzuwiegeln.

Diese Propaganda hat erst ein Ende genommen, seit die Zahl der Corona-Erkrankten in Deutschland steil nach oben und im Iran nach unten gegangen ist. Die Pandemie zeigt, dass die angebliche Hochtechnologie der westlichen Führungsmacht nicht in der Lage war, die eigene Bevölkerung angemessen und schnellstmöglich zu versorgen. Die offiziellen Zahlen der Johns Hopkins University in den USA, des Robert-Koch-Instituts in Deutschland und des Gesundheitsministeriums im Iran zeigen die Unfähigkeit des Westens, mit dieser Welttragödie effektiv umzugehen: In den USA: 30 Millionen Infizierte und 530 000 Tote, in Deutschland: 2,5 Millionen Infizierte und 72 000 Tote und im Iran: 1 700 000 Infizierte und 61 000 Tote. Diese offiziellen Zahlen zeigen, dass der Iran bei der Bekämpfung des Corona-Virus und seiner Mutationen Erfolge melden darf.

Das Erfolgsrezept des Iran ist das Projekt »Ghasem Soleimani«. Es umfasst etwa eine Million Ärzte, Pflegekräfte, Geistliche, Sozialarbeiter und Freiwillige, die das Land Haus für Haus besucht und alle Menschen getestet oder bei Infizierung versorgt haben. Dreischichtige Masken und Diagnostik-Kits wurden entwickelt, die auch exportiert werden. Ein effektives Testverfahren war von dem Atomphysiker Professor Mohsen Fahrizade schon früh entwickelt worden. Das Land ging in einen harten Lockdown. In einer zweiten Schleife des Projektes wurden alle Menschen noch einmal getestet. Zudem gibt es Telefonseelsorge-Einrichtungen, welche die Betroffenen rund um die Uhr betreuen.

Der Gesundheitsminister des Iran, Said Namaki, beaufsichtigt alle Projektschritte landesweit und gibt jeden Tag ein Statement mit statistischen Erhebungen ab. Er informiert über die Mortalitätsrate und Inzidenzwerte der 33 Bundesländer des Iran. Bei jedem Statement wendet er sich persönlich an das Volk und appelliert, nicht zu reisen, sich an Hygienevorschriften zu halten und die Maske korrekt zu tragen. Sein Verhalten hat großes Vertrauen erweckt. Man muss erwähnen, dass der Iran der Bevölkerung bereits anfänglich kostenlose medizinische Masken zur Verfügung stellte.

Diese Maßnahmen wurden entwickelt, da der Iran zu Beginn der Pandemie einige hoch spezialisierte Virologen verloren hat. Auch das Staatsoberhaupt und der Präsident motivieren Namaki und das Volk, sich an diese Vorschriften zu halten. Das Ghasem-Soleimani-Projekt hat dazu geführt, dass die einzelnen Coronawellen auch präventiv aufgefangen werden konnten. Die anfänglich täglichen drei- bis vierstelligen Zahlen an Toten sind in kürzester Zeit zweistellig geworden. Diese Zahl wird konstant nach unten korrigiert. Dass es zu Schwankungen der Zahlen kommt, hängt damit zusammen, dass Teile der Bevölkerung im wahrsten Sinne des Wortes coronamüde geworden sind und die Vorkehrungsmaßnahmen nicht mehr beachten wollen.

Gegenwärtig wird der Impfstoff Sputnik V kostenlos an die iranische Bevölkerung ausgegeben. Es ist bezeichnend, dass unsere Führungsmacht im Westen von Anfang an im Rahmen ihrer schwarzen Rhetorik die Wirksamkeit von Sputnik V infrage gestellt hat. Gefeiert wurden nur der fragwürdige schwedisch-britische Impfstoff AstraZeneca und der amerikanisch-deutsche Stoff Pfizer. Doch Propaganda greift nicht immer. Es hat sich rasch herausgestellt, dass Sputnik V aufgrund seiner Schutzwirkung weltumspannend bestellt wird. Auch die WHO hat dessen einzigartige Qualität bestätigt. Nun will auch die Bundesregierung diesen anfänglich stigmatisierten Impfstoff einführen. Dass sie diese Möglichkeit bisher ihren Bürgerinnen und Bürgern vorenthalten hat, bedeutet, dass unsere Politiker durch ihre verdeckte Demagogie Menschenleben aufs Spiel setzen.

Der Iran hat von Anfang an, zusammen mit Cuba, an der Entwicklung eines Impfstoffs gearbeitet, der nun in Massenproduktion gegangen ist. Gleichzeitig arbeiten iranische Virologen an einem eigenen Impfstoff »Coviran«, der ebenfalls produziert wird. Die iranische Führung hat in dieser Pandemie von Anfang an eine göttliche Allmacht gesehen, die den hochmütigen und egozentrischen Menschen mit seinem Unvermögen konfrontiert und seinem Anthropozentrikwahn ein Ende setzen will. Die Pandemie sei folgerichtig ein Aufruf zur Bescheidenheit und Entwicklung gemeinsamer Mittel zu deren Bekämpfung. Insbeson-dere in den Anfängen der Pandemie schien es, als greife dieser weltweite Solidarisierungsgedanke, erwachsen aus dem zutiefst menschlichen Bedürfnis des Miteinander, wie ein Lauffeuer um sich.

Solche Maßnahmen wurden in vielen westlichen Ländern erst spät und oft nur inkonsequent eingeleitet. In Europa ist tragisch, dass zu Beginn der Pandemie chinesische Masken in Tschechien und Polen verschwunden sind, die für Italien vorgesehen waren. Hier zeigt sich die Europäische Union letztlich als ein labiles Konstrukt. Auch die entwickelten Impfstoffe zeigen, dass sich die westlichen Länder gegenseitig selbst bevorzugen und die eigenen Grenzen schließen. Ich verrate Ihnen kein Geheimnis, dass die Entwicklung von Impfstoffen in der westlichen Hemisphäre einen erbitterten Wirtschaftskampf hervorgerufen hat.

Ein Kampf um Zahlen tobt, welcher Wirkstoff ein Prozent mehr Wirkung zeigt als der andere, damit er auf dem Weltmarkt besser an mehr als sieben Milliarden Menschen verkauft werden kann. Bill Gates fliegt nach China und behauptet, er wolle die ganze Welt impfen. Das Gerangel um AstraZeneca, das bei Geimpften vereinzelt Thrombose und starke Nebenwirkungen gezeigt hat, legt ebenfalls dieses unschöne Spiel offen. Es ist nur sinnvoll, wenn auch Deutschland, neben Italien, Frankreich und einer Reihe anderer europäischer und nichteuropäischer Länder, den Einsatz von AstraZeneca gestoppt hat. Die iranische Regierung verteilt unter keinen Umständen diesen fragwürdigen Impfstoff an das iranische Volk. Menschen sind keine Versuchskaninchen. Auch scheint die Frage berechtigt, warum Pharmaunternehmen sich lediglich auf die Entwicklung von Impfstoffen beschränken, ohne andere Heilungsmöglichkeiten ernsthaft in Erwägung zu ziehen.

Seit der Entstehung der Pandemie lebe ich mit der Hoffnung, dass dieses tragische Ereignis der Menschheit als Anlass einer wahrhaftigen Völkerverständigung dienen und zur Beseitigung der Propaganda und Belehrungskultur durch eine dialogische Lernkultur führen könnte. Macht und Interesse sind Barrieren, die auf anderem Wege kaum zu überwinden scheinen.

Das Coronavirus und seine Folgen

Die gegenwärtige Entwicklung verändert das Selbst- und Weltverständnis der Menschen. Die Pandemie hat die Gesellschaft gespalten. Viele Menschen haben landesweit gegen Schutzmaßnahmen und gesellschaftliche Restriktionen protestiert. Die Politik reagiert nicht angemessen, wenn sie die Demonstranten in die rechte Ecke stellt.

Verordnete Kontaktbeschränkungen und der mehrfache Lockdown bedeuten für viele Menschen Einsamkeit, soziale Isolation und Existenzangst. Mit dieser Entwicklung hat sich das soziale Bezogensein in größerem Ausmaß verändert. Etwas Wertvolles und existenziell Wichtiges im Zwischenmenschlichen ist verloren gegangen. Soziales Bezogensein gibt dem Menschen Halt und zeigt ihm, dass er Teil der Gesellschaft ist. Es ist so etwas wie psychosomatische Berührung, die das Verhalten des Menschen grundlegend beeinflusst, es fördert die Interaktion zwischen Menschen und zeigt, dass sie keine Mauern sind, sondern Brücken, die nur durch empathische Interaktion zueinander finden können. Ein Mensch ohne soziales Bezogensein ist ein lebender Leichnam.

Soziales Bezogensein hat eine körperliche, eine soziale und eine psychische Funktion: Auf körperlicher Ebene merkt der Mensch durch Berührung, dass er nicht alleine auf dieser Welt ist. Berührung erzeugt Selbstgefühl, stabilisiert die Bindung und stärkt das Immunsystem. Sie lindert Schmerz, hebt die Lebensqualität und reguliert die Zugehörigkeitssuche der Menschen untereinander. Soziale Berührung wirkt empathisch und gibt dem Menschen die nötige Zuversicht, nicht alleine zu sein. Diese Hoffnung braucht der Mensch, um seine Identität zu spüren und seine Existenzangst zu überwinden. Es ist nachgewiesen, dass soziale Berührung auch soziale Nähe reguliert. Die Pandemie hat diese psychosoziale Notwendigkeit weitestgehend unterbunden. Begrüßungsrituale und damit auch emotionale Formen der Zuneigung haben massiv Schaden genommen.

Auf sozialer Ebene flüchtet der Mensch in den Social-Media-Bereich. Einkäufe werden virtuell getätigt, Vortragsreihen und Podiumsdiskussionen werden über Webinare angeboten, Unterrichtseinheiten von Schulen und Vorlesungen von Hochschulen laufen ebenfalls über soziale Medien und Internetplattformen. Auch private Kontakte werden zunehmend über soziale Netzwerke gepflegt, was wiederum Kommunikationsformen verändert und Körperkontakt nicht ersetzen kann. Dies hat Folgen für das soziale Kommunikationsverhalten. Feste Treffen zwischen Freundeskreisen, die mit Reden, Spielen und Mahlzeiten verbunden waren, finden multimedial, in Isolation statt.

Solcherlei Veränderungen auf körperlicher und sozialer Ebene beeinflussen auch das Seelenleben der Menschen. Sie bauen sich Nischen, was ihr soziales Bezogensein minimiert und psychosomatische Belastungsstörungen auslösen kann. Das führt zu abweichendem Verhalten wie sozialpsychologischen Störungen. Wundern wir uns nicht, dass es steigende Tendenzen für diese Schäden am sozialen Bezogensein gibt wie etwa künstliche Vergemeinschaftungsformen. Wir dürfen nicht davon ausgehen, dass der Mensch sich an derlei Zustände gewöhnen könnte. Sonst verdinglichen wir einander zunehmend. Politische, soziale, emotionale und Verhaltensweisen bedingen sich gegenseitig und bilden die soziale Einstellung des Menschen. Die Pandemie hat diese zwischenmenschlichen Dimensionen nachhaltig beschädigt.

Die Welt wird mit den Spätfolgen der Pandemie massiv zu kämpfen haben, die vielleicht noch härter sein werden als die Erkrankung selbst. Weil etwas die Seele der Menschen verletzt hat, deren Heilung mit nicht identifizierbaren Folgen verbunden sein wird.

Psychologen wissen zu gut, dass die Corona-Pandemie uns nicht nur physisch einengt, sondern auch unsere Seele hochgradig belastet. Sie verändert unser Denken und Fühlen sowie Empfinden und Intuieren. Die technokratische Individualgesellschaft untergräbt das soziale Bezogensein und will die Pandemie ausschließlich durch Evidenzmedizin bekämpfen. Im sogenannten kollektivistischen Iran ist das soziale Bezogensein in der Gesellschaft vielleicht noch stärker als in unserer individuell ausgerichteten Distanzgesellschaft, doch auch hier sind Schäden zu beobachten.

Psychosoziale Beeinträchtigungen verursachen permanente Ängstlichkeit, tiefe Traurigkeit und schließlich beängstigende Vereinsamung, die das seelische Immunsystem vielfältig schwächen. Diese Entwicklung macht Menschen nicht nur anfälliger, sondern erschwert auch ihren Stressverarbeitungsprozess. Alle Altersstufen sind davon betroffen. Menschen mit psychischer Vorerkrankung leiden mehr als gesunde.

Wir bedürfen einer Corona-Pädagogik, die mit einer Corona-Psychologie unterlegt ist. Sie kann dazu beitragen, solcherlei Konflikte in der Gesellschaft zu bewältigen. Corona-Psychologie kann ebenfalls als eine wesentliche Gesundheitswissenschaft dazu beitragen, psychische Gesundheit in der Bevölkerung auch in Krisenzeiten zu fördern.

Von Politikern und Medizinern wird zu Recht dazu aufgefordert, eineinhalb Meter Abstand voneinander zu halten. Doch diese per Dekret verordnete und sinnvolle Notwendigkeit löst eine latente oder bisweilen auch explizit zutage tretende Aggression in der Bevölkerung aus. Menschen schauen genau hin und fordern andere vehement oder in aggressivem Ton auf, ihre Maske hochzuziehen und den gebührenden Abstand einzuhalten. Eine solche Haltung entsteht, wie im Falle des Rassismus, durch die soziale Einstellung, also Kognition, Emotion und Verhalten. Der Mensch lernt, dass sein Gegenüber und andere Orte eine unsichtbare Bedrohung darstellen.

Ich habe einige Male, bei Busfahrten oder beim Einkaufen, derartige Situationen provoziert. Die Reaktionen sind teilweise beängstigend. Wie erwähnt, sind die Anordnungen der Politik an sich gut und richtig. Ohne eine pädagogische Psychologie werden aber Unmut und Widerstand geschürt. Um unser soziales Bezogensein hervorzuheben, habe ich in solchen Situationen auf der Straße zu den Menschen gesagt: »Bitte entschuldigen Sie meinen Abstand« oder »Bitte entschuldigen Sie, dass ich keine medizinische Maske trage.«

Diese Äußerung hat ein Gefühl des Wohlwollens, eine Art Glück im Unglück erzeugt, sodass man den Abstand gewahrt hat, ohne sich angegriffen oder vernachlässigt zu fühlen. Hierdurch entdeckt der Mensch etwas, das ihn mit dem anderen verbindet. Alle fühlen sich gegenseitig umarmt und berührt. Diese empathisch achtsame Geste fühlt sich echt an. Dies ist es, was der Mensch braucht, um Geborgenheit zu empfinden und sich letztlich nicht alleingelassen zu fühlen.

Corona-Psychologie sensibilisiert das Bewusstsein für die neu eingetretene Situation und schult das kontextangemessene Verhalten. Präsenzgespräche in Schulen im Beisein von Lehrkräften in kleineren und mittelgroßen Gruppen durch Corona-Psychologen könnten die Heranwachsenden motivieren und ihr soziales Bezogensein stärken, auch in Einzel- und Gruppengesprächen die Lehrkräfte entlasten, die unter immensem Bewältigungsdruck stehen. Das Gleiche gilt in Präsenzform für Altersheime, Polizeistationen, Lehranstalten und Wirtschaftsunternehmen. Eine professionelle Schulung könnte diese Krise sogar als Gelegenheit für einen Aufschwung nutzen.

Eine Corona-Psychologie könnte die Rate an Angst, Depressivität und Erschöpfung eindämmen. Bereits jetzt zeigen statistische Erhebungen und Meldungen der Telefonseelsorge, dass Menschen mit psychischen Vorerkrankungen suizidale Rückfälle erleiden und dass andere über Suizid nachdenken. Auch der Alkohol- und Rauschgiftkonsum ist massiv angestiegen, nicht nur, weil Menschen in Quarantäne leben und unter einem Lagerkoller leiden, sondern weil ihnen außerhalb des Hauses das soziale Bezogensein zunehmend fehlt. Insbesondere wenn wir bedenken, dass sie die Familie und Freunde nicht empfangen dürfen. Dies sind Komponenten einer immer mehr der sozialen Kälte verfallenden Weltgesellschaft, die in der Psychosomatik des Menschen Spuren hinterlässt. Corona-Psychologie ist Hilfe zur Selbsthilfe. Sie befähigt Menschen, ihr soziales Bezogensein zu stärken und ihr Alltagsleben mit weniger Beschwerden zu gestalten.

Und noch einmal der Iran

Unsere Medien haben in den letzten 42 Jahren ein einvernehmliches Schweigen über die Realität im Iran verhängt. Wir bekommen ein rückständiges Land präsentiert, in dem die »Mullahs« mit dem Knüppel in der Hand regieren, mit dem Esel durch die Stadt reiten und darüber wachen, dass das Kopftuch der Frauen nicht verrutscht. Ein Land, in dem christliche Minderheiten im Namen eines als radikal verschrienen Islams tätlich angegriffen werden, wenn sie sich zum Gebet in ihren Gotteshäusern treffen wollen, und in dem Frauen bestenfalls als wertvoller Besitz gelten, an sich jedoch rechtlos sind. Mit solchen unzutreffenden Bildern wird jede Sanktion legitimiert, um dieses Land zu »befreien« und von Grund auf zu »demokratisieren«. Es ist verständlich, dass Zuschauer irgendwann keine Lust mehr haben, das Wort »Iran« zu hören, oder bei dem Wort »Krieg« zustimmen, um dieses »ungerechte Regime« endlich vernichtet zu sehen.

Es wäre schön, wenn das einzige Problem des Iran die nicht enden wollende »Kopftuch-Debatte« wäre, wie sie in Deutschland geführt wird. Doch es geht um etwas anderes: Der Iran darf keine Selbstständigkeit beanspruchen, alles muss von der Führungsmacht der westlichen Welt kontrollierbar sein. Das Land soll ein Konsument unserer Waren sein, vom Kaugummi bis zu

Militärindustrie und Hochtechnologie. Für die Durchsetzung eigener Macht scheuen die westlichen Führungsmächte nicht davor zurück, Spitzenwissenschaftler außereuropäischer Nationen zu eliminieren. Diese haben in der Regel zwei Möglichkeiten: Entweder flüchten sie in unsere Umarmung und stellen ihr Know-how unseren Interessen zur Verfügung oder sie werden aus dem Verkehr gezogen.

Mohsen Fachrisadeh (*1958), Professor für Kerntechnologie, Massud Ali-Mohammadi (*1959), Professor für Physik, Madjid Schahriari (*1966), Professor für Physik, Dariusch Rezaie (*1976), Nuklearwissenschaftler, und Mostafa Ahmadi Roschan (*1979), Professor für Atomphysik, sind diejenigen, die sich dem Diktum unserer Politiker und Geheimdienste nicht gebeugt haben. Ihren Ungehorsam haben sie auf den Straßen von Teheran durch Magnetbomben mit ihrem Leben bezahlt. Mit großer Wahrscheinlichkeit hätte man ihnen den Nobelpreis für Wissenschaft und Technologie zuerkannt, wenn sie sich zum Verfechter unserer Interessen gemacht hätten.

Ziel ist es, die Entwicklung in der Hand zu haben, sodass wir jederzeit mit Zuckerbrot und Peitsche mitregieren und das tun können, was mit Afghanistan, dem Irak, Libyen oder gegenwärtig mit Syrien getan wird. Sollte Syrien heute parieren, so würden wir dieses Land morgen als »Partner« deklarieren, teilen und ausbeuten. Würden die »Mullahs« die Ressourcen des Iran freigeben, dann würden unsere Politiker ab heute das Land genauso zuvorkommend behandeln wie Saudi-Arabien, womöglich bekäme das iranische Staatsoberhaupt einen Nobelpreis. Dabei wird wohlwollend verschwiegen, dass Saudi-Arabien ein Land im Familienbesitz und ein Mutterland von Fanatismus und Erzkonservativismus ist.

Wir verdrängen, welche Politik Israel und die USA gegenüber dem Iran pflegen und welche Drohungen, bis zum Einsatz von Nuklearwaffen als »Präventivmaßnahme«, ausgesprochen werden. Wie würde die westliche Führungsmacht reagieren, wenn Russland, China oder der Iran solche offensiven Drohungen aussprächen, ein beliebiges Land der Westhalbkugel durch

Kernwaffeneinsatz zu zerstören? Was würde die NATO unternehmen? Was würden unsere eigenen Medien berichten? Wem fiele die Schuldfrage zu?

Die Realität über den Iran bringt der ehemalige deutsche Botschafter, Bernd Erbel, folgendermaßen zum Ausdruck: »Es ist immer wieder ein großes ›Aha-Erlebnis‹, wenn Delegationen aus Deutschland in den Iran kommen und dort eben feststellen, dass die Informationen, die sie mitbringen, sich dort in keinster Weise spiegeln. Ich habe immer wieder erlebt, dass auch Delegationen des Bundestages oder des Bundesministeriums nach 24 oder 48 Stunden im Iran gesagt haben: ›Wir fühlen uns veräppelt! Wie kann das sein, dass wir die ganzen Papiere, die man uns mitgegeben hat, dass die nichts mit dem zu tun haben, was wir hier mit eigenen Augen sehen und erleben?‹ […]. Es ist bei uns außerordentlich schwierig, vom Mainstream abzuweichen, ich habe immer wieder erlebt, gerade auch bei Journalisten, die im Iran ankamen und verstanden haben, was dort läuft, die ich gefragt habe ›Schreiben Sie das jetzt auch?‹, die dann sagten: ›Nein, das kann ich nicht, das wird nicht gedruckt‹, und da meinte ich ›Ist das eine Art Zensur Ihnen gegenüber?‹, sagten sie ›Nein, man wird mir sagen, wenn wir das drucken, dann entsteht bei anderen der Eindruck: Der ist bezahlt worden, der ist bestochen worden, das alles stimmt so nicht und die Zeitung ist auf ihn reingefallen!‹«

Erbel hebt mutig hervor: »Wir hatten einmal z. B. eine Delegation von drei iranischen Abgeordneten in Berlin, ein Christ, ein Zarathustrier und ein Jude, die alle drei im iranischen Parlament Mitglieder sind, die wurden zwei Stunden lang von einer großen deutschen Tageszeitung interviewt und gedruckt wurde nichts, gar nichts. Ich dachte zuerst: ›Das ist ja skandalös, dass diese ernst zu nehmende Zeitung das nicht druckt!‹ Man hat mir dann gesagt: ›Nein, die drei sind aus Teheran gekommen, zu Hause hat man ihre Familie schon mal sicherheitshalber in einen Bunker gesperrt und hat gesagt, wenn die irgendein Wort falsch sagen, dann werdet ihr darunter leiden! Also hat das überhaupt keine Glaubwürdigkeit und deswegen drucken wir das nicht und müssen das übergehen!‹ Das heißt, es ist nicht nur Zensur, dass man es inhaltlich nicht akzeptieren will oder auch nicht glaubt, sondern es ist so, dass das Abweichen vom Mainstream von den verschiedensten Seiten und Lobbys ungeheure Aggressionen auslöst.«

Erbels Äußerungen machen deutlich, dass die Medien in der westlichen Welt Hand in Hand mit Politkern zusammenarbeiten, um künstliche Feindbilder aufrechtzuerhalten. Die Medien füllen das Bewusstsein ihrer Völker mit »fake news«, um dieses jederzeit emotional in Wallung zu bringen. Jede Aufklärung sehen sie als Gefahr. Wer das Land selbst bereist hat, kann Erbel beipflichten, dass unsere Berichterstattung nichts mit dem zu tun hat, was die Medien hier in die Seele der Gesellschaft als Hassgift injizieren. Die politische Rhetorik verfolgt einen Kurs der eskalationsorientierten Selbstverortung, die durch multimediale Berichterstattung gestützt wird. In Diskussionsrunden wie »Maischberger«, »Anne Will« oder »Maybrit Illner« sehen wir Politiker, die als geladene Gäste mit brillanter Rhetorik beispielhaft eine solche Politik der Stigmatisierung verbreiten. Was nie zu sehen ist, sind Gäste aus dem Iran. Hier reden wir nur über das Land, aber nicht mit den Vertretern des Landes. Wer den Iran nicht kennt, gerät in diese Falle der Falschinformation durch Propaganda.

Es ist denkwürdig, dass wir außerwestliche Diplomaten, die das Amt des Präsidenten, Ministerpräsidenten, Außenministers oder Botschafters bekleiden, mit Attributen titulieren, welche diese diskreditieren, insbesondere wenn sie sich unserem Diktum nicht beugen. Präsident Wladimir Putin bezeichnen wir, seitdem er Präsident Russlands geworden ist, als »KGB-Mann« und erzählen, welch eine Verbrecherorganisation der KGB war und ist. Andersherum gefragt: Michael Klor-Berchtold, seit 2016 außerordentlicher und bevollmächtigter Botschafter der Bundesrepublik Deutschland im Iran, war von 2014 bis 2016 Vizepräsident des Bundesnachrichtendienstes in Deutschland. Wie darf man Klor-Berchtold nun titulieren? Darf man ihn als BND-Mann, als Mitarbeiter einer Verbrecherorganisation bezeichnen?

Der Iran wird seit 1979 als »Risikoland« kategorisiert, in das wir gar nicht oder nur auf eigene Verantwortung reisen sollten. Der Vorwurf des »Risikolandes« erstickt jeden wissenschaftlichen Austausch und politischen Diskurs. Dies ist ein anderer Ausdruck für »Willkürland«, in dem Recht und Gesetz keinen Platz im öffentlichen Leben haben, in dem Hardliner und »Koran-Männer« herrschen. Es wird gewarnt, private Gäste würden festgenommen und inhaftiert. Betrachten wir solcherlei »Privatreisende«, so suchen diese das Land mit bestimmten Zielen auf. Der frühere US-Soldat Michael White wurde 2018 in Maschad festgenommen und zu einer Gefängnisstrafe verurteilt. White hat Spionage betrieben. Auch der deutsche »Kaufmann« Helmut Hofer, der 1999 angeblich im Iran seine bescheidenen Pistaziengeschäfte machen wollte, hat sich der Wirtschaftsspionage schuldig gemacht. Doch derlei Tatsachen werden von den hiesigen Medien verschwiegen, noch nicht einmal als Eventualität diskutiert. Dass wir sowohl in Deutschland als auch in den USA und anderen westeuropäischen Ländern sogar iranische Diplomaten, die Immunität genießen, festhalten, sie der Spionage bezichtigen und mit Gefängnisstrafe belegen, wird als objektiv und gerechtfertigt dargestellt.

Wir machen uns überall wegen der Mittäterschaft bei der Gewaltanwendung an anderen Ländern und Personen schuldig. In unseren Denkfabriken unter der Federführung der USA schmieden wir Pläne, wie wir unseren politischen Gegner gefügig machen und auslöschen können. Das ist die Innenperspektive. Das Bedenkliche an unserem Verhalten ist in der Außenperspektive zu suchen. Die USA übernehmen die Leitung, wir treten gleichsam als Dialogsuchende oder Sanktionsverhängende auf. Zeigt sich der politische Gegner unbequem, schlägt er hart zurück oder droht mit Konsequenzen, so scharen wir uns zusammen. Wir bestätigen die gelieferten Begründungen der USA und entpuppen uns damit als falsche Moralapostel. In dieser Gesinnung liegt eine Pathologie der Weltautorität, die nur Gewaltanwendung kennt und an sich erstrebenswerte Eigenschaften wie Toleranz, Menschenrechte, freiheitliche Demokratie und Dialog als Waffe der Entmachtung politischer Gegner einsetzt.

Die anfänglich ablehnende Haltung der Bundesregierung gegenüber dem Ausstieg der USA aus dem Vertrag des iranischen Atomprogramms und ihr Auftritt als Vermittler entpuppt sich wieder einmal als Farce. Ein Jahr vor Ende seiner Amtszeit hat US-Präsident Trump den Vertrag, den das internationale Atomabkommen festlegte, auf eigene Faust verlassen und verkündet, man müsse eine »Politik des maximalen Drucks« gegenüber dem Iran verfolgen. Dabei hatten iranische wie westliche Politiker die 2016 begonnene gemeinsame Bemühung dieses Abkommens als zukunftsweisende und perspektivenreiche Gelegenheit betrachtet, enger zusammenzuarbeiten. An diesem Punkt steht der neue US-Präsident Biden vor der Herausforderung, die Fehlentscheidung seines Vorgängers zu korrigieren.

Biden nutzt den Ausstieg Trumps aus dem Atomabkommen mit Großbritannien, Frankreich und Deutschland, um ein neues Abkommen zu beschließen, in dem auch das iranische Raketen-, Angriffs- und Verteidigungssystem sowie die Rolle des Iran im Nahen Osten aufgenommen werden muss. Dies bedeutet im Umkehrschluss, dass der Iran durch Sanktionen abgeschwächt und durch die Zerstörung seines Raketenarsenals jederzeit angreifbar und erpressbar sein muss.

Diese Politik soll der Kriegstreiber-Maschinerie ermöglichen, jederzeit und beliebig in das iranische Hoheitsgebiet einzudringen, Bomben abzuwerfen und das Land nachhaltig zu zerstören. Die gleiche Politik beobachten wir seit 2001 in Afghanistan, dem Irak, Libyen und Syrien. Die Welt wird sehen, dass der Iran in Kürze zu einer Weltmacht aufsteigt. Dies gewährleistet die Integrität des Landes und des iranischen Volkes.

Zur Präsidentschaftswahl im Iran am 18. Juli 2021 haben sich sieben Kandidaten mit sieben artverschiedenen politischen Ambitionen zur Wahl gestellt. Zwei davon waren Neoliberale, welche die unmittelbare Unterstützung des reformwilligen ehemaligen Präsidenten Mohammad Khatami erhalten haben. Einer von ihnen war Abdulnasser Hemmati, der designierte Präsident der Zentralbank in der Regierung Rohani, der sein Amt kürzlich niederlegte, um zur Wahl anzutreten.

Von Anfang an haben wir in den französischen, englischen, deutschen und US-amerikanischen Medien Hemmati als einen Liberalen bejubelt, während der haushoch gewinnende Dr. Ebrahim Raissi als erzkonservativ und als Mörder beschimpft wurde. Der Gewinner dieses Tages war das iranische Volk, weil es mit 92-prozentiger Mehrheit Raissi zu einem Präsidenten gewählt hat, der Hoffnung macht, dass der Iran aus der Krise geführt werden wird. Wir werden sehen, dass das Kabinett von Raissi aus allen politischen Bereichen des Iran zusammengesetzt wird, was es seit der Iranischen Revolution von 1979 nicht gegeben hat. Raissi wird eine interessenorientierte Außenpolitik mit Schwerpunkt auf den Nachbarstaaten und dem Osten betreiben. Dabei möchte er eine Friedenspolitik herbeiführen, um die Wirtschaft, die durch die neoliberale Politik seines Vorgängers Rohani stagniert, aus der Krise zu führen.

Das Problem unserer Politiker mit dem Iran ist, dass sie im Iran jeden des Erzkonservativismus oder des Islamismus bezichtigen, der sich dem Diktum des Westens nicht beugt. Einige Gruppierungen der Auslandsiraner, die sich als »Opposition« wahrnehmen, haben vor den iranischen Konsulaten und Botschaften Wähler behindert, wählen zu gehen. Bedenklich ist dabei, dass die deutsche, französische, englische und US-amerikanische Polizei nicht eingegriffen hat, als diese »Oppositionellen« Wählende anpöbelten und diese mit Fahnenstangen tätlich angegriffen haben.

Die offene Frage bleibt: Wie kommt es, dass wir in die Wahlen nicht westlicher Länder eingreifen, uns einmischen und fragwürdige Personen protegieren? Und warum unterstellen wir Ländern wie Russland und diskutieren seit mehr als 10 Jahren, dass dieses Land in unsere Wahlen eingreift? Seien wir ehrlich und sagen dem Volk, dass wir die alleinige Führung der Welt beanspruchen und alles niederknüppeln, was sich uns in den Weg stellt. Ein solches Verhalten wäre eher demokratisch, als im Namen der Freiheit und Menschenrechte Schindluder zu betreiben. Das ist unredlich.

Trotz der aufgezeigten Missstände in unserer Politik möchte ich die Hoffnung nicht aufgeben, dass wir gemeinsam den Weg einer Lernkultur einzuschlagen vermögen. Ich hoffe auf die Möglichkeit, Vorurteile abzulegen und die Entwicklung des Iran der letzten 40 Jahre durch direkten Dialog und bilaterale Beziehung wirklich kennenzulernen. Die Politik von Zuckerbrot und Peitsche ist neokolonialistisch. Sie erreicht das Gegenteil.

Ich wende mich an den Leser: Wenn Sie sich ein Bild des gegenwärtigen Iran machen wollen, rate ich Ihnen, alleine oder mit Freunden, ohne Berücksichtigung der verbreiteten Vorurteile, dorthin zu reisen, damit Sie selbst zwischen Dichtung und Wahrheit unterscheiden können. Nichts zählt so sehr wie das eigene Einschätzungsvermögen, das zu reflektierten Urteilen führt. Politische und kulturelle Indoktrination ist eine Methode der weltweiten Ideologien des Säkularismus oder Nichtsäkularismus. Sie schüren Feindbilder, Rassismus und schließlich Kriege, erzeugen aber früher oder später Widerwillen und allmählich reaktantes Verhalten der Völker. Das ist das, was die Machthabenden oft übersehen.

Mit einem kurzen Iranbesuch werden Sie unschwer feststellen, dass der Iran nicht von verruchten Mullahs mit Knüppeln in der Hand beherrscht wird. Unsere Medienmaschinerie ist voller Iranfeindbilder. Wir leben in einer erregten und streitlustigen Gesellschaft mit selbstgerechten Eliten, die sich erdreisten, die alleinigen Hüter der Menschenrechte und Freiheit zu sein. Eingelullt durch ökonomische Verführungen haben sie uns des kritischen Denkens beraubt. Wir leben in einem Irrenhaus der Freiheit, in dem »Feuchtgebiete« und »Dschungelcamp« Kult sind. In unserer verwirrten Öffentlichkeit bilden pathologischer Narzissmus und unerträgliche Überheblichkeit eine grausame Einheit.

Mit schwarzer Rhetorik und heuchlerischer Meinungsfreiheit lenken wir das Gehirn der Öffentlichkeit, um den vermeintlichen Feind durch strukturelle Gewalt zu eliminieren. Gelenkte Gehirne und billige Gutmenschen fühlen sich in diesem Irrenhaus der Freiheit pudelwohl. Sie verjagen jeden Sinn von Familie, Heimat und Identität. Wer sexuelle Abseitigkeit und Regenbogenideologie nicht als Freiheit verherrlicht, wird ausgeschaltet. Wer unsere Außenpolitik nicht als freiheitlich akzeptiert, wird als »rechtes Gesocks« beschimpft. Wer unsere erfundenen Feinde nicht als Tyrannen mitbekämpft, wird aus dem gesellschaftlichen Geschehen ausgeschlossen. Es war einmal: Deutschland war das Land der »Dichter und Denker«. Diese Nostalgie ist lebendig begraben. Unser wunderschönes Land ist zum Vasallen der Kriegskoalition der USA verkommen, die Deutschland für eigene Zwecke missbrauchen und bis ins Knochenmark ausspionieren.

Deutsche Politiker und Funktionäre! Behebt die eigene verfehlte Bildungspolitik. Findet eine Lösung für den dramatischen Geburtenrückgang. Erschöpft euch nicht in vernichtenden Kriegen, in denen ihr die Würde des Menschen mit Füßen tretet. Was habt ihr mit eurer Kriegsmaschinerie im Irak, in Afghanistan und in Syrien außer der Ermordung der Menschlichkeit erreicht? Der absurde Feldzug und die Lügenmaschinerie gegen den Iran zeigen ebenfalls selbstverliebte Wirtschaftsinteressen, die Menschenrechte und Freiheit zu hochbrisanten Kampfbegriffen modellieren und diese gegen jeden einsetzen, der uns nicht zu Füßen liegt. Herzlich willkommen im Irrenhaus der Freiheit!

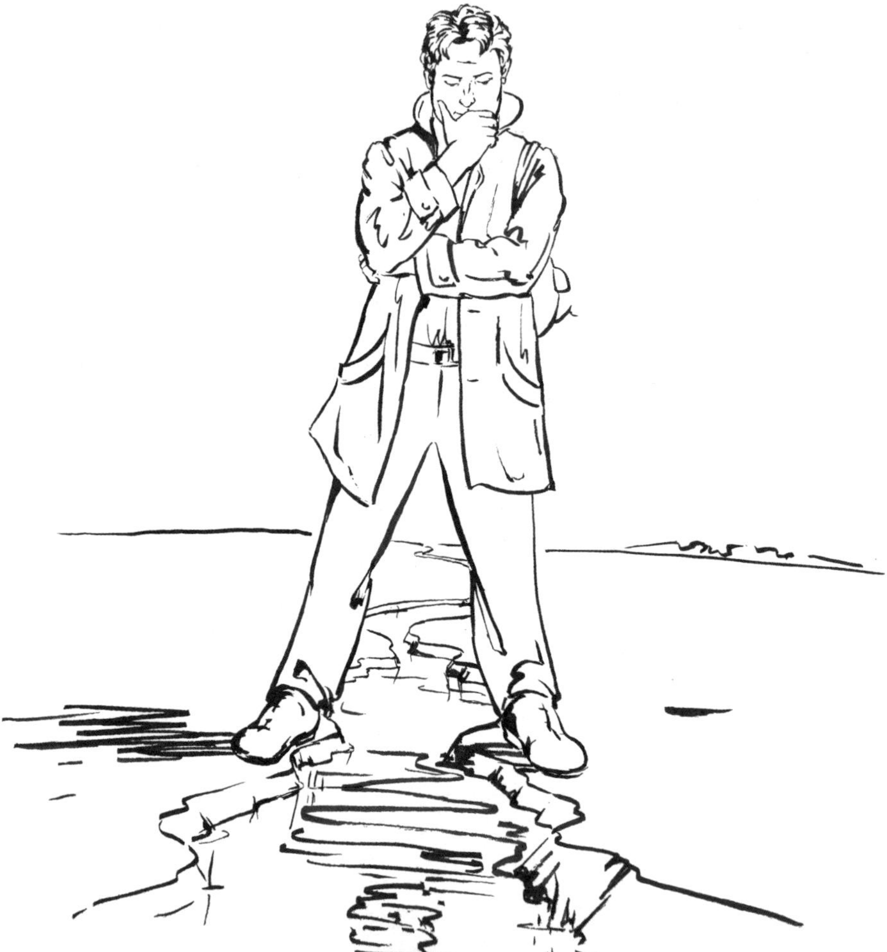

Epilog

Sechsundvierzig Jahre sind vergangen. Ich möchte auf die Situation zurückkommen, mit der ich die Darlegung meines Lebens begonnen habe. Mein Erlebnis an der Kreuzung in unserer Straße, wo der Brite voller Stolz und Selbstbewusstsein aus dem Auto stieg und unseren Gemüsehändler, dem er die Vorfahrt genommen hatte, ins Gesicht schlug. Er muss sich wie zu Hause gefühlt haben, wie ich später durch die Lektüre des Philosophen Edmund Husserl erfahren habe. Er sagte, dass sich der Europäer immer und überall auf der Welt zu Hause fühle und so verhalte.

Ich kam nach Europa mit dem Wunsch, Antworten auf meine Fragen zu erhalten. Ich wollte eine Sichtweise erlangen, die ein anderes Europabild zeichnet als dasjenige, welches ich in meiner Kindheit durch diesen Vorfall kennengelernt hatte. Jetzt habe ich meine Antworten. Ich bin traurig, wenn ich auf die Politik, das Verhältnis Europas zu anderen Staaten der Welt und stellenweise auch auf die Missachtung von Toleranz und Menschenwürde auf Deutschlands Straßen, Baustellen und Universitäten schaue. Ich kann mir die Frage beantworten, warum ein Land, das weltweit einen Ruf als »Land der Dichter und Denker« genießt, solche Perversionen aller ethischen Werte in seinem Alltagsgeschehen zeigt: Wir habe nie gelernt, uns selbst nach der Würde des Menschen, nach der Würde des anderen auszurichten.

Überall auf der Welt finde ich solches Fehlverhalten vor und doch nehmen Menschen überall ihr eigenes Land als makellos, als überragendes Beispiel der Menschlichkeit wahr. Diesem verklärenden Blick in die Tiefen der Täuschung muss Einhalt geboten werden. Es kommt darauf an, das Gute und das Schlechte zu gleichen Teilen zu sehen, statt ausschließlich Vorzügen Beachtung zu schenken. Vielleicht ist es an der Zeit, reflektierter durch unsere Vorgärten zu schauen, mit schärferer Lupe und Pinzette die vertrockneten Halme auszurupfen und neue Saat in die Erde zu bringen, die ein friedlicheres Miteinander erblühen lassen kann. Dies ist die Hoffnung, die man an unsere Kinder und Enkelkinder weitertragen kann. Meine alte emotionale Bindung zu Deutschland, meiner intellektuellen Wahlheimat, finde ich gegenwärtig immer weniger. Ich fühle mich zerrissen, irritiert, alleingelassen, als Hochschullehrer und als Mitglied dieser Gesellschaft.

Der Iran, meine erste Heimat, meldet sich mehr und mehr zurück. Wo gehöre ich nun hin? Hier bin ich letztlich ein Ausländer, der nicht wirklich hierher passt und irgendwann nach Hause geht. Dort bin ich ein europäisierter Fremdling. Mein Weltbild hat sich gedreht und aus mir das gemacht, was heute zu Ihnen spricht. Wenn ich Deutschland als »Land der Dichter und Denker« bezeichne, so meine ich den genialen Dichter Goethe, der Balsam für die Seele ist, und den Denker Kant, der dazu einlädt, sich stets im Denken zu orientieren.

Ich habe über den Iran geschrieben, ein Land, das trotz allem immer mein Vater- oder Mutterland bleiben wird. Mit diesem Land fühle ich mich eins, obschon ich vieles kritisch betrachte oder gerne anders hätte. Das Gleiche gilt auch für Deutschland, meine zweite Irgendwie-Heimat. Mein Versuch ist und bleibt, das Gute in diesen Ländern zu sehen, zu sagen und mich dafür einzusetzen, dass das Negative sich zum Positiven wendet. Dies nenne ich dialogisches Denken. In Deutschland vermisse ich es mehr und mehr. Deutschland hat sich inzwischen gewandelt. Alles scheint richtig, gut und wahr zu sein. Moral und Mitmenschlichkeit werden unter den Rädern der Selbstverliebtheit zermahlen. Unsere Spaßgesellschaft hat sich gewandelt. Wir leben in einem Irrenhaus der Freiheit. Schlimm ist nicht diese Entwicklung, die wir selbst zu verschulden haben. Das Konfliktive und Gewaltverursachende in dieser Haltung besteht darin, dass wir diese Lebensform durch Sanktionen und physische Gewalt auch anderen Nationen überstülpen wollen. Dass andere Nationen dieses Spiel mit sich nicht spielen lassen, heißt nicht, dass sie weniger zivilisiert oder anständig sind. Es kann durchaus sein, dass wir unseren Anstand eingebüßt haben und unsere Lebensform auf eine pathologische Weise globalisieren wollen. Ich kritisiere die iranische Mentalität, die einerseits das Glück und die Möglichkeit der eigenen Selbstentfaltung im europäisch-westlichen Ausland sucht. Diese Kulturschizophrenie hat zu massiven Zerwürfnissen innerhalb der iranischen Community in der Diaspora geführt. Das Paradoxe darin ist die Leugnung der eigenen Identität und der Selbstsuche. Die iranischen neoliberalen Nachahmer gehen so weit, dass sie jede technologische Entwicklung im Iran für illusorisch halten und darauf beharren, dass die jungen Eliten doch außerhalb des Iran bessere Chancen hätten, aus ihrem Leben etwas zu machen. Sie haben ihre Meinung, wie die westlichen Politiker, derart verabsolutiert, dass jeder Dialogversuch im Iran mit einer Herausforderung verbunden ist. Die achtjährige Regierung von Dr. Hassan Rohani (2013–2021) zeigt, wie blinde Nachahmung und unterwürfige Außenpolitik dem Land nachhaltig Schaden zufügen können. Auch habe ich nahegelegt, vom hohen Ross europäisch-westlicher Absolutheitsansprüche herabzusteigen, um die Welt ohne Vorurteile zu betrachten, ohne Menschen in Lebewesen erster, zweiter oder weiterer Klasse einzuteilen. Wer hier nicht weiterdenkt, verfehlt die Absicht meiner Gedankenführung. Weder beabsichtige ich, die durchaus vorhandenen Säkularisierungen im Iran oder auch in Europa zu vernachlässigen, noch ist es mein Wunsch, irgendeiner dieser beiden Seiten einen entscheidenden Vorzug einzuräumen. Ich beschreibe meinen Weg zwischen den Kulturen. Mal geradeaus mit klarem Ziel vor Augen, mal schwankend, wohl wissend, dass ich für meine Worte angefeindet werden kann.

Meine Überlegungen richten sich nach dem aus, was ich selbst erlebt habe, sie sind ein Lebensbericht, ein schriftliches Zeugnis meiner Erfahrungen. Sicherlich tragen sie nicht den fulminanten literarischen Unterhaltungscharakter, die »wahre Begebenheiten« vorweisen können. Wohl aber erfüllen sie den Anspruch, eine plausible und tatsachengetreue Wiedergabe echter Inhalte zu präsentieren. Diese Dimension ist es, die solchen oftmals nur minimal belegbaren und freizügig interpretierten Darstellungen unter dem Banner von »wahrer Begebenheit« fehlt. Rücksichtslos toben wir uns in unserem Irrenhaus der Freiheit aus, verleihen unserem Absolutheitswahn immer aufs Neue Ausdruck und steigern uns in flüchtige Wolkenschlösser situativer Freiheiten. Dabei beharren wir zugleich darauf, die Einzigen zu sein, denen dieser Freiheitswahn zustehe. Alle anderen haben sich nach unseren Vorstellungen und Wünschen zu verhalten, um uns selbst maximale Entfaltung zu garantieren.

Wenn von Säkularisierung gesprochen wird, die als patriotisch empfunden werden könnte, so mag dies daran liegen, dass wir unsere Heimat, wo wir auch immer letztlich Wurzeln schlagen, immer mitnehmen, wie auch immer wir uns zu ihr positionieren. Wir müssen nicht alles begrüßen, was wir erleben, doch wir sollten reflektiert genug sein, jenes lange währende Schweigen über die Unzumutbarkeit öffentlicher Darstellungen endlich zu brechen, indem wir zeigen, was wir in der nicht suggerierten Welt der echten Realität erleben. Das ist es, wenn ich davon spreche, dass wir in einem Irrenhaus der Freiheit leben, in dem Suggestion und eigenes Wunschdenken oftmals Hand in Hand eine Verzerrung der Realität vornehmen.

Eines muss ich noch abschließend sagen: Ich bin wohl kein Gutmensch und nicht politisch korrekt. Es ist mir schlichtweg egal, wenn ich wegen dieses Buches zum Teufel geschickt, als Mullah-Unterstützer beschimpft werde oder man denkt, ich wolle Deutschland schlechtmachen. Ganz im Gegenteil: Deutschland und den Iran schätze ich, so weit mein Denken reicht, doch ich sage das, was aus meiner Sicht gesagt werden muss. Was andere darin sehen oder hineininterpretieren, vermag ich nicht zu beeinflussen.

Meine Frau und mein Sohn sind diejenigen, die mich in den letzten Jahrzehnten selbstlos begleiten und bei allen Widrigkeiten unterstützen. Sie geben mir Halt und das magisch-wertvolle

Gefühl, in allen Belangen des Lebens aufgehoben zu sein. Sie schenken mir die Gelassenheit, die ich brauche, um meine Zuversicht zu bewahren. Sie geben mir die Kraft, nach vorne zu schauen und mich selbst nicht zu verlieren. Meine kleine Familie macht mir das Leben lebenswert. Bei allen Schwierigkeiten sind sie standhaft. In meiner Ungeduld sind sie geduldig. In dunklen Momenten meiner gelebten Erfahrungen sind sie das Licht, unter dem ich sitzen und im Buch meines Lebens blättern kann.

So bleibt denn meine Familie mein Refugium. Ich bin dankbar, dass es sie gibt, dass sie mich begleiten und mir meine Einsamkeit mit ihrem Zukunftsblick überwinden helfen. Sie sind mir die vertraute Stimme des Himmels auf den Straßen meines Lebens. Ihr Lächeln schenkt mir Ruhe und Geborgenheit, erhebt mich über das Firmament und weckt das Gesetz der Liebe in meinem Herzen. Meine Familie liebe ich tief wie das Sein, hoch wie der Himmel und so weit, wie meine Sehnsucht reicht. Meine Liebe wird sie bis in die Ewigkeit meines Seins umfangen.

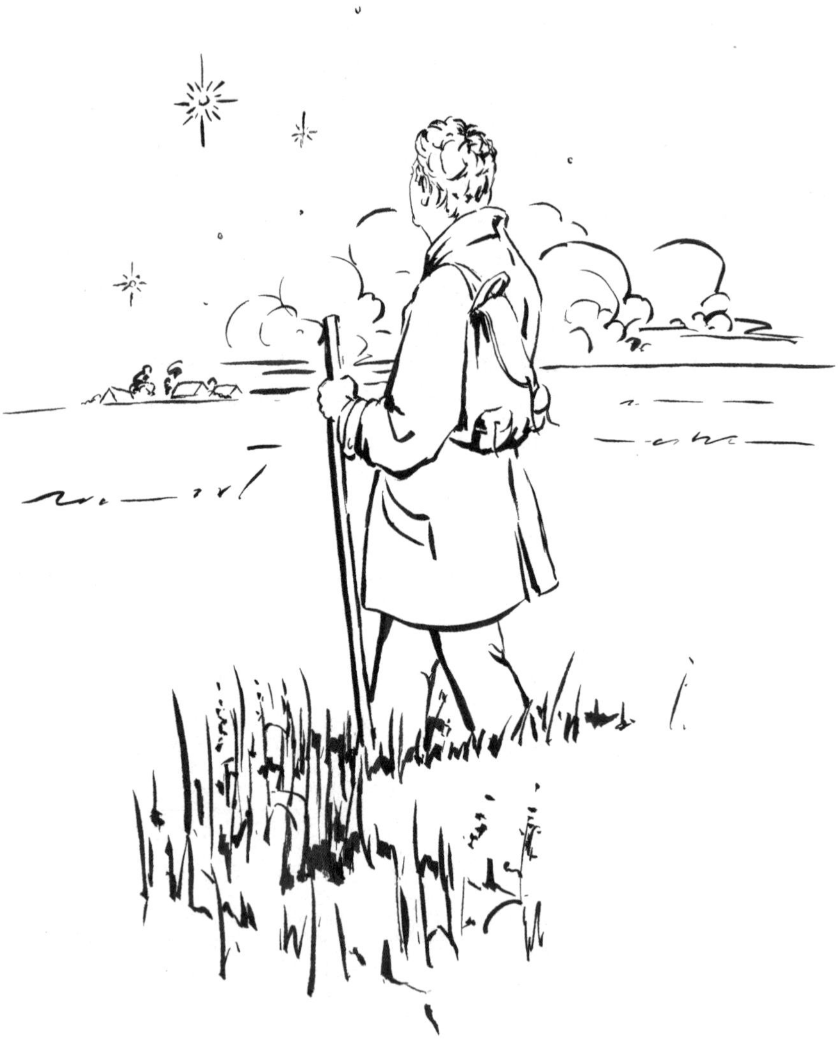

»Wenn eine Aussage von einem guten Redner stammt, dem die Mehrheit vertraut, wird sie akzeptiert, auch dann, wenn sie falsch ist. Geht sie aber auf jemanden zurück, dem diese Mehrheit misstraut, wird sie selbst dann abgelehnt, wenn sie wahr ist.«

Abu Hamed Mohammad Ghazali (1156–1111)

HAMID REZA YOUSEFI
DORNENFELDER
Paperback. 232 Seiten.
Format 12,5 x 19,5 cm.
€ 12,95
ISBN 978-3-941400-37-5
Auch als E-Book erhältlich.

In dieser ergreifenden Lebensschilderung führt uns der Philosoph Hamid Reza Yousefi durch die unbekannte Welt des Iran und die Innenwelt eines Denkers, der aus den Wirren des Krieges in ein deutsches Migrantenschicksal katapultiert wird und dieses meistert. Er geleitet den Leser durch seine intensiven Erlebnisse in Krieg und Frieden, Ost und West, seiner Liebe, die er in Deutschland fand, seiner intellektuellen Leidenschaft und seinen Schwierigkeiten als permanenter Grenzgänger zwischen den Kulturen. Yousefi erzählt von seiner ersten Heimat Iran, den Umständen, die ihn zum Verlassen seines Landes bewegten und seinem Migrantenschicksal in Deutschland, das nach einigen Wendungen in die Höhen und Tiefen des deutschen Wissenschaftsbetriebes führt. Yousefi, der sich selbst als ein »Insider und Outsider« zugleich bezeichnet, bringt uns seine Erlebnisse und Erkenntnisse aus der erfrischenden Perspektive eines Menschen nahe, der die Welt nicht nur in schwarz und weiß, sondern in vielerlei Schattierungen wahrnimmt. Damit öffnet er Türen, durch die es sich zu gehen lohnt: intellektuell, emotional, liebevoll und mit unendlich viel Verständnis. So schafft er ein neues Genre: Die Brückenliteratur.

HAMID REZA YOUSEFI
INTERKULTURALITÄT UND GESCHICHTE
Perspektiven für eine globale Philosophie
Broschur. 320 Seiten.
€ 22,00
ISBN 978-3-941400-33-7

Die bestehenden europäisch-westlichen Philosophiehistoriographien sind ein Sammelbecken von ›Lokalgeschichten‹, soweit darin die außereuropäischen Philosophien vernachlässigt werden. Der Autor würdigt mit seinem interkulturell philosophischen Ansatz die bisherigen philosophiehistoriographischen Denkwege, die er kritisch in ›enge‹ und ›erweiterte‹ unterteilt. Seine Betrachtungen richten sich gegen jede Form der Verabsolutierung von Positionen, die einen Alleingültigkeitsanspruch erheben. Mit dem Entwurf einer Philosophiehistoriographie erarbeitet der Verfasser, ausgehend von einem offenen Vernunftbegriff, neue Perspektiven für eine globale Philosophie. Dabei begreift er Kulturen als dynamisch veränderbare Sinn- und Orientierungssysteme. Mithilfe seines Ansatzes möchte er eine Brücke zwischen unterschiedlichen Denktraditionen schlagen und gleichsam dazu einladen, eine neue Dynamik der dialogischen Verständigung in Gang zu setzen. Dieses Werk wendet sich nicht nur an Studierende der Philosophie oder der Kultur- und Geschichtswissenschaften, sondern macht auch dem interessierten Laien das Verstehen der philosophiegeschichtlich komplexen Strukturen zugänglich.

ARMIN FUHRER
EMIL LUDWIG
Verehrt, verfemt, verbrannt.
Eine Biografie
Gebunden mit Schutzumschlag.
624 Seiten mit 6 s/w Fotos.
Format 13,9 x 21,7 cm.
€ 28,00
ISBN 978-3-95768-225-3

Emil Ludwig gehörte in den Zwanziger- und Dreißigerjahren zu den bekanntesten und erfolgreichsten deutschen Schriftstellern und Autoren weltweit. Geboren 1881 in Breslau als Sohn eines renommierten jüdischen Augenarztes, floh er schon zu Beginn des 20. Jahrhunderts mit seiner südafrikanischen Frau vor dem militaristischen Wesen in die Schweiz. Obwohl sein Onkel der zweitreichste Mann Preußens war, entschied sich Ludwig für das unstete Leben als Schriftsteller und Journalist. Sein weltweiter Erfolg – seine Bücher wurden in 28 Sprachen übersetzt – kam 1921 mit seiner Biografie über Goethe. In den folgenden Jahren legte er in schneller Folge Bücher über Bismarck, Napoleon, Wilhelm II. und über den Kriegsausbruch von 1914 vor. Ursprünglich ein unpolitischer Bohemien, entwickelte er sich zu einem scharfen Kritiker der Rechten. Als bekanntester Vertreter der »Historischen Belletristik«, als liberaler Jude aus dem Bildungsbürgertum, als Autor der »Weltbühne« und als Kämpfer für Demokratie und internationale Verständigung avancierte er zum Lieblingsfeind der Rechten.

Ludwig kannte viele Persönlichkeiten aus Kultur und Politik und lud viele Berühmtheiten in sein Haus am Lago Maggiore ein. Zu seinen Freunden und Bekannten zählten Walther Rathenau, Maximilian Harden, Erich Maria Remarque, Thomas Mann und vor allem auch Gerhart Hauptmann, von dem er sich später enttäuscht abwandte. Seit 1931 reiste er aus Furcht vor Mordanschlägen nicht mehr nach Deutschland. In anderen Ländern, allen voran den USA, wo er als der bekannteste Vertreter eines neuen, demokratischen Deutschland galt, wurde er zu dieser Zeit gefeiert wie ein moderner Popstar. Eine Reihe von Staatsmännern, darunter auch Josef Stalin, ließen bei ihm anfragen, ob er eine Biografie über sie schreiben wolle.

1940 emigrierte er in die USA und durfte als einziger deutscher Publizist in offizieller Mission die US-Regierung unter Präsident Franklin D. Roosevelt, den er persönlich kannte, beraten. In den fünf Jahren in den USA legte er sich mit vielen anderen Emigranten an, weil er sich für eine harte Behandlung der Deutschen nach der Niederlage des Dritten Reiches aussprach. 1945 kehrte er in seine geliebte Schweizer Heimat zurück, wurde aber von vielen deutschen Kollegen und Journalisten nun geschnitten. 1948 verstarb Emil Ludwig.

Aktuelle Informationen zu unserem Verlagsprogramm und Leseproben finden Sie online unter www.lau-verlag.de.

FRITJOF MEYER
DIE MÜCKE IM FELL
DES BÄREN
Gebunden mit Schutzumschlag.
572 Seiten. Format 13,9 x 21,7 cm.
€ 24,00
ISBN 978-3-95768-213-0

Fritjof Meyer beschreibt romanhaft sein bewegtes Leben und gibt tiefe Einblicke in seine aufregende journalistische Tätigkeit als Leitender Redakteur für Ost- und Außenpolitik beim Nachrichtenmagazin DER SPIEGEL. Fast sein ganzes Leben widmete Fritjof Meyer dem politischen Journalismus, wobei ein großer Teil seiner aktiven Tätigkeit in die Jahre des »Kalten Krieges« fiel. Dabei bereiste er über 100-mal die Sowjetunion, veröffentlichte 108 Titelgeschichten, führte Interviews mit den wichtigen Ostblock-Führern und chinesischen Spitzenleuten und knüpfte engen Kontakt zu Michail Gorbatschow. Doch besser befriedigte seine Neugier die Begegnung mit den Machtlosen. Er wurde eine der Autoritäten für Europas sogenannten »Osten«.
Mit einem Vorwort von Michail Gorbatschow.

»Eine faszinierende Reise in die eigene Vergangenheit. SPIEGEL-Russland Experte Fritjof Meyer begibt sich unter dem Decknamen ›Karl‹ auf seine eigenen Spuren als Kreml-Astrologe. Zwischen Breschnew, Gorbatschow, Putin und Augstein.«
Stefan Aust (Herausgeber WeltN24)

»Es wird kaum einen anderen Redakteur im SPIEGEL geben, mit dem ich enger und länger zusammengearbeitet habe.«
Rudolf Augstein (ehemaliger Herausgeber des SPIEGEL)

www.lau-verlag.de